Aus der Übersetzung der „Officien“ (Augsburg, H. Steyner 1531).

Johann Freiherr zu Schwarzenberg.

Von

Willy Scheel.

Berlin 1905.
J. Guttentag, Verlagsbuchhandlung,
G. m. b. H.

Seiner Exzellenz

dem Ministerialdirektor

Professor **Dr. Friedrich Althoff**

Wirklichen Geheimen Oberregierungsrat,

in dankbarer Verehrung

Vorwort.

Die vorliegende Monographie über Schwarzenberg ist der erste Versuch, der Persönlichkeit dieses eigenartigen, vielseitigen Mannes von allen Seiten gerecht zu werden. Obgleich man auf juristischer Seite das Lob des Verfassers der Bambergischen Halsgerichtsordnung kündete, so war man doch hier ebensowenig wie auf der historischen und literarhistorischen Seite bisher imstande, über ganz allgemeine Urteile und oft zitierte Bemerkungen, wie die Rankes, an die Person heranzukommen, die dahinterstand, und ihr den richtigen Platz im Rahmen ihrer Zeit und in den mannigfachen Strömungen des beginnenden 16. Jahrhunderts anzuweisen. Es war daher die erste Aufgabe, die sich ein Biograph dieses Mannes zu stellen hatte, die tatsächlichen Anhaltspunkte über ihn zu vermehren. Hier bot eine genaue Durchforschung der fränkischen Archive reichen Ertrag, und gerade das königl. bayr. Kreisarchiv zu Bamberg, das Brunnenmeister in der Vorrede zu seiner Schrift über die Quellen der Bambergensis (1879) resigniert als abgesuchte Stelle der bekannten „Hofgerichtsprotokolle“ bezeichnete, gab aus seinen Schätzen das reichhaltigste Material, das wider Erwarten selbst Schwarzenbergs juristische Tätigkeit heller beleuchtete. Auch die benachbarten königl. bayr. Kreisarchive zu Nürnberg, Würzburg und die kleineren städtischen Archive Frankens waren nicht unergiebig, Würzburg besonders durch seine Ritterschaftsakten, die neuerlich auch dem unten zitierten Werke R. Fellners (1905) als Grundlage gedient haben. Reichere Ausbeute an unbenutzten Stücken bot ferner besonders das Archiv des germanischen Museums zu Nürnberg.

Ein glücklicher Zufall fügte es, dass vor nicht zu langer Zeit die Reichstagsakten für Worms und besonders für die Nürnberger Tage veröffentlicht wurden, auf denen unser Schwarzenberg eine bedeutsame Rolle gespielt hat, so dass auch von dieser Seite aus Streiflichter auf seine Tätigkeit geworfen werden konnten. Selbstverständlich sind als Ergänzung dazu das königl. sächs. Staatsarchiv in Dresden und das grossherzogl. Gesamtarchiv zu Weimar an Ort und Stelle durchgesehen worden. Besonders wertvoll war mir neben dem Reichsarchiv zu München das Familienarchiv der fürstlich Schwarzenbergischen Familie, das jetzt in Krumau an der Moldau zentralisiert ist. Seine Durchlaucht Adolf Josef, Fürst zu Schwarzenberg gestattete mir mit grösster Liberalität dessen Benutzung und vermittelte in dankenswertester Weise die Unterstützung seitens seiner Archivverwaltung. Besonders möchte ich dem Vorsteher des fürstlichen Archivs, Herrn Archivrat Anton Mörath, meinen verbindlichsten Dank für vielfache, längere Auskünfte, Vermittlung und Herleihung von Abschriften und Drucken hiermit öffentlich aussprechen. Zu danken habe ich ferner den Herren Vorständen der vorher genannten Archive, besonders den königl. bayr. Kreisarchivaren Sebert, Göbl und Knapp, die mir bei persönlichem Besuche ihrer Archive die Benutzung in jeder Weise erleichterten, sowie dem Verein der deutschen Standesherren zu Wernigerode für Überlassung seiner nicht im Buchhandel erschienenen Publikationen.

Die Hilfe der Bibliotheken hatte ich schon früher in umfassender Weise in Anspruch genommen, als ich für die mit J. Kohler besorgte Ausgabe der Bambergensis (Halle 1902) eine allgemeine Umfrage an alle Archive und Bibliotheken Deutschlands, Österreichs und der Schweiz richtete. Wie damals habe ich auch für die vorliegende Arbeit die mir zugegangenen Berichte und Angaben auf das sorgfältigste benutzt und spreche allen Herren Vorständen und Beamten meinen besten Dank aus. Für die Einzelangaben muss ich auf meine Vorrede zur Bambergensis verweisen (S. II—III). Durch diese allgemeine Umfrage bin ich mit leidlicher Sicherheit imstande, über die noch vorhandenen Drucke Schwarzenbergischer Schriften zu berichten. Der königl. bayr. Bibliothek zu Bamberg und der königl. Bibliothek zu Berlin bin ich besonders für weitgehendes Entgegenkommen verbunden.

Gelehrte und Freunde haben mir dauernd und gelegentlich Hilfe und Förderung zuteil werden lassen. Vor allem nenne ich in stets dankbarer Gesinnung Edward Schroeder in Göttingen und Konrad Burdach im Grunewald, sodann Johannes Bolte und

Rudolf Wessely in Berlin, Rudolf Ideler in Erfurt. Josef Kohler, Heinrich Brunner und besonders meinem lieben Freunde Hermann Zeitschel, Rechtsanwalt in Berlin, verdanke ich die Einführung in Rechtswissenschaft und Rechtsgeschichte.

Geziemenden Dank spreche ich Seiner Exzellenz dem Herrn Minister der geistlichen usw. Angelegenheiten Dr. Studt aus, der durch Gewährung von Urlaub die Sammlung des zerstreuten Materials ermöglichte.

Dass ich Seiner Exzellenz dem Herrn Ministerialdirektor Dr. Althoff für wohlwollende Förderung verpflichtet bin, habe ich mir erlaubt auf dem Widmungsblatte noch zum besonderen Ausdruck zu bringen.

Die Ausarbeitung des Buches ist eng mit meiner Frau verbunden. Am Verlobungstage auf der Dresdener Philologenversammlung wurde mir der Gedanke nahegelegt, mich in das rechtshistorische Gebiet hineinzuarbeiten; seitdem ist sie mir nicht nur eine treue Gefährtin auf dem eingeschlagenen Pfade, sondern eine Anregerin auch auf anderen Gebieten von Wissenschaft und Kunst geworden und geblieben.

Steglitz, zu Pfingsten 1905.

Willy Scheel.

Geleitwort.

Von Josef Kohler.

Nach recht geringen Anfängen, mit denen wir bisher vorlieb nehmen mussten, insbesondere nach dem dürftigen Buche von Herrmann erscheint nunmehr eine eingehende, auf reiches archivalisches Material gebaute Lebensbeschreibung eines bedeutsamen Mannes des Humanitätszeitalters, eines Mannes, der, obgleich nicht gelehrter Jurist, doch einen grösseren Einfluss auf die Rechtspflege Deutschlands ausgeübt hat als irgend ein anderer, und auf dessen Werk die Strafrechtspflege unseres Landes über zwei Jahrhunderte gebaut war.

Die Schilderung des Mannes hat bei seiner Vielseitigkeit ganz besondere Schwierigkeiten; einer der einflussreichsten Männer der Gesetzgebung war er zugleich Politiker, Mann der Reformation, Literat und Poet. Eine Natur von erstaunlicher Fülle und Arbeitskraft war er als praktischer Jurist und als Staatsmann in den glänzenden Tagen Georgs III. Schenk von Limburg, in Bamberg tätig und später in brandenburgischen Diensten beschäftigt; zugleich widmete er sich seiner Reichsherrschaft Schwarzenberg und Hohenlandsberg, zugleich wirkte er für das deutsche Reich, namentlich während des Wormser Reichstages und als Mitglied des Reichsregiments und endlich auf dem Reichstag zu Nürnberg; seinen grössten Einfluss aber übte er aus als Verfasser der Bambergensis, deren Urheberschaft nunmehr in der vorliegenden Schrift unwiderleglich dargetan ist; und dass er am Wormser Entwurf der Carolina mithalf, ja den Nürnberger Entwurf in der Hauptsache selbst verfasste, ist jetzt gleichfalls überzeugend nachgewiesen. Gewiss wird darüber noch weiteres Licht verbreitet werden, wenn die Entwürfe in unserer Carolina-Ausgabe zur Herausgabe und Besprechung gelangt sind; aber hierfür bildet die Lebensbeschreibung Schwarzenbergs eine unentbehrliche Grundlage.

Der Biograph Schwarzenbergs hätte sich schon dann das grösste Verdienst um die Wissenschaft erworben, wenn er ihn auch nur als Stilisten, als Übersetzer, als Literaten, als Politiker zur Anschauung gebracht hätte. Aber er hat es ausserdem versucht, die Tätigkeit Schwarzenbergs als Juristen zu charakterisieren, und hat uns über die Quellen der Bambergensis eine eingehende Studie gegeben. Hierbei geht er von der vollkommen richtigen Vorstellung aus: die Bambergensis kann nicht etwa mosaikartig bald auf den, bald auf jenen Ursprung zurückgeführt werden; vielmehr hat Schwarzenberg aus den verschiedensten Gebieten geschöpft und in eigenartiger Weise das auf solche Art Erfasste gestaltet. Was er in seiner Praxis in Bamberg gelernt hatte, was er aus deutschrechtlicher Anschauung kannte, verband er mit den Anschauungen, die ihm Auszüge aus lateinischen Werken verschafften: diese wurden ihm von seinen Freunden geliefert, da er selbst des Lateinischen unkundig war. Hierbei ist ihm jedenfalls bald das eine, bald das andere auf einem Zettel zugetragen worden, und mit den hier gebotenen Ideen ist er ebenso selbständig verfahren wie in seinen Übersetzungen Ciceros. Es hat daher keinen grossen Sinn, die eine oder andere Stelle der Italiener, sei es aus Gandinus, aus Angelus Aretinus, sei es aus Angelus de Clavasio herbeizuziehen, denn alles ist im Geiste Schwarzenbergs individuell neu verarbeitet worden.

Ob wir sein gesetzgeberisches Werk loben sollen? Stilistisch jedenfalls steht es unter allen deutschen Gesetzen ohnegleichen da. Die ganze Fassung zeigt eine urwüchsige Genialität und eine so kräftige Persönlichkeit, dass das Werk immer und immer neues Staunen erregt. Ob es auch inhaltlich für unser Land eine Wohltat war?

Tatsache ist allerdings, dass in vielen deutschen Territorien womöglich noch eine grössere Grausamkeit der Strafen herrschte; Nürnberg z. B. konnte sich in dieser Beziehung wohl mit jeder italienischen Stadt messen. Andererseits aber ist es unzweifelhaft, dass im allgemeinen, namentlich auch in Bamberg, die Praxis eine bedeutend mildere war, so dass durch die Schwarzenbergsche Heranziehung des grausamen italienischen Strafensystems und durch rücksichtslose Kodifikation dessen, was früher nur mehr oder minder als schüchterner Gebrauch galt, im ganzen eine schreckliche Verschärfung und Brutalisierung des Strafrechts in den deutschen Gauen eingetreten ist, und das peinlich entwickelte System des Strafprozesses mit seiner Folter hat ein schweres Stück romanischer Unkultur nach Deutschland gebracht. So haben sich denn das romanische Foltersystem und der deutsche Hexenglaube zu einem Hexensabbat schrecklichster Barbarei verbunden, und es entstanden Zeiten, bei deren Schilderung das Blut des Kulturhistorikers erstarrt. Immerhin mag man diese Entwicklung der Sache beklagen; der Mann aber, welcher der Träger der weltgeschichtlichen Idee war und sie mit solch erschreckender Gewalt zum Ausdruck brachte, ist eine „übermenschliche" Persönlichkeit, die unser tiefstes Interesse verdient: so lange man ein Strafrecht in Deutschland kennt, wird man seiner gedenken.

Inhaltsübersicht.

Dritter Teil.

Schwarzenberg als Schriftsteller.

Erster Teil.

Schwarzenbergs Leben und politische Wirksamkeit.

Erstes Kapitel.

Heimat und Geschlecht.

1. Schloss Schwarzenberg, der Stammsitz der Familie.

Am südöstlichen Abhang des Steigerwaldes, ungefähr in der Mitte zwischen Nürnberg und Würzburg, liegt das ansehnliche Schloss Schwarzenberg. Wer jetzt von Langenfeld oder Markt Bibart durch die Scheinfelder Allee herankommt, ist überrascht, sich plötzlich vor einer prächtigen grossen Burganlage zu befinden, die sich ohne Spur des Verfalles vor ihm ausbreitet. Die ehemals vermauerten Fenster sind geöffnet, der sogen. Zwischenbau, der einst wegen Baufälligkeit abgetragen war, ist wiedererstanden, die Türme haben ihre Dächer erhalten: so ist durch den hochherzigen Sinn des jetzt regierenden deutschen Standesherren Fürsten Adolf Josef zu Schwarzenberg Durchlaucht eine der schönsten Burgen des Frankenlandes und ein stattliches Denkmal deutscher Renaissance vor dem Ansturm der Zeit, der gerade in unseren Tagen so viele alte Bauwerke zum Opfer fallen, bewahrt worden.[1])

[1]) Die Geschlechtsgeschichte der Schwarzenberge, soweit sie uns angeht, ist in neuerer Zeit auf Veranlassung der Fürsten zu Schwarzenberg des öfteren behandelt worden. Besonders haben sich die fürstlich Schwarzenbergischen Archivare weil. Adolf Berger und jetzt Anton

Schloss Schwarzenberg ist nicht immer im Besitz des Geschlechtes der Schwarzenberge gewesen. Es gehörte im Anfange des 15. Jahrhunderts den Vestenbergern, von denen es 1405—1411 die Ritter Erkinger von Seinsheim auf Stephansberg und Wilhelm von Abensberg erwarben. Erkinger stammte aus dem alten weitverzweigten Geschlecht der Seinsheime, aus welchem im Jahre 1409 siebzehn Mitglieder an der Spitze eines fränkischen Ritterbundes stehen. Er erwarb 1421 auch den Anteil der Abensberger, der inzwischen an Würzburg veräussert worden war, und erscheint nunmehr als Herr der gesamten Herrschaft Schwarzenberg, die er 1429 dem Kaiser zu Lehen aufträgt. Am 10. August dieses Jahres wird er von Sigismund in Pressburg in den Freiherrnstand erhoben und nennt sich von nun an „Herr zu Schwarzenberg". Er ist also der eigentliche Stammvater des Hauses.

Mörath damit beschäftigt. Der erstere gibt sowohl in seinem Buche „Fürst Felix zu Schwarzenberg" (1853), als auch ausführlicher in einem grossen Aufsatze der Österreichischen Revue 1866 (XI S. 1—215, XII S. 33—144) über das Fürstenhaus Schwarzenberg, seine Geschichte und seinen Besitzstand eine umfassende Übersicht über die gesamte alte Literatur, die sich mit den Schwarzenbergen beschäftigt, aus der besonders Haimbs Gloriosa Schwarzenberga (1708), Pastorius' Franconia rediviva (1702) und der Artikel „Schwarzenberg" des Zedlerschen Universallexikons hervorgehoben werden mögen. Hinzuzufügen wäre der Schwarzenbergische Stammbaum in J. M. v. Humbrachts Zierde Deutschlands (1707) und die bei Brunnenmeister, Die Quellen der Bambergensis (1879) S. 6 Anm. 2 zitierte Literatur, besonders Spangenbergs Adelspiegel II, S. 56a. Daneben sind von Berger natürlich die archivalischen Quellen der Schwarzenbergischen Archive ausgiebig benutzt. Über die Archive selbst orientiert ein Büchlein desselben Ad. Berger, Die Archive des fürstlichen Hauses Schwarzenberg (1873). Sie sind jetzt in Krumau (Böhmen) zentralisiert. Neuerdings hat sodann der Zentralarchivdirektor A. Mörath in seinem auf archivalischen Quellen fussenden „Stammbaum des mediatisierten Hauses Schwarzenberg", herausgeg. vom Verein der deutschen Standesherren in Wernigerode (1901) eine authentische Grundlage für die Familiengeschichte geschaffen, und ferner in seinem Büchlein „Schloss Schwarzenberg in Franken, das Stammhaus der Fürsten zu Schwarzenberg" (Krumau 1902) reiche Schwarzenbergische archivalische Nachrichten zur Familiengeschichte verwertet (beides mit zahlreichen Literaturnachweisen). Wenig bietet M. J. Lehner, Mittelfrankens Burgen und Herrensitze (1895), S. 259. Kleinere Abhandlungen sind an den einzelnen Stellen angemerkt.

Erkinger war zweimal verheiratet; den Kindern der zweiten Ehe, mit Barbara von Abensberg, vermachte er Schloss Schwarzenberg mit allen Zubehörungen; es waren dies Johann d. Ä. (I.), Sigmund d. Ä., Erkinger, Ulrich, Jobst und mehrere Töchter. Nach seinem Tode nahm der älteste Sohn Johann I. von dem Stammschlosse Schwarzenberg Besitz, während Sigmund in dem nahen Hohenlandsberg wohnte, das ebenfalls Erkinger 1435 erworben hatte. Johann I. starb bereits 1460; so ging auch Schloss Schwarzenberg in den Besitz des jüngeren Bruders Sigmund über, der sich, wie üblich, mit der Witwe des Bruders, Kunigunde, geb. Gräfin von Nellenburg um Witwensitz und Morgengabe vertrug.

Hier hauste Sigmund mit seiner zweiten Gemahlin Eva von Erbach, als ihnen ein Sohn geboren wurde, den sie nach dem tapferen Ahnherrn Johannes nannten.

Wie das Schloss Schwarzenberg zur Zeit dieses Johann, den die Familiengeschichte den Zweiten zu nennen pflegt, ausgesehen hat, davon können wir uns heute nur schwer eine Vorstellung machen. Die ältere Burg ist im 17. Jahrhundert fast ganz neu aufgebaut worden, als im Jahre 1607 (26. April) das Schloss vollständig abgebrannt war. Ob der hohe Turm des Schlosses, den man noch auf Merians Kupferstiche 1642 und am Rande einer Landkarte der Herrschaft Schwarzenberg von 1667 sieht,[1]) wirklich noch viel von dem alten hohen Turm hat, der aus dem ehemaligen Bergfried entstanden war, steht dahin. Allein der Stückturm und der Abschluss der Hauptfront des Schlosses am Zwischenbau, der sogenannte Turm aus der Zeit des Bauernkrieges, können als noch heute vorhandene Zeugen aus der Zeit des Freiherrn Johanns II. gelten. Im hohen Turm wurden die Kleinodien und die Urkunden bewahrt.[2])

Die Burg war wohlbefestigt und mit Kriegsmaterial reichlich versehen: in einem Inventar von 1504 zählt Freiherr Johann eine grosse eiserne Büchse, zwei Steinbüchsen, vier Schlangenbüchsen, 29 Hakenbüchsen und drei Handbüchsen auf.[3])

---

[1]) Mörath, Schloss Schwarzenberg, S. 14. [2]) Mörath, S. 5.

[3]) Akten des Freiherrn Johann, fasc. 278, im fürstl. Schwarzenbergischen Zentralarchiv in Krumau (Mörath, S. 5).

Das Innere des Schlosses zu Johanns Zeit muss prächtig ausgeschmückt gewesen sein; wir hören von köstlichen niederländischen Teppichen in den Gemächern, auf denen Wappen eingewebt waren; sie waren als Rücktücher an den Wänden aufgehängt und zeigten z. B. die Wappen derer von Erbach, aus deren Geschlecht Eva, die Mutter Johanns, und der Grafen von Rieneck, woher seine Gemahlin Kunigunde stammte.[1]) Johann scheint mit seiner Familie die Südseite des Schlosses bewohnt zu haben. Die Gemächer der Nordseite „gegen den Steinbruch gelegen" weist er 1514 der Gemahlin seines Sohnes Christoph, Eva, geb. von Montfort als „nördliche Kemenate" *„mit allen stuben, cammern und gemachen"* zum Witwensitz an;[2]) sie hat das Schloss in solcher Eigenschaft nie benutzt, da sie lange vor ihrem Gemahl starb, scheint sich aber sonst oft dort aufgehalten zu haben.[3]) Ebenso steht es in einem Witumsbriefe 1528 für die erste Gemahlin Friedrichs (des Unglücklichen) Walburg, geb. Gräfin von Helfenstein,[4]) die freilich bereits in den 20er Jahren, als Johann lange von Hause abwesend war, mit ihrem Gemahl in Schwarzenberg Wohnung genommen und dort 1525 den Bauernaufruhr miterlebt und überwunden hatte.[5])

Ebenso wie das unten zu erwähnende Hohenlandsberg stach auch Schwarzenberg den benachbarten Brandenburgischen Markgrafen ins Auge. Sie hätten gar zu gern die reichsunmittelbare Besitzung in ein Afterlehen ihres Hauses verwandelt und bemühten sich in immer wiederkehrenden kleinen Zerwürfnissen und Streitigkeiten[5]) Johann von der Notwendigkeit zu überzeugen, sich unter ihren Lehenschutz zu begeben. Um diesen fortdauernden Vergewaltigungen zu entgehen, entschloss er sich

---

[1]) Akten des Freiherrn Johann, fasc. 278, im fürstl. Schwarzenbergischen Zentralarchiv in Krumau (Mörath, S. 5).

[2]) Urkunde vom 28. September 1514 (Abschrift in der Handschrift 36 des fürstl. Schwarzenbergischen Archivs zu Schwarzenberg, Bl. 123—127; Mörath, S. 5—6).

[3]) Schlosswäscheinventar vom Jahre 1514 im fürstl. Schwarzenbergischen Archive zu Schwarzenberg (Mörath, S. 6).

[4]) Urkunde in Lade 19 des fürstl. Schwarzenbergischen Zentralarchivs in Krumau (Mörath, S. 6).

[5]) Kopialbücher von Urkunden und Prozessen aus der Zeit des Freiherrn Johann im fürstl. Schwarzenbergischen Zentralarchiv in Krumau.

endlich 1511 im Kadolzburger Vertrage den Brandenburgern seine Herrschaften zu Lehen aufzutragen. Wir werden das gleiche bei der Geschichte des Schlosses Landsberg zu wiederholen haben.

2. Schloss Hohenlandsberg.

Schloss Hohenlandsberg,[1]) das zweite, jüngere Besitzzentrum der Schwarzenberge, ist eine vollständige Ruine, seitdem unter Johanns Sohn Friedrich dem Unglücklichen das feste Haus 1554 gebrochen und verbrannt wurde. Die Ruine Landsberg gehört zu den höchst gelegenen Punkten der ganzen Umgegend; der steil aufragende Bergkegel hat jedenfalls schon in sehr alter Zeit eine Befestigung getragen und den ehemaligen Gollachgau geschirmt. Landsberg war, wie einst auch Schloss Schwarzenberg, das man von der Höhe nach Nordosten hin tief im Walde eingelagert erblickt, im 14. Jahrhundert im Besitze der Hohenlohes gewesen und dann auf mannigfachen Umwegen in den Besitz des Bischofs Johann von Würzburg gekommen, von dem es 1435 der erwähnte Erkinger von Seinsheim, der erste Freiherr zu Schwarzenberg, käuflich mit dem Dorf Dornheim, den Seen daselbst und allen Zubehörungen als freies Eigen erwarb.[2])

Nach Erkingers Tode besassen seine Söhne zweiter Ehe das Schloss ungestört bis 1500. Von da beginnen die Bemühungen der Brandenburgischen Markgrafen, es als ihr Lehen ebenso wie Schloss Schwarzenberg in Anspruch zu nehmen. Im Jahre 1500 lud Friedrich der Ältere den Freiherrn Sigmund vor sein Lehengericht und erklärte das Schloss nicht nur für ein Brandenburgisches Lehen aus einem Lehenbriefe von Sonntag Laetare (31. März) 1443 an Markgraf Albrecht Achilles, sondern behauptete dessen Heimfall, da Sigmund 1486 nach dessen Tode das Lehen nicht von neuem empfangen hatte. Trotzdem dieser vermeintliche Lehenbrief eine Fälschung gewesen sein muss, — waren doch die darin belehnten Gebrüder Schwarzenberg

[1]) Burckhardt, Geschichte der Burg Hohenlandsberg aus archivalischen Quellen im 14. Jahresbericht des historischen Vereins für Mittelfranken (1845), S. 89—116, Beilage III, Abbildung; M. J. Lehner, Mittelfrankens Burgen und Herrensitze (1895), S. 256.

[2]) Der Kaufbrief ist abgedruckt bei Burckhardt, S. 114—116.

noch nicht 14 Jahre alt! — fiel der Spruch des Lehengerichts zu Gunsten des Markgrafen aus; die sofort beim Kammergericht in Speier eingelegte Appellation hatte keinen Erfolg. Sigmund starb darüber, und sein Sohn Johann wurde durch endlose Eingriffe Brandenburgs gegen seine Hohenlandsberger Untertanen endlich dazu veranlasst, 1511 auch das Schloss Hohenlandsberg dem Markgrafen als Lehen von neuem aufzutragen, unter der Bedingung, dass der Markgraf bis zu einem bestimmten Termine, Petri cathedra (22. Februar) 1514, den Konsens kaiserlicher Majestät dazu auswirken sollte. Dies geschah zur festgesetzten Zeit, und das Schloss wurde kraft Vertragsbriefes bereits vom Mittwoch nach Crucis exalt. (17. September) 1511 und Lehenbriefes vom vorhergehenden Tage Brandenburgisches Lehen. Ein Vorkaufsrecht des Stiftes Würzberg blieb vorbehalten. Dieser Lehenbrief wurde am Tag der Bekehrung Pauli (25. Januar) 1517 von den Söhnen, dem Markgrafen Georg für Ansbach und Kasimir für Bayreuth erneuert.

Die Veste kann militärisch gar nicht unwichtig gewesen sein. Freiherr Johann hat nach dem Tode seines Vaters eine vollständige Renovation derselben vorgenommen, indem er „*erstmals das alte schloss zu grund abgebrochen, erst von neuem in berg hineingegraben und gesetzt hat.*“ Wir sind in der glücklichen Lage, eine Abbildung der Burg kurz vor ihrer Berennung im Schmalkaldischen Kriege, bei Hortleder,[1] zu besitzen. Danach nahm das Schloss gerade den Berggipfel ein; der stumpfe, massive Bergfried stand in der gemauerten Befestigungslinie, vor der eine doppelte Pallisadenreihe den Zugang hinderte. In der Mitte des fast runden Plateaus erhob sich das niedrige, von vier Türmen flankierte Hauptgebäude, das ohne viel Geräumigkeit nur kriegerischen Zwecken gedient zu haben scheint. Stallung, Küche und Speicher sind davon getrennt und an die zweite Befestigungslinie herangerückt. Nur der geringe Raum und das Fehlen jeder Unterkunft für grössere Massen machen die Aufgabe des Schlosses im Bauernkriege erklärlich.

Unter Johanns Sohne Friedrich dem Unglücklichen schlug

---

[1]) Hortleders Geschichte des Schmalkaldischen Krieges (1645) 2, S. 1547, Burckhardt, S. 109.

Hohenlandsbergs letzte Stunde. Nachdem dieser wegen seiner Teilnahme am Schmalkaldischen Bunde vom Kaiser in die Reichsacht erklärt worden war, bat sich Markgraf Albrecht der Jüngere von Brandenburg vom Kaiser die nach Lehenrecht ihm zufallenden Herrschaften Schwarzenberg und Hohenlandsberg aus und besetzte die Schlösser 1547 mit seinen Reisigen. Trotz aller Bemühungen Friedrichs beim Reichskammergericht, und trotzdem er bereits 1552 aus der Acht gekommen und am 5. Juni 1553 eine Restitutionsurkunde des Markgrafen erhalten hatte, vermochte er doch nicht zu seinem Rechte zu gelangen: er musste es erleben, dass sein Schloss vom 5. bis 8. April 1554 von den fränkischen Bundesverwandten, besonders Nürnberg, berannt und aus 24 Feldstücken beschossen wurde.[1]) Der Brandenburgische Oberst Stöcklein, der das Kommando auf Landsberg führte, sah sich darauf zur Kapitulation gezwungen. Trotz Friedrichs Einspruch wurde das Haus am 12. oder 13. April angezündet, verbrannt und geschleift.

3. Freiherr Sigmund zu Schwarzenberg und Hohenlandsberg.

Der Stammvater der Fränkischen oder Hohen-Landsbergischen Linie ist der Vater unseres Freiherrn Johann, Sigmund Freiherr zu Schwarzenberg. Über sein Leben sagen uns die Urkunden leider nicht viel.[2]) Wir kennen nicht einmal sein Geburtsjahr. Sigmunds Lebensalter wird bei seinem 1502 erfolgten Tode auf ungefähr 72 Jahre berechnet, so dass er mutmasslich um 1430 geboren ist. Sein Name erscheint bereits im Jahre 1444 bei einer Privilegiumsbestätigung Friedrichs III. an Sigmund von Schwarzenberg und seinen Bruder. Aus seiner Jugendzeit haben wir sonst gar keine urkundlichen Zeugnisse. Wir wissen nur, dass er sich im Jahre 1461 mit Eva von Erbach zu einem glücklichen Ehebunde vermählte, dem ein Sohn und eine Tochter, Johann und Kunigunde, entsprossen. Letztere sehen wir bereits in zartem Alter als Verlobte des sächsischen Freiherrn von Schleinitz (1473).

---

[1]) Vgl. dazu die genannte Abbildung aus Hortleder.

[2]) Die Archivalien der fürstlich Schwarzenbergischen Archive benutzt ausführlich Ad. Berger, Das Fürstenhaus Schwarzenberg S. 30 ff., worauf im folgenden verwiesen ist.

Freiherr Sigmund scheint als ein tatkräftiger Mann in seinem Herrschaftsbereiche gewaltet zu haben. Er übernahm im Jahre 1460 nach dem Tode seines älteren Bruders Johann (I.) die Regierung der Reichsherrschaft Schwarzenberg und kümmerte sich auch im einzelnen um die Gerichtshoheiten seines Gebietes. So kennen wir eine Urkunde vom 25. Juni 1465, in der Kaiser Friedrich III. eine Anzahl von Schwarzenbergischen Schöffen des Zentgerichts Scheinfeld aufforderte, vor seinem Gericht zu erscheinen, da dort widerrechtlicherweise Nürnbergische Untertanen vorgeladen und abgeurteilt worden wären.[1]) In dem Streite, der sich darauf zwischen ihm und der Reichsstadt Nürnberg erhob, ist dann freilich Freiherr Sigmund unterlegen; denn er leistet in einer Urkunde vom 21. Juni 1466 dem „fürsichtigen, ehrsamen und weisen Bürgermeister und Rat der Reichsstadt Nürnberg" die Zusage, dass weder er noch seine Nachkommen und Erben jemals Nürnbergische Untertanen vor sein Zentgericht in Scheinfeld laden würden; geschähe es, so sollte solches Urteil nichtig sein. In den Urkunden erscheint er als Oberherr des Zentgerichtes von Scheinfeld, doch sitzt neben seinem Schultheissen ein stummer Richter des Bamberger Bischofs, der in Fällen, wo es sich um Bambergische Hintersassen handelt, den weissen Gerichtsstab in der Hand hält.

Mit dem Hochstift Bamberg mag Sigmund in seinen Zentangelegenheiten des öfteren in Konflikt geraten zu sein. Er schliesst nämlich betreffs der Zahlung der Zentkosten mit dem Bambergischen Amtmann Wilhelm von Marschalk zu Oberscheinfeld am 2. Juni 1473 einen Vertrag, dass im Zentgericht Scheinfeld jeder Untertan bei einem Zentfalle einen Groschen oder 7 Pfennige beizusteuern habe. Ähnlich ist er auch in Gemeinschaft mit dem Bischof Heinrich von Bamberg darauf bedacht, Kosten zu sparen und vermindert daher die Zahl der Schöffen von 24 auf 12.

Ebenso wie mit Bamberg hatte Freiherr Sigmund, gleich

---

[1]) A. Mörath, Beiträge zur Geschichte des Zentgerichts Scheinfeld in der Reichsherrschaft Schwarzenberg in Franken im 14., 15. und 16. Jahrhundert im 44. Jahresbericht des historischen Vereins für Mittelfranken (1891), S. 5—7 nach den Archivalien des fürstl. Schwarzenbergischen Archives zu Schwarzenberg in Franken.

seinem Sohne Johann fast ununterbrochene Streitigkeiten mit dem Hochstift Würzburg. Es handelte sich bereits hier um Irrtum und Gebrechen wegen der „Fronhofer, Fronhöfe, Hübner, Huben, Lehenleute und Lehengüter der Domprobstei Würzburg“, die im Amt Landsberg in den Dörfern Weigenheim, Seinsheim, Bullenheim, Iffigheim und Hernsheim gelegen und Herrn Sigmund zu Schwarzenberg vogtbar sind.[1]) Hiermit begann eine lange Reihe von Streitigkeiten, die sich nachher fast durch das ganze Leben Johanns von Schwarzenberg in ähnlich immer wiederkehrender Form und immer steigender Heftigkeit hindurchziehen. Dabei hat sich freilich Freiherr Sigmund oftmals trotz aller Verträge zwischen ihm und dem Domprobst Kilian von Bibra im Unrecht befunden; das zeigt z. B. die eigenmächtige Pfändung von 20 alten Pfennigen pro Hube an Stelle von Hühnern, deren Annahme er verweigert (1482). Ausserdem sind auch bereits unter der Regierung des Freiherrn Sigmund und zwar aus dem Jahre 1480 (?) zahlreiche Zoll-Zwistigkeiten zwischen ihm und der Domprobstei Würzburg besonders im Amte Geiselwind belegt, die ebenfalls in erhöhtem Masse zur Zeit des Freiherrn Johann wiederkehren.

Das führt uns jedoch bereits in eine spätere Zeit. Auch ausserhalb seines eigentlichen Herrschaftsgebietes erwies sich Sigmund als ein tatkräftiger Mann, dem sich die Herzen seiner Nachbarn und Gaugenossen nicht verschlossen haben. In den 60er Jahren des 15. Jahrhunderts erscheint er als Brandenburgischer Amtmann in Neustadt a. d. Aisch und später (1486) als Hauptmann auf dem Gebirge und Hofrichter (1491),[2]) und beteiligt sich oftmals an Streitigkeiten, welche die Bischöfe von Würzburg und die Markgrafen von Brandenburg in ihrer Eigenschaft als Burggrafen von Nürnberg auszufechten hatten.[3]) Da Schloss Schwarzenberg ungefähr in der Mitte der streitenden Parteien lag, suchte er es möglichst wehrbar zu machen und mit Büchsen zu versehen, wie wir aus einem am 22. Oktober 1469 aufgenommenen Inventare erfahren. Es mag bei dieser

---

[1]) Archivalien des Kr.-Arch. Würzburg (Adel 1003).

[2]) Lang, Neue Geschichte des Fürstentums Baireuth 1 (1798), S. 32, 79, 81.

[3]) Berger, S. 30; Mörath, S. 4.

Gelegenheit nicht unerwähnt bleiben, dass auch sein Sohn Johann gerade für die Artillerie seiner Zeit grosses Interesse hatte, das er durch seine Bitten um Feldschlangen an Kurfürst Friedrich den Weisen und durch seine Teilnahme an den artilleristischen Anschlägen zur Türkenhilfe mehrfach betätigte.[1])

Einigemale begegnen wir dem Freiherrn Sigmund auch als Obmann in Prozessen seiner Nachbarn, so z. B. im Jahre 1468, 1475, 1477.

Im Jahre 1484 soll er an dem grossen Turniere des schwäbischen Adels zu Stuttgart teilgenommen haben

Oft genannt wird Sigmunds Beteiligung an dem Zuge, den die deutschen Ritter nach den Niederlanden unternahmen, um den in Brügge von den Aufständischen seit 1486 gefangen gehaltenen Maximilian zu befreien. Aus Dankbarkeit verlieh Kaiser Friedrich III. den beiden Familienhäuptern der Schwarzenberge, Sigmund und Michael, am 10. Juli 1488 im Lager von Gent einen Schutz- und Lehenbrief über die Karthause Ostheim. Kaiser Max selbst beeilte sich 1489, um seine persönliche Dankbarkeit zu beweisen, den Schutz- und Schirmbrief über das Schloss Stephansberg zu erneuern. An diesem Zuge hat auch der jugendliche Freiherr Johann bereits teilgenommen.

Was es mit den bayerischen Diensten auf sich hat, in die Sigmund wie Johann 1490 getreten sind, lässt sich nur aus einer einzigen Urkunde ersehen.[2]) Beide Schwarzenberge werden zu Dienern Albrechts auf Lebenszeit gegen ein Jahrgeld von 300 Gulden angenommen; doch scheint dies Dienstverhältnis nicht lange gedauert zu haben.

Bald darauf, noch in demselben Jahrzehnt des 15. Jahrhunderts (1492) ist Sigmund als Brandenburgischer Hauptmann in verschiedenen Stellungen tätig gewesen. Er bezog als „Rat“ der Markgrafen Friedrich und Sigismund von Brandenburg ein Jahrgeld von 200 Fl. rheinisch.[3]) Eine weitere Nachricht nennt

---

[1]) Siehe näheres im 7. und 8. Kapitel des ersten Teiles.

[2]) Originalurkunde vom 4. April 1490 in Lade 18 des fürstlich Schwarzenbergischen Zentralarchivs zu Krumau; woher Bergers Angabe (S. 31) stammt, ist nicht ersichtlich.

[3]) Originalurkunde vom 9. Juli 1492 in Lade 18 des fürstlich Schwarzenbergischen Zentralarchivs zu Krumau.

ihn Statthalter in dem bayerischen Teile von Ostfranken; Brandenburgischer „Hofmeister“ ist er niemals gewesen.[1]) Ein Hofmeisteramt kann Sigmund schon deshalb nicht gut bekleidet haben, weil wir nichts von einem länger dauernden Aufenthalt des Freiherrn am Brandenburgischen Hofe hören, der doch mit einem solchen Amte unerlässlich verbunden gewesen wäre. Trotzdem aber nähere Nachrichten fehlen, können wir doch an einem Dienstverhältnis Schwarzenbergs zum Brandenburgischen Hofe nicht zweifeln.

1495 ist Sigmund als Amtmann und Oberrichter der Reichsstadt Windsheim bezeugt, die ihm, wie später seinem Sohne, ein unbegrenztes Vertrauen entgegenbrachte.

Besser sind wir über den bereits erwähnten Streit mit den Brandenburgischen Fürsten unterrichtet,[2]) die auf Grund einer Lehenurkunde von 1443 die Lehenherrlichkeit über die Schwarzenbergische Burg Hohenlandsberg in Anspruch nahmen. Im Jahre 1500 forderten sie Sigmund sogar vor das Lehengericht nach Ansbach, weil er angeblich 1486 beim Tode des Markgrafen Albrecht es unterlassen hätte, sich das Lehen von dessen Nachfolger von neuem bestätigen zu lassen. Sigmund appellierte darauf beim Kammergericht in Speier gegen eine derartige Vergewaltigung; eine Entscheidung ist freilich bei seinen Lebzeiten von dort nicht ergangen. Dass Schwarzenberg jedoch im Recht war, bezeugt die Nachricht von der im Jahre 1495 erfolgten Bestätigung sämtlicher Privilegien, Rechte und Freiheiten durch den Kaiser und die Belehnung mit dem Schlosse Schwarzenberg als Reichslehen. Auch sein Sohn Johann hatte später trotz seiner sonst freundlichen Beziehungen zu Brandenburg in Bezug auf das Lehenverhältnis schwere Kämpfe durchzumachen.

Aus des Vaters Leben besitzen wir endlich noch die vereinzelte Nachricht, dass er als Zeuge bei der am 26. Mai 1498 erfolgten gütlichen Einigung zwischen dem Bischof Heinrich von

---

[1]) Irrig bei Berger, S. 31 aus Lang.

[2]) Aus Schnizzers unten citierter Chronik 1, S. 357 (Rossmann in Schotts Juristischem Wochenblatt 3, S. 279).

Bamberg und dem Markgrafen Friedrich von Brandenburg[1]) zugegen gewesen ist.

Diese wenigen Notizen über das Leben des alten Schwarzenberg können zur eigentlichen Charakteristik nicht gerade viel beitragen. Er war jedenfalls ein Durchschnittsedelmann und ein echtes Kind seiner Zeit.

Der Vorredner zu den Werken seines Sohnes berichtet uns jedoch wenigstens eine (weiter unten näher zu beleuchtende) Episode aus seinem Leben, die unsere Kenntnis des ganzen Mannes zu vertiefen imstande ist. Wir lernen ihn als einen unbeugsam strengen Vater gegenüber seinem Sohne Hans kennen, den er und seine zweite Gemahlin Eva von Erbach[2]) aus dem Strudel üppigen und lasterhaften Hoflebens auf den rechten Weg zurückzuführen versuchen.[3])

Im übrigen hat Freiherr Sigmund seinem Sohne die ritterliche Erziehung der jungen Adligen seiner Zeit angedeihen lassen, die sich mehr auf Pflege der körperlichen als der geistigen Fähigkeiten erstreckte. Einzelheiten sind leider nicht weiter bekannt.

Zweites Kapitel.

Johanns Jugend.

Über die erste Jugend und Erziehung Johanns fliessen leider unsere Quellen gar zu spärlich. In Archivalien findet sich natürlich nur das Wissenswerte aus Schwarzenbergs, des

---

[1]) Kr.-Arch. Bamberg; Looshorn, Geschichte des Bistums Bamberg (1900) 4, S. 418.

[2]) Sie war Mitglied des Brandenburgischen Schwanenordens; vgl. Hänle, Urkunden und Nachweise zur Geschichte des Schwanenordens (1876), S. 154.

[3]) Vorrede zum „Büchle wider das zutrincken" im „Teutschen Cicero", Augsburg 1534, Bl. 80b (hrsg. von W. Scheel in den Neudrucken deutscher Literaturwerke des 16. und 17. Jahrhunderts, hrsg. von W. Braune, No. 176, Halle 1900, S. 5); die Stelle ist aus der zweiten Ausgabe des „Teutschen Cicero" 1535 abgedruckt bei G. Geib, Lehrbuch des Deutschen Strafrechts 1 (1861). S. 255, 256.

Mannes. Leben notiert, und auch die fränkischen Chroniken, von denen einst Brunnenmeister Neues erhoffte, versagen gänzlich. Selbst die Familienarchive des Hauses Schwarzenberg schweigen.[1])

[1]) Die ältere öfter citierte Literatur mag hier angeführt werden: J. Christ, De Joanne Schwartzenbergico dissertatio. Halae 1726; Andr. Eb. Rossmann, Von dem Verfasser der Bambergischen, Brandenburgischen und des heiligen römischen Reichs peinlicher Halsgerichtsordnung, Johann Freiherrn von Schwarzenberg in den Erlanger gel. Anzeigen 1751 (No. 25), S. 193—199, daraus in Schotts Juristischem Wochenblatt 3 (1774), S. 273—286; Neue litt. Anzeigen 1802 (No. 6), S. 119—122; D. Jul. Friedr. Malblank, Geschichte der peinlichen Gerichts-Ordnung Kaiser Karls V. von ihrer Entstehung und ihren weiteren Schicksalen bis auf unsere Zeit (1783), S. 112 ff. bis 134; Longolius, Sichere Nachrichten von Brandenburg-Culmbach etc. 4, S. 53 ff.; Plitt, Repertorium für das peinliche Recht 2, S. 327—345; Rosshirt, Johann von Schwarzenberg in seiner Beziehung zur Bambergensis und Carolina im Neuen Archiv für Kriminalrecht 9 (1826), S. 234—244; Ahnensaal der Fürsten zu Schwarzenberg. Gezeichnet und lithographiert von Franz und Michael Stohl, mit erklärendem Texte von Anton Beck (1853); H. Zöpfl, Zur Biographie des Freiherrn Johann von Schwarzenberg in der Zeitschrift für deutsches Strafverfahren von v. Jagemann und Nöllner 1 (1840), S. 134—144, abgedruckt in Zöpfls Altertümern des deutschen Reichs und Rechts 2 (1860), S. 431—440; E. Herrmann, Johann Freiherr zu Schwarzenberg. Ein Beitrag zur Geschichte des Kriminalrechts und der Gründung der protestantischen Kirche (1841); Osenbrüggen, Schwarzenberg in der Allgem. österreich. Gerichtszeitung 1857 No. 89—91; L. Weissel, Hanns Freiherr von Schwarzenberg (1878 ohne neue Ergebnisse); E. Brunnenmeister, Die Quellen der Bambergensis. Ein Beitrag zur Geschichte des deutschen Strafrechts (1879), S. 1—7 und Anm.; J. Neff, Artikel „Schwarzenberg" der Allgem. deutschen Biographie 33 (1891), S. 305—306. Vgl. auch die Angaben und die Beurteilung älterer Literatur bei A. Berger, S. 30 ff. und bei G. Geib 1, S. 254 ff.; Stintzing, Geschichte der deutschen Rechtswissenschaft 1, S. 612 ff; vgl. neuerdings auch die freilich recht zusammengewürfelte Literaturangabe bei Binding, Grundriss des Deutschen Strafrechts 1 (1902), S. 29—31. — Wie schon Brunnenmeister erkannte, gehen die meisten biographischen Nachrichten, soweit sie nicht archivalischen Ursprungs sind, auf die wortreichen Vorreden zu den beiden Bänden der Werke Schwarzenbergs zurück, die nach seinem Tode bei Steyner in Augsburg erschienen. Es ist die Übersetzung der „Officien" des Cicero (1531) und der „Teutsch Cicero" (1534). Die hierher gehörigen Notizen druckt zum grössten Teile Geib 1, S. 255—257 allerdings nach späteren Ausgaben ab. Rankes und Güterbocks Angaben sind weiter unten verwertet.

Schon über das Geburtsjahr des Freiherrn Johann besteht trotz allen scheinbar minutiös genauen Nachrichten seit langem eine Kontroverse.

Die Angaben schwanken zwischen 1462 und 1471. Für uns können davon überhaupt nur zwei als wichtig in Betracht kommen. Auf dem letzten Blatte des „Teutschen Cicero" befindet sich die Inschrift des Denksteins, der Schwarzenberg angeblich von seinen Söhnen errichtet ist; dort wird sein Todestag auf den 21. Oktober 1528 festgesetzt und sein Alter auf 64 Jahre, 9 Monate 26 Tage berechnet. Danach fiele der Tag seiner Geburt auf den 25. Dezember 1463.[1]) In etwas anderer Form erscheint die Inschrift bei Malblank.[2]) Leider kennen wir die originale Grabschrift auf dem Johannisfriedhofe zu Nürnberg, wo Schwarzenberg nahe den Stationen des Adam Krafft neben Hans Sachs und anderen berühmten Zeitgenossen seine letzte Ruhestätte gefunden hat, nicht mehr, was um so tiefer zu beklagen ist, als die überlieferten Fassungen Unwahrscheinlichkeiten in sich tragen. Schon Berger nimmt richtig an,[3]) dass die erste im „Teutschen Cicero" überlieferte nur ein literarisches Denkmal der Söhne für den Vater gewesen sei. Nun war bekanntlich bei der Herausgabe der posthumen Werke Johanns ein ungenannter Zeitgenosse beteiligt, der die einzelnen Werke einleitet und am Ende zu dem Porträt Schwarzenbergs von Dürer ganz genau dessen Körperlänge in Massen anzugeben weiss.[4]) Aber trotz dieser minutiösen Angaben, die den Berechnungen des Epitaphs so ähneln, dass sie den Stempel der gleichen Herkunft tragen, ist der Anonymus oft recht unzuverlässig. Wir dürfen daher das Epitaph durchaus nicht als authentische Quelle ansehen.

Wir besitzen indessen ein Zeugnis von einer gleichzeitigen

---

[1]) „Teutsch Cicero" 1534, Bl. 154: *„Illustri viro Joanni a Schuuartzenberg, patri charissimo, filii haeredes pro pietate posuerunt. Vix. an. LXIIII. ms. IX. dies XXVI. Obiit an. a Christo nato MDXXVIII. XII. Kalend. Novemb."*

[2]) **Malblank**, Gesch. der Peinlichen Gerichtsordnung S. 122: *Joannes Baro a Schwarzenberg, vir doctus, obiit A. C. 1528, XII. Kal. Novembr. aetatis 64.* — Trechsel, Erneuertes Gedächtnis des Nürnberger Johanniskirchhofs (1785) s. v. Schwarzenberg.

[3]) S. 32, 46.

[4]) „Teutsch Cicero" 1534, Bl. 153 b.

Hand; auf einem Pergamentblatt im fürstlichen Archive zu Schwarzenberg[1]) findet sich, jedenfalls von dem damaligen Vogt Jörg Bucher geschrieben, die Notiz: „*Item Johanes herre zu Swartzemberg, herre Sigmundt herren zu Swartzemberg sone und von seiner frauen muter ein schenck von Erpach, ist geboren zu weinachten an sant Steffans tage zu mitternacht im 66. jare.*"

Da sich ausserdem auf der Rückseite des Blattes neben Aufzeichnungen verschiedener Hände aus den Jahren 1429—1498 die eigenhändige Notiz des Grafen Wolfgang Jakob zu Schwarzenberg († 1618) findet: „*dises blatt ist mit vleiss uffzuhöben*", so ist die Authenticität der Nachricht gesichert. Schwarzenberg ist also am Stephanstag (26. Dezember) des Jahres 1465 unserer Zeitrechnung geboren, da in Franken damals noch Weihnachten als Jahresanfang gerechnet wurde.[2])

Es ist also nicht recht ersichtlich, warum wir nicht dies von einem Nachfahren beglaubigte Zeugnis als sicher annehmen sollen, besonders da es mit den übrigen aus Johanns Leben bekannten Tatsachen nicht im Widerspruch steht.

Seine Erziehung verlief nicht anders als die der Rittersöhne jener Zeit. Schloss Schwarzenberg, das nach dem Tode Johanns I. im Jahre 1460 an Sigmund übergegangen war, gab den Tummelplatz seiner beginnenden ritterlichen Übungen; früh erlangte er darin so grosse Fertigkeit, dass er schon mit 14 Jahren an Turnieren teilnehmen konnte. Noch in seinem Alter war er als „*teutscher renner und stecher*" berühmt.[3]) Bekannt ist die Nachricht, dass er an den Fingergelenken Hornauswüchse gehabt habe, die er zu beschneiden pflegte.

Vielleicht hängt damit seine ausserordentlich schwer lesbare Handschrift zusammen, über die er selbst humorvoll zu spotten pflegte. Noch 1523 sagt er in einer Nachschrift an Kasimir von Brandenburg: „*konen e. f. g. mein schrift nit lessen, so kone doch die eur gn. oberster secretari, als ich hoff, lessen; ich hab in eil dester unleslicher schreiben müssen; ich wolts sunst besser ge-*

---

[1]) Urkunde No. 186.

[2]) Grotefend, Zeitrechnung des deutschen Mittelalters I (1891), S. 205 f.

[3]) Kasimir von Brandenburg an Albrecht von Preussen vom 26. Mai 1526 (St.-Arch. Königsberg).

macht haben."[1]) Ähnlich entschuldigt er sich 1526 an Albrecht von Preussen: *„wie dieselbig sach iczo stet, bit ich e. f. g. mit der kurcz auss eingelegter zetel genediglich zu vernemen, die e. f. g. bass dan dise mein böse hantschrift lesen konen; wan dieweil e. f. g. eur genaden hantschrift fur unlesslich achtet, die doch canzleyisch gegen der meinen ist und ich gar wol hab lessen konen, besorg ich vil mere, das e. f. g. disse mein schrift zu lessen mangel haben werden.*"[2])

Die äussere Erscheinung Schwarzenbergs können wir uns, freilich erst im Alter von 50 Jahren, aus dem sehr charakteristischen Holzschnitte vergegenwärtigen, der, auf einem Porträt Albrecht Dürers beruhend, in der Officienübersetzung (zuerst 1531) und dem „Teutschen Cicero" (zuerst 1534) abgedruckt ist.

Ein breiter Bart umrahmt das Gesicht, aus dem grosse, durchdringende Augen warmherzig herausleuchten; die Nase ist lang, in guter Proportion mit dem kräftigen Mannesantlitz. Auf der rechten dem Beschauer zugewandten Seite ist eine vernarbte Hiebwunde sichtbar. Die mit Goldspitzen versehene barettartige Kopfbedeckung und der pelzverbrämte Mantel zeigen uns den vornehmen Hofmeister etwa des Jahres 1513.[3])

---

[1]) Schwarzenberg an Kasimir von Brandenburg vom 25. April 1523 (Acta den schwäbischen Bund betreffend tom. XI, fol. 88—91 im Kr.-Arch. Bamberg).

[2]) Schwarzenberg an Albrecht von Preussen vom 20. Januar 1526 (St.-Arch. Königsberg).

[3]) Aus den Steynerschen Drucken ist dies Porträt Schwarzenbergs oft übernommen worden. (Panzer, Verzeichnis der Nürnberger Portraiten aus allen Ständen. Nürnberg (1790), S. 225). -- Ein diesem sehr ähnliches Bild eines etwa dreissigjährigen Mannes, ebenfalls von Dürer herrührend, jetzt in der Albertina zu Wien, der sich auf den ersten Blick als ein jüngerer Schwarzenberg gibt, hat sich als Bildnis eines jungen holländischen Adligen herausgestellt; es gehört zum Niederländischen Skizzenbuche Dürers. — Das Porträt Schwarzenbergs im Schwarzenbergischen Ahnensaal, in ganzer Figur, ist nach dem lebensgrossen Bilde angefertigt, das Fürst Johann Adolf zu Schwarzenberg († 1683) durch seinen Hofmaler Peter Sporkmann in Wien hatte malen lassen. Vorlage hierfür war wahrscheinlich ein im Jahre 1662 von dem Schlosse Ginsborn nach Wien gesandtes „Contrefait", auf dem Johann im langen Scharlachrock dargestellt war. — Ein anderes Porträt Johanns, auf Tuch gemalt, wurde 1663 aus Schwarzenberg ebenfalls nach Wien geschickt. Alle diese Bilder, sowie auch das Original des Dürerschen Porträts, sind leider verschollen (Berger, S. 46; Mörath, S. 22 und briefliche Mitteilung).

Schwarzenberg war eine gewaltige ritterliche Erscheinung. Von seiner Körperkraft wusste man allerlei fabelhafte Sachen zu erzählen: so soll er z. B. einen Strick, mit dem man Kühe anzubinden pflegte, mit blosser Hand zerrissen und Hufeisen zerbrochen haben.[1]) Sein Gehen erschütterte das Haus.[2])

Der wortreiche Vorredner zu seinen Schriften gibt, wie gesagt, ganz genau seine Körperlänge an, die sich auf die respektable Grösse von 1,90 m bemisst.[3])

Sonst kennen wir aus Schwarzenbergs Frühzeit nur eine Episode. Wie es üblich war, brachte Sigmund seinen Sohn als Knappen an einen Fürstenhof, damit er dort den letzten Schliff ritterlicher Erziehung erhielte. Es wird uns berichtet, dass es am Rhein gewesen sei; genauer lässt sich der Ort nicht bestimmen. Hier ging er vollständig in dem wilden Treiben der jungen Edelleute unter. Erst des Vaters ernste Mahnung riss ihn aus dem Kreise seiner Genossen heraus und rief ihn heim nach Schwarzenberg. Der Vater liess in drastischen Worten sein Missfallen aus: *„wo er daz nit liess, so wolt er ine enterben und ehe sein gůt zů einem gemeinem der leichtfertigen weyber hauss verodnen, dann ime, seinem sun, solch sein erb als einem ungeraten volgen zů lassen“*. Wie tief jedoch der Sohn bereits in den Strudel jenes Lebens untergetaucht ist, zeigt das Versprechen, mit dem sich der Vater zufrieden gab: *„er wölt auch kainen tag mer dann einen reinischen gulden verspilen und nimmer mer, wenig noch vil, zůtrincken!“*[4])

Dies Versprechen hielt er treulich. Es mag etwa 1480—81 gewesen sein, als er sich einer ernsteren Lebensauffassung zuwandte. Vielleicht hat er bereits damals, wie dann später aus

---

[1]) Aus der Vorrede zu den „Officien“ 1531 und Math. Sal. Schnizzers Chronica der Stadt Neustadt an der Aisch 1, S. 623 (Ms. von 1708 im Kr.-Arch. Nürnberg).

[2]) Ebendort 1, S. 357; Rossmann in Schotts Juristischem Wochenblatt 3 (1774), S. 273 ff.

[3]) Unterschrift unter dem Dürerschen Porträt Schwarzenbergs in den „Officien“ 1531 und im „Teutschen Cicero“ 1534: *„Starb anno etc. 28, seins alters bey 64 jaren und ist nachgesetzs schwartzen strichs zweyntzig lang gewesen“*.

[4]) Vorrede zum „Büchlein vom Zutrinken“ im „Teutschen Cicero“ 1534, Bl. 80b. (Ausgabe von Scheel S. 5—6.)

den Jahren 1500—1502 bezeugt ist, an der Bewirtschaftung der ausgedehnten Güter und den Sorgen um die Gerichtsbarkeit und Gerichtshoheit teilgenommen. Als er sich dann in noch recht jugendlichem Alter, etwa 1486 oder 1488 mit Kunigunde von Rieneck vermählte, entfremdete er sich ganz den Modelastern seiner Zeit. Eine zahlreiche Kinderschar bevölkerte das Haus, deren Namen hier bereits ihre Stelle finden sollen: es waren die Söhne Christoph, Friedrich, Paulus, Philipp und die Töchter Barbara, Anna, Helene, Agnes, Kunigunde, Ursula, Margareta, Magdalena.[1]) Wo er zunächst seinen Wohnsitz aufschlug, ist nicht klar: da die Stammburg Schwarzenberg von dem Vater Sigmund, in den 60ger Jahren sogar zusammen mit der Witwe seines älteren Bruders Johanns I. bewohnt war, hat er vielleicht auf Hohenlandsberg gehaust, vielleicht auch eine Dienstwohnung in Bamberg selbst zur Verfügung gehabt.

Doch „verlag" er sich nicht auf seiner Burg, sondern nahm an den Welthändeln kräftigen Anteil. 1487 befindet er sich auf dem Reichstage zu Nürnberg, freilich damals wohl noch als Zuschauer,[2]) in demselben Jahre kämpft er auf einem grossen Turniere zu Regensburg mit,[3]) 1488 ist er, wie bereits erwähnt, unter den Teilnehmern des Zuges nach den Niederlanden. Hier muss er die Aufmerksamkeit des ihm in vielen Stücken ähnlichen König Max erregt haben. Denn von da ab wird er als Teilnehmer an den Kriegszügen Maximilians in Deutschland und Italien in ansehnlichen Befehlsstellen genannt.[4]) Wir werden nicht fehl gehen, wenn wir ihn als Genossen der abenteuerlichen Fahrten Maximilians in Italien besonders in den 90er Jahren ansprechen. Es ist sogar noch aus dem Jahre 1517 bezeugt, dass er zusammen mit Kasimir von Brandenburg in kaiserlichem Dienst nach Mailand zog.[5]) Schon bei Zeitgenossen heisst er seiner kriegerischen Tüchtigkeit wegen der „Starke" und hat den

---

[1]) Näheres über die Kinder bei Berger, S. 47 ff. und in Möraths Stammtafel auf Blatt III.

[2]) Müllers Reichstagstheatrum unter Friedrich V. (1713) 6. Vorstl. S. 81.

[3]) Pastorius' Franconia rediviva (1702), S. 118.

[4]) Vorrede zu den „Officien" 1531, Bl. *2b; aus dem „Schwarzenbergischen Ahnensaal" bei Zöpfl, S. 433; Einzelheiten bei Berger, a. a. O.

[5]) Siehe unten S. 34.

Namen in der Familiengeschichte seines Geschlechts beibehalten.[1])

Doch damit kommen wir bereits in das 16. Jahrhundert hinein.

Im Jahre 1490 sind Vater und Sohn Schwarzenberg wohl anlässlich der Cession ihrer Ansprüche auf das Abensbergische Erbe an Herzog Albrecht von Bayern in bayerische Dienste getreten. Näheres ist jedoch darüber nicht bekannt; vielleicht hängt die spätere Stellung Christophs von Schwarzenberg als Hofmeister der bayerischen Herzöge mit diesen Verbindungen zusammen.[2])

Jedenfalls hinderte dieser Dienst unsern Freiherrn Johann nicht daran, sich am 3. Februar 1490 dem Bischof Rudolf von Würzburg auf ein Jahr als Amtmann von Neuenburg zu verpflichten.[3])

Drei Jahre darauf finden wir ihn im Gefolge Friedrichs des Weisen von Sachsen auf der Fahrt ins heilige Land,[4]) vielleicht damals schon nähere Beziehungen zum Kurfürsten knüpfend, mit dem er später zusammen für die Lutherische Sache eingetreten ist. Die Abreise aus Venedig fand am 23. Mai 1493 statt; die Fahrt ging über Pera (Pola?) an der Dalmatischen Küste entlang, berührte Korfu, Kreta, Rhodus, Cypern und endete in Jaffa, von wo aus die heiligen Stätten besucht wurden. Auf der Rückfahrt trennte sich Schwarzenberg in Korfu zusammen mit zwei anderen Wallerbrüdern von der Pilgergesellschaft, setzte nach Italien über und machte den Rückweg zu Lande über Neapel und Rom.

In dieselbe Zeit scheint ein lang hingezogener Streit mit Frankfurt a. M. zu fallen, den wir aus Kompromissen und Verträgen der Jahre 1493—1509 kennen.[5])

---

[1]) Berger, S. 30—31. 32.

[2]) Siehe oben S. 10 und Anm.

[3]) Originalpergamenturkunde im Kr.-Arch. Würzburg Kasten 92 No. 169.

[4]) Georg Spalatin, Friedrichs des Weisen Leben und Zeitgeschichte, hrsg. von Neudecker und Preller (1851), S. 26—27, 90, 127; Röhricht, Deutsche Pilgerreisen (1900), S. 172—177.

[5]) Berger, S. 35; vgl. auch J. Janssen, Frankfurts Reichskorrespondenz II No. 734.

Gegen Ende der neunziger Jahre tritt Schwarzenberg in ein neues Dienstverhältnis zu Würzburg. Am 7. Februar 1499 verpflichtet er sich, dem Bischof Lorenz von Bibra und dem Domkapitel auf 4 Jahre als Amtmann zum Zabelstein zu dienen.[1]) Doch blieb Schwarzenberg nicht während dieses ganzen Zeitraums Würzburgischer Amtmann; denn bereits 1501 ist er als Vorsitzender des Bambergischen Hofgerichts urkundlich erwähnt. Andrerseits könnte er auch nach damaliger Sitte durchaus beide Ämter unbeschadet der beiderseitigen Rechte neben einander verwaltet haben. Vielleicht ist dadurch die auffallende Erwähnung aus dem Jahre 1505 als Würzburgischer Hofmeister zu erklären.

Von einem wirklichen Ausüben des Hofmeisteramts am Würzburgischen Hofe haben wir freilich keine urkundliche Bestätigung. Vielleicht liegt eine nominelle Begabung Schwarzenbergs mit dem Oberjägermeisteramt, die 1503 nach dem am 4. Juli 1502 erfolgten Tode Sigmunds zu Schwarzenberg vom Bischof von Würzburg erfolgte, diesem Gerede zu Grunde, das auf den öfters genannten Verfasser der Vorreden zu der Officienübersetzung Schwarzenbergs zurückgeht.[2]) Der Nachfolger seines Vaters wurde er auch in der Stellung eines Oberrichters der kleinen Reichsstadt Windsheim, mit der er sein ganzes Leben in freundlicher Beziehung blieb.[3])

Der Beginn des neuen Jahrhunderts brachte unserem Schwarzenberg neben dem Verluste des Vaters auch den der Gattin Kunigunde. Noch 1501 hören wir, dass die „Hof-

[1]) Originalpergamenturkunde im Kr.-Arch. Würzburg Kasten 92 No. 170.

[2]) Lünig, Deutsches Reichsarchiv part. spec. contin. II, S. 53; daraus Herrmann, S. 11 Anm. 1.

[3]) Korrespondenz zwischen Schwarzenberg und der Stadt Windsheim (im Windsheimer Archiv des Germanischen Nationalmuseums zu Nürnberg) vom 22. Oktober 1502, 18. April 1503, 5. Oktober 1508, 12, 15, 18. Oktober 1508, 27. Juli 1511, 31. Mai 1521. — Die „Windsheimer Chronik“ (handschriftlich in der Stadtbibliothek zu Nürnberg) berichtet (Bl. 48), dass ihm erst 1527 das Oberrichteramt aufgesagt worden wäre (Brunnenmeister, S. 6 Anm.); in Pastorius' Kurtzer Beschreibung des Heil. R. Reichsstadt Windsheim (1692), S. 25 (Rossmann, S. 279) ist 1524 als Grenze angegeben.

meisterin" festlich am Bischofshofe empfangen und zur Fastnacht Backwerk gegeben wurde, als sie und andere vornehme Damen dem Feste beiwohnten.[1]) Bereits 1502 (28. Oktober) starb sie im Wochenbette. Schwarzenberg war in Geschäften des Bischofs nach Donauwörth zu Maximilian gezogen und wollte von dort zu den bayerischen Herzögen reiten; er fragt beim Heraustreten aus der Kirche einen Würzburgischen Boten nach Neuigkeiten. Der meldet ihm ohne ihn zu kennen die erschütternde Kunde. Schwarzenberg kehrt in die Kirche zurück und stürzt dort fassungslos zu Boden.

Diesen Schlag hat er nie verwunden. Er bewahrte der Dahingeschiedenen ein dauerndes Andenken und hat nicht wieder geheiratet, noch überhaupt eine Frau berührt.[2]) Im Jahre 1506 stiftete er zu Ehren der Entschlafenen eine Seelmesse zu Scheinfeld.[3]) Der Schmerz um die Gattin machte ihn zum Dichter und drückte ihm überhaupt die Feder zu schriftstellerischer Produktion in die Hand. Sein frühestes poetisches Werk, der „Trostspruch umb abgestorbene freunde" oder, wie er es später nannte, „Kummertrost" ist aus der verzweifelten Stimmung jener Tage heraus gedichtet und zeigt uns den trefflichen festen Kern seines Charakters, sein Gottvertrauen, das sich auch im tiefsten Schmerze wieder zurecht findet.

Zum erstenmal bietet sich uns ein Blick in sein Innres, wie es dem nachfahrenden Forscher nicht oft bei seinem Helden geboten wird. Hier sehen wir deutlich in jene tiefreligiöse Natur hinein, die sich später ihrer ganzen Art nach den Lutherischen Lehren zuwenden musste und zugewandt hat.

Aber Schwarzenberg wird nicht allein zum Dichter, der trauernd Unwiederbringliches beklagt; es scheint, als ob der weltlich gesinnte Schwarzenberg des 15. Jahrhunderts durch diese Einkehr in sich selbst den Beruf in sich gespürt habe, nun an seinem Teile an dem „Kampfe des Guten gegen das Böse in der Welt" teilzunehmen.

Wir sehen den einsamen Freiherrn, dem der Kinder Liebe

[1]) Fürstl. Bamb. Hofkammerrechnungen 1501, S. 149b: Donnerstag nach Cinerum (25. Februar).

[2]) Vorrede zum „Kummertrost" im „Teutschen Cicero" 1534, Bl. 149f.

[3]) Berger, S. 34 und 36.

die Gattin nicht ersetzen konnte, im Schlosse Schwarzenberg, das er nach seines Vaters Tode zum Wohnsitze genommen hatte, sich neben seinem Hofmeisteramte in eifrigster Tätigkeit weiterbilden und Kenntnisse aller Art erwerben. Oft wollte er nicht warten, bis das Mittagsmahl beendigt war, sondern schlug bereits beim Essen das Tischtuch zurück und las.[1])

Dieser emsige Fleiss trug gute Früchte. Schwarzenberg begleitete nicht nur die äusseren Zeitereignisse mit seinem Wort und dichtete flammende Verse der Abwehr gegen das „Mordslaster des Raubens", sondern er bespöttelte in feiner Ironie das Zutrinken, dem er früher selbst gehuldigt und liess in seinem „Memorial der Tugend" keinen Stand ungeschont; besonders nahm er die Kaufleute vor, die ihm darum noch später als Reichsregimentsmitglied Hass nachtrugen.

Der neue Bildungsgehalt des Humanismus ging an ihm nicht unbenutzt vorüber. Er hatte nach eigenem Geständnis nur seine Muttersprache gelernt und nimmt es doch auf sich, die zum grössten Teile auf fremdsprachlichen Rechtsaufzeichnungen beruhende Bambergensis und die Übersetzungen aus Ciceros Werken zusammenzustellen. Ein gewaltiges Unterfangen, selbst wenn ihm hilfsbereite Freunde, wie es tatsächlich der Fall war, zur Seite gestanden haben.

So erscheint Schwarzenberg als eine eigenartige, durchaus beachtenswerte Persönlichkeit, die wie keine zweite befähigt war, das Amt als Bambergischer Hofmeister zu bekleiden, wo seiner so viele wichtige Aufgaben harrten.

Drittes Kapitel.

In Bambergischen Diensten.

Der Beginn der **hofmeisterlichen Tätigkeit** Schwarzenbergs war bisher nicht vollständig sicher zu ermitteln. Die Angaben schwankten zwischen 1501 und 1504, da man entweder

[1]) Vorrede zu den „Officien" 1531, Bl. *2 a.

die Hofgerichtsprotokolle in Seitz' Proben[1]) oder die Notiz in dem Briefe Schwarzenbergs an Weigand von Redwitz betreffs seiner Tochter zum Ausgangspunkt nahm.[2]) Auf den ersten Blick verwirrend wirkt eine Notiz in den Bambergischen Ratsbüchern, die ihn klar und deutlich noch am Donnerstag nach Quasimodogeniti (3. April) 1505 als Würzburgischen Hofmeister bezeichnet.[3]) Es muss jedoch eine einfache Verschreibung vorliegen; denn die gesamten Bambergischen Akten weisen bereits mehrere Jahre früher, und zwar schon seit 1501, Schwarzenberg mit der Bezeichnung „Hofmeister" auf. Wir finden auch seit 1501 regelmässig in den Rechnungsbüchern seinen Sold von vierteljährlich 63 Goldgulden verzeichnet.[4])

Schwarzenberg trat seinen Dienst in Bamberg nicht unter ermutigenden Auspicien an. Es waren die letzten Jahre der Regierung des Bischofs Heinrichs III., Gross von Trockau (1487—1501). Die Verhältnisse in Bamberg,[5]) besonders im Gerichtswesen, werden als recht im argen liegend geschildert. Trotz aller ordentlichen Gerichte hatten die Freigrafen und Schöffen des westfälischen Gerichts grossen Einfluss in Franken, Land und Leute waren unsicher und konnten nicht einmal in Ruhe die heiligen Ämter besuchen. Nachdem am 30. März 1501 Heinrich gestorben war, konnte der neue Bischof Veit I., Truchsess von Pommersfelden (1501—1503) nicht einmal persönlich beim Könige zur Belehnung erscheinen, weil er in stetor Wehr vor seinen Feinden sein musste.[6]) Gleichwohl hatte sich Bischof Heinrich redliche Mühe um Recht, Gerechtigkeit und

[1]) Seitz, Zeitschrift für Rechtsgeschichte 2 (1863), S. 443 ff.

[2]) Schwarzenberg an Weigand von Redwitz vom 12. November 1524 in dem Druck „*Eynn Schöner Sendtbrieff*" *etc.* Nürnberg 1524. Näheres darüber siehe im 9. Kapitel. Über die Datierung redet Martin Balfanz, Beiträge zur staatsmännischen Wirksamkeit des Freiherrn Johann von Schwarzenberg. Diss. Greifswald (1900), S. 54 A. 1.

[3]) Fürstl. Bamberg. Ratsbücher 3 (1505), S. 217: *„Johannsen, herren zu Swartzenperg, Wurtzpurgischen hoffmeyster, als obman"*.

[4]) Fürstl. Bamberg. Hofkammerrechnungen 1501, S. 41: *„zalt dinstag nach Trinitatis"* (8. Juni).

[5]) Klage des Bischofs Heinrich, dass er und sein Stift von einer ganzen Reihe Adliger bekriegt werde (Looshorn 4, 440—441).

[6]) Looshorn 4, 436—437.

Ordnung in seinem Lande gegeben. Er schloss am 23. Dezember 1499 mit Kurfürst Friedrich von Sachsen und seinem Bruder Johann eine Friedens- und Schutzeinigung[1]) und erliess ausserdem die verschiedensten Gerichtsordnungen: 1487 eine Reformation der Zent zu Memelsdorf, 1488 eine Ordnung und Satzung der „*Puss*“ zu Kronach, 1489 eine Neuordnung des Stadtgerichts zu Schesslitz, weil dort soviel „Schlachtungen vorkämen und nicht streng genug gebüsst würden“. Ferner fallen in seine Regierung der Erlass über die Besetzung des Zentgerichts von Oberscheinfeld mit 12 Schöffen, statt wie bisher 24, zur Hälfte aus Bamberg, zur andern von Sigmund von Schwarzenberg gestellt 1490, die Bestätigung der von seinem Vorgänger eingeführten Reformation des Zentgerichts in Baunach am 4. Juli 1491, sodann 1496 die Neuordnung der Gerichte zu Weissmain und Oberscheinfeld, 1497 eine solche für die Gerichte zu Ebrach.[2]) Im Jahre 1494 verlieh Maximilian dem Bischof die Erlaubnis, ein Halsgericht in seinem Gebiete zu errichten.[3])

Bedeutender als diese an sich kleineren Ordnungen sind die unter seine Regierung fallende Erläuterung und Erklärung der Reformation des Domdechaneigerichts von 1463 im Jahre 1488 und die Hofgerichtsreformation von 1497.[4]) Freilich brachte besonders letztere nichts unbedingt Neues, sondern regelte das seit dem zweiten Viertel des 15. Jahrhunderts für das Hofgericht zuständige Appellationsverfahren, wie wir es bereits aus dem berühmten ersten Bande der Hofgerichtsprotokolle der Jahre 1484—1487 kennen und wie es damals an die Stelle der früheren Kompetenz des Hofgerichtes als Spruchgerichts in Zivilsachen der Lehensleute getreten war. Höchst wahrscheinlich hat die Neuregelung der Gerichte Bambergs, die indirekt damit in Zusammenhang stehen musste, den Anstoss zur Berufung Schwarzenbergs gegeben. Denn unter den damaligen Hofbeamten zu Bamberg ist keiner, dem wir eine derartige Arbeit zutrauen dürften. Wir kennen aus dieser Zeit die Namen

[1]) Looshorn 4, 431.
[2]) Looshorn 4, 401—402.
[3]) Looshorn 4, 412.
[4]) Brunnenmeister, S. 32—39.

des Hofmeisters Dietz von Thüngen, des Licentiaten der Rechte und Pfarrers zu Auerbach Nicolaus Trauttenberger, des Doktors beider Rechte Sebastian Illsung und des Doktors und Vikars in spiritualibus Lorenz Thum.[1]) Als Richter aus etwas früherer Zeit erscheinen u. a. noch Dr. Martin von Redwitz und der dann noch im 16. Jahrhundert tätige Dechant zu St. Jakob Johannes Balckmacher.[2])

Die Eintragungen aus der Zeit des ersten Hofgerichtsbuches zeigen ganz charakteristische Eigentümlichkeiten; die Fälle sind mit grosser Ausführlichkeit aufgezeichnet und erzählen den Hergang des zur Appellation kommenden Falles ganz genau. Mit dem zweiten uns erhaltenen Bande der Hofgerichtsprotokolle (1500—1504)[3]) ändert sich dies. Die Einträge sind ganz kurz und knapp; es ist mehr ein registerartiges Verzeichnen der einlaufenden Anträge an das Gericht. Wir werden nicht fehl gehen, wenn wir diesen Umschwung mit dem Eintritte Schwarzenbergs in Beziehung bringen.

Dieser Zeitpunkt lässt sich sogar genauer präzisieren. Am 7. September 1500 ist noch Dr. Lienhart von Egloffstein als Hofmeister genannt, der die Prälaten, Ritterschaft und Städte auf Donnerstag nach Mauricii nach Bamberg zusammenberuft, um ihnen wichtige Mitteilungen zu machen.[4]) Schon am Donnerstag nach Invocavit (2. Mai) 1501 ist Schwarzenberg zum erstenmale als Vorsitzender des Hofgerichts[5]) und Hofmeister belegt, am Dienstag nach Trinitatis (8. Juni) 1501 erhält er seinen ersten Sold in Bamberg. Es scheint also, als ob er Ostern 1501 sein Amt angetreten hat.

Bereits am 30. März 1501 starb Bischof Heinrich; es

---

[1]) Looshorn 4, 417—418 (Original im Kr.-Arch. Bamberg).

[2]) Fürstl. Bamberg. Hofgerichtsbücher 1 (1484—1487) passim.

[3]) Fürstl. Bamberg. Hofgerichtsbücher 6 (1501—1504) im Kr.-Arch. Bamberg.

[4]) Bamberger Landtagsverhandlung 1 im Kr.-Arch. Bamberg (Looshorn 4, 427).

[5]) Am Montag nach Dorothee (8. Februar) 1501 erscheint zum erstenmale die Notierung des „Hofmeisters“ am Rande der Protokolle im Fürstl. Bamb. Ratsbuch 1501, S. 32b; bereits S. 43ff. protokolliert er zeitweilig eigenhändig in Vertretung Michel Lorbers.

folgte ihm der schon genannte Bischof Veit. Auch er hat trotz seiner kurzen Amtszeit einschneidende Massnahmen getroffen. So erhält er am 16. November 1502 vom König Maximilian in Augsburg die Erlaubnis, in seinem Gebiete eine Änderung der Halsgerichte vorzunehmen, besonders in zerstreuten Dörfern die Gerichte zusammenzulegen oder neue einzuführen, damit die Gerichtsbarkeit gleichmässig örtlich verteilt sei und dadurch die Rechtssicherheit im Lande wachse.[1])

Am 26. Juni 1503 veröffentlicht er die Landgerichtsreformation,[2]) jene wichtige Neuordnung der Gerichtskompetenz, die das Landgericht wiederum auf eine höhere Stufe heraufhob, als es während des 15. Jahrhunderts besessen hatte. Freilich ging das Ziel ihres Verfassers nicht dahin, auf Kosten der Zentgerichte diese Hebung der Landgerichte durchzuführen; dagegen spricht schon die Tatsache der nicht viel später publizierten Bambergensis; doch ist allerdings die Reformation nach einem einheitlichen Plane angelegt und nimmt einige Punkte der Halsgerichtsordnung vorweg, die sie ihrerseits dann wörtlich benutzte. Sehen wir uns nach einem Verfasser um, so brauchen wir nicht lange zu suchen. Es soll an anderer Stelle nachgewiesen werden, dass Schwarzenberg dieser Ordnung sehr nahe stand und sie in derselben Weise „mit Rat der Rechtverständigen zusammengebracht hat“, wie die Bambergensis.

In dieser Richtung scheint der folgende Bischof Georg II., Marschalk von Ebnet, weniger tätig gewesen zu sein. Wenigstens haben sich archivalische Belege nicht auffinden lassen. Auch regierte er nur zwei Jahre, und, nachdem er bereits am 30. Januar 1505 gestorben war, kam Georg III., Schenk von Limburg, an die bischöfliche Regierung, dem es vergönnt war, das Bistum Bamberg auf eine hohe Stufe innerer und äusserer Macht und Würde zu erheben.

Eine lange Zeit seines Lebens und ein gut Teil Arbeits-

---

[1]) Kr.-Arch. Bamberg A 12f. 81 (Looshorn 4, 447).

[2]) Kr.-Arch. Bamberg A 12f. 2—13 (Looshorn 4, 447); Stobbe, Geschichte der deutschen Rechtsquellen 2 (1864), S. 261; Brunnenmeister, S. 40—48, wo weitere Literatur angegeben ist.

kraft hat Schwarzenberg diesem Bischof gewidmet.[1]) Es war eine segensvolle Stunde, als sich der in der Blüte der Jahre stehende Freiherr Johann dem Bamberger Bischofe zum Dienste eines Hofmeisters verpflichtete.[2]) Wie Bischof Georg und sein Bistum vieles der bewährten Hand Schwarzenbergs verdanken, so hatte andererseits auch Schwarzenberg gerade hier Gelegenheit, Anregungen von allen Seiten zu empfangen. Der bischöfliche Hof zeigt freilich ein anderes Bild, als uns Goethe im „Götz" von ihm gibt; so viel aber ist richtig, dass die Pracht der Hofhaltung, das Zusammenströmen von Gelehrten und Künstlern, der rege geistige Verkehr gerade Bamberg zu einem, wenn auch kleinen Mittelpunkte geistigen Lebens im Beginne der Reformationszeit machte. Männer wie Lorenz Behaim, Conrad Zärtlin waren dauernd, Hutten, Crotus, Fuchs vorübergehend in Bamberg. Künstler von allererstem Rufe wie Dürer, Hans Wolf, Wolfgang Katzheimer, Veit Hirschvogel, Paul Lautensack, dann auch Peter Vischer und Tilman Riemenschneider widmeten der Bischofsstadt ihre Kunst. Der feste Zusammenhalt, den alle diese Männer in der Person des Fürsten hatten, förderte besonders in der Bischofsstadt das Eindringen humanistischer Ideen und der Kenntnis von Literatur und römischem Recht in weit höherem Grade, als es zum Beispiel in dem nahen Nürnberg der Fall gewesen ist;[3]) waren es hier vereinzelte Männer wie Pirkheimer, so bildete sich in Bamberg ein fester Kreis geistigen Lebens, ebenso wie in Würzburg, Eichstädt und andern Bischofssitzen. Die „Stadt" Bamberg war ebenso indifferent gegen derartige von aussen andringende geistige Strömungen, wie die „Stadt" Nürnberg und ihr Rat. Wissenschaft, Kunst und freie Geistesbildung fanden gerade in den Bischofsstädten jener Zeit neue Nahrung. So war es ein günstiger Boden, den Freiherr

---

[1]) Franz Friedr. Leitschuh, Georg III., Schenk von Limpurg, der Bischof von Bamberg in Goethes „Götz von Berlichingen". Ein Beitrag zur Kunst- und Kulturgeschichte. Bamberg 1888.

[2]) Bestallungsbrief Georgs III. vom 14. September 1505 (gleichzeitige Abschrift auf Papier im fürstl. Schwarzenbergischen Zentralarchive in Krumau.)

[3]) Gegen M. Herrmanns Auffassung der Rezeption des Humanismus in Nürnberg in seinem gleichnamigen Buche (1898).

Johann zu Schwarzenberg in Bamberg vorfand, als Georg III. 1505 den Bischofssitz von Bamberg bestieg.

Bischof Georg tat klug daran, den Hofmeister seiner Vorgänger zu übernehmen. War er doch durch gleichwertigen Adel mit ihm wie mit den Herren von Heydeck und Schlüsselburg,[1]) und mit Schwarzenberg noch durch Schwagerschaft verbunden.

Was Bischof Georg und sein Hofmeister für die Rechtspflege in Bambergischen Landen geleistet haben, ist bekannt. Die Bambergische Halsgerichtsordnung von 1507 war ein Meisterwerk, das einem einzelnen Gerichtsbezirke Deutschlands das gab, was Reichstage und Reichskommissionen seit lange anstrebten: eine moderne Neuordnung des Strafrechtes und Strafprozesses. Der beste Beweis für die grosse und bleibende Bedeutung, die auch die Zeitgenossen der Bambergensis beilegten, ist der Umstand, dass gerade sie zur Grundlage einer für das ganze Reich gültigen Kriminalordnung gemacht wurde und ihr Text trotz aller Änderungen der verschiedenen Entwürfe doch zur grösseren Hälfte wörtlich oder fast wörtlich im endgültigen Wortlaut der Carolina in der Regensburger Fassung von 1532 wiederzufinden ist.

Nebenher gehen natürlich eine Reihe kleinerer Verordnungen und Satzungen, aus denen die Ordnung der gerichtlichen Handlungen für die in Villach (Kärnten) belegenen Gebietsteile des Bistums von 1513 und 1514, sowie die Ordnung und Satzung für den Markt Baunach 1514 genannt werden mögen.[2])

Unter vier Bischöfen hat also Schwarzenberg das Amt eines Hofmeisters verwaltet. Die rein juristische Seite seines Wirkens wird im Zusammenhange seiner gesetzgeberischen Tätigkeit betrachtet werden; hier handelt es sich um seine Wirksamkeit im politischen und Verwaltungsdienst des Bamberger Bistums. Von der regen Geschäftigkeit, die er hier entwickelt und die seine ganze Amtsführung ausgezeichnet hat, geben mangels anderer Urkunden und Zeugnisse die fürstlich Bambergischen Hofkammerzahlamtsrechnungen wenigstens einen Begriff. Es finden sich darin die Kosteneintragungen für jeden Ritt sorgsam verzeichnet.

---

[1]) Looshorn 4, 456.

[2]) Looshorn 4, 508, 510 (Kr.-Arch. Bamberg A 14 II).

Freilich können wir bei vielen Meldungen den einzelnen Anlass nicht mehr erkennen; doch ist es interessant, um einmal einen Überblick über die Tätigkeit Schwarzenbergs zu bekommen, wenigstens die Notizen einer Reihe von Jahren zu überschauen. Eine Tabelle wird dies am besten veranschaulichen.

HKR. 1501, S. 57. Schwarzenberg und Contz Gross reiten in Geschäften nach Nürnberg (Sonntag nach Jacobi, 1. Oktober).[1])

HKR. 1501, S. 116. Der Hofmeister ist in Forchheim; es wird ein Bote zu ihm gesandt (Dienstag nach Martini, 16. November).

HKR. 1501, S. 148b. Schwarzenberg und der Kammermeister Hans Braun reiten nach Würzburg zum Bischof (Samstag nach Mathie, 24. Februar).

HKR. 1502, S. 275. Der Hofmeister und Dr. Lienhart von Egloffstein reiten zum Tag nach Amberg zwischen dem Bischof und den Ganerben zum Rotenberg (Dienstag nach Lätare, 8. März).

Kr.-Arch. A 14, f. 67. Schwarzenberg ist Zeuge bei der Investitur des Abts Bernhard von Niedernaltach durch Bischof Veit (31. Dezember 1502).[2])

HKR. 1502/3, S. 75. Schwarzenberg und Hans Braun reiten in Geschäften des Bischofs nach Scheinfeld (Donnerstag nach Divisionis apostolorum, 21. Juli).

HKR. 1502/3, S. 482. Schwarzenberg reitet nach Würzburg in Geschäften des Bischofs (Dienstag nach Palmarum, 22. März).

HKR. 1502/3, S. 496. Schwarzenberg ist am Sonntag Lätare (6. März) zur Nacht in Altdorf, dann Mittwoch nach Lätare (9. März) in Nürnberg.

HKR. 1504/5, S. 63. Schwarzenberg reitet in Geschäften des Bischofs nach Heidelberg (Mittwoch nach Vocem Jocunditatis, 15. Mai).

HKR. 1504/5, S. 104. Contz Fuchs wird gen Augsburg zum Hofmeister geschickt, als dieser im Dienst des Bischofs beim römischen König in Augsburg war (Mittwoch nach Jacobi, 31. Juli).[3])

HKR. 1504/5, S. 120b. Der Hofmeister schickt Mertein Zull mit etlichen Briefen aus Regensburg, die „Schlachtung der Beheim" antreffend (Donnerstag nach Laurencii, 15. August).

---

[1]) Die Daten in den Hofkammerrechnungen (HKR) beziehen sich stets auf den Zahlungstermin der Kosten.

[2]) Looshorn 4, 441; ebenso am 19. März 1506 bei der Belehnung des Abts Johannes zu Banz (Looshorn 4, 462); am 18. Juni 1509 des Abts Thomas von Theres; am 15. Oktober 1509 des Abts Heinrich vom Kloster Weyssenach (Looshorn 4, 478. 483).

[3]) Original in der kgl. Bibliothek zu Bamberg SH. misc. 19/12.

Looshorn 4, 459. Schwarzenberg ist in dem gütlichen Vergleich zwischen Bischof Georg und Pfalzgraf Philipp um Lösung des verpfändeten Schlosses und Amtes Vilseck Obmann (21. Juli 1505; der Spruch erfolgt am 8. Juli 1510).

Looshorn 4, 458. Schwarzenberg hält auf dem Reichstag zu Köln bei der feierlichen Belehnung des Bischofs Georg III. die Anrede an den König und bittet um Belehnung des Erwählten und vom Papste Bestätigten (24. Juli 1505).[1]

HKR. 1506. Der Hofmeister reitet mit 35 Pferden zum Botenstein und von dort auf den Tag zu Vilseck (Sonntag nach Vincula Petri, 8. August).

HKR. 1506. Schwarzenberg wird nach Coburg gesandt, um bei einem Tage des Geschlechts von Schaumberg als Rat zu dienen (vor Sonntag nach Lamberti, 22. September).

HKR. 1506. Der Hofmeister weilt mit Heinrich Stieber und dem Landschreiber Johann Scharpf mit 14 Pferden 6 Tage in Würzburg, auf einem Vergleichstag zwischen dem Bischof, denen von Thüngen und Nürnberg. (Ankunft in Würzburg am St. Andreastag, 30. November, zur Nacht.)

HKR. 1507. Schwarzenberg und andere bischöflichen Räte (Dr. Leonhard von Egloffstein) reiten mit 24 Pferden zum Botenstein, um in Vilseck wegen der Gebrechen mit den Pfalzgräfischen unter dem Obman Hans von Eyb zu tagleisten (Samstag Dorothee, 6. Februar).

HKR. 1507. Der Hofmeister reitet mit Schenk Friedrich von Limburg, Götz von Seinsheim, Jörg von Thunfelt und dem Landschreiber Johann Scharpf zur Tagleistung nach Hall (nach Sonntag Oculi, 7. März).

HKR. 1507/8, S. 90—91. Der Hofmeister reitet mit Heinrich Stieber auf den Tag der Schaumberg und Reizenstein nach Kulmbach (Dienstag nach Exaudi, 18. Mai).

HKR. 1507/8, S. 269. Verhandlungen des Hofmeisters mit den Würzburgischen der Zent zu Westheim halben (Mittwoch nach Praesentationis Mariae, 24. November).

HKR. 1508/9, S. 256. Schwarzenberg ist in Geschäften des Bischofs beim Pfleger zu Rotelsdorf.

HKR. 1508/9, S. 311 b. Schwarzenberg verhandelt mit Schenk Friedrich und Götz von Seinsheim zu Ochsenfurt über die Münze (Dienstag nach Purific. Mariae, 8. Februar).

HKR. 1508, S. 371 b. Dr. Leonhard von Egloffstein, Schwarzenberg

---

[1]) Belehnungsbrief vom 17. Juni 1505 (Kr.-Arch. Bamberg A 14, f. 1, 3).

u. a. handeln zu Windsheim in Sachen der Fürsten und gemeiner Ritterschaft (Freitag nach Oculi, 31. März).[1])

Looshorn 4, 488—489. Im grossen Streitfalle zwischen Bischof Georg und Markgraf Friedrich von Brandenburg, in dem Graf Eitelfriedrich von Zollern als Schiedsrichter waltete, war jedenfalls Schwarzenberg bereits seit dem 25. Oktober 1508 mittätig; namentlich erwähnt wird er erst am 15. August 1510, als zu Kronach von Seiten der Bamberger Schwarzenberg und sein späterer Bischof Weigand von Redwitz, von markgräflicher Seite Ludwig von Eyb und Sigmund von Hessberg zu einer Tagung zusammentreten; dasselbe geschieht in einer ähnlichen Tagung am 6. August 1511 zu Rothenburg o. T.

HKR. 1509, S. 310. Am Dienstag vor Anthoni (16. Januar) reitet Schwarzenberg aus Würzburg ab, nachdem er mit dem Bischof gehandelt und Friedrich Schenken von Limburg in der Coburger Angelegenheit geholfen hatte.

HKR. 1510, S. 323. Schwarzenberg reitet nacheinander nach Saalfeld, Lichtenfels, Kronach und Teuschitz.

Looshorn 4, 492. Schwarzenberg gehört bei der Entscheidung der Streitigkeiten um Vilseck zu den „Zusätzen" des Bischofs neben Erasmus Zollner vom Rotenstein, Schultheissen zu Bamberg. Obmann ist der Ritter Apel von Seckendorff zu Birkenfels am 8. Juli 1510.[2])

Looshorn 4, 490—491. Am 12. Oktober 1512 schliessen die drei fränkischen Fürsten eine Einigung auf 12 Jahre; bei den voraufgehenden Verhandlungen über Schloss Streitberg und das damit verbundene Halsgericht wird Schwarzenberg nicht gefehlt haben.

Nebenbuch etlicher Missiven (Kr.-Arch. Würzburg) S. 39 b ff.[3]) Aus den Briefen des Bischofs Lorenz von Würzburg an seinen Domherrn Silvester von Thüngen auf dem Reichstage zu Köln und Trier geht hervor, dass Schwarzenberg dort eine bedeutende Rolle gespielt hat. Näheres ist nicht ersichtlich; wahrscheinlich handelt es sich um die Reichsexekution gegen die Landfriedensbrecher im Bambergischen.[4]) Ähnliches melden ebendort die

---

[1]) Vgl. auch im 5. Kapitel des ersten Teiles.

[2]) Kr.-Arch. Bamberg A 14, f. 149.

[3]) Dienstag nach Jubilate (4. Mai) 1512.

[4]) Schwarzenbergs tätiger Anteil gerade an dieser Aufrechterhaltung „Friedens und Rechtens" wird auch von dem Vorredner zum „Büchlein vom Zutrinken" („Teutsch Cicero" 1534, Bl. 81 b) bezeugt, ebenso in der Einleitung zum Lied „*Wider das mordlaster des raubens*" („Teutsch Cicero"

Würzburgischen Räte an Bischof Lorenz vom Tage zu Linz 1514.[1]) Er und seine Freunde arbeiten so eifrig, dass sie keine Messe hören können. Was sie handeln. haben die Würzburger leidor nicht herausbringen können.

Looshorn 4, 505. In der bekannten Fehde Götzens von Berlichingen mit Nürnberg und Bamberg, die seit 1512 immer grössere Dimensionen annahm, teilt der Bischof am 15. Juni 1513 dem Bundeshauptmann des Schwäbischen Bundes durch Schwarzenberg, seinen Rat, Hofmeister und Schwager auf dem Bundestage zu Augsburg mit, dass sein Bruder, Friedrich Schenk zu Limburg, gefangen sei, und lässt bitten, die Sache zur Verhandlung zu stellen.

1516 endlich hat Schwarzenberg in Heidelberg zu tun.[2])

Hier wollen wir die Reihe abbrechen. In buntem Wechsel zogen die verschiedenartigsten Aufträge vor unsern Augen vorüber, die Schwarzenberg im Dienste seiner Bischöfe ausgeführt hat. Wir sehen ihn als selbständigen Schiedsrichter in wichtigen Fragen, als beauftragten Rat auch ausser Landes, als Vertreter und Abgesandten auf dem Reichstage zu Köln und Trier und beim römischen Könige in Augsburg. Fürwahr eine vielseitige Tätigkeit, wenn man bedenkt, dass er daneben als Vorsitzender des Hofgerichts den eigentlichen Hauptteil seiner Amtspflicht zu erfüllen hatte, wovon an anderem Orte zu sprechen sein wird.[3])

Mit welchem Eifer er sich seiner Sache hingab, können wir am besten aus dem Zeugnis der Würzburgischen Räte ermessen,

---

1534, Bl. 93bff.. Er heisst in der Vorrede zu den „Officien" 1531, Bl. 2b *„ein liebhaber des rechtens unnd eyn fürderer des fryds, auch ein hasser alles ubels, sonderlich des raubens, gewalts und unrechtes"*.

[1]) Donnerstag nach Lätare (30. März) 1514.

[2]) Handschriften der kgl. Bibliothek zu Bamberg, bearb. von Fr. Leitschuh 2 (1887), S. 653.

[3]) Um hier nur einen Begriff von dem Umfange der hofgerichtlichen Geschäfte zu geben, sei bemerkt, dass 1500—1504 nach den Hofgerichtsprotokollen folgende Gerichte im Hofgericht zu Bamberg ihre Appellationsinstanz hatten: Muntatengerichte zu St. Stephan, St. Gangolf, St. Jacob, im Domstift; Gerichte auf dem Mönchberg, zu Schlüsselau, zu Neickenrod, Halstadt, Markschorgast, Ratelsdorf, Wernsdorf, Bullenheim, Zeulu, Eckolsheim; Stadtgerichte zum Botenstein, zu Lichtenfels, Ebermanstadt, Hochstedt, Holfelt, Schesslitz, Forchheim, Burgkunstat, Herzogenaurach, Kronach, Bamberg; Landgericht Bamberg, Lehnsgericht von Hesberg, Pfortengericht zu Langheim.

die aus Linz an ihren Bischof schreiben: *„aber es ist Swartzenberg kein tag itzo hye so hastig gewest, auch unnser frauen tag nit. Er Seckendorff und Nützle haben kaum ein messe mogen eylends horen, darnach sind sie zcu schule und rate gangen, also emsiglichen gehandelt, das wir nit erdencken haben mogen, was es sein hat mogen."* [1])

Die Eifersucht, die hier aus den Worten der Würzburgischen Räte spricht, hat Schwarzenberg öfter erfahren müssen. So wissen wir z. B., dass im Jahre 1513 gegen ihn ein Schmähgedicht ausgegangen ist, in dem auch der Kaiser, der Bischof von Bamberg und die Herren von Nürnberg übel mitgenommen wurden. Dieser Zusammenstellung nach scheint es sich um eine Verhöhnung seiner Bestrebungen gehandelt zu haben, den Landstreichern und Strassenräubern das Handwerk zu legen. Schwarzenberg spricht seinen Zorn über einen derartigen Angriff in Briefen an die Onolzbachischen Räte[2]) und besonders in einem Schreiben an das Domkapitel zu Würzburg[3]) aus und nimmt darauf Bezug, dass man allgemein einen Würzburger für den Dichter halte. Da das Pamphlet selbst nicht erhalten ist, lässt sich genaueres nicht darüber sagen. Man nimmt an, dass das Lied „Vom Mordslaster des Raubens" sich dagegen wendet. In dem Schreiben an Würzburg bemerkt Schwarzenberg, dass er eine *„warhafftige verantworttung in schrifft verfast unnd trucken lassenn hab."*[4]) Doch das sind nur Einzelheiten. Hatte Schwarzenberg recht, als er einen Würzburger für den Verfasser hielt,[5]) so

[1]) Würzburgische Räte an Bischof Lorenz v. Donnerstag nach Lätare (30. März) 1514 (Nebenbuch etlicher Missiven S. 190 im Kr.-Arch. Würzburg).

[2]) Berger, S. 39.

[3]) Schwarzenberg an das Würzburger Kapitel v. Abend Kiliani (8. Juli) 1513 (Kr.-Arch. Würzburg Misc. 5112).

[4]) Der Titel lautet: *„Mein Johansen Herñ zu Schwartzen | bergs etc. warhaffte, grundige verant- | worttūg, eines erlogen, diplichen, boss | hafften, schmegedichts halb, dar innen | keiner, der das gethun, benant, Sunder | meldenn beschlisslich, das solchs Nie- | mants gethan haben soll."* | o. O. u. J. 10 Blätter 4°. (Augsburg.) Weller, Repertorium Nachtrag 4095. Das Büchlein ist in den Augsburger Bibliotheken nicht mehr nachzuweisen.

[5]) Darauf deutet vielleicht eine zufällige Bemerkung in dem oben citierten Nebenbuche etlicher Missiven S. 198: Dr. Steinmetz (von Heidingsfeld) besitzt das Lied, *„das der swartz man gemacht"* (1514).

war es nur alte Gegnerschaft zwischen dem Domkapitel und dem Herrn des Gerichtsbezirks Schwarzenberg.

Die immer mehr zunehmende Heranziehung zu wichtigen Aufträgen lässt uns erkennen, dass Bischof Georg Schwarzenbergs Bedeutung voll zu würdigen verstand. Nahm doch der Hofmeister tatsächlich an seinem Hofe als weltlicher Beamter den ersten Platz ein, trotzdem eine ganze Reihe tüchtiger Männer, deren Bedeutung durchaus nicht gewöhnlich war, ihm zur Seite standen. Ihm ebenbürtig ist nur der treffliche Dr. Leonhard von Egloffstein, sein Vorgänger im Hofmeisteramt, später der höchste geistliche Beamte des Bischofs.

So wirkte Schwarzenberg als eine hervorragende Persönlichkeit in der Politik seines engeren Heimatlandes. Aber auch schon in diesen Jahren zog er die Aufmerksamkeit des Kaisers auf sich. Das zeigt ausser der anderwärts erwähnten Berufung zum Schiedsrichter über die Berlichingensche Sache die ihm am 28. August 1515 von Brüssel aus aufgetragene Sendung nach Ulm zur Entgegennahme der Reichshilfe[1]) und eine von ihm selbst bezeugte Fahrt nach Italien. Im Jahre 1517 schreibt er nämlich bei Gelegenheit einer Streitschrift gegen Würzburg: *„als ich mit meinem gnedigen marggraf Casimirn in keiserlicher maiestat dinst unnd uff dem wege gewest bin, in Meilandt zu ziehen."*[2])

Viertes Kapitel.

Die Reichsherrschaften Schwarzenberg und Hohenlandsberg unter Johanns Regierung.

Mit der Reichsherrschaft Schwarzenberg wie mit Hohenlandsberg war seit alter Zeit ein Zentgericht verbunden gewesen, dieses in Seinsheim,[3]) jenes in Scheinfeld.

---

[1]) Berger, S. 41.

[2]) Handlung zwischen der Domprobstei Würzburg und Schwarzenberg auf dem Tage zu Aub 1517 (Kr.-Arch. Würzburg G 10693).

[3]) Eine nahrungspolizeiliche Vorschrift für den Markt Seinsheim erliess Schwarzenberg am Montag Visit. Mariae (2. Juli) 1504 (Kopialbuch

Noch bei Lebzeiten des Freiherrn Sigmund hat sich Johann neben dem Vater an der Verwaltung dieser Gerichte beteiligt. Zeugnis dafür ist ein undatierter Brief, etwa aus den letzten Jahren des 15. Jahrhunderts, der jedenfalls von dem Vogte Wilhelm Aufheimer herrührt:[2]) ein ausführlicher Bericht über zentgerichtliche Verhältnisse zu Scheinfeld, den Schwarzenberg eingefordert hatte.

Nachdem er 1502 die Regierung der Reichsherrschaft Schwarzenberg in vollem Umfange übernommen hatte, wandte er natürlich gerade den Gerichtsverhältnissen seines Verwaltungsgebietes eine fortgesetzte Sorge zu. Darüber orientiert uns ein Bericht desselben Aufheimer vom Mittwoch nach Martini (17. November) 1507, also nicht lange nach dem Erscheinen der Bambergensis.[2]) Wir sehen daraus, dass Schwarzenberg, auch wenn ihn sein Dienst von Hause entfernte, doch die Leitung der Gerichtsbarkeit nicht aus den Händen liess, sondern sich von dem Vogte genaue Berichte selbst über Zeugenaussagen und stattgefundene Verurteilungen einsenden liess, über die er dann endgültig entschied.

Die Zentgerichtsverhältnisse von Seinsheim und Scheinfeld wurden gleichzeitig mit den Bamberger Zuständen durch ausführliche Bestimmungen geordnet; wir besitzen eine Urkunde derart freilich nur für die Zent Seinsheim, zu der die Ortschaften Bullenheim, Hittenheim, Hernsheim, Iffigheim, Westerndorf und Weigenheim

---

im fürstl. Schwarzenbergischen Archive zu Schwarzenberg; veröffentlicht von A. Mörath im Anzeiger für Kunde der deutschen Vorzeit 23 (1876), S. 129f.); unter der Bedingung, dass die Seinsheimer ihren Ort mit Mauern und Türmen befestigten, schenkte er ihnen am 5. Oktober 1502 das Ungeld vom Weinschank (Urkunde im Marktarchive zu Seinsheim; Mörath ebenda, S. 130).

[2]) Wilhelm Aufheimer ist in den fürstl. Bamberg. Hofkammerrechnungen 1501/1502, S. 98 als Kammerschreiber mit 6 Gulden Jahrsold erwähnt; 1507 verfasst er den oben erwähnten grossen Bericht über Zentangelegenheiten an den Freiherrn Johann. Beide Briefe befinden sich im fürstl. Schwarzenbergischen Archive zu Schwarzenberg in Franken, Kopien des Zentralarchivdirektors Mörath im fürstl. Schwarzenberg. Zentralarchive in Krumau in Böhmen (Akten aus der Zeit des Freiherrn Johann II. fasc. 278); vgl. auch A. Mörath, Beiträge zur Geschichte des Zentgerichts Scheinfeld im 44. Jahresber. des histor. Vereins für Mittelfranken, (1891), S. 9ff.

gehörten, vom Montag nach Jubilate (26. April) 1507; doch ist für Scheinfeld jedenfalls eine ganz gleichlautende Urkunde ausgestellt worden.[1]) Der in der Seinsheimer Urkunde erwähnte „Ratschlag", in dem Mörath eine den Schwarzenbergischen Verhältnissen angepasste Redaktion der Bambergensis erblickt, hat sich leider ebenso wenig, wie Zentgerichts- oder Urteilsbücher aus der Zeit des Freiherrn Johann erhalten.[2]) Vorhanden ist nur eine fragmentarische Übersicht über die Scheinfelder Zent mit eigenen handschriftlichen Zusätzen Schwarzenbergs aus dem Anfange des 16. Jahrhunderts[3]) und eine ebenfalls fragmentarische „*Underrichtung, wie und wan dem kläger und antwortter kundtschafft oder ayde rechtlich zu erkhennen sein*".[4]) Sie stammt unzweifelhaft von Johann selbst (Mittwoch nach Lätare, 9. März 1513) und ist der ganzen Anlage nach zur besseren Unterweisung der Richter und Urteiler abgefasst. In der Verordnung, die übersandte „Underrichtung" in das Gerichtsbuch einschreiben zu lassen, erkennen wir die gleiche Bestimmung wieder, nach der die einzelnen Verfügungen des sogenannten Correctoriums zur Bambergensis ebenfalls in die den Gerichten überreichten Druckexemplare eingetragen werden sollten.[5])

Eine ausführliche Taxordnung[6]) in Rats- und Gerichtssachen zeigt dieselbe Art, wie die sonst von Schwarzenberg in seiner Eigenschaft als Hofmeister verfügten Verordnungen.

Selbst aus der Zeit des Reichsregiments schreibt Johann noch am Sonntag nach Allerheiligen (2. November) 1522 in Zentangelegenheiten aus Nürnberg.[7])

Über den materiellen Inhalt der angeführten Archivalien soll anderwärts gehandelt werden.

Wie wir bereits sahen, erstreckte sich der Umfang der

---

[1]) **Mörath** a. a. O., S. 10—12. [2]) **Mörath**, S. 12.

[3]) **Mörath**, S. 13.

[4]) Original im fürstl. Schwarzenbergischen Archive zu Schwarzenberg in Franken; Kopie von A. Mörath im fürstl. Schwarzenbergischen Zentralarchive zu Krumau in Böhmen (Akten aus der Zeit des Freiherrn Johann II. fasc. 278).

[5]) Die Bambergische Halsgerichtsordnung, hrsg. von **Kohler** und **Scheel** (1902), S. 141 (Corr. ad art. 202); vgl. S. LXX—LXXI.

[6]) Siehe Anm. zu 4. [7]) **Mörath**, S. 14—16.

Zentgerichte, die Mörath[1]) bis in die Karolingerzeit zurückführen will und für eine Unterabteilung des alten Iffiggaues hält, auf eine ganze Reihe von Ortschaften. Nach dem Lehenbriefe vom Dienstag nach Exalt. cruc. (16. September) 1511[2]) gehörten zu Scheinfeld: Scheinfeld, Holweiler, Unterleimbach, Baudenbach, Ruttmannsweiler, Lerchenhöffstadt, Lachheim, Neusess, Grasbach, Leiterbach, Weingarten, Rübling, Zeisenbrunn, Erlabrunn, Blanckh, Seidenbuch, Brühl, Stierhöfstetten, Amberg, Uffertshausen, Frankfurt, Birkach, Untertaschendorf, Homber, Obertaschendorf, Kornhöfstadt, Tierberg, Oberscheinfeld, Schönaich, Herrenberg, Ober- und Unter-Ambach, Herpersdorf und Grappertshofen; zu Seinsheim: Dorf und Ort Seinsheim, Bullenheim, Hittenheim, Hernsheim, Iffigheim, Westerndorf und Weigenheim.[3])

Mehrere dieser Dörfer beherbergten aber auch Insassen, die in Lehen- oder bürgerlichen Sachen zu Brandenburg, Ansbach und Bayreuth,[4]) Nürnberg, zur Reichsritterschaft und besonders zu den Hochstiftern Bamberg und Würzburg[5]) gehörten. Aus diesem Doppelverhältnis ergaben sich unzählige Streitigkeiten,[6]) die zum Teil sogar 1806 beim alten Reichskammergericht noch nicht erledigt waren. Zur Zeit Johanns durchziehen Streitigkeiten, besonders mit Würzburg, das ganze 16. Jahrhundert, die wir als Beispiel für derartige endlosen Reibereien mit den Nachbarn kurz betrachten wollen, da nicht alle ausführlich hier zu Worte kommen können.

Bereits aus der Zeit Sigmunds von Schwarzenberg stammt die Streitigkeit über die Gerichts- und Hoheitsrechte, Zoll, Abgaben und Steuern in den Dörfern Bullenheim, Iffigheim, Weigen-

---

[1]) Mörath, S. 1.

[2]) Fürstl. Schwarzenbergisches Arch. zu Schwarzenberg; Burckhardt, Beiträge zur Geschichte des Bauernkrieges in Mittelfranken S. 95; Mörath, S. 12—13.

[3]) Mörath, S. 10.

[4]) Archivalien (Prozessakten) im fürstl. Schwarzenbergischen Archive zu Schwarzenberg.

[5]) Archivalien im fürstl. Schwarzenbergischen Archive zu Schwarzenberg und im Kr.-Arch. Würzburg.

[6]) Mörath, S. 13.

heim, Seinsheim und Hernsheim u. a. betreffs der dort wohnenden Würzburgischen Hintersassen.[1] Im Jahre 1480 (Dienstag nach Johannes dem Täufer, 27. Juni) wurde zwischen ihm und dem damaligen Dompropste von Würzburg, Kilian von Bibra, ein grosser Entscheid über Vogtzins, Bede der einzelnen Dörfer, Gerichtsgeld, Stock, Fastnachtshühner u. a. getroffen.[2] Trotzdem hier ganz genaue Bestimmungen gegeben waren, die wohl als Unterlage für ein freundnachbarliches Verhältnis dienen konnten, finden wir bereits zwei Jahre später den Streit wieder in vollem Gange. Am Bonifaciustag (5. Juni) 1482 reichen Sigmund von Schwarzenberg einerseits und Bischof Rudolf von Würzburg andrerseits gewählten Schiedsrichtern dickleibige Schriftstücke ein, worüber der Entscheid am Freitag nach St. Cyriacustag (15. August) 1482 gefällt wurde. Aus den 90er Jahren des 15. Jahrhunderts hören wir, ebenso wie aus den ersten Jahren des 16., zufällig nichts weiter davon, ohne dass wir jedoch damit auf ein vollständig friedliches Nebeneinanderleben der beiden Gegner schliessen dürften.

Vom Jahre 1509 ab besitzen wir eine lange Reihe von Archivalien, die uns den immer erneuten Streit zu charakterisieren vermögen. Gegen die frühere Zeit scheint ein gewisser Umschwung eingetreten zu sein. Zwar fehlen die schon oben berührten Klagepunkte nicht; der Hauptwert wird aber auf die Gerichtshoheit gelegt, die fortan einen immerwährenden Streitgegenstand bildete.

So beginnt denn das Jahr 1509 gleich mit einem heftigen Rechtstreite, in dem der Domprobst von Würzburg als Ankläger erscheint. Es handelt sich bereits hier um das sogenannte Schwarzenbergische „Helfgericht", das Freiherr Johann, dem die drei hohen Gerichte des Jahres zustanden, dazwischen einzulegen versuchte, um der Langwierigkeit der Prozesse abzuhelfen und dem Bedürfnis nach häufigeren Gerichtstagen entgegenzukommen. Schwarzenberg erhebt die Widerklage, dass der Domprobst, dem gegen die Hintersassen in Weigenheim nur das Lehengericht im Hornung, Mai und Herbst zustünde

[1] Archivalien im Kr.-Arch. Würzburg (Adel 1003 No. 2).

[2] Kr.-Arch. Würzburg (Adel 1004 No. 2, Einleitung).

seinerseits die Leute mit Gewalt vor andere Würzburgische Gerichte zu ziehen versuchte.[1]) Der Streit zog sich durch das ganze Jahr 1510 hin und kam erst am Montag nach Ostern 21. (28.) April 1511 wenigstens zum vorläufigen Abschluss. An diesem Tage übersandte nämlich Schwarzenberg dem Domkapitel eine umfangreiche Entgegnungsschrift, die alle zwischen Schwarzenberg und Würzburg schwebenden Irrungen wegen der Gerichtsbarkeit zu Seinsheim, Tiefenstockheim, Bullenheim, Landsberg u. s. w. zusammenfasste.[2]) Hand in Hand damit scheint eine mündliche Verhandlung gegangen zu sein, in der Schwarzenberg eine *„Ordnung und mass, wie das helffgericht zcu Seinssheym aufgericht mocht werden“* in fünf Paragraphen zum Vorschlag brachte und zur Diskussion stellte.[3]) Die sich daran schliessende Debatte zwischen Schwarzenberg und dem persönlich anwesenden Domprobst zeigt uns noch in der protokollarischen Wiedergabe die ruhige, zurückhaltende Art des Freiherrn und dabei das zähe Festhalten an dem, was er einmal für recht erkannt hat. Schwarzenberg kommt seinen Gegnern soweit als möglich entgegen: die Hintersassen des Hochstifts, die allein Würzburgische Lehen haben, begehrt er in bürgerlichen Sachen nicht weiter an seine Gerichte zu ziehen, sie sind ihm nur als in seinen Dörfern wohnend verpflichtet, zu den drei Hohengerichten zu Seinsheim zu erscheinen; aber die domprobstischen Hintersassen, die nicht bei der Domprobstei zu Lehen gehen, sondern Schwarzenbergische Güter besitzen, sind schuldig, vor dem Helfgericht zu erscheinen und daran zu sitzen, wie es bei andern Herren Brauch ist. Ebenso wie in Scheinfeld will er es auch hier so einrichten, dass neben je drei Schwarzenbergischen je drei domprobstische Schöffen aus Seinsheim einesteils und Hernsheim-Iffigheim anderenteils sitzen. Auch der Vorsitz wird nach billigem Rechte geordnet. Trotz dieser vernünftigen und wohl annehmbaren Vorschläge scheint damals doch kein rechter Austrag zustande gekommen zu sein, wenn auch freilich der Streitfall bis 1517 aus den Akten verschwindet.

[1]) Kr.-Arch. Würzburg 755/17491.
[2]) Kr.-Arch. Würzburg 611/13807.
[3]) Kr.-Arch. Würzburg 677/V 15098½.

In diesem Jahre aber scheint er mit erneuter Heftigkeit hervorzubrechen.[1]) Die Sache kommt nunmehr vor ein Schiedsgericht der Fürsten Würzburg und Brandenburg, die auf einem Tage zu Aub am Sonntag Misericordias Domini (26. April) 1517 vermitteln. In der Hauptsache wird der zwischen Kilian von Würzburg und Sigmund von Schwarzenberg einst geschlossene Vertrag als Unterlage des Ganzen anerkannt und auf vier Jahre verlängert; daneben wird in kleineren Fragen ein Teilurteil gefällt, die Vogteistreitigkeit jedoch nicht als erledigt angesehen, sondern jeder Partei ein „Zettel" zu weiterer Erkundigung eingehändigt.

In Briefen an einen der Teidigungsräte, Hansen von Seckendorff, den Brandenburgischen Hofmeister, spricht sich Schwarzenberg weiter über die noch unerledigten Fragen aus, über die dann auf einem Tage zu Mergentheim am Freitag nach Corp. Christi (16. Juni) zwischen ihm und dem Würzburgischen Dompropste Peter von Aufsess persönlich weiter verhandelt wird. Hier scheint man tatsächlich zu einer gewissen Einigung gekommen zu sein; der Vertrag der Gerichte wegen wird auf vier Jahre verlängert.

In die Verhandlung zwischen Aufsess und Schwarzenberg spielten übrigens bereits andere Interessen hinein. Auch zwischen den Hochstiftern Würzburg und Bamberg bestanden ähnliche Streitigkeiten in den vier Zenten Hoheneich, Eltman, Medlitz und Hasfurt. Die Genannten scheinen in Mergentheim auch darüber gehandelt zu haben; denn Verhandlungen zwischen Würzburgischen und Bambergischen Räten am St. Elsbethen-Tag (19. November) 1517 zu Königsberg bei Würzburg nehmen darauf Rücksicht und kommen ebenfalls zu einem gütlichen Vergleich.[2])

Nach Ablauf des erwähnten vierjährigen Vertrages wird die Frage von neuem einem Schiedsrichter vorgetragen; diesmal ist es Bischof Konrad von Würzburg. Ihm gelingt es, einen beiden Teilen genehmen Vertrag zustande zu bringen, der sich in der Hauptsache an das zu Aub und Mergentheim Verhandelte an-

[1]) Kr.-Arch. Würzburg G 10693 I.

[2]) Kr.-Arch. Würzburg 876/19140 No. 2.

schliesst, den alten Vertrag von 1480 wiederum verlängert und über Gerichtsgeld und Vogteibarkeit zum Schluss kommt. Der Vertrag ist am Donnerstag nach der heiligen Zwölfboten Teilung (18. Juli) 1521 zu Nürnberg von allen Teilen feierlich besiegelt.[1])

Auch über das Helfgericht wird verhandelt, und zwar sind es diesmal Brandenburgische Hintersassen zu Seinsheim, die zu Streitigkeiten Anregung gegeben haben. Schwarzenberg scheint also die Institution eines Helfgerichts an sich durchgedrückt zu haben; denn hier erkennt Domprobst Friedrich von Brandenburg trotz seiner Feindschaft gegen Schwarzenberg die Berechtigung eines solchen zwischen den Hohengerichten für die Brandenburgischen Hintersassen zu Seinsheim an. Es soll aus dem Schwarzenbergischen Schultheissen und 12 Schöffen bestehen, von denen vier Brandenburgische Domprobstische, einer, der einer anderen Herrschaft daselbst verwandt ist, und sieben Schwarzenbergisch sein müssen. Genaue Bestimmungen über den Vorsitz, Halten des Gerichtsstabes, Möglichkeiten der Klage von Schwarzenbergischen gegen Brandenburgische und umgekehrt machen den Beschluss.

Während des Reichstages zu Nürnberg 1523—1524 wird die ganze Frage nochmals wieder aufgerollt.[2]) Friedrich scheint mit frischer Kraft gegen Schwarzenberg vorgegangen zu sein. Schiedsrichter ist diesmal Markgraf Kasimir von Brandenburg, dem seine Räte zur Seite stehn. Schwarzenberg wehrt sich kräftig seiner Haut. Nachdem bereits 1523 an St. Andreas (30. November) und St. Niklastag (6. Dezember) eine Korrespondenz mit dem Bischofe von Würzburg vorausgegangen, der Schwarzenberg die Klageschriften des Domprobstes übersandt hatte, folgt am Montag nach Oculi (28. Februar) eine lang ausgedehnte Verhandlung, die in mehreren dickleibigen Aktenbänden vor uns liegt. Am 3. März 1524 antwortet Schwarzenberg persönlich

[1]) Kr.-Arch. Würzburg Adel 1004 (i. f.).

[2]) Kr.-Arch. Würzburg G 10693 II; die ersten Beschwerdeartikel der Domprobstischen (§ 1—15) stehen auch separat in 708/16173 Prod. I, die Schwarzenbergische Antwort darauf („*actum Nürmberge 3. Marcii anno 1524*“) ebenfalls auch in 708/16173 Prod. II no. 983; darin folgen als Prod. III gütliche Sprüche auf beider Teile Klagen (fragmentarisch).

in scharfer, klarer Darlegung auf die Einzelanklagen und Vorwürfe seiner Gegner und erklärt die angeblichen Ausschreitungen seiner Vögte nur als Folgen von Verfehlungen der Würzburgischen Beamten. Ja, er geht selbst zum Angriff gegen den Domprobst Friedrich vor und weist *„artikels weiss“* Punkt für Punkt sein gutes Recht nach. Die Sache bleibt trotz aller Bemühungen der Räte und des Schiedsrichters unausgetragen. Schwarzenberg erbietet sich am Schlusse zu einer neuen Tagung: *„so mag ich zuvorderst ordenlich recht nach laut unnd innhalt kayserlicher maiestat unnd des reychs ordnung wol leiden, mir auch dasselbig widerumb zu gebrauchen vorbehalten“.*

In demselben Jahre wird die früher bereits erwähnte Handlung zwischen den Hochstiftern Bamberg und Würzburg über die gleiche Materie fortgesetzt, in der ebenfalls wiederum auf frühere Vorschläge Schwarzenbergs und Aufsess' (1517) zurückgegriffen wird, und auf einem Tag zu Hassfurt am Montag nach Concept. Mariae (14. Dezember) eine neue Malstatt und der Bischof von Eichstädt als Schiedsrichter verabredet.[1])

Schwarzenbergs Streit war noch nicht abgetan. Er war dadurch im Nachteil gegen seine Gegner, dass er gerade in den folgenden Jahren im Dienste von Bamberg, Brandenburg und Albrechts von Preussen lange ausser Landes weilte; so ward es den „Domprobstischen“ leicht, sich ihrerseits Übergriffe gegen Schwarzenbergische Untertanen zu erlauben, wenn auch Kasimir von Brandenburg ein wachsames Auge darauf hielt, der den Sohn Johanns, Friedrich von Schwarzenberg zu beschützen versprochen hatte. Besonders verwickelt waren die Verhältnisse zu Anfang des Jahres 1526, als Dr. Marsilius aus Nürnberg Würzburgischer Kanzler geworden war und mit allerhand Kniffen und Praktiken gegen Schwarzenberg vorging.

Mit gnädiger Förderung des Markgrafen Kasimir hatte Schwarzenberg, der im Jahre 1525 tätliche Eingriffe der Würzburgischen in seine Märkte und Dörfer hatte mitansehen müssen, und aus Zorn darüber nicht auf dem Tag zu Schlüsselfeld er-

[1]) Kr.-Arch. Würzburg Reichssachen 62/914; vgl. Kr.-Arch. Würzburg 876/19140 Prod. III: Einladung zu einem Tage auf Sonntag nach Johannes Baptista (28. Juni) zu Windsheim zur Unterhandlung *„in unser bederseyts nachpaurlichen geprechen.“*

schienen war, den Würzburg *„die beschedigung in der baurischen aufrur betreffend"* einberufen hatte,[1]) sich klagführend an das kaiserliche Regiment zu Esslingen gewandt und sich gegen den Geleits- und Friedbruch auf den besonderen Schutz berufen, in dem er und sein Sohn seit langem bei kaiserlicher Majestät stünden. Auf diesem Termin redete der genannte Dr. Marsilius drei Tage lang gegen Schwarzenberg, so dass dieser ergrimmt an Albrecht schreibt, er könnte seinen Sohn und seine Güter in solcher Lage nicht verlassen; Albrecht sähe wohl, *„wie er durch dise pfaffen angefochten wurde"*.[2])

Wie der Prozess ausgegangen ist, wissen wir nicht; jedenfalls ist Schwarzenberg darüber gestorben; dass er aber seinerseits nur das Rechte wollte und unbeugsam Jahre hindurch dies durchzusetzen versuchte, zeigen seine Schlussworte in den Nürnberger Verhandlungen von 1524: *„daraus eur gnaden unnd menigklich vermercken, das ich nichts annders dan wes ich fug unnd recht habe, begere."*

In Zusammenhang hiermit möge auch die langwierige Beschwerde Schwarzenbergs gegen den Würzburgischen Zöllner Hans Offenloch zu Gräfenneusess Erwähnung finden, der Schwarzenbergische Untertanen zu Geiselwind durch Zollauflagen beschwert hatte.[3]) Der Streit spielt in den Jahren 1521—1523.

Fünftes Kapitel.

Teilnahme an der ritterschaftlichen Bewegung des Jahres 1507.

Trotzdem durch den ewigen Landfrieden von 1495 und die Einsetzung des Reichskammergerichtes der Versuch gemacht war,

---

[1]) Schwarzenberg an den fränkischen Adel zu Schlüsselfeld vom Dienstag nach Allerheiligen (7. November) 1525 (fürstl. Schwarzenbergisches Zentralarchiv in Krumau).

[2]) Schwarzenberg an Albrecht vom 20. Januar 1526 (St.-Arch. Königsberg); vgl. auch Philippi, Freiherr Johann von Schwarzenberg in Preussen (1886), S. 15.

[3]) Kr.-Arch. Würzburg Zoll 12/303.

erträgliche Verhältnisse im Reiche zu schaffen, den Räubereien und Plackereien wirksam zu steuern und ein auf rechtlicher Grundlage basierendes Verhältnis zwischen Adel und Fürsten zu schaffen, sehen wir, wie sich gerade in Franken während der Zeit, die auf den Reichstag von Worms folgte, zwischen den drei fränkischen Fürsten, den Bischöfen von Bamberg und Würzburg und dem Markgrafen von Brandenburg einerseits und der fränkischen Ritterschaft andererseits eine tiefe Kluft öffnete.[1])

Bereits im Jahre 1503 hatten die Bischöfe Veit von Bamberg und Lorenz von Würzburg unter Hinzuziehung des Bischofs Gabriel von Eichstädt mit dem Markgrafen Friedrich von Brandenburg auf drei Jahre eine Einigung geschlossen, der täglichen Räuberei und Plackerei der Ritter zu wehren;[2]) sie war 1507 auf drei Jahre erneuert worden. Doch wurde hierdurch wenig oder gar kein Erfolg erzielt. Das zeigen ausser den bekannten Fehden Götzens von Berlichingen und Hansens von Selbitz die lange Reihe von ritterschaftlichen Versammlungen, die besonders seit dem Jahre 1507 unser Interesse in Anspruch nehmen dürfen, da Schwarzenberg eine Zeitlang eine führende Rolle spielt.

Bereits seit November 1503[3]) beginnen die Beschwerden des Adels im Bambergischen, die diesmal die Verwandlung der bürgerlichen Lehen in adlige betrafen. 1507, im Erscheinungsjahre der Bambergensis, traten dann die Ritter mit grösseren, umfassenderen Forderungen an die Fürsten heran. Durch das Eingreifen Schwarzenbergs erhält die ganze Bewegung etwas Einheitliches nach aussen. Innerlich hatte sich die Reichsritterschaft Frankens bereits seit dem Tage zu Neustadt an der Aisch 1494 fest konsolidiert und besonders in den ersten Jahren des 16. Jahrhunderts auf den zahlreichen Rittertagen organisiert und in Bezirke geteilt, an deren Spitze jedesmal ein Hauptmann stand.[4])

Freilich scheint es bis zum Jahre 1507 mehr bei Verhand-

---

[1]) Vgl. im allgemeinen Roth von Schreckensteins Geschichte der ehemaligen freien Reichsritterschaft 2, S. 144 f.

[2]) Originale im Kr.-Arch. Bamberg; Looshorn 4, 448. 464.

[3]) Bamberger Landtag 1503 im Kr.-Arch. Bamberg; Looshorn 4, 454.

[4]) Die Bezirke waren Baunach, Altmühl, Steigerwald, Odenwald, Rhön und Vom Gebirg. Vgl. darüber zuletzt Balfanz, S. 8 f.

lungen geblieben zu sein; die drei Fürsten wussten die Forderung nach einem eigenen Bundesgericht ausserhalb des landesherrlichen Gerichtes wirksam zu unterdrücken.

Es fehlte den Rittern an einem weitschauenden Manne, der die Kenntnis der sozialen Zustände in der Ritterschaft mit literarischer Begabung und angesehener Stellung bei den Fürsten vereinigte.[1]) Darum war auch der Versammlungstag zu Schweinfurt auf Simonis und Judä (28. Oktober) 1506 ergebnislos verlaufen,[2]) und es war von etlichen besonnenen Mitgliedern der Vorschlag gemacht worden, einen neuen allgemeinen Rittertag auszuschreiben, zu dem grössere Vorbereitungen getroffen werden sollten. Eine rege Werbetätigkeit begann. Man sandte zu dem Schenken Friedrich von Limburg, dem Bruder des Bamberger Bischofs, und zu Hansen von Schwarzenberg, der jenem durch seine Heirat mit Kunigunde von Rieneck verschwägert war, und forderte sie auf, auf Grund einiger beigefügter Beschwerdeartikel, sich dem Vorgehen der Ritterschaft anzuschliessen. Beide Herren waren nicht abgeneigt, hielten aber das Vorbringen der Ritterschaft für unzureichend und glaubten, dass es für ein Gelingen durchaus nötig sei, *„weitter unnd bas [zu] ermessen, was gemeiner billiger beswernus vor augen unnd auff dem begertten gemeinem tag fuglich furzuhaltten unnd zu hanndeln sein mochtte.“*

Besonders Schwarzenberg wollte möglichst viele für den Plan eines gemeinsamen Vorgehens gewinnen und benutzte einen Tag

---

[1]) Über die Stellung Schwarzenbergs zur Reichsritterschaftsbewegung handelt M. Balfanz in seiner Dissertation „Beiträge zur staatsmännischen Wirksamkeit des Freiherrn Johann von Schwarzenberg“ (Greifswald 1900), S. 13–33. Ihm lagen darüber Ulmanns Excerpte aus dem Würzburger Standbuche der Ritterschaft (Kr.-Arch. Würzburg) No. 398 vor; die Originale hat er gar nicht eingesehen. Meine oben gegebene Darstellung beruht auf dem gesamten vorhandenen Materiale der Kreisarchive zu Bamberg und Würzburg. Abweichungen von Balfanz' Darstellung finden dadurch ihre Erklärung; ich unterlasse es, sie im einzelnen zu notieren.

[2]) Schwarzenberg an Bischof Georg von Bamberg v. Freitag nach Reminiscere (5. März) 1507 (Kr.-Arch. Würzburg: Standbuch No. 495, S. 1—5; Kopie im Standbuch No. 398, S. 101bf.). Auf die Wichtigkeit des Standbuches No. 495, das die Originale enthält und das Standbuch No. 398 sehr glücklich ergänzt, sei hier besonders hingewiesen.

zu Koburg[1]) zwischen dem Grafen Balthasar von Schwarzburg und Dr. Kirscher dazu, durch etliche vom Adel (er selber war nicht zugegen) eine Vorbesprechung halten zu lassen. Der folgende Ritterschaftstag von Kitzingen, auf dem Schwarzenberg zusammen mit dem Grafen Michel von Wertheim in einer Streitsache der beiden Grafen von Henneberg als Obmann fungierte, brachte eine sorgsam vorbereitete Beschwerdeschrift der Ritter an die Fürsten.

Dieser „*Begriff eines rechtlichen austrags*"[2]) war für den Streit des Jahres 1507 von grundlegender Bedeutung. Wie schon bemerkt, hatten sich frühere Bemühungen der Ritterschaft darauf bezogen, die Ritter gänzlich den Gerichten der einzelnen Landesherren zu entziehen und Streitigkeiten vor einem ritterschaftlichen Bundesgericht auszugleichen.[3]) Die Schrift schlägt einen ganz anderen Ton an und ignoriert in weiser Vorsicht jene früheren, den Fürsten natürlich in dieser Form ganz unannehmbaren, Forderungen vollständig; sie verleugnet durch ihre Mässigung, die Feinheit ihrer Disposition, die Klarheit und Eindringlichkeit ihrer Sprache die beiden Männer nicht, die sich hier wie auch sonst zu gemeinsamer Arbeit zusammen gefunden haben, um Wahrheit und Recht zu fördern. In dem Würzburger Ritterschaftsstandbuch No. 398 werden ausdrücklich als Verfasser des „Rechtlichen Austrags" Schwarzenberg und Sebastian von Rotenhan genannt.

Auch ohne dass Schwarzenbergs Name als Mitverfasser dieses „Austrags" bezeichnet wäre, würde man ihn als Miturheber erkennen. Die Niederschrift und Zusammenstellung zeigt in Wortlaut und Inhalt bemerkenswerte Anklänge an die Bambergische Halsgerichtsordnung, die zu derselben Zeit von Schwarzenberg bearbeitet worden ist. Es ist natürlich ausser-

---

[1]) Diesen Tag von Koburg meint wohl auch die etwas dunkle Darstellung von Balfanz, S. 23 nach dem Würzburger Standbuch No. 398, S. 103a.

[2]) Vgl. zum folgenden Looshorn 4, 465 und die dort citierte Literatur. Der „*Begriff eins rechtlichen ausstrags*" findet sich von derselben Hand im Standbuch No. 398, S. 109a—113b und in einem Sammelakt (Kr.-Arch. Würzburg G 8672 1/9) kopiert.

[3]) Balfanz, S. 8.

ordentlich schwierig, den Anteil Schwarzenbergs und Rotenhans gegen einander abzugrenzen, um so schwieriger, als der letztere vielleicht auch der Halsgerichtsordnung und ihrer Abfassung nicht fern gestanden hat. Schwarzenbergisch ist der ganze Gedanke einer so umfassenden Reformation der fürstlichen Gerichte und auch der Zentgerichte, deren schwerwiegendsten Mangel er, wie in der Bambergensis (art. 1), in der ungenügenden Besetzung erkennt.

Weiter erinnert der mehrfach ausgesprochene Wunsch, den Gerichtsgang so kurz als möglich zu machen und jeder mutwilligen Verlängerung des Prozesses vorzubeugen, an die in der Bambergensis immer wiederkehrende Warnung, das Recht nicht zu verlängern (art 23. 90. 121. 175. 276); in dem „Rechtlichen Austrage“ muss der Appellant zu diesem Zwecke sogar den Gefährdeeid leisten.

Ferner gleichen einzelne Bestimmungen Verordnungen der Bambergensis: ebenso wie dort (art. 239) wird hier eine scharfe Kontrolle über das Erscheinen oder Nichterscheinen („*aussenbleiben*“) geführt; es hat nicht nur der jeweilige Gerichtsvorsitzende das Recht der Umfrage, sondern es wird hier wie dort beim Ausbleiben einer Partei auf Grund der Aussage der andern der Prozess zu Ende geführt und durch diese Bevorzugung des gehorsamen Teiles auch hier wiederum möglichste Abkürzung des Prozessganges angestrebt.

Nicht speziell aus der Bamb. (art. 95) abzuleiten ist das Stabhalten des Richters oder Gerichtsvorsitzenden. Freilich hat Schwarzenberg auch bei den Streitigkeiten mit Würzburg gerade auf diese Äusserlichkeit besonderen Wert gelegt.[1]) Ebenso erscheint diese Frage mit peinlicher Genauigkeit in dem anderwärts zu besprechenden Bericht über das Zentgericht Scheinfeld erwogen.[2])

In Schwarzenbergs Gedankenkreise lagen zum Schlusse endlich

---

[1]) „*Ordnung und mass, wie das helffgericht zue Seinssheym aufgericht mocht werden*“ § 2 aus dem Jahre 1511 (Kr.-Arch. Würzburg Admin. 677, V 15098 $^{1}/_{2}$, S. 13—14); vgl. oben Kapitel 4.

[2]) Undatierter Bericht (c. 1502) über das Zentgericht Scheinfeld (Fürstl. Schwarzenbergisches Archiv in Schwarzenberg i. Fr.; vgl. A. Mörath, Beiträge zur Geschichte des Zentgerichts Scheinfeld, S. 9); vgl. oben S. 35.

noch zwei im „Rechtlichen Austrag" erwähnte Dinge. Dass zu einem ordentlichen Gerichtsgange eine ordnungsmässige Feststellung der Taxen, also eine Taxordnung gehöre, hat bereits der Verfasser der Bambergischen Landgerichtsreformation von 1503 richtig erkannt, in dem ich ebenfalls Schwarzenberg zu sehen geneigt bin.[1]) In der Bambergensis spielen sodann die Gerichtskosten und ihre Festsetzung eine wichtige Rolle, und schliesslich kennen wir aus Schwarzenbergs eigenem Hoheitsbereich eine von seiner Hand geschriebene Taxordnung ungefähr aus dem Jahre 1513, die jedenfalls für die Gerichte zu Scheinfeld und Seinsheim bestimmt war.[2])

Der zweite Gedanke, der sich ebenfalls an tatsächliche Verordnungen Schwarzenbergs anknüpfen lässt, ist die Forderung, die Fürsten möchten häufiger im Jahre ordentliche Gerichtstage abhalten. Gerade so wie hier das Neunergericht die ordentlichen Gerichte der Fürsten dadurch entlasten soll, dass es die Appellationssachen an sich zieht, hat Schwarzenberg in jahrelangem Kampfe gegen Würzburg in seinem Hoheitsbereich ein sogenanntes Helfgericht eingerichtet, das neben dem ordentlichen Gerichte fungieren sollte.[3])

Endlich stimmt die Formulierung der Urteile des Appellationsgerichts, „ob gut oder schlecht appelliert sei", durchaus mit dem gerade in Bambergischen Gerichten, besonders dem Hofgericht üblichen Wortlaut überein, dessen Vorsitzender Schwarzenberg gerade in dieser Zeit gewesen ist.

Das weit über ähnliche Erzeugnisse zeitgenössischer Ritterversammlungen herausragende Werkchen habe ich seines Inhalts wegen in einer Beilage nach den beiden vorhandenen Handschriften abgedruckt.[4])

Mit diesem Schriftstück hoffte man den Fürsten nahen zu können. Schwarzenberg spricht es in seinem Briefe an den

---

[1]) Über diese Landgerichtsreformation s. Stobbe, Gesch. der deutschen Rechtsquellen II, S. 261 und unten.

[2]) Fürstl. Schwarzenbergisches Archiv zu Schwarzenberg i. Fr.; vgl. S. 36.

[3]) Siehe oben S. 38.

[4]) Siehe Beilage I am Schlusse; eine ziemlich oberflächliche Inhaltsanzeige gibt Balfanz, S. 15—19.

Bischof Georg von Bamberg aus,[1]) dass der „Rechtliche Austrag" für keine Parteischrift im eigentlichen Sinne gehalten werden wolle; er ist der sicheren Hoffnung, damit eine Einigung zwischen Rittern und Fürsten zu erzielen.[2])

Kurze Zeit nach Weihnachten 1506, jedenfalls in der Neujahrswoche 1507,[3]) sollte der neue Tag zu Schweinfurt stattfinden. Dazu wurden ungewöhnlich umfangreiche Vorbereitungen getroffen. Mit der Drucklegung und dem Versand eines allgemeinen Ausschreibens an die fränkische Ritterschaft wurden fünf Mitglieder der Kitzinger Versammlung beauftragt, nämlich Schenk Friedrich, Waldenfels, Fortsch, Schaumberg und Schwarzenberg.

Letzterer hatte so sehr das Vertrauen seiner Standesgenossen gewonnen, dass er noch einmal damit beauftragt wurde, an dem Zustandekommen des Tages zu arbeiten. In einem Briefe an Graf Michel von Wertheim heisst es:[4]) „*Wir haben myn gnedigen hern graven Wilhelm von Hennenberg, hern Friderichen, erbschencken etc., hern Johanssen von Schwarzenberg etc., hern Ulrichen von Zedtwitz hofmeistern und hern Hansen von Seckendorff, beid ritter, auch bittlich ersuchen lassen, ewern gnaden dissen gemeynen tag helffen ausszuschryben: je eher der tag von uwern gnaden gesatzt wurde, ye pesser daz wer.*"

Schwarzenberg engagierte sich so stark für das Zustandekommen des Tages, dass er seinen Namen unter das Anschreiben an die Ritterschaft zusammen mit Ulrich von Zedtwitz und Hans von

[1]) Siehe oben S. 45 Anm. 2.

[2]) Es war eine stattliche Anzahl von Rittern bei den Verhandlungen von Kitzingen zugegen gewesen, nämlich beide Grafen von Henneberg, Graf Michel von Wertheim, Friedrich Schenk von Limburg, Sigmund und Johannes Herren zu Schwarzenberg, Jörg von Velberg, Hans von Seckendorff, Hans Truchsess, Neidhart von Thüngen, Heinrich Stieber, Konrad von Grumbach, Kaspar von Waldenfels, Jörg Truchsess, Eberhardt Fortsch, Utz von Kongsberg, Hermann von Saunsheim, Appel vom Stein, Wolf von Schaumberg, Hanns von Sternberg, Lehnhardt von Rosenberg, Eberhardt Hunt, Philipps Diener, Paulus Truchsess und Heinz Forstmeister: Standbuch No. 398, S. 104b (Kr.-Arch. Würzburg).

[3]) Würzb. Standbuch No. 398, S. 96: „*des angenden jars alsspald nach wyhennachten.*"

[4]) Würzburger Standb. No. 398, S. 96b.

Seckendorff setzte. Man scheint besonderen Wert darauf gelegt zu haben, dass gerade die Hofmeister der fränkischen Fürsten für das allgemeine Standesinteresse eintraten. Das Anschreiben lautete im Entwurf folgendermassen:[1])

Wilhelm von gottes gnaden grave und herre zu Hennenberg und Michel grave zu Wertheim und Friderich her zu Limpurg, erbschenck und semperfry.

Unnser fruntlicher gruss und dinst zuvor! lieben besundern, oheim, schwoger und gute frund, es sint mergklich gross und schwer hendel vor augen, daran unsern frunden und gonstigen hern graven, hern und gemeyner ritterschafft gross gelegen ist. Wo darin nit gesehen und fuglich mit guter vorbetrachtung und rats, daz zu verkomen, gehandelt wurd, ist zu besorgen, daz sich daz teglich gemeren, graven, hern und gemeyner ritterschafft, derselben nachkommen und erben zu grossem unwiderpringlichen schaden, zuruttung, unere und nachteil reichen und komen mag. Darumb so ist auss getruwer guter meynung im pesten geratschlagt und bewegen, daz solichs an eynem gemeynen tag und on bywesen graven, hern und gemeyner ritterschafft nit stattlich mag vorkomen oder darinn gehandelt werden, und daruff eynen gemeynen tag ausszuschryben furgenomen, nemlich uff . n . zu nacht zu . n . zu sin. Demnach ist unser gutlich beger und bitt an uch, wollent uch kein andere sachen verhindern lassen, sunder uff obgemeltem . n . zu nacht zu . n . erschynen und uff . n . darnach zu frue umb 7 hore vormittag uff dem rathauss sin mitsampt graven, hern und gemeyner ritterschafft helffen ratschlagen und handeln, waz erlich, nutzlich und graven, hern und ritterschafft notturfft erfordert, und ye nit aussenplyben; daz wollen wir uns gentzlich versehen und unsernthalben gonstlichen beschulden und fruntlich verdienen. Datum.

Johann herre zue Schwarzenberg hofmeister — *Ulrich von Zedwitz, ritter, hofmeister* — *Hans von Seckendorff, ritter.*

So musste gerade Schwarzenberg den fränkischen Fürsten, besonders dem Bischof von Bamberg als „Anreger“ und Anstifter oder, wie sich der Bischof ausdrückt, als ein „*hauptmann und anheber*“ der ritterschaftlichen Bewegung erscheinen. Freilich tat man mit diesem Verdachte Schwarzenberg bitteres Unrecht,

[1]) Würzburger Standbuch No. 398, S. 97a.

andrerseits zeigt aber gerade die folgende Aussprache zwischen ihm und dem Bischof, welchen Ansehens sich Schwarzenberg auch bei den Fürsten in dieser Zeit erfreut hat.

Der Tag von Schweinfurt hielt nicht, was er versprochen. Schwarzenberg scheint überhaupt nicht zugegen gewesen zu sein, wenigstens hören wir davon nichts. Es muss um diese Zeit ein uns unbekanntes Ereignis eingetreten sein, das ihn im Gegensatz zu seinen früheren Bestrebungen für die Ritterschaft davon abbringt, an führender Stelle tätig zu bleiben. Bereits das Programm für den Tag von Schweinfurt *„Verzeichnis der rede mit graven, herrn und ritterschaft“*[1]) erwähnt seiner mit keinem Worte; es ähnelt in seinem anmassenden Tone der *„Instruktion der werbung bei Bamberg, Würzburg und Brandenburg“*,[2]) die nach dem Tage von Schweinfurt für die nächste Versammlung ausgearbeitet wurde.

Das eigentliche Resultat war aber die sogenannte *„Beschwerniss gemeyner ritterschaft“*, deren frech herausfordernden Ton der 12. Artikel charakterisieren mag:[3])

„Item so sehen die vom adel daz fur gut und nutz an, daz unser gnedig hern, auch die cappittel der domstifft und wir uns eins austrags vereynigiten, ob unser eyner oder mer mit iren gnaden oder den irn irrig wurden oder zu tun gewonnen, daz wir ein verstentniss und wissen hetten, wie der geben und genomen solt werden, und daz der verpeut wurd, auch wir alsdan uns desselbigen nit annemen, ime weder rate, hilff noch bystant teten; dessglichen ob unser gnedig hern dem nit gelebten, daz wir unsern frunden hilff, rate und bystant deten, damit es zum austrag komen mocht: so wurd vil zancks und kriegs abgeschnitten.“

Weiter auf diese Schweinfurter Beschwerdeschrift einzugehen, erscheint unnötig.[4]) Wir sehen bereits aus den angeführten Proben, dass sich die ganze Art, durchaus von dem ruhig vornehmen Tone des „Rechtlichen Austrags“ unterscheidet. Auch inhaltlich stehen diese „Beschwernisartikel“ tief unter den Vorschlägen Schwarzenbergs und Rotenhans: es sind Klagen über

---

[1]) Würzburger Standbuch No. 398, S. 106a und b.
[2]) Ebenda S. 107aff.
[3]) Würzburger Standbuch No. 398, S. 97b—100b.
[4]) Näheres bei Balfanz, S. 20—22.

Beschwerungen des Adels, vorzüglich Schwierigkeiten bei den Gerichten, vermengt mit kleinen und kleinlichen Ausfällen auf die Gerichtsherrn, welche durchaus nicht geeignet waren, als Grundlage einer Verständigung zwischen Adel und Fürsten zur Herstellung von Frieden und Ordnung, auf Grund gegenseitigen Entgegenkommens, unter Wahrung alter Rechte zu dienen.

Mit diesen Schweinfurter Artikeln kann Schwarzenberg nichts zu tun gehabt haben; es hätte gar nicht der leidenschaftlichen Abwehr in seinem Briefe an Bischof Georg bedurft.[1])

Trotzdem ist ihm gerade die Beteiligung an der ritterschaftlichen Bewegung auf das höchste verdacht worden, und dies erscheint um so wunderbarer, als sich auch Sebastian von Rotenhan nicht nur damals, sondern nachweislich auch in späterer Zeit, selbst als Hofmeister des Bischofs von Würzburg, keineswegs davon fern gehalten, ja sich sogar in dem gedruckten Ausschreiben mit seinem vollen Namen unterzeichnet hat.[2])

Wenn nun Bischof Georg von Bamberg zusammen mit dem Bischof von Würzburg und dem Brandenburgischen Markgrafen der angeblichen Teilnahme Schwarzenbergs an dieser Bewegung eine so grosse Bedeutung beilegt, so müssen wir daraus den Schluss ziehen: Schwarzenberg war in jener Zeit eine so bedeutende Persönlichkeit, dass schon sein Hinzutreten zu einer Partei dieser den Sieg verhiess. Umgekehrt sehen wir bereits aus den Briefen Schwarzenbergs an Bischof Georg, welche Mühe sich die Ritter gegeben haben, den Bambergischen Hofmeister für ihre Ziele zu interessieren und zur Teilnahme und tatkräftigen Förderung ihrer Bestrebungen zu bestimmen. Vielleicht können wir noch weiter gehen: der Frühling des Jahres 1507 muss allem Anschein nach die endgültige Ausarbeitung der Bambergischen Halsgerichtsordnung gebracht haben; Bischof Georg hatte also Gelegenheit, den Geist und die juristische Kenntnis seines Hofmeisters, die dieser sich auch ohne Studium angeeignet hatte, aus der Nähe zu betrachten. Vielleicht hatte er, wenn diese Vermutung gestattet ist, gehört oder selbst gesehen, wie Sebastian von Rotenhan als Freund und

---

[1]) Siehe oben S. 45 Anm.

[2]) Würzburger Standbuch No. 495, S. 473—478.

Genosse Schwarzenbergs diesem Material für sein Werk beschafft hatte. Nun erschienen die Kitzinger Artikel, die an Schärfe und Feinheit der Ausführung, sowie der Geradheit ihrer Ziele durchaus den Artikeln der Bambergischen Ordnung ebenbürtig sind. Nach den vorliegenden brieflichen Äusserungen scheint der Bischof, ebenso wie die beiden anderen fränkischen Fürsten peinlich überrascht gewesen zu sein, als sie von der Teilnahme Schwarzenbergs als eines „Anhebers und Ursachers" jener Artikel hörten.[1])

Freilich sind wunderbarerweise gerade die Schweinfurter Artikel der Ausgangspunkt zu dem Briefwechsel zwischen Schwarzenberg und den Fürsten gewesen. Sie hatten mit ihrer gewalttätigen Färbung in ihnen die Befürchtung wachgerufen, dass sie vor einer Katastrophe ständen, wenn sie nicht tatkräftig einschritten; sehr bezeichnend hatten die Fürsten zuerst nur den einen Wunsch, Schwarzenberg aus der ritterschaftlichen Bewegung zu drängen. Das ist ihnen gelungen; freilich auf andere Weise, als sie selbst hofften.[2])

---

[1]) Bischof Georg von Bamberg an Bischof Lorenz von Würzburg vom Dienstag nach Invocavit (21. Februar) 1507 (Würzburger Standbuch No. 495, S. 41: Original).

[2]) Für die Bedeutung Schwarzenbergs spricht ein kleiner Zug, den wir aus der Korrespondenz der Würzburger Standbücher (No. 398, S. 100bff., No. 495, S. 41ff.) entnehmen, die uns in ausführlicher Weise über die Einzelheiten unterrichten und durch die Hand eines späteren Kopisten sogar zwischen die einzelnen Briefkopieen und Originale einen kurzen, verbindenden Text einschieben. Schwarzenberg war nämlich im Kreise seiner Standesgenossen angefeindet, wie aus einem Briefzettel des Werner von Aufsess hervorgeht (Standbuch 495, S. 43), der dem Brief des Bischofs Georg an Lorenz von Würzburg (Dienstag nach Invocavit [21. Februar] 1507) beiliegt (ebenda S. 41). Dieser Werner von Aufsess spricht zwar, wie aus dem Briefe des Bischofs selbst hervorgeht, im Auftrage des Würzburger Domdechanten Peter von Aufsess, scheint aber kleinlichem Klatsche nicht abgeneigt zu sein, da er dem Bischof meldet, er habe die Handschrift der Artikel gesehen und wisse, wie verdriesslich der Bischof über den Hofmeister wäre. Der Briefzettel liegt neben einem Briefe des Bamberger Bischofs, kann also ganz gut etwa in Kopie einem Briefe an Bischof Georg angehangen haben; sonst wäre die Angabe nicht zu verstehen, dass Werner von Aufsess die Handschrift der Artikel des Hofmeisters, etwa in Bamberger Abschriften, zu sehen bekommen hätte.

Bischof Georg wagt zunächst trotz alledem nicht, seinem Hofmeister allein entgegenzutreten und ihm als sein Herr die Beteiligung an der ritterschaftlichen Bewegung offen zu verbieten. Er wendet sich vielmehr hilfesuchend an den Würzburger und will erst mit dessen Genehmigung Schwarzenberg *„im guten deutsch“* sagen, dass er mit den Artikeln, die er gelesen hätte, durchaus nicht einverstanden wäre; er will sich, „falls Schwarzenberg solche Artikel zu unterstützen begehre, dermassen gegen ihn halten, dass der Würzburger Bischof sehen soll, er habe keinen kleinen Verdriess ob dieser Sache“. So spricht kein Fürst, der seinem Beamten Beteiligungen, die ihm missliebig sind, verbieten könnte: so spricht ein Mann, der die Bedeutung seines Untergebenen wohl zu würdigen versteht und nichts sehnlicher wünscht, als ihn auf seine Seite herüberzuziehen. Um so mehr, als der eigene Bruder des Bamberger Bischofs, Friedrich Schenk von Limburg mit ihm zusammen wirkte. Ihn will der Bischof — damit schliesst sein Brief — noch besonders einladen und „in ziemlicher Weise vorbauen und wehren, dass diese Sache keinen Fortgang gewönne“.

Der des öfteren zitierte Brief Schwarzenbergs spricht eine energischere Sprache, die Sprache eines Mannes, der von seinem guten Recht durchaus überzeugt ist. Er weist die Beschuldigung als ganz unbegründet ab, dass er bei den Schweinfurter Artikeln geraten und gehandelt habe, und setzt dem Bischof in klarer ruhiger Weise seine Beteiligung am Abschiede von Kitzingen auseinander. Aber damit nicht genug. Er muss gehört haben, dass die eigentliche Beschuldigung von Würzburg ausgegangen sei. War doch Peter von Aufsess auch in den Streitigkeiten zwischen Schwarzenberg und der Würzburgischen Domprobstei sein Gegner gewesen. So schreibt er denn unter demselben Datum in kürzerer Fassung auch an Lorenz von

---

Wäre dies in der Tat der Fall gewesen, so würde ja an der Beteiligung Schwarzenbergs an den Schweinfurter Artikeln kein Zweifel gewesen sein, und die folgende Korrespondenz wäre gegenstandslos. Es scheint also hier eine Verwechselung der Schweinfurter und Kitzinger Schriftstücke vorzuliegen.

Würzburg,[1]) verwahrt sich auch gegen ihn irgend welcher Teilnahme an den Artikeln und legt eine Abschrift des Briefes an Georg von Bamberg zur näheren Information bei. Trotz dem Zorne und allen den oben erwähnten Befürchtungen der beiden Bischöfe antwortet Lorenz in ausserordentlich höflicher Weise.[2]) Auch ihm scheint viel daran gelegen, es mit Schwarzenberg nicht zu verderben; aber es müssen einige Erwägungen seinerseits vorausgegangen sein, in welcher Weise er dem gefürchteten Hofmeister gegenübertreten sollte; das schimmert aus den ausserordentlich interessanten Änderungen in dem Original-Briefkonzept des Bischofs Lorenz hervor, besonders der Umwandlung der Anrede von „Du" in „Ihr". Sehr diplomatisch vermeidet er jede nähere Antwort und vertröstet Schwarzenberg auf eine in nächster Zeit stattfindende Zusammenkunft mit dem Bischof Georg. Dabei will er ihm auf sein Schreiben mündliche Antwort geben und ihn „seiner gnädigen Meinung nicht verhalten".

Inzwischen sind aber die beiden Bischöfe nicht müssig, neue ritterschaftliche Versammlungen zu hintertreiben. In einer Zusammenkunft zu Gerolzhofen am Dienstag nach Lätare (16. März) 1507 verpflichten sich Bamberg und Würzburg zu gegenseitiger Hilfe.[3]) Es wird besonderer Wert darauf gelegt, dass jeder Bischof bei seinen Räten, Hofdienern und Amtleuten in Sonderheit mit allem Ernst handle, dass diese sich bei Vermeidung hoher Ungnade von solcher Handlung abzögen und zu dem neu ausgeschriebenen Rittertage nicht erschienen und weder heimlich oder öffentlich dazu hülfen und rieten. Wollten die Ritter und Herren jedoch von der Beteiligung an dem neuen Tage nicht abstehen, so verpflichten sich Georg und Lorenz gegenseitig, in keinerlei Zugeständnisse zu willigen, auch wenn die Ritter ihre Vorschläge änderten und „leichterten". Bamberg

---

[1]) Schwarzenberg an Bischof Lorenz von Würzburg vom Freitag nach Reminiscere (5. März) 1507 (Würzb. Standbuch No. 495, S. 9—10, Kanzleikopie Standbuch No. 398, S. 101 a).

[2]) Lorenz von Würzburg an Schwarzenberg vom St. Gregorientag (12. März) 1507 (Konzept des Bischofs mit seinen Änderungen im Würzb. Standbuch No. 495, S. 27; Kanzleikopie Standb. No. 398, S. 103).

[3]) Würzb. Standb. No. 495, S. 11 ff.; No. 398, S. 103 a ff., 114 a ff.

wird besonders damit beauftragt, Brandenburg auf seine Seite zu ziehen.[1])

Unterdessen muss eine Unterredung zwischen dem Bischof Georg und Schwarzenberg stattgefunden haben. Hierauf beziehen sich die Äusserungen einer ehrlichen Entrüstung über die Schweinfurter Artikel, die Schwarzenberg in seinem Briefe an den Bischof tut; begreiflich also, dass er sich von seiner führenden Stellung in der ritterschaftlichen Bewegung nun plötzlich zurückzieht. Die Beschlüsse des Schweinfurter Tages, bei dem Schwarzenberg nicht zugegen war, müssen ihm so zuwider gewesen sein, dass er sich in freier Erkenntnis und offener Willensänderung auf die Seite der Fürsten hinüberwendet. Frohlockend teilt Georg diese Sinnesänderung seines Hofmeisters dem Bischof Lorenz mit.[2]) Sein Hofmeister erbiete sich, soviel an ihm sei, das Zustandekommen zu verhindern. Freilich ist es ihm nicht zu verargen, dass er doch gegenüber denen, die am Kitzinger Tage teilgenommen haben, als ehrlicher Mann zu erscheinen wünscht; so bittet er denn beide Bischöfe, diejenigen ihrer Amtsleute und Diener, die ebenfalls zu Kitzingen gewesen sind, anzuhalten, an der Verhinderung des Ritterschaftstages mitzuarbeiten, „damit der Unglimpf ihm nicht allein beigelegt werde". Seine Sinnesänderung und deren Berechtigung drückt er mit den derben, aber charakteristischen Worten aus: „*wann er dass lant mere helff reformiern, so soll man ime ein blaten scheren wie einem münch; er hab die sach dermass nitt bedacht und wiss wol, das ime mer an den fursten dan an dem gemeinen hauffen gelegen sei.*" Es ist wohl klar, dass mit diesem letzteren die Mitglieder des Schweinfurter Tages gemeint sind, von dessen Beschlüssen er sich hiermit öffentlich abwendet.

Mittlerweile war es dem Bamberger Bischof wirklich gelungen, den Markgrafen Friedrich von Brandenburg auf seine Seite zu ziehen; ein gemeinsamer Versammlungstag wurde auf Montag, den

---

[1]) Bemerkenswert ist, dass im § 1 des Abschiedes von Gerolzhofen nur auf den Tag von Kitzingen, nicht Schweinfurt zurückgegriffen wird.

[2]) Bischof Georg von Bamberg an Bischof Lorenz von Würzburg vom Donnerstag nach Lätare (18. März) 1507 (Würzb. Standbuch No. 495, S. 15: Original; kurzer Inhalt kopiert in No. 398, S. 100b: danach unvollständig Balfanz, S. 27).

22. März im Kloster zu Langheim angesetzt, auf Bambergischem Gebiet. Die Abrede im Kloster Langheim[1]) ist datiert vom Sonntag Judica (21. März) 1507 und enthält mehrere beachtenswerte Punkte. Zuerst soll jeder Fürst die angesehensten seiner Ritter, die in Kitzingen waren, vor sich fordern lassen und ihnen folgendes eröffnen: Der Vorschlag von Kitzingen betreffs des Neunergerichts würde die fürstlichen Regalien, Sal- und Hofgerichte, sowie die Landgerichte stören und schmälern, auch würde damit die Appellation an das Kammergericht römischer kaiserlicher Majestät abgeschnitten sein. Darum sei der Fürsten ernstlich Begehr, das Ausschreiben zu einem Tage nach Schweinfurt auf Dienstag nach Marci (27. April)[2]) nicht ausgehen zu lassen und von einem solchen Vorhaben abzustehen. Gegen Beschwerden würden die Fürsten immer ein offenes Ohr haben. Gingen die Ritter nicht darauf ein und beriefen doch diesen neuen Ritterschaftstag nach Schweinfurt, so sollte kein Fürst einzeln einen Entschluss fassen, sondern nur eine gemeinsame Antwort gegeben werden. Bamberg sagt für diesen Vertrag auch die Beteiligung Würzburgs zu, dessen Bischof am Kommen verhindert wäre. Auf Dienstag nach Palmsonntag sollen Würzburg und Brandenburg je einen ihrer geheimsten Räte nach Bamberg senden, die zur Nacht dort eintreffen, jedoch nicht öffentlich erklären sollen, weswegen sie gekommen seien, sondern *„sich annder sachen halben bey seinen genaden angeben“*. Der wichtigste Beschluss von Langheim ist jedenfalls der, den Rittern entgegen selbst einen Rittertag einzuberufen und zwar dazu eine besondere Malstatt zu bestimmen für alle diejenigen, die willens wären, den Rittertag zu Schweinfurt nicht auszuschreiben.

Nachdem einmal Schwarzenberg von der ritterschaftlichen

[1]) Würzburger Standbuch No. 495, S. 17 ff.; No. 398, S. 115b—116b: *„und hat Bamberg unserm gnedigen hern von W. dises abschieds copy zugeschickt und daneben geschriben mit aigner hand; ligt bei der riterschaft handlung unter dato 3 p. Judica.“* (24. März).

[2]) Das Datum dieses neuen Tages wird auch auf Dienstag nach Walpurgis (4. Mai) angegeben: Würzburger Standbuch No. 398, S. 105a und 105b; auch hierzu wurden umfassende Vorbereitungen getroffen und Einladungen versandt, von denen Proben vorliegen.

Bewegungen getrennt war, hatte es für die drei Fürsten keine Schwierigkeit, ihre Pläne durchzusetzen und über die nun führerlose fränkische Ritterschaft die Oberhand zu gewinnen. Am Dienstag nach Judica (23. März) berichtete Bischof Georg nach Würzburg über den Abschied zu Gerolzhofen[1]) und teilte dem Bischof die Forderung eines gemeinsamen Vorgehens der drei Fürsten mit. Wir erinnern uns, dass der Hofmeister nur unter der Bedingung für die Fürsten tätig sein wollte, „dass nicht der Unglimpf allein auf ihn gelegt werde“; dieser Gedanke wird hier vom Bischof aufgenommen. Auch Bamberg will der Ritterschaft gegenüber nicht allein dastehen. Nach der Antwort Bischof Lorenzens[2]) sind freilich die Fürsten selbst untereinander nicht ganz einig. Lorenz teilt mit, dass die Ausschreibebriefe für den Rittertag in seinem Lande noch nicht fortgesandt wären; einige hätten sich geweigert, z. B. Graf Hermann von Henneberg, die Briefe zu siegeln; daher glaubt er, der ganze Handel würde „*in bronnen fallen*“. Würzburg scheint überhaupt am zahmsten den Rittern gegenüber aufgetreten zu sein.[3])

Wie in Langheim beschlossen war, kamen am Dienstag nach Palmarum (30. März) und zwar heimlich zur Nacht die Gesandten von Brandenburg und Würzburg[4]) nach Bamberg, um dort mit dem Bischof Georg zu beraten. Hier hatten die Fürsten gute Erfolge zu verzeichnen. Die gütlichen Verhandlungen hatten doch so gewirkt, dass einzelne Ritter versprochen hatten, keinen Ritterschaftstag zu besuchen. Nun standen auch die Fürsten von einer Einberufung ihrerseits ab und liessen die

---

[1]) Bischof Georg von Bamberg an Bischof Lorenz von Würzburg vom Dienstag nach Judica (23. März) 1507 (Würzb. Standbuch No. 495, S. 21: Original).

[2]) Bischof Lorenz von Würzburg an Bischof Georg von Bamberg vom Montag nach Palmarum (29. März) 1507 (Würzb. Standbuch No. 495, S. 25—26: eigenhändiges Konzept); dazu eine Bemerkung des Kopisten im Standbuch No 398, S. 119b.

[3]) Laut Erwähnung eines Briefes des Bischofs Lorenz an Thomas vom Stein im Würzb. Standbuch No. 398, S. 116b: „*doch ist nichts deste minder der angesetzt tag und handlung fortgangen.*“

[4]) Thomas vom Stein und Hans v. Seckendorff.

Sache im Augenblick fallen. Vorsichtigerweise bestimmten sie jedoch, falls künftige Rittertage stattfänden, sollte jeder Fürst einen seiner Räte dorthin verordnen und den anderen die Namen der Mitglieder mitteilen lassen. Auch hier erscheint die Protestation gegen das Neunergericht mit derselben Begründung wie am früheren Verhandlungstage. Wollten aber die Ritter über Plackerei und andere böse Händel Ratschläge, so könnten ihnen die Räte erlauben, mit Wissen und Willen der Fürsten dies zu tun und darüber eine Ordnung aufzurichten. Das würden die Fürsten nicht nur nicht verhindern, sondern sie würden sogar dazu „helfen, fördern und handhaben".[1])

Damit hat für das Jahr 1507 die ritterschaftliche Bewegung ihr Ende erreicht; Schwarzenberg ist von ihrer Führung freiwillig zurückgetreten. Die Schweinfurter Artikel werden in den Verhandlungen der Fürsten gar nicht erwähnt; was dort gegen die Ritter angeführt wird, bezieht sich durchaus auf den „Rechtlichen Austrag" von Kitzingen. Um späteren Verwicklungen vorzubeugen, vereinigen sich auf Anhalten Maximilians Würzburg, Bamberg, Eichstädt und Brandenburg zur Verhinderung und Ausrottung der Plackerei auf drei Jahre am 9. September 1507.[2])

Trotzdem Schwarzenberg durch die üblen Erfahrungen, die er bei einer Beteiligung an dem Streben seiner Standesgenossen gemacht hatte, von einer führenden Stellung auf den Ritterschaftstagen zurückgekommen war, ist es doch durchaus unrichtig,[3]) ihm nun jede Beteiligung an folgenden Ritterversammlungen abzusprechen. Allerdings wird er auf dem Rittertage zu Landau im Jahre 1522 nicht zugegen gewesen sein, und die Angabe Janssens[4]) beruht auf einer Verwechselung mit Heinrich von Schwarzenburg von der Nahe,[5]) eine Verwechselung, die freilich nicht schwer zu nehmen ist, weil selbst in Planitzens Briefen, ebenso

[1]) Abschied von Bamberg vom Dienstag nach Palmsonntag (30. März) im Würzb. Standbuch No. 495, S. 29—36; No. 398, S. 117a – 119b.

[2]) Würzb. Standbuch No. 398, S. 119b.

[3]) So bei Balfanz, S. 27 Anm. 2.

[4]) Janssen, Geschichte des deutschen Volkes 2, S. 277.

[5]) Roth von Schreckenstein, Geschichte der ehemaligen freien Reichsritterschaft 2, S. 239.

wie in den Reichstagsakten von unserem Freiherrn Hans die Namensformen Schwarzenberg und Schwarzenburg nebeneinander bestehen. Auch hat er ja bei der grossen Ritterversammlung zu Schweinfurt im Jahre 1522 nicht mitgetagt, weil er zu jener Zeit bereits über Bestrebungen partikularistischer Natur hinausgewachsen war und damals für die Beschwerden der fränkischen Ritterschaft weniger Interesse gehabt haben kann. Er hätte aber unbeschadet seiner Stellung im Regiment wie seines Amtes als Hofmeister in Bamberg sich beteiligen können; denn auch Rotenhan ist bis in diese Zeit den Bestrebungen seiner Standesgenossen getreu geblieben, ohne dass er davon als Regimentsrat einen Nachteil erfahren hätte.

Schwarzenberg hat sich in der Tat von einer Beteiligung an den Versammlungen durchaus nicht fern gehalten. Auch nach 1507 hören wir von zahlreichen Versammlungen der fränkischen Ritter; besonders reich daran ist das Jahr 1511. Da versammelt man sich am Dienstag nach Sebastiani (21. Januar) zu Kulmbach, am Sonntag Lätare (30. März) zu Schweinfurt, am Sonntag Cantate (18. Mai) ebenfalls zu Schweinfurt, am Montag nach Himmelfahrt Mariä (3. Juni) zu Windsheim, wobei man auf die Gegenwart der beiden Bischöfe rechnet;[1]) am St. Johannistag (27. Dezember) halten die Ritter der 6 Orte einen Tag zu Windsheim ab.

Zu jener Zeit erschien Schwarzenberg den Würzburgern sogar noch als eine gewissermassen ihren Plänen wenn nicht offen feindliche, so doch höchst gefährliche Persönlichkeit. In einem eigenhändigen Brief des Bischofs Lorenz von Würzburg an Peter (von Aufsess),[2]) in dem er seinen Domdechanten beauftragt, dem Bischof von Bamberg zu eröffnen, dass er für seine Person sich weigere nach Windsheim auf den Ritterschaftstag zu gehen, findet sich folgende rätselhafte Stelle: „*So der hoffmeister zu euch kommt, mogt ir wol fuglich in bestechen; doch dorfft ir im dy obgeschribene meynung nit eroffen.*" Auch die folgende Bemerkung, der Hofmeister hätte Befehl, die Handlung zu Winds-

[1]) Würzburger Standbuch No. 495, S. 80ff.; Roth von Schreckenstein 2, S. 144.

[2]) Standbuch No. 495, S. 175ff. (Peter und Paul, 29. Juni, 1511.)

heim an den Bischof von Bamberg zu bringen, lässt uns erkennen, dass man Schwarzenberg immer noch — wenigstens auf Würzburgischer Seite — einen gefährlichen Einfluss auf seine Standesgenossen zutraut, während der Bischof von Bamberg sogar die Verhandlungen auf dem Rittertage in seine Hand gelegt zu haben scheint.

Auf der Versammlung Dienstag nach Mariä Himmelfahrt (4. Juni) zu Windsheim vertreten Würzburg Peter von Aufsess und Mathern von Herbilstadt.[1]) Es scheint der Versuch einer Sondervereinigung zwischen Würzburg und den Rittern gewesen zu sein. Am folgenden Mittwoch (5. Juni) um 4 Uhr nachmittags erscheinen dann die Steigerwälder Graf Wolf von Castell, Hans von Schwarzenberg, Peter Esel, Fabian von Liesberg[2]) u. a., jedenfalls als die Würzburgischem Gebiet am nächsten Angesessenen und erteilen den Würzburgischen Gesandten eine so klare und entgegenkommende Antwort, dass wir wohl auch hier im Hintergrunde Schwarzenbergs Einfluss erkennen dürfen. Es handelt sich in der Antwort besonders um die Zugehörigkeit der verschiedenen Landangesessenen zu Würzburg, Bamberg und Brandenburg, die sich — auch wenn sie nicht speziell Würzburg verwandt sind — dennoch erbieten, an einem Tage vor dem Bischof von Würzburg zu erscheinen.

Auf anderen Rittertagen ist dann wiederum Schwarzenberg nicht zugegen gewesen. So finden wir ihn Dienstag nach Michaelis (30. September) 1511 zu Würzburg nicht gegenwärtig, trotzdem gerade über die kaiserlichen Gerichte des Stiftes und ihre Reformation, ferner über Verträge des Adels und Stiftes verhandelt werden sollte.[3])

Auch Freitag nach St. Martins Tag (10. November) 1512 auf einem Ritterschaftstage zu Schweinfurt vor den kaiserlichen Räten Wolf von Oettingen, Ernst von Weldau und dem Rechtsgelehrten Wilhelm von Reichenbach finde ich Schwarzenberg nicht erwähnt.[4])

---

[1]) Würzburger Standbuch No. 495, S. 209 ff.
[2]) Ebendort S. 215.
[3]) Würzburger Standbuch No. 495, S. 241 ff.
[4]) Ebendort S. 387 ff.; Standbuch No. 398, S. 156 ff.

Dass er aber in jener Zeit auch über die Grenzen Frankens hinaus grosses Ansehen genossen haben muss, zeigt seine Teilnahme an dem Purgationsgericht von Montag nach Reminiscere (20. März) 1514, in dem über die Fehden Götzens von Berlichingen abgeurteilt werden sollte.[1])

Erst nach dem St. Margaretentage (13. bis 14. Juli) 1515 finden wir unseren Schwarzenberg wieder auf einer Ritterversammlung,[2]) und zwar trifft er am Sonntag nach Matthäi (22. September) 1515 mit 5 Pferden in Windsheim ein. Auch sein Bischof ist auf diesem Tage zugegen. Trotzdem muss er hier eine Art Vertrauensposten bekleidet haben; denn als man am Montag in der Frühe die Verhandlungen in dem Rathaus zu Windsheim beginnen wollte, ergab sich, dass Markgraf Kasimir von Brandenburg noch nicht eingetroffen war: da erscheinen Schwarzenberg und Rotenhan auf dem Rathause im Sitzungssaale und stellen die Präsenzliste der 6 Orte fest. Als man nach dem Bischof von Würzburg fragt, oder wer von seinetwegen zugegen sei, antwortet Dr. Sebastian, es wäre noch Zeit, man solle noch auf ihn warten. Schwarzenberg dagegen meinte, „er versähe sich des nicht, dass er persönlich käme". Bei dem folgenden Aufruf der 6 Orte erscheint Schwarzenberg unter den Steigerwäldern und zwar mit dem Grafen von Castell, dem Schenken Friedrich von Limburg und Reinhard von Gutstadt als Verordneter. Bei den nun folgenden Verhandlungen, die in dem von mir benutzten Würzburger Standbuch ausserordentlich lebhaft geschildert sind, tritt Schwarzenberg nicht persönlich hervor und befindet sich nicht unter den einzelnen Klagestellern, die im Auftrage ihrer Orte Klagen und Beschwerden vor den Rittertag bringen. Wir sehen also hieraus ganz deutlich, dass Schwarzenberg in der Tat von einer führenden Stellung zurückgetreten ist, dass er sich aber, wo es sein eigenes Interesse betraf, durchaus nicht von den Ritterschaftstagen zurückhielt. Besonders mit Würzburg hat er ja

---

[1]) Ranke, Deutsche Geschichte im Zeitalter der Reformation 1, S. 137; auch Balfanz, S. 29—30.

[2]) Würzburger Standbuch No. 495, S. 447 ff.; besonders S. 451 bis 452.

einen jahrelangen Kampf geführt, dessen Inhalt wir an anderer Stelle ausführlich gewürdigt haben.

Das ist die letzte Erwähnung seiner Teilnahme an einem Rittertage, die ich gefunden habe. Auf der Versammlung zu Münnerstedt am Sonntag nach dem heiligen Christtage (30. Dezember) 1515, einer der Einzelversammlungen der Ritter von der Baunach zu Koburg auf Neujahr 1516 und später, ist mir Schwarzenbergs Name in den Würzburger Akten nicht aufgestossen.[1])

Im übrigen hielt er sich in diesen Jahren vollständig auf der Seite seiner Standesgenossen und trat auch persönlich ein, wenn es ein gemeinsames Vorgehen nach aussen hin galt.[2]) 1515—1516 zog er gemeinsam mit Rotenhan, Vestenberg, Rieneck, Wertheim, Schott u. a. den Huttenschen in der Angelegenheit des ermordeten Hans von Hutten gegen Herzog Ulrich von Württemberg zu und vertrat ihre Sache bei Boxberg. Ebenso sagte er 1519 dem Württemberger ab, als dieser alle Welt durch seinen Streich gegen Reutlingen aufgebracht hatte. Unter den 595 Personen, die nach Steinhofers Chronik[3]) dem Herzog Fehde ansagten, befanden sich ausser ihm von bekannten Namen auch Hutten, Sickingen, Absberg, Jörg von Frundsberg u. a. Ob Schwarzenberg persönlich den bekannten Feldzug des Bundes gegen Ulrich, die Übergabe von Tübingen und die darauf folgende Eroberung des Landes mitgemacht hat, lässt sich nicht feststellen.

---

[1]) Würzburger Standbuch No. 495, S. 473—478, 484 ff.

[2]) Roth von Schreckenstein 2, S. 175 ff., 215 ff., besonders 217.

[3]) Steinhofers Württembergische Chronik 4, S. 532; Balfanz, S. 57 Anm.

Sechstes Kapitel.

Auf dem Reichstag zu Worms 1521.

Erster Entwurf der Carolina.

Wenn wir uns die im zweiten Bande jüngerer Reihe der deutschen Reichstagsakten gesammelten Schriftstücke über den Reichstag zu Worms, den ersten Lutherreichstag, durchsehen, finden wir zu unserem Erstaunen Schwarzenberg nur ganz vereinzelt namentlich erwähnt. Wir erfahren nämlich nur, dass er am 16. April 1521 in Worms anwesend war[1]), und ersehen aus dem im Mai desselben Jahres aufgestellten Anschlag zur Romzughilfe und für die Unterhaltung von Regiment und Kammergericht,[2]) dass er und sein Vater dort ebenfalls unter den zahlreichen fränkischen Edlen genannt werden, die zu beiden einen Beitrag zu zahlen hatten. In welcher Stellung unser Schwarzenberg auf dem Reichstag war, ist ungewiss. Sein Bischof, Georg von Bamberg, war — wie wir aus der Präsenzliste und aus sonstigen Bamberger Akten wissen — zusammen mit dem Bischof Konrad von Würzburg verhältnismässig früh auf den Reichstag gezogen.[3]) Der Würzburger hatte bereits Anfang Dezember Herberge in Worms bestellen lassen, und die Reise wurde am 15. Januar angetreten.[4]) An diesem Tage benachrichtigte Georg von Bamberg seine Begleiter, dass die Reise ihren Anfang nehmen könnte. Diese Begleiter waren Georg von Schaumberg, Wildenfels, Wilhelm von Wiesenhan, Amtmann zu Burg-Ebrach, Lichtenberg, Ebersberg und Staufenberg; dazu kommen zwei fragliche Namen. Die

---

[1]) RTA. II 994. [2]) RTA. II 435.

[3]) RTA. II 959; er war vom 28. Januar bis gegen Ende Mai in Worms, wie aus einem Briefe Schwarzenbergs an Bürgermeister und Rat von Windsheim vom 31. Mai 1521 (Germ. Museum in Nürnberg) hervorgeht. Die Fürsten sind an diesem Tage bereits abgereist.

[4]) RTA. II 780 Anm. 2; bereits am 7. Januar hatte der Bischof das Haus des Heinrich Silberborner um 600 Gulden gemietet, musste aber dann dem Kurfürsten von Brandenburg weichen: RTA. II 772—773.

Bamberger Reichstagskorrespondenz von 1520—1540 nennt im zweiten Bande Rentmeister (?) von Seckendorff und Hochsberg (?). Es wäre nun aber ausserordentlich verwunderlich, wenn Bischof Georg ohne seinen langjährigen Berater und den bedeutendsten Beamten seines Bistums in Worms erschienen wäre, und da wir wissen, dass unser Schwarzenberg tatsächlich dort gewesen ist und am 7. Februar 1521, nachdem sein Bischof feierlich belehnt worden war, zusammen mit den Verordneten des Bischofs — dem Schenken Friedrich zu Limburg, dem Herrn Gangolf zu Geroldseck und dem Ritter Jörg von Schaumberg — den Kaiser um Belehnung mit den Regalien bat,[1]) so sind wir wohl berechtigt, an dieser Stelle statt Rentmeister vielmehr „Hofmeister" zu lesen; eine Verwechselung zwischen den Namen Schwarzenberg und Seckendorff findet sich öfter. Eine weitere urkundliche Bestätigung geben die kurpfälzischen Akten des Mainzer Archivs, wo gleich hinter dem Namen des Bischofs von Bamberg auch Herr Hans von Schwarzenberg als auf dem Reichstag anwesend genannt wird.[2]) Einen unumstösslichen Beweis liefern endlich die Bambergischen Hofkammerzahlamtsrechnungen,[3]) wo wir aus dem Futterzettel des reitenden Boten Jörg Schmid, der mit ledigen Pferden nach Bamberg zurückgeht, die Begleitung des Bischofs, 28 Personen und 45 Pferde, genau kennen lernen. Die Namen differieren allerdings etwas von den oben genannten. Es sind von den uns interessierenden an erster Stelle der Hofmeister, also Schwarzenberg, sodann der Domdechant Andreas Fuchs von Dornheim, Jorg von Bibra, der Kustos der Kathedrale Bamberg, Jörg und Wolf von Schaumberg u. a. m. Die Eintragungen beziehen sich auf den 1. bis 4. Februar 1521. An der Anwesenheit unseres Schwarzenberg in Worms ist also nicht zu zweifeln. Um so merkwürdiger, dass wir eigentlich aktenmässig überhaupt

[1]) Kr.-Arch. Bamberg A 14 III f. 85. 70b—83: Looshorn 4, S. 522—523.

[2]) Kurpfälzische Akten des Münchener Archivs 104/2 f. 93: Güterbock, Die Entstehungsgeschichte der Carolina (1876), S. 72 Anm. 2.

[3]) Hofkammerrechnungen (Kr.-Arch. Bamberg) 1521 zum 1. bis 4. Februar 1521; vgl. dazu die Rezesse des Domkapitels 1521, wo den genannten Herren die Absenzen nach Worms erteilt werden.

nicht wissen, was er auf diesem wichtigen Versammlungstage getan und welchen Kommissionen und Ausschüssen er angehört hat. Allerdings finden wir den Namen Schwarzenberg verhältnismässig oft in den Reichstagsakten genannt, jedoch nicht Hansen, sondern seinen Sohn Christoph von Schwarzenberg, der im weiteren Verlauf des Reichstages, ungefähr vom 24. April 1521 ab, zusammen mit dem Ritter Dr. Sebastian Schilling, dem Pfleger von Mosburg, zum Vertreter der beiden Herzöge Wilhelm und Ludwig von Bayern nach deren Abreise aus Worms bestellt wurde.[1])

Christoph von Schwarzenberg scheint wunderbarerweise in Worms auch sonst eine äusserlich bedeutendere Rolle gespielt zu haben als sein Vater. Neben der Luthersache war die Unterhaltung des Regiments und Kammergerichts sowie die Beratung über die Kammergerichtsordnung von allergrösster Bedeutung. In den Ausschüssen, die hierfür niedergesetzt wurden, befand sich beidemal Christoph von Schwarzenberg.[2]) Zwar wird er in dem genannten kleinen Ausschuss für die Kammergerichtsordnung nicht mit Vornamen genannt und scheint auch erst nach Fertigstellung des Ausschusses im Namen der Grafen hineingewählt zu sein,[3]) so dass man auf den ersten Blick meinen könnte, hier unseren Hans von Schwarzenberg vor sich zu haben. Diese Ansicht, die zuerst wohl recht viel Wahrscheinlichkeit für sich haben könnte, wenn wir bedenken, wie die Kammergerichtsordnung gerade in das Arbeitsfeld des Freiherrn Hans hineinpassen würde, wird aber dadurch hinfällig, dass im Verlauf der Beratungen über das Kammergericht nicht Hans, sondern Christoph von Schwarzenberg laut Vereinbarung der Kurfürsten und Fürsten über ihren Vertreter am Kammergericht als Kandidat der Fürsten zum Kammerrichter neben dem Landgrafen von Leuchtenberg, Herrn Wilhelm Truchsess und Grafen Eberhard von Königstein vorgeschlagen wird.[4])

---

[1]) RTA. II 873–874 Anm.

[2]) RTA. II 420, vgl. 922—923; II 163.

[3]) RTA. II 163 oben.

[4]) RTA. II 727; ausserdem war Christoph noch im Supplikationsausschuss RTA. II 882 und sass als Vertreter seiner Herzöge im pfälzischen Hofrate RTA. II 882.

Dieser Ausschuss zur Beratung über die Kammergerichtsordnung gab den Anstoss zu der bereits seit langem ins Auge gefassten Reformation der peinlichen Gerichte.[1]) Noch im Jahre 1518 hatte man in Augsburg die Beratungen über die Kammergerichtsordnung mit denen über die Strafrechtsfragen, also über eine neu zu schaffene Halsgerichtsordnung einem und demselben Ausschusse überantwortet. Auf dem Reichstage zu Worms erkannte man jedoch die Notwendigkeit und prinzipielle Wichtigkeit, endlich einmal die schon vor 1500 angestrebte Reformation der peinlichen Gerichte einen Schritt weiter zu bringen. Infolgedessen übertrug man — wie aus der Vorrede zum dritten Entwurf der Carolina von 1529 hervorgeht[2]) — die Beratungen über Art und Form einer neuen Halsgerichtsordnung nicht dem für das Kammergericht niedergesetzten Ausschusse, sondern beauftragte einen neuen Ausschuss damit, einen „schriftlichen Begriff" über die angeregte Frage zu verfassen.[3])

Auch nach Publikation der Wormser Reichstagsverhandlungen ist es merkwürdigerweise aktenmässig nicht festzustellen, welche Personen diesem kleineren Ausschusse angehört haben, wie viel es gewesen sind und wer die Leitung der Verhandlungen gehabt hat.[4]) Wir wissen nur aus der Überschrift der von Kress benutzten, jetzt verlorenen Nürnberger Handschrift des ersten Entwurfes, dass der Ratschlag des verordneten kleineren im weiteren Verlaufe der Beratungen — wie das meist zu geschehen pflegte — einem grösseren Ausschusse zur Begutachtung vorgelegt wurde.[5])

---

[1]) Güterbock, S. 39; die Phantastereien älterer Autoren von einem früheren Reichsgesetzentwurf, den Schwarzenberg als Bambergensis umgearbeitet und der dann in der Carolina wiederholt wäre, weist endgültig Brunnenmeister, Die Quellen der Bambergensis S. 49 ff. zurück.

[2]) Zöpfl, Die Peinliche Halsgerichtsordnung Kaiser Karls V. ([3]1883), S. 6; Güterbock, S. 39 Anm. 2.

[3]) *„unnd derhalbenn auf unnserm jüngst gehaltenen reichstag zu Wormbs durch einen stadtlich darzu verordenten ausschus, gemelter ordenung halbenn, ein schrieftlicher begrif durch gedachten ausschus als kurtzlich vor dem abschiede alda an unns und die stende bracht."* (Vorr. zur Weimarer Handschrift des Speyerer Entwurfes 1529.)

[4]) Güterbock, S. 40.

[5]) Güterbock, S. 40 Anm. 2 aus Kress' Commentatio in C. C. Carolinam 1.

Vielleicht lässt sich aber trotzdem, wenigstens vermutungsweise, ermitteln, welche Mitglieder in einem dieser Ausschüsse, jedenfalls also dem Ausschuss, der für den ersten Entwurf der Carolina verantwortlich zu machen ist, gesessen haben werden.

Wir haben für den Wormser Entwurf 10 Handschriften;[1]) neun davon waren bereits Güterbock bekannt,[2]) die zehnte ist jüngst neu aufgefunden worden.[3]) Nach Güterbocks Annahme[4]) hat nun Kurmainz mit Sicherheit eine Vertretung in dem gestellten Ausschusse gehabt, weil das in den Mainzer Reichstagsakten, jetzt in Wien befindliche, Konzept des ersten Entwurfes offensichtlich den Beratungen zu Grunde gelegen hat und die Korrekturen der kurmainzischen Räte deutlich erkennen lässt. An der Wahrscheinlichkeit dieser Behauptung ist nicht gut zu zweifeln; denn es wäre sonst ausserordentlich auffallend, wie dieser erste, eine weitere Allgemeinheit durchaus noch nicht interessierende Entwurf einer Halsgerichtsordnung, der ja von praktischer Bedeutung vor einer offiziellen Annahme nicht sein konnte, in die kurmainzischen Akten hineingekommen wäre, man müsste denn annehmen, dass der Kurerzkanzler ex officio sich eine Abschrift des Entwurfes hätte geben lassen.

Schliessen wir aber aus der Herkunft der Handschrift auf die ehemalige Zusammensetzung des Ausschusses, so bietet sich uns aus der Zahl der sicher herzuleitenden Handschriften eine ganz annehmbare Reihe von Ausschussmitgliedern dar. Nehmen wir eine Mainzer Vertretung im Ausschusse an, so liegt es nahe, an den damaligen Vertreter von Mainz, Dr. Sebastian von Rotenhan zu denken.[5]) Aus dem Vorhandensein einer Würzburger Handschrift, die sich in den ehemals hochstiftlichen Reichstagsakten befindet, liesse sich ebenso ein Würzburger Vertreter wahrscheinlich machen, und damit würden wir auf den schon damals allmächtigen Domdechanten Peter von Auf-

---

[1]) Kohler und Scheel, Die peinliche Gerichtsordnung Kaiser Karls V. (Halle 1900), S. XI—XII.

[2]) Güterbock, S. 48—54.

[3]) Kohler und Scheel, S. XII No. 10 (A).

[4]) Güterbock, S. 40 Mitte.

[5]) Er war auch im Ausschuss für die Kammergerichtsordnung RTA. II 162.

sess kommen. Schwieriger steht es mit den Handschriften der bayerischen Archive. Hier scheiden die Handschriften M 1 und P für unseren Zweck aus, da sie auch später hergestellt sein können, keinerlei gleichzeitige Streichungen und Änderungen, sondern die Korrekturen des Reichstags von Speyer enthalten. Andererseits aber zeigt die bayerische Handschrift M 3, ehemals zu Regensburger Akten gehörig und von Güterbock deshalb früher mit R bezeichnet, die Verhandlungen von 1521 und zugleich eine Abschrift des Entwurfes. Hier können wir schwanken, wem wahrscheinlicherweise diese Handschrift einstmals zugehört hat. Vielleicht darf man an Christoph von Schwarzenberg denken, der als bayerischer Landhofmeister einer bayerischen Handschrift nahe gestanden haben und als Mitglied der Kommission für das Kammergericht nicht ungeeignet für die Verhandlungen über die Halsgerichtsordnung erscheinen könnte.

Deutlicher sprechen durch ihre Herkunft zwei andere Handschriften. Die eine, F, ist eine Handschrift des Stadtarchivs zu Frankfurt a. M. und ist in den Reichstagsakten der Stadt Frankfurt enthalten. Wir haben infolgedessen zwischen zwei Männern als Vertretern Frankfurts in unserem Ausschusse die Wahl. Der eine ist der bekannte Hamann von Holzhausen, der andere Dr. Philipp von Fürstenberg, der vielleicht für unseren Zweck eine grössere Wahrscheinlichkeit für sich hat, weil auch er, wie er in einem Briefe an Frankfurt vom 20. Februar 1521 schreibt, von seiten der Städte in den engeren Ausschuss gewählt worden ist,[1]) der über die Kammergerichtssache zu verhandeln hatte. Der andere Vertreter der Städte könnte der Vertreter von Nürnberg gewesen sein; nimmt doch die ehemalige, sogenannte Nürnberger Handschrift, die jetzt verloren und nur aus dem Kommentare von Kress bekannt ist, einen Platz unter den Handschriften des ersten Entwurfes der Carolina ein.[2]) Schon dadurch, dass sie Kress in seinem Besitze hatte, ist die Vermutung nahe gelegt, dass sein Namens- und Geschlechtsgenosse, Dr. Christoph Kress, der Gesandte

---

[1]) RTA. II 803.

[2]) Kress, Commentatio in C. C. Carolinam praef. § 27; Güterbock, S. 48.

Nürnbergs auf dem Wormser Tage,[1]) unserem Ausschuss angehört hat. So ist es auch erklärlich, dass sie von Reinhold Schmid[2]) und Güterbock[3]) in Nürnberger Archiven nicht mehr aufgefunden wurde, da sie eben im Privatbesitze geblieben und dann verschollen ist.

Einen wenn auch schwachen Hinweis auf eine Mitgliedschaft an unserem Ausschusse bietet eine Antwort des Rates von Augsburg an den Gesandten der Stadt, Dr. Konrad Peutinger, vom 21. April 1521,[4]) die uns wahrscheinlich macht, dass Peutinger in seinem Brief vom 14. April aus Worms auch von Verhandlungen über eine Gerichtsordnung geschrieben hat. Eine Handschrift freilich, die dem Dr. Peutinger vorgelegen haben könnte, ist aus Augsburg nicht ans Licht gekommen; es möge aber wenigstens die Vermutung geäussert werden, dass die jüngst gefundene Handschrift des königlichen Kreisarchivs zu Amberg, aus Reichstagsakten stammend, die ehemals der Statthalterei der Oberpfalz gehörten, mit Augsburg in irgend welcher Beziehung gestanden hat. Die Handschrift des sächsischen Haupt- und Staatsarchivs zu Dresden würde uns nahe legen, auch einen sächsischen Abgesandten als Mitglied in Anspruch zu nehmen, über dessen Namen jedoch keine Vermutung geäussert werden soll, da wir unter mehreren sächsischen Gesandten zu wählen hätten.

Es bleibt nun noch die sogenannte Handschrift Z, die von Zöpfl aus dem fürstlich Schwarzenbergischen Archiv zu Schwarzenberg in Franken aufgefundene Handschrift, die — trotzdem sie äusserlich nicht zu den besten gehört — doch sicherlich einstmals unserem Freiherrn Hans zugehört hat. Wie Güterbock nachgewiesen hat, enthält sie Schreib- und Lesefehler in grösserer Anzahl.[5]) Dies würde aber durchaus nicht dagegen sprechen, dass sie einmal unserem Schwarzenberg als Vorlage gedient hat, gerade so wenig wie die Benutzung von Nachdrucken der Bambergischen Halsgerichtsordnung bei der Her-

---

[1]) RTA. II 779, 791, 801, 802.

[2]) Reinh. Schmid, Die Peinliche Gerichtsordnung Karls V. S. XV.

[3]) Güterbock, S. 48 Anm. 2.

[4]) RTA. II 857 Anm.

[5]) Güterbock, S. 54 und Anm. 1.

stellung des ersten Entwurfs gegen eine Mitarbeiterschaft unsres Schwarzenberg sprechen kann. Man war in der damaligen Zeit für derartige Unebenheiten nicht so empfindlich wie heute.

So hätten wir denn auf diesem Wege folgende Ausschussmitglieder zu ermitteln versucht: als Vertreter von Kurmainz Sebastian von Rotenhan, von Würzburg Peter von Aufsess, von Bayern Christoph von Schwarzenberg, von Nürnberg Dr. Christoph Kress, von Frankfurt Philipp von Fürstenberg, von Augsburg Dr. Konrad Peutinger, von Sachsen ein nicht näher zu bestimmender Gesandter. Hinzu kommt, unserer Überzeugung nach, Herr Hans zu Schwarzenberg. Damit treten wir an die Frage heran, ob Schwarzenberg überhaupt an dem ersten Entwurf der Reichskriminalordnung irgend welchen Anteil gehabt hat.

Bekanntlich war die Bambergische Halsgerichtsordnung im grossen und ganzen das Vorbild für die Reichsordnung der peinlichen Gerichte. Diese Tatsache allein sichert dem Ausschuss von Worms dauernden Nachruhm;[1]) denn nun wird allerdings mit einem Schlage das Erscheinen einer Halsgerichtsreformation in erreichbare Nähe gerückt, nachdem frühere Reichstage Jahr um Jahr ihre klagende Stimme nach einer Kriminalordnung erhoben hatten, ohne tatsächlicherweise etwas Nennenswertes an Material beibringen zu können; es ist also das Verdienst der Wormser Verordneten, ihren Blick auf die Halsgerichtsordnung gelenkt zu haben, die bereits seit dem Jahre 1507 im Bistum Bamberg und mit verschwindenden Änderungen seit 1516 in Brandenburg-Ansbach Gesetzeskraft erlangt hatte. Der Anstoss zu diesem Entschlusse, die Bambergensis für eine Reichskriminalordnung zu Grunde zu legen, wollen wir durchaus nicht unserem Schwarzenberg zuschreiben; tritt er ja doch auch als Schöpfer der Bambergensis mit seinem Namen gänzlich in den Hintergrund. Dass er aber — wie Güterbock nachzuweisen suchte, — an einem Zustandekommen dieses ersten Wormser Entwurfes ganz und gar keinen Anteil gehabt haben sollte, ist schlechterdings nicht zu glauben.[2])

Güterbock hatte für seine Ansicht folgende Kriterien ins

---

[1]) Güterbock, S. 44.
[2]) Güterbock, S. 71—74.

Feld geführt: Es ist nachweislich bei den Wormser Beratungen nicht die Originalausgabe der Bambergensis, die bei Hans Pfeil in der Au zu Bamberg am Samstag nach St. Veitstage (19. Juni) 1507 erschienen war, zu Grunde gelegt worden, sondern ein inkorrekter Abdruck der Druckerei des Johann Schöffer in Mainz vom Laurentiitag 1510. Güterbock bemerkte ganz richtig eine Anzahl von Fehlern und Varianten, in denen die Ausgaben von 1508 und 1510 von der Pfeilschen Ausgabe abweichen. Wenn er aber daraus sofort schloss, dass die Ausgabe von 1510 bei der Wormser Redaktion zu Grunde gelegt worden sei,[1]) so ist dieser Schluss nicht ganz zutreffend. Auf Grund einer neueren Umfrage nach Bambergensisdrucken[2]) wissen wir jetzt, dass ein Teil der Ausgaben des Jahres 1508 in noch höherem Masse zu der einzigen Ausgabe von 1510 stimmt, als Güterbock auf Grund seiner Kenntnis damals annehmen durfte. Diese scheinbare Äusserlichkeit fällt für uns deswegen ins Gewicht, weil allerdings gerade die Ausgabe von 1510 besonders flüchtig hergestellt ist und von Druckfehlern geradezu wimmelt. So ist es erklärlich, wie Güterbock zu seinem Resultat kommen konnte. Die Varianten der Neuausgabe der Bambergensis[2]) zeigen jedoch deutlich, dass auch ein Teil der sehr zahlreichen Ausgaben des Jahres 1508 bei Schöffer (es waren mindestens 8 verschiedene) dieselben Fehler enthält, wie die Ausgabe von 1510. Es sind dies besonders die auf Simonis und Judä (28. Oktober) erschienenen, die andererseits vor der Ausgabe von 1510 eine grössere äussere Korrektheit voraus haben. Auch diese können also durchaus bei dem Wormser Entwurf zu Grunde gelegt worden sein.[3])

---

[1]) Güterbock, S. 65—69.

[2]) Kohler und Scheel, Die Bambergische Halsgerichtsordnung (Halle 1902), S. XI—XVIII.

[3]) Selbst von den bei Güterbock S. 69—70 angeführten 5 Stellen zeigt eine (Bamb. 228) schon in 1508 S den Verlust einer Zeile durch Einsetzen des Holzschnittes (No. 16), ebenso wie 1510. Die anderen vier Stellen (Bamb. 32 § 2, 62, 105, 176) lassen sich auch anders erklären. Beweisender als diese Äusserlichkeit scheint mir das durchgängige Textverhältnis von 1508 S zu 1510 zu sein (s. Kohler und Scheel a. a. O, S. XC).

So fällt meines Erachtens vollständig die von Güterbock so hoch bewertete Erwägung fort, Schwarzenberg könnte, gesetzt, dass er an den Verhandlungen teilgenommen habe, doch unmöglich einen Nachdruck, und noch dazu einen so schlechten, seines eigenen Gesetzes benutzt haben. Es hätten ihm mindestens die Fehler auffallen müssen.

Es ist vielmehr aus einem anderen Grunde geradezu wahrscheinlich, dass Schwarzenberg — angenommen er habe im Ausschuss gesessen, — kein Originalexemplar der Bambergensis, sondern einen Nachdruck aus der Schöfferschen Druckerei, etwa den Druck 1508 S 1, 2 vor sich hatte.

Wir wissen nämlich aus den Bamberger Hofkammerrechnungen,[1]) dass gar keine so grosse Zahl von Exemplaren der ersten Auflage gedruckt worden ist, und dass von den gedruckten eine verhältnismässig starke Auflage — es waren 40 Exemplare — von dem Buchdrucker Pfeil gratis an den Hof geliefert wurde. Dazu kommt noch, dass eine ganze Reihe von Exemplaren — wir kennen mindestens 26 — an die einzelnen Gerichtsstellen des Bamberger Bistums versandt wurden,[2]) so dass aller Wahrscheinlichkeit nach die Exemplare dieser ersten Auflage nicht über Bambergs Grenzen hinausgelangt sind. Überdies bemächtigte sich bereits im folgenden Jahre (1508) der rührige Buchdrucker Johannes Schöffer des Gesetzestextes mit oder ohne Anrecht. Indem er einen reklamehaften Titel anfügte,[3]) empfahl er das Buch auch ausserhalb Alt-Bambergs Grenzen als Gerichtsbuch und liess eine selbst für die damalige Zeit erstaunliche Zahl von Abzügen in einem Jahre aus seiner Presse gehen. Wir kennen aus dem Jahre 1508 die Abzüge von Mitfasten (12. März) und zwar verschiedene

---

[1]) Hofkammerzahlamtsrechnungen (Kr.-Arch. Bamberg) 1507 [1508], S. 144. Weitere Literatur darüber bei Kohler und Scheel a. a. O., S. X).

[2]) Correctorium zur Bambergensis ad art. 202 (Kohler und Scheel, S. 141—142); der Buchbinder Weiprecht von Bamberg erhält am Sonntag nach Sixti 22 lb. 5 pf. für das Einbinden von 19 Exemplaren der HGO. (Hofkammerrechnungen 1507 [1508], S. 166 b), die vielleicht gerade für obigen Zweck verwandt worden sind.

[3]) Kohler und Scheel, S. XIff., Nachbildung des Holzschnitts mit Titel S. XXX.

Ausgaben, 2 Abzüge von Bartholomäi (24. August) und mindestens 2 von Simonis und Judä (28. Oktober), dann folgt die Ausgabe von 1510 und darauf erst ein Abdruck von 1531. Ausserdem wissen wir, dass der Bischof von Bamberg unter den Schriften, die er auf den Reichstag mit sich führte, kein Bambergensis-Exemplar mitgenommen hat, sondern nur die früheren Reichstagsabschiede, Landfrieden, Goldene Bulle, Privilegiensachen, des schwäbischen Bundes Sachen, Luthers Handlung und viele Privatstreitigkeiten.[1]) Ist auch auf diese Nachricht kein gar so grosses Gewicht zu legen, so besteht doch jedenfalls die Möglichkeit, dass Schwarzenberg in Worms tatsächlich kein Originalexemplar des Bambergensistextes mit sich geführt hat. Die Nähe von Mainz und die weit zahlreicheren Ausgaben des Jahres 1508, unter denen einige trotz mancher Fehler gar nicht so übel gedruckt sind, machen die Benutzung eines späteren Druckes wahrscheinlich.

Damit ist das Hauptbedenken Güterbocks gegen eine Teilnahme Schwarzenbergs an den Verhandlungen über die Halsgerichtsordnung gefallen; denn ich kann auch dem Schlusssatz Güterbocks nicht zustimmen, der meint, man hätte ein Originalexemplar leicht aus dem bald zu erreichenden Bamberg herbeischaffen können. Ich glaube vielmehr, dass ein solches Herbeiholen, abgesehen von den Kosten, doch eine geraume Zeit in Anspruch genommen hätte.[2])

Güterbock selbst bietet uns im Verfolg seiner Beweisführung eine Handhabe, ihn noch des weiteren zu widerlegen. Bereits bei der ersten Redaktion der Carolina sind nämlich Materialien verwandt worden, die schlechterdings den ausserhalb Bambergs stehenden nicht bekannt gewesen sein können. Es ist dies das sogenannte Correctorium, eine Sammlung von Erläuterungen, Abänderungen, praktischen Fällen und Gutachten zur Bambergensis aus den Jahren 1507—1521, die meistenteils von Schwarzenberg herrühren oder mindestens durch ihn ver-

[1]) RTA. II 780 Anm. 2, 781.

[2]) Bischof Georg braucht zu seinem Ritte über Kloster Ebrach und Würzburg bis Worms 8 Tage (RTA. II 780 Anm. 2).

anlasst worden sind.[1]) Sie sind auf Befehl des Bischofs schriftlich vervielfältigt und den einzelnen Gerichtsstellen des Bistums mit dem Auftrage zugesandt worden, sie an die Bambergensisexemplare anzuheften. Nun sind zwar von diesen Bestimmungen nur zwei im ersten Entwurfe der Carolina und zwar in art. 44 Bamb. = art. 37 des Wormser Entwurfs und art. 229 Bamb. = art. 155 des Wormser Entwurfs tatsächlich benutzt worden; eine spätere Benutzung des Correctoriums kommt hier nicht in Frage.[2]) Aber allein schon diese beiden herübergezogenen Artikel zeigen uns, dass in der Kommission ein Mann gesessen haben muss, der auf das Engste mit den Bamberger Verhältnissen vertraut war; und das war gewiss kein anderer als Schwarzenberg selbst. Jedenfalls ist Wredes Annahme, dass auch z. B. Peter von Aufsess davon Kenntnis gehabt haben könnte, durchaus von der Hand zu weisen.[3]) Geradezu falsch ist Güterbocks Ansicht, dass der Bearbeiter des Wormser Entwurfs in dem vor ihm liegenden Bambergensis-Exemplar bereits die benutzte Bestimmung des Correctoriums vorgefunden hat.[4]) Aus dem Vorhergesagten ist wahrscheinlich, dass eine derartige Einfügung von speziell Bamberg interessierenden Materien nur an den Originalexemplaren der Bambergensis vorgenommen sein wird. Dagegen spricht auch nicht das tatsächliche Vorkommen des uns überlieferten Correctoriums in je einem Exemplar von 1508 und 1538; denn beides sind nachweislich später von einem Liebhaber gemachte Kopieen, aber keine Exemplare, die wirklich in Bambergischem Gerichtsgebrauch in den Händen der Richter gewesen sind, und diese würden doch hier allein in Betracht kommen.

Auf Grund obiger Ausführungen gelangen wir daher zu dem Resultat: Schwarzenberg hat allerdings mit höchster Wahrscheinlichkeit in dem Ausschuss gesessen, der über den ersten Entwurf der Halsgerichtsordnung zu beraten hatte. Dafür

---

[1]) Zum erstenmal vollständig gesammelt und herausgegeben bei Kohler und Scheel, Bambergische HGO. S. 121—165; vgl. dazu die Einleitung § 6—8, S. LXIX—LXXXI.

[2]) Kohler und Scheel, S. LXXX No. b.

[3]) RTA. II 241.

[4]) Güterbock, S. 73.

spricht schon die allgemeine Erwägung, dass man bei der überwiegend wörtlichen Herübernahme aus der Bambergensis den auf dem Reichstage anwesenden Verfasser des Gesetzes nicht übergangen haben wird, als man den Ausschuss zur Beratung zusammenstellte. Bestärkt wird diese Annahme durch das Vorhandensein einer Schwarzenbergischen Handschrift im Schwarzenbergischen Archiv, die doch höchst wahrscheinlich dem Freiherrn Johann zu eigen gehört hat.

Betreffs der übrigen Tätigkeit Schwarzenbergs auf dem Wormser Reichstage schweigen unsere Akten vollständig. Wir wissen nicht, ob er schon damals für die Luthersache offen eingetreten ist, für die er dann auf dem Nürnberger Reichstage so kräftig eine Lanze gebrochen hat. Wir wissen ferner nicht, ob er in sonstigen Kommissionen und Ausschüssen gesessen hat. Es widerstrebt aber durchaus anzunehmen, dass er nur Hofbeamter seines Bischofs gewesen sei, wenn man bedenkt, dass wenige Jahre später auf dem Nürnberger Reichstag sein Name in aller Munde tönt, sein Rat von allen Seiten erwünscht und herbeigesehnt wird und seine Tatkraft es ist, die den bedeutsamsten Entschlüssen des Reichsabschiedes eine ganz bestimmte Färbung zu geben verstand. Die in dieser Beziehung klaffende Lücke ist durch handschriftliches Material bisher wenigstens nicht ausgefüllt und nicht auszufüllen. Wir können nur vermuten, dass er auch bereits in Worms eine Rolle gespielt habe, wenn er auch bei weitem nicht in so hohem Masse hervortrat, als später in Nürnberg. Vielleicht band ihn damals noch stärker sein Dienstverhältnis an seinen Herrn, den Bischof, das sich ja in der Zeit des Nürnberger Reichstages etwas lockerte. Hinzuweisen ist aber jedenfalls auf die recht bedeutsame Tätigkeit, die Bischof Georg in Worms in Sachen des Anbringens der fränkischen Ritterschaft zusammen mit dem Bischof von Würzburg entfaltet hat.[1]) Vielleicht lässt sich aus Schwarzenbergs früherem Verhältnis zu deren Bestrebungen[2]) seine Passivität hierbei erklären. Sicheres ist aber weder über seine etwaige selbständige Tätigkeit, noch über eine solche im Dienste seines Bischofs des näheren zu erweisen.

---

[1]) RTA. II 251 ff. [2]) Siehe oben S. 43 ff.

Nur eine einzelne Notiz ist urkundlich erhalten. Die Stadt Windsheim schreibt vor dem 31. Mai an Schwarzenberg, er möge sich doch auf dem Reichstage für die Stadt verwenden, der er und sein Vater als Amtleute und Oberrichter Jahre lang nahe gestanden hätten.[1]) Er ist dazu nicht mehr imstande, da die Fürsten bereits abgereist sind und er sich selbst auf dem Heimwege befindet; der Brief ist vom 31. Mai datiert.

Siebentes Kapitel.

Der erste Reichstag zu Nürnberg 1522.[2])

Während Schwarzenberg auf dem Wormser Reichstage in politischen Fragen nur wenig oder gar nicht hervortrat, zeigen ihn die Reichstage von Nürnberg in den Jahren 1522—1524 ansteigend zum Gipfel seines Ruhmes, als Mitglied des Reichsregiments, ja als Vertreter des Statthalters an massgebender Stelle. Keine wichtige Frage, kein Streit fast, der damals die Gemüter bewegte, ist ohne ihn entschieden worden. Wo über Reichs- und Religionssachen beraten wurde, sass Schwarzenberg in den Ausschüssen und Kommissionen und brachte durch die Gewalt seines Auftretens, durch die Macht seiner Persönlichkeit die gegnerischen Ansichten zum Schweigen.

Auf dem Reichstage zu Worms war das Reichsregiment ins Leben getreten; es sah sich nach der Abreise Karls V. aus Deutschland vor die nicht gerade dankbare Aufgabe gestellt, in einer ganzen Reihe von wichtigen Angelegenheiten Ordnung zu schaffen.[3]) Wir hören in den Reichstagsakten gleich im Anfang

---

[1]) Siehe oben S. 20 Anm. 3.

[2]) Vgl. neben Ranke und Baumgarten die Monographie von Otto Redlich, Der Reichstag von Nürnberg 1522—1523 (Leipzig 1887). Die Verhandlungen bieten jetzt die Deutschen Reichstagsakten (RTA), jüngere Reihe Bd. III, hrsg. v. A. Wrede (1901).

[3]) RTA. III 1 ff., Redlich, S. 11 ff.

von einer Fülle von Streitigkeiten, die sich nicht nur auf die Besetzung des Regiments, sondern besonders auf die Vorschläge für die Unterhaltung des Regiments und des Kammergerichts beziehen; und selbst nachdem sich die Versammlung konstituiert hatte, konnte sie noch nicht in die eigentlichen Beratungen eintreten, weil der Kaiser inzwischen weit nach Süden fortgezogen war und die Formalitäten der Eröffnung grosse Schwierigkeiten machten: das Siegel musste bestellt werden, und die Regimentsmitglieder trafen besonders zu ihrem ersten Zusammentreten ausserordentlich spärlich und langsam ein. Bereits in Worms war für das Jahr 1522 ein neuer Reichstag in Aussicht genommen worden, der zu Nürnberg stattfinden sollte. Die Nachrichten über das Vordringen der Türken und die Siege Solimans gestalteten endlich die Lage immer bedrohlicher: sie beschleunigten denn auch den Zusammentritt des Regiments und ermöglichten ausserdem einen Fürstentag,[1]) der jedoch trotz aller Anstrengungen keine positiven Beschlüsse zeitigte. Nachdem die Genehmigung des Kaisers für die Eröffnung des Reichstages in Nürnberg eingetroffen war, wurde eifrig an seinem Zustandekommen gearbeitet; er wurde auf den 23. März 1522 einberufen[2]) und konnte sogar mit einer für die damalige Zeit ausserordentlichen Pünktlichkeit bereits am 26. März eröffnet werden.[3])

Auf diesem Reichstag nun sollte Schwarzenberg zum erstenmal in grösseren politischen Sachen tätig sein. Hier wächst sein Ansehen in einer Weise, dass in einem sehr interessanten, dem Abschied des Reichstages angehängten[4]) Schriftstücke sein Name nicht nur einmal, sondern mehrmals unter den Leuten erscheint, welche vom Regiment aus der Zahl der Reichstagsgesandten dazu ausersehen wurden, wichtige Stellungen in politischen und anderen Angelegenheiten zu bekleiden: neben Hans von Seckendorff, Veit von Lendersheim, Sigmund von Hesberg, Jörg von Heideck, Jörg Truchsess u. a. Ausserdem aber ist sein Name sonderlich in der Reihe der Kriegsräte aus den

[1]) RTA. III 28. [2]) RTA. III 38. [3]) RTA. III 37.

[4]) RTA. III 174–175 Anm., vgl. den Text des Abschiedes vom 30. April 1522 § 11.

Kreisen genannt und zwar hier an erster Stelle im fränkischen Kreise.

Es fragt sich nun, welche Stellung Schwarzenberg auf dem Frühjahrs-Reichstage bekleidet hat. Balfanz[1]) wendet sich gegen Baumgartens[2]) Ansicht, dass Schwarzenberg bereits im Jahre 1522 zum Regimentsrat berufen worden sei. Seine Begründung ist freilich nicht stichhaltig; ich glaube aber ebenfalls, dass Schwarzenberg in dieser frühen Zeit nicht im Regiment selbst gesessen hat, weil sein Name bei den ausserordentlich weitläufigen Vorverhandlungen, die über die Wahl der Regimentsräte gepflogen wurden, bei denen wir sogar die von den einzelnen Ständen vorgeschlagenen Anwärter kennen, überhaupt nicht genannt wird.[3])

Freilich kann er auch nicht als ordnungsmässig bestallter Reichstagsgesandter in Nürnberg zugegen gewesen sein; denn sein Bischof Georg von Bamberg ist — wie wir aus der Präsenzliste des Reichstages wissen, — selbst dort anwesend gewesen.[4]) Nun tauschten allerdings in der damaligen Zeit Fürsten und Städte bedeutende Beamte und politisch hervorragende Persönlichkeiten gegen einander aus; wir haben jedoch keinen Anhalt dafür, dass Schwarzenberg als Vertreter eines der anderen fränkischen Fürsten im Reichstage gesessen habe. Dass er irgend eine Stadt vertreten haben sollte, ist von vornherein ausgeschlossen: er wird gerade auf dem Reichstag von Nürnberg als „der Feind aller Städte" bezeichnet.[5]) So bleibt uns nur übrig, ihn in dieser Zeit als zeitweiligen Vertreter seines Landesherrn in Nürnberg anwesend zu denken; dies ist um so wahrscheinlicher, als ja die Entfernung zwischen Bamberg und Nürnberg gering war und sich das Nürnberger Regiment bei den folgenden wichtigen politischen Missionen einen Mann von Schwarzenbergs Bedeutung gewiss nicht hat entgehen lassen.

Der erste Reichstag von Nürnberg steht unter dem Zeichen der Türkenhilfe; aber auch hier finden wir noch die Wellen

---

[1]) Balfanz, S. 33 Anm. 2.

[2]) Baumgarten, Geschichte Karls V. II (1), S. 190.

[3]) RTA. III 2—3 Anm. [4]) RTA. III 181—182.

[5]) RTA. III 933 Anm., 937.

jener religiösen Bewegung hineinbranden, die in Worms nicht zur Ruhe gekommen war, sondern von dort aus im Gegenteil immer weitere Kreise geschlagen hatte. Ebenso wie später ist Schwarzenberg auch auf dem Frühjahrs-Reichstag von 1522 als Kommissionsmitglied in einer religiösen Sache tätig gewesen, von der wir freilich nichts Weiteres wissen. Möglicherweise hängt die wühlerische Tätigkeit des Herzogs Georg zu Sachsen damit zusammen, der als Regimentsmitglied bereits im Anfang des Jahres 1522 die Aufmerksamkeit des Regiments auf die religiöse Bewegung, besonders auf die Persönlichkeit Luthers hinlenkte und schon damals privatim und öffentlich seine Überzeugung dahin aussprach, das Regiment müsse gegen die kirchlichen Neuerer auf das Strengste vorgehen.[1]) Bereits hier trat ihm, zu seinem grossen Missvergnügen, der kursächsische Gesandte Hans von der Planitz entgegen, und es ist aus diesem Grunde sehr wohl möglich, dass Schwarzenberg dem treuen, allzeit schlagfertigen Vertreter des Kurfürsten Friedrich hilfreich zur Hand gegangen ist.

Ungleich wichtiger ist jedoch Schwarzenbergs politische Tätigkeit auf unserem Reichstage. Wie erwähnt hatten die Fortschritte des Sultans Soliman besonders gegen Ungarn eine grosse Bestürzung im südöstlichen Teile des Reichs hervorgerufen. Man hatte Grund zu der Befürchtung, dass Kroatien und Ungarn in allernächster Zeit bedroht werden würden. Darum wandte sich König Ludwig von Ungarn hilfesuchend an das Regiment, das sich so vor die schwierige Frage gestellt sah, zu entscheiden, wie dem weiteren Vordringen der Türken gewehrt, und vor die noch schwierigere, wie die nicht unbeträchtlichen Mittel für ein Hilfsheer aufzubringen seien.[2])

Ende März (27.—31.) war eine ungarische Botschaft in Nürnberg beim Regiment eingetroffen[3]) und hatte die Bitte der

---

[1]) Hans v. d. Planitz, Berichte aus dem Reichsregiment in Nürnberg 1521—1523, ges. von E. Wülcker, bearb. von Hans Virck (1899), S. XCIII. Über die Sache selbst s. Seckendorff, Historie des Luthertums (1714) 1, S. 565 ff, Herrmann, Schwarzenberg S. 62—63.

[2]) Vgl. dazu ausser den Reichstagsakten die Darstellung Vircks, Planitz S. XCVII—CI.

[3]) RTA. III 53 Anm. 1.

Ungarn um schleunige Hilfe überbracht. Ungefähr zu derselben Zeit, vielleicht sogar schon etwas früher, waren die österreichischen Kriegsräte zum gleichen Zwecke vor dem Regiment erschienen.[1]) In den ersten einleitenden Verhandlungen wurde ein Ausschuss[2]) gebildet, welchem die Bischöfe von Bamberg und Strassburg, Herzog Georg von Sachsen, an dessen Stelle später Markgraf Kasimir von Brandenburg, Philipp von Baden und die Gesandten von Mainz, Pfalz und Brandenburg, von seiten der Stände der Bischof von Würzburg, Herzog Wilhelm von Bayern, vom Regiment Seinsheim und Rehlinger angehörten. Diese bei Planitz überlieferte Zusammensetzung des Ausschusses ist insofern von Interesse, als wir in dem Vorsitzenden Schwarzenbergs Bischof von Bamberg sehen: und trotzdem das Verhältnis zwischen ihnen in dieser Zeit nicht ganz ungetrübt war, haben wir es sicher dessen Befürwortung zuzuschreiben, dass ein so ausgezeichneter Mann wie Schwarzenberg in die kleinere Kommission zur Beratung dieser Angelegenheit gewählt wurde.

Die Verhandlungen wurden mit grosser Umständlichkeit und ausserordentlichem Bedacht geführt, da man sich einerseits nicht in eine unsichere Expedition einlassen wollte, andererseits gar zu gern herausbekommen hätte, wie weit die Not in Ungarn denn eigentlich vorgeschritten sei, und mit vollem Recht fürchtete, dass sich die Bevölkerung einem Reichsheere gegenüber nicht allzu freundlich bezeigen würde. In dieser Absicht legte man den ungarischen Gesandten ungefähr am 1. April eine Reihe von Fragen vor,[3]) die sie etwa am 2. April beantworteten;[4]) darüber wurde ungefähr am 6. April[5]) von einem Ausschuss von Kriegsräten ein Gutachten eingefordert, und es ist nicht unwahrscheinlich, dass sich unter den weltlichen Kriegsräten,

---

[1]) Ebendort S. 53.

[2]) RTA. III 43, 3; Planitz, S. 128.

[3]) RTA. III 77 und Anm. [4]) RTA. III 79.

[5]) RTA. III 82 ff. (No. 15 I und Anm.); dazu die Bemerkung in den protokollarischen Aufzeichnungen über den Beginn des Reichstags (RTA. III 45, Z. 3–4): *„seind etlich von meinen gn. herren, den weltlichen fursten und die weltlichen kriegsrete geordnet, solichs alles zu besichtigen, zu ermessen und darauf, wie die sachen furzunemen sei, ein ratschlag begreifen."*

deren Namen wir nicht erfahren, auch Schwarzenberg befand. Die Antwort des Ausschusses auf dieses Gutachten der Kriegsräte erfolgte kurz nach dem 6. April.[1]) Man einigte sich sodann in der Verabschiedung der ungarischen Botschaft vom 12. April dahin,[2]) nichts über die Grösse der Hilfsarmee zu sagen, sich jetzt nicht mit einer festen Summe und Anzahl von Kriegsknechten zu binden, sondern man machte die Bedingung, dass auch die Böhmen eine Anzahl von Knechten aufstellten, und wollte das Nähere auf einem in allernächster Zeit abzuhaltenden Tage zu Wien mit den böhmischen, österreichischen und ungarischen Gesandten verhandeln. Auf weiteres Bitten der Ungarn bewilligte man jedoch wenigstens die 3000 Knechte zur schleunigen Hilfe.[3])

Diesen Teil der Verhandlungen schloss ein Brief der Stände an den König Ludwig von Ungarn vom 12. April,[4]) übrigens der Anfang des Berichtes von Rotenhan und Schwarzenberg über die Verhandlungen zu Wien und Neustadt, auf die wir noch zurückkommen werden. Die Stände und auch der Kaiser sind durchaus geneigt, den bedrängten Ungarn zu Hilfe zu kommen, wollen aber von einer vorhergehenden Beratung in Wien nicht absehen, mit der unausgesprochenen, doch ganz deutlichen Absicht, durch diese Abgesandten sich die Verhältnisse in der Nähe anzusehen und auch Böhmen und Polen zur Teilnahme an der Türkenhilfe zu bewegen. Die ungarischen Gesandten werden von vornherein darauf aufmerksam gemacht, dass sie in Wien mit zureichender Vollmacht zu erscheinen haben, und es wird ihnen dann fester Beschluss und tatkräftige Unterstützung in Aussicht gestellt. In ähnlicher Weise schreiben die Stände an den Kaiser am 13. April und teilen ihm das Ergebnis der Verhandlungen mit den ungarischen Gesandten mit.[5])

Über die Gesandtschaft, die nach Wien abgehen soll, werden nun eine Reihe von Beratungen gepflogen.[6]) Es sollen ein Fürst,

---

[1]) RTA. III 87 (No. 15 II). [2]) RTA. III 73, 88–90.

[3]) RTA. III 90 unten, 120—121 (No. 22 vom 30. April).

[4]) RTA. III 91.

[5]) RTA. III 92—95.

[6]) RTA. III 104 Anm. 1, 96 Anm. 4, 173, 197 Anm. 2, Planitz, S. 139, 145.

drei Kriegsverständige und zwei Gelehrte darunter sein. Von den Fürsten sind Herzog Wilhelm von Bayern und Markgraf Kasimir von Brandenburg in Aussicht genommen; von Kriegsräten Graf Ludwig von Leostein, Hans von Schwarzenberg, Marx Sittig von Ems und Philipp von Feilitzsch. Von Gelehrten Dr. Sebastian von Rotenhan und Dr. Scheurl. Kasimir lehnt eine Teilnahme aus „ehaften Ursachen" ab, und weil Herzog Wilhelm von Bayern in diesem Vierteljahr im Regimente tätig sein muss, ist Ludwig von Bayern aufgefordert worden, sich damit zu „beladen". Die Namen dieser Gesandten werden auch an Pfalz und Sachsen geschrieben, jedenfalls um ihre Einwilligung zu erwerben. Nachträglich wird Leonhard von Eck der Gesandtschaft beigegeben, er macht jedoch die gemeinsame Reise nach Wien nicht mit; Leostein wird durch Ulrich von Helfenstein ersetzt und Marx Sittig scheidet aus unbekannten Gründen aus, so dass wir tatsächlich als Gesandte folgende Männer finden, die auch Planitz in seinem Brief an den Kurfürsten Friedrich den Weisen erwähnt:[1]) Ludwig von Bayern, Graf Ulrich von Helfenstein, Hans von Schwarzenberg, Sebastian von Rotenhan, Philipp von Feilitzsch und Dr. Cristoph Scheurl.

Seit dem 10. April beginnen nun ausserordentlich umfangreiche Beratungen[2]) über eine Instruktion, die den Wiener Gesandten erteilt werden soll, welche zeigen, für wie wichtig man die Sendung nach Wien hielt. Diese dauern bis zum 20. April und werden durch den in der gleichen Zeit hergestellten Ratschlag[3]) ergänzt, der verschiedene in der Instruktion nicht aufgestellte Punkte berührt und seinem ganzen Äusseren nach von dem Ausschuss der Stände unter dem Vorsitz des Bischofs von Bamberg hergestellt ist. Eine besondere Teilnahme Schwarzenbergs an diesen Beratungen lässt sich nicht nachweisen. Für die genaueren Anschläge und Kostenberechnungen haben wir jedoch zwei Schriftstücke in den Reichstagsakten, die von einem kriegsverständigen Manne hergestellt sein müssen und ausserdem einen Verfasser haben, der bereits auf dem Reichstag von Worms zugegen war und dort dem Anschlage für den Romzug Kaiser

[1]) Planitz an Kurfürst Friedrich vom 14. Mai 1522 (Planitz, S. 152).
[2]) RTA. III 95—103. [3]) RTA. III 103—109.

Karls V. nicht ferngestanden haben kann. Dass sich Schwarzenberg für Artillerie besonders interessierte und seine eigenen Schlösser mit gutem Geschütz zu versehen trachtete,[1]) zeigt einmal die Widerstandsfähigkeit des Schlosses Schwarzenberg im Bauernkriege,[2]) andererseits die noch zu erwähnende, mehrfach wiederholte Bitte an den Kurfürsten Friedrich den Weisen, der ihn sehr hochachtete, um eine Feldschlange.[3]) Vielleicht können wir aus diesen Andeutungen seine Beteiligung an dem Kostenanschlage für das Belagerungsgeschütz und seine Bedienung und für die aufzustellenden 3000 Knechte[4]) wahrscheinlich machen. Ebenso könnte er vielleicht an dem allgemeinen Anschlag für die Türkenhilfe, der nach dem 20. April in Nürnberg niedergeschrieben ist, mitgearbeitet haben.[5]) Der Anschlag beruht auf dem Wormser Anschlag zur Romzughilfe:[6]) der Geldbetrag für eineinhalb Viertel des Fussvolkes ist nach 3 Monaten zu erlegen, jeder Knecht erhält monatlich 4 Gulden. — Freilich ist sicheres hierüber nicht auszumachen.

Damit sind die vorbereitenden Verhandlungen geschlossen, und die nun wirklich folgende Gesandtschaft nach Wien erscheint als eine direkte Ausführung des im Reichstagsabschied vom 30. April 1522 Verordneten.[7]) Hier werden in § 4 noch einmal die Namen der Gesandten festgestellt und, um ja keine Verzögerung herbeizuführen, verordnet, wenn es Herzog Ludwig oder etlichen aus der Zahl der Kriegsräte unmöglich wäre, ihrer „Ungelegenheit“ halber auf den Tag von Wien zu ziehen, sollten sofort Ersatzmänner für sie gestellt werden.[8]) Auch Zahlung

---

[1]) Freiherr Hans verzeichnet am 30. März 1504 die im Schlosse Schwarzenberg vorhandenen Büchsen (Fürstl. Schwarzenb. Zentralarchiv zu Krumau: Akten des Freiherrn Johann II fasc 278; Mörath, S. 5). Als im Kriege des schwäbischen Bundes mit Ulrich von Württemberg 32 Stück Geschütze erobert werden, erhält neben dem berühmten Jörg von Frundsberg auch unser Schwarzenberg eine Feldschlange (Acta des schwäb. Bundes VII, VIII S. 283 im Kr.-Arch. Bamberg; Looshorn 4, 526).

[2]) Mörath, Schloss Schwarzenberg in Franken (1902), S. 7.

[3]) Planitz, S. 281, 286, 326, 340—42, 447—48, 461—63, 464, 467.

[4]) RTA. III 109—113.

[5]) RTA. III 119—120.

[6]) RTA. II 427 ff.

[7]) § 3 ff. bis 10 RTA. III 172. [8]) § 5.

und Reisekosten werden garantiert[1]) und für die Zeit ihrer Reise zwischen Nürnberg und Wien eine besondere Postverbindung eingerichtet.[2])

Inzwischen hatten sich auch die Stände, die sich zuerst etwas ablehnend verhalten hatten, wahrscheinlich weil sie die neue Geldforderung fürchteten, durch das Entgegenkommen Karls V. auch ihrerseits zur Zustimmung entschlossen, wenn sie sich auch nicht verhehlten, dass die für den Augenblick illusorische Romzughilfe, die in eine Türkenhilfe verwandelt war, später doch einmal in anderer Weise von ihnen würde gefordert werden.[3]) Sie halten den Herzog Ludwig von Bayern für besonders tauglich, die Botschaft zu übernehmen und bitten ihn, sich ihnen nicht zu versagen.[4]) In dieser Zeit ergeht an die verschiedenen Räte die Aufforderung, sich zur Fahrt nach Wien bereit zu halten.[5]) Bei der wirklichen Abreise erscheinen, wie bereits erwähnt, Marx Sittig und Leonhard von Eck nicht, Graf Ludwig von Leostein ist durch Ulrich von Helfenstein ersetzt. In Planitz' Briefen erfahren wir des Genaueren, dass sich die Gesandten in der Woche nach dem 14. Mai auf den Weg machen werden, sie wollten den Herzog Ludwig am 19. Mai in Straubing treffen und sodann die Donau hinabfahren.[6])

Über den Tag zu Wien selbst haben wir einen ausserordentlich ausführlichen Bericht von Schwarzenberg und Rotenhan.[7])

Wir treffen also auch hier wieder die beiden ehemaligen Genossen aus der ritterschaftlichen Bewegung bei einander.

Am 25. Mai fand die Ankunft der deutschen Gesandten in Wien statt.[8]) Sie trafen dort freilich nur — wie man bereits in Nürnberg gefürchtet hatte — die Räte des Erzherzogs von Österreich an, und trotzdem wenige Tage nachher die Räte des

---

[1]) § 6. [2]) § 7. [3]) RTA. III 172 Anm.

[4]) Stände an Herzog Ludwig vom 16. April 1522 (RTA. III 172 Anm.), vgl. den Abschied § 4 pr. (RTA. III 172—73 im Text).

[5]) RTA. III 173 Anm.

[6]) Planitz an Kurfürst Friedrich vom 14. Mai 1522 § 5 (Planitz, S. 149—152); RTA. III 197 Anm. 2.

[7]) RTA. III 197—210.

[8]) RTA. III 197—98 (No. 36 I).

Königs von Ungarn erschienen, verzögerten sich doch die Verhandlungen eine ganze Zeit, obwohl gerade in diesem Momente die Reichshilfe am nötigsten gewesen wäre. Der Türke hatte nämlich inzwischen einige feste Plätze in Kroatien erobert, und man fürchtete, dass er durch Kroatien nach Österreich vordringen würde. Freilich konnten die deutschen Gesandten vor einer ordnungsmässigen Eröffnung der Verhandlungen nichts bewilligen. In der Zeit der unfreiwilligen Ruhe haben wir Andeutungen über Verhandlungen der deutschen Gesandten mit den Polen, die den Streit zwischen Polen und Böhmen betreffen. Wenn wir das spätere Verhältnis unseres Schwarzenberg zu dem Hochmeister von Preussen und seinen längeren Aufenthalt dort in Erwägung ziehen, so ist wahrscheinlich, dass bereits bei diesen Verhandlungen, in denen ja Materien besprochen wurden, die auch in der Folgezeit Schwarzenbergs Interesse auf das Höchste in Anspruch nehmen, gerade er beteiligt gewesen ist.[1])

Am 14. Juni kamen dann die ersten Sitzungen zustande,[2]) und bereits am folgenden Tage legten auf die Anrede der ungarischen Gesandten die Deutschen ihre Antwort deutsch und lateinisch vor.[3]) Natürlich wird auch hierbei Schwarzenberg tätig gewesen sein. Scharf und klar beruft sich die Antwort auf die Instruktion von Nürnberg, dass es nämlich durchaus die Meinung des Kaisers sei, die Hilfe nur bei einer gleichmässigen Verteilung auch auf Böhmen und Ungarn zu leisten. Eine besondere Hinderung der Verhandlungen bildet, wie die deutschen Gesandten ziemlich scharf hervorheben, das Fehlen einer öffentlichen Bevollmächtigung der ungarischen und böhmischen Stände. Wenn man diese im Reich für überflüssig gehalten hätte, so wäre der Zug nach Wien gar nicht nötig gewesen.

Trotzdem sich die Gesandten auf Wunsch des Erzherzogs Ferdinand am 16. Juni nach Baden begeben und dort mit ihm persönlich verhandeln,[4]) ziehen sich nun die einzelnen Konferenzen Woche um Woche hin. Erst am 22. Juni baten die

---

[1]) RTA. III 198 Anm. 4, Acta Tomiciana VI 81 f.

[2]) RTA. III 198 (No. 36 II).

[3]) RTA. III 199 (No. 36 III).

[4]) RTA. III 200 (No. 36 IV).

ungarischen Gesandten wegen Nichterscheinens ihres Königs um Entschuldigung.[1]) Die deutschen Gesandten sind über diese Verzögerung recht missmutig geworden; sie lassen sich nur durch persönliche Bitten des Erzherzogs bewegen, noch länger zu bleiben, und erklären ausdrücklich, dass sie nicht umsonst Geld und Zeit verschwenden wollen.

Am 30. Juni, am Montag nach Peter und Paul, scheint endlich ein Fortschritt in den Verhandlungen stattzufinden. Das Regiment hatte inzwischen aus Nürnberg mit seinen Gesandten in regem Verkehr gestanden; an dem genannten Tage begibt sich der Führer der Gesandtschaft, Ludwig von Bayern, zusammen mit unseren zwei Freunden Schwarzenberg und Rotenhan zu Ferdinand[2]) nach Neustadt; sie teilen ihm mit, dass sie die 3000 Knechte für Ungarn ohne Wissen des Regiments nicht länger als 3 Monate bewilligen könnten. Sie klagen von neuem über die grosse Verzögerung und bitten den Erzherzog um seinen Rat und seine Hilfe. Ferdinand stellt ihnen noch einmal die üble Lage Ungarns vor und macht den berechtigten Einwurf, welchen Schrecken es verbreiten würde, wenn die Knechte nach 3 Monaten wieder abzögen, scheint aber sonst durchaus auf Seiten der deutschen Gesandten zu stehen und seinerseits die Lage nicht für gar zu gefährlich zu halten, weil die Türken sich in diesem Sommer nur gegen Kroatien und die Wallachei gewandt hätten. Er ist durchaus der Ansicht, dass in Fällen dringender Not das Regiment sich den Ungarn nicht versagen würde. Mit dieser Antwort kehrten die deutschen Gesandten nach Wien zurück.

Die weiteren Verhandlungen bringen nichts Neues, sie ziehen sich bis zum 7. Juli hin und führen des schon erwähnten Mangels einer Vollmacht halber zu keinem endgültigen Resultate.[3]) Die Ungarn konnten sich nicht dazu verstehen, die sehr berechtigte Forderung des Regiments anzunehmen, Sicherheit für die deutschen Knechte zu leisten und forderten ihrerseits vom Regimente Garantie, dass diese Knechte nicht zum

---

[1]) RTA. III 202 (No. 36 VII).

[2]) RTA. III 202 (No. 36 VIII).

[3]) RTA. III 203—210.

Nachteil Ungarns, sondern nur gegen die Türken gebraucht würden. Man sieht, es stand zwischen den Bittstellern und den Angegangenen ein tiefes, wechselseitiges Misstrauen, das den Türken zu gute kam. Der Abschied zwischen den Gesandten und dem Erzherzog zu Wiener-Neustadt ist vom 9. Juli datiert,[1]) und das Einzige, was erreicht wird, ist die Sendung der 3000 Knechte; weitere Hilfe wird für spätere Zeiten vorbehalten.

In diesen Verhandlungen kommen Namen einzelner Gesandten nicht vor. Die Gesandtschaft wird sich meistenteils als Ganzes gezeigt haben. Aber schon allein aus der Spezialgesandtschaft zu Erzherzog Ferdinand nach Neustadt, in der als einzige Mitglieder Schwarzenberg und Rotenhan den Herzog begleiten, kann man erkennen, dass sie eine gewisse Sonderstellung unter den übrigen Räten einnehmen, eine Bevorzugung, die auch durch die Beauftragung zur Abfassung des Protokolls der Verhandlungen bestätigt wird. Dass sich in der Tat gerade Schwarzenberg bei diesen Verhandlungen als ein weitschauender, bedachtsamer Politiker gezeigt hat, der den gewundenen Erklärungen der Ungarn mit standhafter Festigkeit entgegentrat und auf dem beharrte, was er ordnungsmässig nach der Instruktion zu fordern hatte, das zeigt die erste Antwort an die ungarischen Gesandten,[2]) in der die formellen Mängel blossgestellt wurden, ebenso wie der Schluss der ganzen Verhandlungen. Wie sehr Schwarzenbergs Verdienste in dieser für die damalige Reichslage wichtigen Frage auch auf dem zweiten Reichstage von Nürnberg anerkannt wurden, werden wir aus seiner Berufung in die zweite Kommission über die Türkenhilfe erkennen.

---

[1]) RTA. III 210–214.
[2]) RTA. III 198 (No. 32 II).

Achtes Kapitel.

Zweiter Nürnberger Reichstag 1522—1523.

1. Allgemeines und Türkenhilfe.

Schwarzenbergs ansehnliche Tätigkeit auf dem Frühjahrsreichstag zu Nürnberg 1522 ist noch gering zu nennen gegen die vielseitige Geschäftigkeit und angestrengte Arbeit, die er auf dem zweiten Reichstage ebendort geleistet hat. Hier erreicht er den Gipfel seines politischen Ruhmes. Sowohl die Reichstagsakten, wie die Briefe des sächsischen Gesandten, Hans von der Planitz, bieten uns nicht mehr blosse Erwähnungen seines Tuns und Handelns, sondern charakteristische Züge seines Wesens, so dass uns die ganze kernige Natur dieses Mannes, seine unerschrockene Tapferkeit, seine Beredsamkeit, sein mutiges Eintreten für Luther lebendig wird, wie sie Dürers Meisterhand in jenem Bilde gestaltet hat, das wir in der Umrahmung eines Nürnberger Künstlers (Jacob Burkmeier) seinen Schriften beigegeben finden.[1]) Aus den treuen und ehrlichen Augen dieses Porträts leuchtet die charaktervolle Persönlichkeit hervor, die noch lange nach Schwarzenbergs Tode Luther an einer bekannten Stelle gepriesen hat,[2]) als er von einem Konzil in deutschen Landen und über die Teilnehmer an einem solchen, wie er sie sich wünschte, sprach: Um ein ordentliches *„statlich, scharff, gewaltig concilium“* unter kaiserlicher Gewalt zusammenzubringen, müsste man gründlich gelehrte Theologen und glaubenstüchtige Männer dorthin fordern, *„darunter etliche vom weltlichen stande (denn es gehet sie auch an), die auch verstendig und treuhertzig weren, als wenn Er Hans von Schwartzenberg lebete: dem wüste man zu vertrawen, oder seines gleichen!“* Und im gleichen Ton erklingt die herzliche Würdigung, die wir aus den Briefen des Planitz entnehmen können: *„Herr*

---

[1]) Siehe oben S. 16.

[2]) Luther, Von den Conciliis und Kirchen (1539), C 3a (Walch 16, 2775).

Hans von Schwarzburgk hilft mir getreulich, ist vorware ein geschikgt man und einem fursten nicht ubel zu halden.“[1])

Es ist das Verdienst von Balfanz,[2]) aus den Briefen des Hans von der Planitz genaueres über Schwarzenbergs Tätigkeit im Regiment, wenigstens in der Luthersache, festgestellt zu haben. Er irrt nur, wenn er gegen Baumgarten[3]) den Eintritt Schwarzenbergs in das Reichsregiment erst mit dem 1. Januar 1523 ansetzt. Schwarzenberg muss vielmehr bereits früher als Regimentsrat beschäftigt gewesen sein. Es ist freilich richtig, dass man diese Tätigkeit Schwarzenbergs nicht in eine allzu frühe Zeit versetzen darf; wir haben ja bereits erwähnt, dass bei der Bildung des Reichsregiments im Herbst 1521 von einer Berufung seiner Person nicht die Rede gewesen sein kann. Auch spricht seine Reise nach Kärnten im Auftrage des Bamberger Bischofs im Herbst 1521 gegen eine derartige Annahme; das Bistum Bamberg besass bekanntlich umfangreiche Besitzungen in Kärnten, die Schwarzenberg als Hofmeister zu besuchen hatte.[4])

Wie wir aus verschiedenen Andeutungen der Akten des Nürnberger Reichstages, die Balfanz nicht benutzt hat,[5]) klar ersehen, ist Schwarzenberg mindestens bereits im November und Dezember 1522 in das Regiment berufen worden. Wir haben nämlich gerade aus diesen Monaten (17. November bis 26. Dezember 1522) die protokollarischen Aufzeichnungen eines Mainzer Rates,[6]) vielleicht des Sekretärs Andreas Rucker, über die Verhandlungen auf dem Reichstage, die das interessanteste und wichtigste Schriftstück für die beginnenden Verhandlungen bilden. Hier werden neben einer tagebuchartigen Skizzierung der einzelnen Verhandlungstage höchst wichtige Übersichten

---

[1]) Planitz an Kurfürst Friedrich vom 4. Februar 1523 (Planitz, S. 358 No. 6).

[2]) In der bereits zitierten Dissertation S. 33—50.

[3]) Baumgarten II (1), S. 190; Balfanz, S. 33 Anm. 2.

[4]) Schwarzenberg schreibt an Friedr. Nausea vom 4. November 1521 aus Villach in Kärnten, bei Strobel, Vermischte Beiträge zur Geschichte und Literatur (1774), S. 14 aus den Epistulae familiares ad Frid. Nauseam. Basileae 1550 fol. 13; s. auch Balfanz, S. 32.

[5]) S. 57 Anm. 3. [6]) RTA. III 281—311.

über die einzelnen Kommissionen gegeben, welche die für die künftige Zeit während der Dauer des Reichstages bestimmten Materialien aufzuarbeiten und zu behandeln haben. In diesem Protokoll erscheint Schwarzenbergs Name an mehreren Stellen. Besonders wichtig ist seine Erwähnung als Mitglied der Kommission, die dem Gesandten des Papstes, dem Nuntius Chieregati, antworten sollte, der bereits am 28. September seine erste Audienz bei Ferdinand gehabt hatte. Da Schwarzenberg gerade als Mitglied dieser Kommission einen wichtigen Platz im Regiment ausgefüllt hat, ist danach wahrscheinlich, dass er auch schon vor 1523 Regimentsrat gewesen ist.[1])

Freilich finden wir auch Notizen, die eine derartige Feststellung nicht als ganz sicher erscheinen lassen und die wir aus diesem Grunde nicht verschweigen dürfen. Unter dem 24. November erwähnt das Mainzer Protokoll zwei gleiche Ausschüsse[2]) über die Verhandlung mit Trier, Pfalz und Hessen und über die Exekutionsordnung, denen von wegen der Kurfürsten Dr. Johann Furderer, vom Regiment Dr. Sebastian von Rotenhan und Johann von der Leiter, ausserdem der Strassburgische Kanzler Dr. Eitelhans Rechburger, Schwarzenberg und Hamann von Holzhausen angehörten. Rechburger[3]) und Holzhausen[4]) waren von den Ständen verordnet; es ist also danach wiederum die Wahrscheinlichkeit vorhanden, dass auch der zwischen ihnen genannte Schwarzenberg ständischer Vertreter war, besonders da die Regimentsvertreter namentlich angegeben werden. Ferner trat im Dezember 1522 ein Ausschuss zur Behandlung der Monopolienfrage und Münze zusammen, dem Schwarzenberg angehörte.[5]) Hier wird ausdrücklich bemerkt, dass neben den namentlich angeführten Ausschussmitgliedern, dem Administrator von Passau, Ernst von Bayern, unserem Schwarzenberg und dem Bambergischen Kammermeister Hans Braun u. a., noch zwei oder ein Mitglied des Regiments teilnehmen sollten, woraus wohl ersichtlich

[1]) RTA. III 282 Anm., Planitz, S. 245.
[2]) RTA. III 287—288.
[3]) RTA. III 288 Anm. 1.
[4]) Ulmann, Sickingen S. 347 Anm. 1; Balfanz, S. 33 Anm. 2.
[5]) RTA. III 290, vgl. 571 ff., 596 Anm.

ist, dass keiner von den Genannten Regimentsmitglied gewesen ist. Wenn wir allerdings annehmen dürften, dass sich die Anführungen des Mainzer Protokolls, besonders in den Zusätzen, die ja undatiert sind, tatsächlich auf die letzten Monate des Jahres 1522 beziehen, so hätten wir in der Tat wenigstens eine Bemerkung, die uns Schwarzenberg sicher als Regimentsrat verbürgt. In der Sickingenschen Angelegenheit nämlich, die — wie wir aus Planitz wissen,[1]) — seit November 1522 verhandelt wurde, wird Schwarzenberg neben dem Herzog Heinrich von Mecklenburg als Verordneter von seiten des Regiments zur Behandlung der genannten Frage angeführt.[2]) Wir hätten freilich damit einen von dem eben genannten verschiedenen Ausschuss, ähnlich wie in der Ungarnsache[3]) für einzelne Fragen einer grösseren Angelegenheit mehrere Kommissionen neben- und nach einander zusammentreten. Gerade in der Sickingenschen Frage folgen die Kommissionen im November und Dezember rasch auf einander[4]) und lassen durch die übliche Anführung *„einer oder zwene aus dem regiment“* die Möglichkeit offen, dass Schwarzenberg hier mitgewirkt hat. Wie dem aber auch sein mag, jedenfalls sehen wir daraus, dass Schwarzenberg, wenn nicht im November, so doch im Dezember 1522 dem Regiment angehört hat. Mit dem 1. Januar 1523 tritt er sodann offiziell in das Regiment ein.

Es ist seit Ranke, der zum erstenmale unsere Aufmerksamkeit auf die politische Persönlichkeit Schwarzenbergs hingelenkt hat, ein mehrfach geführter Streit gewesen, in welcher Eigenschaft Schwarzenberg im Regiment gesessen habe. Nach der Regimentsordnung war Bamberg nur alle $1^1/_2$ Jahre an der Reihe, einen Sitz im Regiment einzunehmen.[5]) Als Vertreter Bambergs hätte also Schwarzenberg gar nicht, wie es in der Tat

---

[1]) Planitz an Kurfürst Friedrich vom 25. November 1522 (Planitz, S. 254).

[2]) RTA. III 282 Anm.

[3]) RTA. III 288 Z. 9—11 im Vergleich zu III 320 ff.

[4]) RTA. III 288, 289, 291, 293.

[5]) § 12—13 Regimentsordnung RTA. II 227, Vereinbarung der Kurfürsten und Fürsten über ihre Session am Regiment RTA. II 726 vom 17. Mai 1520.

der Fall ist, mehrere Vierteljahre hintereinander Mitglied des Regiments sein können.[1]) Dazu kommt noch, dass gerade Bischof Georg von Bamberg im ersten Vierteljahre des Jahres 1522 seinen Platz im Regiment eingenommen hatte,[2]) also erst in der zweiten Hälfte des Jahres 1523 Raum für Schwarzenberg als Bambergischen Vertreter im Regiment gewesen wäre.

Herrmann[3]) hat nun die Ansicht ausgesprochen, Schwarzenberg wäre der Bevollmächtigte des fränkischen Kreises im Regiment gewesen. Dies scheitert aber an der aus Planitzens Briefen bezeugten Tatsache, dass der Jurist Dr. Wolf von Thorn gerade in jener Zeit der Vertreter des fränkischen Kreises war.[4]) Dieselben Briefe geben uns aber auch dankenswerte Auskunft und eine Entscheidung unserer Streitfrage. Danach verhandelt bereits vor dem 26. Dezember der Erzbischof von Mainz mit Schwarzenberg, an seiner Statt im Regiment zu sitzen.[5]) Die Verhandlungen zwischen beiden sind an dem angegebenen Termin bereits vollständig erledigt, so dass Schwarzenberg das nächste Vierteljahr *„ansitzen"* kann, d. h. also, er ist vom 1. Januar 1523 ab Vertreter von Kurmainz im Reichsregiment gewesen.[6])

Hiernach fallen selbstverständlich die merkwürdigen Vermutungen Weissels[7]) und Erhards, die aus der allerdings tatsächlich vorhandenen religiösen Gegnerschaft zwischen Schwarzenberg und seinem neuen Herrn — dem Bambergischen Bischof Weigand von Redwitz — schliessen zu müssen glaubten, der

---

[1]) Baumgarten II (1), S. 329.

[2]) Planitz, S 80, Balfanz, S. 34f.

[3]) Herrmann, S. 63 Anm. 3; Philippi, Freiherr Johann von Schwarzenberg S. 46.

[4]) Planitz, S. 74, 324, 449, 562.

[5]) Planitz an Kurfürst Friedrich vom 26. Dezember 1522 (Planitz, S. 281, 286), RTA. III 282 Anm. 1, 417 Anm. 1.

[6]) Die Schwierigkeit, dass dann Mainz doppelt im Regiment und im Reichstage vertreten gewesen sei, da Rotenhan in Mainzischen Diensten gestanden hätte (so Balfanz, S. 36), löst sich dahin, dass Rotenhan vom 1. Januar 1523 in den Dienst des Bischofs von Würzburg tritt: RTA. III 965 (Stellen).

[7]) L. Weissel, Schwarzenberg S. 27; Erhard, Geschichte des Bistums Bamberg S. 13; Balfanz, S. 35.

Bischof habe den reformationsfreundlichen Schwarzenberg durch eine Entsendung nach Nürnberg unschädlich machen wollen[1].) Wer gerade die Tätigkeit Schwarzenbergs in der Luthersache kennt, wird über derartige Phantasieen zur Tagesordnung übergehen.

Sodann finden wir unseren Schwarzenberg als Regimentsmitglied in den Planitzschen Briefen vom 8., 15., 19., 23. und 29. Januar, 3. und 28. Februar und 13. März erwähnt.[2]) Es ist dies gerade die Zeit, in der über Luther verhandelt wurde. Am 16. März 1523 wird er in einem Briefe des Fiskals Kasper Mart an Holdermann, den Vertreter von Esslingen und Weil auf dem Reichstage genannt. Dieser will nämlich mit seinem Vorhaben warten, bis Hans von Schwarzenberg und andere „Missgönner“ der Städte nicht mehr im Regimente wären.[3])

Auch im zweiten Vierteljahr ist Schwarzenberg sicher als Regimentsmitglied bezeugt. In einem Briefe an den Markgrafen Kasimir von Brandenburg vom 25. April 1523 meldet er nämlich selbst:[4]) *So hat mir mein g. herr herczog Friderich, der stathalter, in seiner genaden abschid bevolhen, sein genad in seiner genaden abwesen zu verwesen;* er entschuldigt sich, dass er schwer abkommen könne, weil so gar wenige Regimentspersonen anwesend wären. Er erscheint ferner am 16. Mai 1523 in einem Briefe des Dr. Kaspar Mart an die Stadt Strassburg.[5]) Mart meldet ebenfalls, dass das Regiment ausserordentlich zusammengeschmolzen sei und zur Stunde niemand in Nürnberg gegenwärtig wäre als Herr Hans von Schwarzenberg, ein „Feind aller Städte“,

---

[1]) Bischof Weigand, seit dem 31. Mai der Nachfolger Bischof Georgs III. Schenken von Limburg, entsandte am 30. August als seine Vertreter zum Reichstage seinen Bruder, den Domherrn Daniel von Redwitz, Wilhelm von Wiesentau und den Lic. jur. Johann Müller (Looshorn 4, 547); am 5. November reitet er selbst hin (Bamberger Recessbuch IIIf. 138; Planitz, S. 231, jedenfalls in Schwarzenbergs Begleitung (Heller, Reformationsgeschichte von Bamberg S. 51).

[2]) Planitz, S. 310, 321, 325, 326, 332—333 (5—6), 334, 335, 343—345, 349ff., 354 (6), 358 (6), 379, 397—398.

[3]) RTA. III 933 Anm. 1.

[4]) Acta den Schwäbischen Bund betr. tom. XI, S. 88—91 (Kr.-Arch. Bamberg).

[5]) RTA. III 937.

als Statthalter, und andere Räte, die uns aber hier nicht weiter interessieren. Wichtig aus diesen Nachrichten ist, dass Schwarzenberg bereits im zweiten Vierteljahr 1523 als Statthalter auftritt. Bereits am 23. Mai hat jedoch seine Sessionsperiode ihr Ende erreicht. Hans von der Planitz[1]) meldet uns nämlich in einem Briefe vom 31. Mai 1523 die Namen der damaligen Regimentsmitglieder und spart auch nicht seinen Spott über die Untätigkeit des Regiments im ganzen. Er schliesst mit der Bemerkung, Schwarzenberg wäre noch in Nürnberg gegenwärtig, aber zur Zeit gälte seine Stimme nichts, weil der Hochmeister von Preussen seinen Sitz im Regiment eingenommen hätte. Der Wechsel der Vertretung hat demnach bereits im Mai stattgefunden. Dieses Nebeneinander ist vielleicht so zu erklären: Eigentlich sollte, wie Planitz deutlich erkennen lässt, im zweiten Vierteljahre der Hochmeister Albrecht von Brandenburg als Vertreter des Erzbischofs im Regiment sitzen;[2]) diesen vertritt nun seinerseits Schwarzenberg, der ja bereits im ersten Vierteljahr sich in die Geschäfte von Kurmainz hatte einarbeiten können.

Auch im dritten Vierteljahr ist Schwarzenberg wieder im Regiment. Freilich wissen wir auch hier nicht, als wessen Vertreter er fungiert hat. Es liegt nahe, in ihm Bambergs Vertreter zu sehen, da in diesem Vierteljahr an den Bischof die Reihe gekommen wäre;[3]) aber Bischof Weigand war persönlich in Nürnberg und bereits am 21. Juli dort eingetroffen.[4]) Als eine Vermutung möchte ich äussern, dass vielleicht Schwarzenberg auch in diesem dritten Vierteljahre nicht als ordnungsmässiger Vertreter irgend eines Fürsten oder Kreises tätig gewesen ist, sondern als inoffizieller Stellvertreter des Bischofs, der sich überhaupt mit anderen Angelegenheiten beschäftigte und im ganzen auf dem Reichstage nicht so hervortrat, wie es die Nähe zwischen Bamberg und Nürnberg hätte erwarten lassen. Jedenfalls geniesst Schwarzenberg ein solches Ansehen, dass er auch in diesem Vierteljahr die höchste Stelle im Re-

[1]) Planitz an Kurfürst Friedrich vom 31. Mai 1523 (Planitz, S. 449).
[2]) Planitz, S. 436, 439, 449.
[3]) Planitz, S. 485. [4]) Planitz, S. 494.

giment erreicht. Diesmal verordnet ihn Pfalzgraf Friedrich am 11. Juli auf vier Wochen zum interimistischen Statthalter und Amtsverweser. Schwarzenberg nimmt hiermit wiederum die Vertretung eines Fürsten an, diesmal eine pfälzische, allerdings nur für die Dauer der Abwesenheit des Pfalzgrafen aus Nürnberg bis zur Ankunft des Pfalzgrafen Hans vom Hundsrück.[1]) Er erscheint also auch hier dem Regiment durchaus würdig, wenn auch nur kurze Zeit, aber doch in wichtigen Angelegenheiten das Steuer des römischen Reichs deutscher Nation zu lenken.[2])

Mit dem 13. August tritt Schwarzenberg von seinem verantwortungsreichen Posten zurück.[3]) Über seine weitere Tätigkeit während dieses Vierteljahres ist nichts bekannt.[4]) Um so wahrscheinlicher also, dass Schwarzenberg im übrigen keine ein Vierteljahr ausfüllende Vertretung eines Fürsten übernommen hatte.

Endlich sieht auch das vierte Quartal des Jahres 1523 unseren Schwarzenberg im Reichsregiment. Planitz meldet am 20. Oktober an seinen Kurfürsten[5]) die damals wieder einmal ausserordentlich geringe Besetzung des Regiments. Obwohl Karl V. auf vieles Drängen die zur Beschlussfähigkeit nötige Mitgliederzahl bereits 1522 von 14 auf 10 herabgesetzt hatte,[6]) genügte selbst das nicht mehr.[7]) Um die angegebene Zeit befinden sich, wie Planitz halb traurig halb ironisch schreibt, nicht über acht Mitglieder im Regiment, von denen einige, wie der Trierische Kanzler, kaum noch acht Tage bleiben wollen, andere bereits Heimatsurlaub genommen und versprochen haben,

[1]) Pfalzgraf Johann von Simmern-Sponheim RTA. III 183, 186, 264, 272, 318.

[2]) Planitz an Kurfürst Friedrich vom 11. Juli 1523 (Planitz, S. 484—486 [2]. Herzog Georg von Sachsen hatte es abgeschlagen und Planitz hatte dagegen protestiert, dass man den Kurfürsten Friedrich noch einmal darum ersuchte. So fiel die Wahl auf Schwarzenberg.

[3]) Planitz, S. 522; über die politischen Vorgänge während dieser Zeit, besonders die Sickingensche Angelegenheit s. Balfanz, S. 45—47; über den schwäbischen Bund Baumgarten 2 (1), S. 315—316.

[4]) Balfanz, S. 47.

[5]) Planitz, S. 562.

[6]) RTA. III 232.

[7]) Planitz, S. 562 Anm. 1.

in 10 oder 12 Tagen wieder da zu sein. Die Grafen und Städte besitzen überhaupt keine Vertretung. An erster Stelle unter diesen acht Personen nennt Planitz unseren Hans von Schwarzenberg: ihm erschien also, wenn auch zur Zeit Herzog Hans von Bayern der Verweser des Statthalters war, doch Schwarzenberg als die wichtigste Persönlichkeit der ganzen Versammlung. Auch für dieses Vierteljahr ist nicht recht klar, wen Schwarzenberg vertreten hat. Der Vertreter des fränkischen Kreises kann er nicht gewesen sein, da sich — ebenso wie im Mai 1523 — wiederum Dr. Wolf von Thorn im Regiment befindet. Die Stelle von Kurmainz ist besetzt und zwar durch Dr. Johann Krause. Wir müssen daher die Frage offen lassen. Keinesfalls lassen sich die Angaben der Vorrede zu Schwarzenbergs Übersetzungen,[1]) er wäre auch Hofmeister des Bischofs von Würzburg gewesen, so auslegen, als ob er in diesem Vierteljahr den Bischof von Würzburg im Regiment vertreten hätte. Die Tatsache an sich ist möglich, aber nicht beweisbar. Schwarzenbergs sonstige Beziehungen zu Würzburg, sein „Hofmeisteramt", fallen jedoch in eine weit frühere Zeit, als er als Amtmann von Neuenburg und Zabelstein in den 90er Jahren des 15. Jahrhunderts in engere Beziehungen zum Würzburgischen Bischofshof getreten war.[2])

Wenden wir uns nun zu den einzelnen, auf dem Nürnberger Reichstage verhandelten Materien, bei denen Schwarzenberg als Berater und Förderer einen Anteil gehabt hat. Wir können auch hier vorausschicken, dass unter den zahlreichen Fragen, die auf diesem Reichstage auf Anregung des Reichsregiments verhandelt worden sind, nur wenige waren, bei denen Schwarzenberg nicht mit tätig gewesen ist. Es würde uns aber sicherlich zu weit führen, das grosse Material dieses Reichstags, wie es jetzt in dem dritten Bande der Reichstagsakten[3]) vorliegt, ausführlich zu besprechen; für uns kommt es nur darauf an, Schwarzenbergs Persönlichkeit in diesen Beratungen deutlich hervortreten zu lassen, und so weit dies aus den oft unpersönlichen Bemerkungen über die Kom-

[1]) Vorrede zu den „Officien" 1531.

[2]) Siehe oben S. 19—20.

[3]) Deutsche Reichstagsakten. Jüngere Reihe III bearb. von Adolf Wrede 1901.

missionssitzungen möglich ist, seinen Anteil daran im einzelnen zu präzisieren.

Im Anschluss an den vorigen Reichstag wurde — und damit möge der Anfang gemacht werden — über die Türkenhilfe verhandelt. Der Erfolg jener Gesandtschaft nach Wien war, wie aus dem Abschied von Wiener-Neustadt ersichtlich ist,[1]) nur der gewesen, dass jene heissersehnten 3000 Knechte aus dem Reich herausgezogen und an die kroatische Grenze geworfen wurden. Alle anderen Beratungen über einen Zug gegen die Türken und die Abwehr eines immer drohender nahenden Angriffskrieges der Türken auf Ungarn und weiterhin auf Österreich durch eine ständige Hilfe des Reiches sollten — so wurde im Neustädtischen Abschiede bestimmt, — auf einem späteren Reichstage verhandelt werden, der am 1. September zu Nürnberg zusammentreten würde.

Trotz der Dringlichkeit, mit der die Ungarn auch diesmal ihre Sache verfochten, wurde die Angelegenheit aber überhaupt nicht vor dem 19. November[2]) zur Beratung gestellt, obschon gerade die Türkenhilfe den Hauptgrund für die Einberufung dieses zweiten Reichstages von 1522 bildete.[3]) Der Nuntius Chieregati teilte den Ständen die Botschaft des Papstes mit. Die Ungarn hielten am 19. November — an demselben Tage wie der Nuntius — ihre Rede vor den Ständen,[4]) in der sie die Lage Ungarns auf das klarste zu schildern wussten. Um den 24. November wurde eine Vorkommission eingesetzt, um ihre Sache zu prüfen und besonders zu untersuchen, inwieweit Erzherzog Ferdinand den Beschlüssen des Abschiedes von Wiener-Neustadt nachgekommen wäre. Sie bestand neben dem Pfalzgrafen Philipp, Bischof von Freising, aus den Teilnehmern am Wiener Tage: Schwarzenberg, Feilitzsch und Dr. Scheurl.[5])

---

[1]) RTA. III 210—214. [2]) RTA. III 321—322.

[3]) Statt dessen wurden Vergnügungen aller Art, besonders Schlittenpartien veranstaltet, s. Redlich, S. 58.

[4]) RTA. III 323.

[5]) RTA. III 288; für Feilitzsch findet sich in einem Schreiben Herzog Ludwigs von Bayern, des ehemaligen Führers der Gesandtschaft nach Wien, an seinen Bruder Wilhelm v. 21. November 1522 (RTA. III 852) Dr. Sebastian von Rotenhan.

Aber erst im Dezember kam regerer Fluss in die Verhandlungen, da auch diesmal polnische und böhmische Gesandtschaften nur langsam eintrafen. Am 2. Dezember sandte Erzherzog Ferdinand seine Ausführung der Beschlüsse des Abschieds zu Neustadt,[1]) und erst danach trat der bereits am 18. November gewählte[2]) grosse Ausschuss im Regiment für die Ungarnsache wirklich in Tätigkeit. Er bestand aus dem Erzbischof von Mainz, dem Pfalzgrafen Friedrich von der Pfalz, Herzog Ludwig von Bayern, Markgrafen Kasimir von Brandenburg, Landgrafen von Leuchtenberg und Dr. von Werthern, letzterem als Bevollmächtigten des Herzogs Georg von Sachsen. Dazu kamen die Bischöfe von Bamberg, Würzburg, Eichstädt und Strassburg, sowie die städtischen Gesandten von Strassburg und Nürnberg. Dieser grosse Ausschuss ordnete wiederum den uns bekannten kleinen Ausschuss ab, der die Verhandlungen mit der ungarischen Botschaft im einzelnen leiten sollte. Es waren also der Bischof von Freising, Hans von Schwarzenberg, Philipp von Feilitzsch und Dr. Christoph Scheurl. Wie wir auch früher sahen, wird, um überhaupt eine Grundlage für ein später zu gebendes Gutachten zu finden, den ungarischen Abgesandten eine ganze Reihe von Fragen vorgelegt,[3]) unter denen als erste und wichtigste die Frage nach der Vollständigkeit ihrer Vollmacht figurierte. Diesmal sucht man sich dagegen zu verwahren, dass die deutsche Nation allein den Türken Widerstand leistet, und wünscht auf das dringendste auch die Böhmen und die Polen zur Hilfeleistung anzuspornen. Interessant ist hierbei, dass Sebastian von Rotenhan damit beauftragt wird, die Antwort der Ungarn aufzuzeichnen. Die Ungarn reichen bereits am 3. Dezember eine Denkschrift[4]) ein, in der sie auf baldige Hilfe drängen und sich dagegen verwahren, dass man die Hilfe des Reichs von der der Böhmen abhängig macht; sie behaupten, dass die politische und kriegerische Lage in Böhmen von der Ungarns so verschieden sei, dass der Türke eher nach Nürnberg als dorthin kommen werde. Auf

[1]) RTA. III 328 ff.

[2]) Näheres bei Redlich, S. 40 ff.

[3]) RTA. III 331—332 (2.—3. Dezember): Instruktion für die Verhandlungen mit den Ungarn.

[4]) RTA. III 333 f.

Grund eines von dem kleinen Ausschuss — also Schwarzenberg und den anderen Genannten — am 4. Dezember gegebenen Berichts[1]) über die bisherigen Verhandlungen, die jedenfalls laut der Instruktion am 3. Dezember stattgefunden hatten,[2]) wird nun am 4. Dezember ein Gutachten des Regiments ausgearbeitet, was den Ungarn zu antworten sei. Hierzu wird eine neue Kommission niedergesetzt, zu der der Magdeburgische Kanzler Dr. Zoch, Dr. Lukas Hugo, Dr. Baumgartner, Dr. Hanau und Bernhard Wormser gehören, die die Stelle einer vorberatenden und Hilfskommission gegenüber dem anderen Ausschuss eingenommen zu haben scheinen.[3]) Auf Grund dieses Gutachtens ergeht dann ein Gutachten des Regiments vom 9. Dezember,[4]) und auf diesem beruhen die Antworten der Stände an den Nuntius und die ungarischen Gesandten vom 15. Dezember.[5]) Obwohl die Räte zwei Viertel Fussvolk der Romzughilfe bewilligt hatten, will jedoch der grosse Ausschuss über Höhe und über Zeit nichts Bestimmtes aussprechen. Gerade über diesen Punkt haben, wie das früher erwähnte Mainzer Protokoll uns meldet, der Bischof von Freising mit seiner Kommission, unter der sich auch Schwarzenberg befand, und dazu der Bischof von Augsburg des näheren beratschlagt.[6]) Die ungarische Botschaft wollte sich damit nicht zufrieden geben und drängte am 16. Dezember auf genaue Angabe.[7]) So wird eine neue Verhandlung nötig, die am 18. Dezember ebenfalls von den bereits genannten Räten, mit ihnen Schwarzenberg, geführt wird.[8]) Am 19. Dezember wird auf Grund dieser Verhandlungen sodann den Ungarn deutsch und lateinisch die Antwort erteilt,[9]) dass ihnen vorerst 4000 Mann auf 6 Monate gesendet werden sollen, die am 25. Mai in Ödenburg eintreffen werden; dazu kommen 20 Büchsenmeister und 100 Zentner Pulver.[10]) Auch hiermit

---

[1]) RTA. III 294 im Protokoll erwähnt.
[2]) RTA. III 331 f. [3]) RTA. III 297, 335 f.
[4]) RTA. III 337 f. [5]) RTA. III 338 f.; dazu 306.
[6]) Nach dem Mainzer Protokoll RTA. III 305.
[7]) RTA. III 306, 338 Anm. [8]) RTA. III 309.
[9]) RTA. III 346 ff.; vgl. 309—310.
[10]) Hans Holdermann an Esslingen v. 9. Januar 1523 (RTA. III 897 bis 898).

wollen sich die ungarischen Gesandten nicht zufrieden geben, sondern wünschen am 20. Dezember Verlängerung der Frist.[1]) Darauf folgt am 22. Dezember die letzte Antwort der Stände, die auf ihrem früheren Bescheide beharren.[2])

Als Ausführung dieses Beschlusses ist es anzusehen, wenn bereits im Januar 1523 eine Kommission verordneter Kriegsräte ein längeres Gutachten über die Aufstellung der nach Ungarn zu sendenden Truppen erstattet.[3]) Nach einem Zusatz zu dem Mainzer Protokoll ist unter den Kriegsräten besonders der von Gerhardseck mit der Ausführung beauftragt worden.[4]) In der Kommission befindet sich jedoch auch Schwarzenberg neben dem Grafen von Salm, dem eben genannten von Gerhardseck, Hans von Seckendorff, Sebastian von Rotenhan, dem von Wiesentau und Herrn Albrecht von Wolfenstein. Von seiten der Städte ist der Bürgermeister von Esslingen, Hans Holdermann, dazu verordnet.[5]) Die Bestimmungen zeugen von grosser Einsicht und Klarheit im einzelnen. Besonders interessant ist die augenscheinlich auf eigener Anschauung beruhende Warnung vor dem „unordentlichen Jagen", wenn die Türken scheinbar fliehen und die deutschen Knechte ihnen in Unordnung und Hast nacheilen und oftmals in einen Hinterhalt fallen.

Etwas früher als das eben genannte Gutachten ist der Anschlag der zur Unterstützung der Ungarn bewilligten Türkenhilfe vom 26. Dezember 1522.[6]) Er beruht, ebenso wie frühere Schriftstücke des ersten Reichstages von Nürnberg[7]) auf dem Wormser Romanschlag, und es sei gestattet, auch hier auf die Möglichkeit hinzudeuten, dass Schwarzenberg in seiner Eigenschaft als Kriegsrat daran Anteil genommen hat; sicheres lässt sich hierfür freilich nicht beibringen.

Im Anschluss an diese eilende Türkenhilfe hat man bereits auf dem Frühjahrsreichstage über einen Vorschlag für

[1]) RTA. III 310; das Schriftstück selbst 353f.; vgl. 346 Anm. 3.
[2]) RTA. III 310, 311.
[3]) RTA. III 354—359.
[4]) RTA. III 312 Z. 9—10.
[5]) RTA. III 283 Anm. Z. 36—42.
[6]) RTA. III 359—360.
[7]) RTA. III 188ff. v. 30. April 1522.

„beharrliche“ oder dauernde Türkenhilfe verhandelt.[1]) Auch auf dem zweiten Reichstag wird hierauf zurückgegriffen.[2]) Freilich ist es wohl verständlich, dass sich die Stände, besonders die Städtegesandten, die ja schon bei einer einmaligen Zahlung endlose Schwierigkeiten machten, noch mehr einer dauernden Übernahme von Verpflichtungen entgegenstellten. Bereits auf dem Städtetag von Esslingen am 15. Januar 1522 waren dagegen vielfache Beschwerden erhoben und im Oktober hatten die zu Nürnberg versammelten Städtegesandten eine Beschwerde gegen den Entwurf einer Türkensteuer aufgesetzt.[3]) Ende Dezember 1522 begann sich der grosse Ausschuss mit der dauernden Türkenhilfe zu beschäftigen.[4]) Er wies die Sache auch diesmal an einen kleinen Ausschuss, dessen Mitglieder wir nicht kennen. Es wird jedoch kein zu kühner Schluss sein, wenn wir annehmen, dass die gleichen Personen mit der Ausarbeitung des Gutachtens und der Verbesserungsvorschläge betraut worden sind, wie für die eilende Hilfe der 4000 Knechte. Wer das Gutachten vom 1. Januar 1523 unparteiisch liest, wird zugeben müssen, dass die Sprache sich nicht weit von Schwarzenbergischer Redeweise entfernt.[5]) Freilich ist es, ganz abgesehen von der in den Reichstagsakten vorliegenden Niederschrift, ausserordentlich schwer, bei einer Kommission von Leuten, einer Mehrheit von Verfassern, einen besonders für die Abfassung eines derartigen Schriftstückes in Anspruch zu nehmen.

2. Die Verhandlungen mit dem Nuntius über die Luthersache.

War Schwarzenberg schon in der Frage über die Türkenhilfe von hervorragendem Einfluss auf die Beratungen, so ist dies in noch höherem Masse bei den Verhandlungen über die Luthersache der Fall, die einen zweiten wichtigen Abschnitt in dem Winterreichstage des Jahres 1522 bilden. Auch hier kann es nicht unsere Absicht sein, das recht umfangreiche

---

[1]) RTA. III 188 ff. [2]) RTA. III 312 Z. 20.
[3]) RTA. III 366—369. [4]) Planitz, S. 291.
[5]) Vielleicht erklärt sich auch hieraus seine Feindschaft mit den Städten.

Material, das uns in den Reichstagsakten und in den Briefen des Hans von der Planitz geboten wird, ausführlich durchzusprechen. Wiederum kommt es darauf an, die Persönlichkeit unseres Schwarzenberg im Rahmen jener Verhandlungen zu schildern, an denen er nicht nur hervorragenden Anteil genommen, sondern deren Beschlüsse er durch seine Tatkraft und die Macht seiner Persönlichkeit direkt bestimmt und geleitet hat. Und gerade hierfür sind die Briefe des Planitz von besonderem Interesse, weil Planitz eine grosse Zuneigung zu dem fränkischen Hofmeister gewonnen hatte,[1]) die immer wieder aus den Nachrichten an seinen Kurfürsten[2]) durchschimmert.

Der Nuntius Chieregati hatte bereits seit dem 10. November 1522 in seinen offiziellen Ansprachen an den Reichstag die Aufrechterhaltung des Wormser Edikts von 1521 verlangt.[3]) Eine ganz bestimmte Wendung der Luthersache, die zuerst einem grossen Ausschuss übertragen wurde, dem der Erzbischof von Salzburg, der Bischof von Trient, der Kanzler von Trier, Dr. Lamparter und Rotenhan angehörten,[4]) trat durch die Forderung des Nuntius vor dem Regiment am 3. und 8. Januar ein, einige Nürnberger Prediger und verlaufene Mönche zu bestrafen.[5]) Es handelte sich um die Prediger Schleupner von der Sebalduskirche, Andreas Osiander von St. Lorenz, Thomas Venatorius am Spital und Karl Ress bei den Augustinern. Sie sollte man gefangen setzen und zur Bestrafung nach Rom senden. An demselben Tage wurde, trotzdem der grosse Ausschuss nicht abgeneigt war, den Forderungen des Nuntius zu willfahren, die Sache einem kleinen Ausschuss übertragen, der — wie sich vermuten

---

[1]) Ihre Freundschaft stammt vielleicht von einer zweiten Kreuzfahrt Schwarzenbergs im Jahre 1517 (Röhricht, S. 208 ff.).

[2]) Auch bei Friedrich dem Weisen selbst stand Schwarzenberg in hohem Ansehen; das beweist ausser den bereits zitierten Stellen über die Feldschlange, die der Kurfürst dem treuen Mitkämpfer und Freund seines Planitz schenken wollte, die vertrauliche Art, mit der Schwarzenberg dem Fürsten als erfahrener Regimentsrat einen Rat erteilt (Planitz, S 560—61, 571). Am 13. März 1523 schickt er ihm durch Planitz einen versteinerten Fisch (Planitz, S. 403). Vgl. auch oben S. 19.

[3]) RTA. III 387f. [4]) Planitz, S. 245.

[5]) RTA. III 390ff. und Planitz an Kurfürst Friedrich v. 8. Januar 1523 (Planitz, S. 310), Redlich, S. 103ff.

lässt — im grossen und ganzen derselbe gewesen ist, der dann auch über die dem Nuntius zu gebende Antwort von den Ständen eingesetzt wurde.[1]) Über seine Zusammensetzung gehen die Nachrichten etwas auseinander. In den Zusätzen zu dem oft genannten Mainzer Protokoll[2]) finden wir als Mitglieder den Hochmeister in Preussen, den Bischof von Augsburg, die Vikare von Bamberg und Freising, Rotenhan und unseren Schwarzenberg verordnet. Planitz nennt statt des Hochmeisters den Erzbischof von Salzburg neben dem Bischof von Augsburg und den Vikaren von Freising und Bamberg und bemerkt sodann, dass Schwarzenberg und Rotenhan nur *„mit grosser beschwerde dazu verordent“* seien.[3]) Der Grund hierfür ist leicht einzusehen; wusste man doch von beiden, dass sie der Lutherischen Sache durchaus geneigt waren und dass Schwarzenberg besonders dem Andreas Osiander wohlgesinnt war, der seinerseits, wie aus dem Briefe Melanchthons an Spalatin hervorgeht, seine Rettung besonders dem *dominus a Swartzburg* zuschreibt. Zu einer der Flugschriften, die Schwarzenberg 1524 veröffentlicht hat, hat Osiander in treuer Kampfgemeinschaft die Vorrede geschrieben[4]) und damit seinem Danke Ausdruck gegeben.

Ausser den genannten Verordneten hören wir aber dann von anderen: wie uns Planitz berichtet, lehnte der sächsische Gesandte Dr. v. Werthern es ab, in dem Ausschuss zu sitzen; neugewählt wurde der Magdeburgische Kanzler Dr. Zoch.[5]) Hier erfahren wir auch, dass der Hochmeister von Preussen später in den Ausschuss hineingekommen ist, was Planitz vorher nicht gewusst hatte.[6]) In dieser Kommission zu sitzen wird bei der

---

[1]) Melanchthon an Spalatin v. Februar 1523 (RTA. III 935) nennt als Mitglieder der Kommission über die Prediger: *„Fuere illi, nam omnes non memini, Salsburgensis episcopus, Augustensis episcopus, doctor Zoch, doctor Rotenhan et ille a Suartzburg“*.

[2]) RTA. III 282 Anm.

[3]) Planitz an Kurfürst Friedrich v. 8. Januar 1523 (Planitz, S. 310).

[4]) S. unten im zweiten Teile.

[5]) Planitz an Kurfürst Friedrich v. 15. Januar 1523 (Planitz, S. 323 [4], 325 [7]); vgl. auch die Einleitung von H. Virck zu den Berichten des Planitz, S. CXXIV ff.

[6]) Planitz an Kurfürst Friedrich v. 19. Januar 1523 (Planitz, S. 332 [5]).

Wichtigkeit der Sache besonders den hohen Kirchenfürsten nicht gerade angenehm gewesen sein, und so hören wir denn höchst interessante Bemerkungen bei Planitz über die schwankende Haltung des Bischofs von Augsburg,[1]) von der in einem einzelnen Falle später die Rede sein wird, und ferner[2]) von der Weigerung des Kardinalerzbischofs von Salzburg,[3]) der sich gar zu gern von den Beratungen ferngehalten und die Wahl abgelehnt hätte. Es ist ausserordentlich wunderbar, dass gerade dieser Ausschuss in solcher Zusammensetzung über die Luthersache beraten musste. In den Sitzungen ging es — wie wir aus Planitz erfahren — wild zu, die Meinungen stiessen hart aufeinander, und Planitz kann sich nicht genug über die Mühsal verbreiten, die seinen Freunden durch diese Beratungen aufgelegt worden sei.[4]) Der weitere Verlauf der Verhandlungen gegen die Prediger interessiert uns hier weniger. Die Kommission konnte und wollte nichts Ernstliches unternehmen. Die Vikarien von Bamberg und Freising hörten sich sogar aus Interesse an der Sache den Prediger von St. Sebald in Nürnberg an.[5]) Das Resultat ist für die Prediger günstig und dürfte — wie auch Redlich annimmt — auf den Einfluss Schwarzenbergs zurückgehen, der besonderes Interesse daran hatte, den Andreas Osiander nicht in die Hände der Feinde fallen zu lassen. Es wäre auch ausserordentlich gefährlich gewesen — und das sagten selbst die Gegner Luthers —, in diesem Falle mit Strenge vorzugehen; war doch Volk und Rat in Nürnberg durchaus auf ihrer Seite,[6]) und selbst in den Briefen des lutherfreundlichen Planitz können wir immer und immer wieder die Andeutung an den Kurfürsten lesen, dass sich gerade diese Sache „sehr wohl zu Aufruhr und Gewalttat eigne". So war es das klügste, was die Gegner Luthers im kleinen Ausschuss

---

1) Planitz an denselben ebendort, S. 332 [5], 333 [7].

2) Feilitzsch an Herzog Johann v. 29. Januar 1523 (Planitz, S. 344 bis 345 [3]).

3) Planitz an Kurfürst Friedrich v. 13. u. 15. Januar 1523 (Planitz, S. 317 [1], 323 [4]).

4) Z. B. S. 310, 349 ff.

5) Planitz v. 13. Januar 1523 (Planitz, S. 317 [1]), Redlich, S. 110.

6) Redlich, S. 106.

tun konnten, sich Männern wie Schwarzenberg und Rotenhan unterzuordnen.

Hatte der kleine Ausschuss als eine besondere Aufgabe Aburteilung und Verhör der Prediger übernommen, so wartete nun auf ihn seine eigentliche Tätigkeit, nämlich das Gutachten über die dem päpstlichen Nuntius in der Luthersache zu erteilende Antwort. Es wurde in der Hauptsache am 15. Januar vollendet.[1]) Die Verordneten sitzen, wie aus Planitz ausserordentlich anschaulich hervorgeht,[2]) bis tief in die Nacht und arbeiten an dem sehr umfangreichen Texte, der dem grossen Ausschuss vorgelegt werden soll. Planitz fürchtet freilich, dass der grosse Ausschuss der Stände dieses Schriftstück übel ansehen und nicht bestehen lassen werde, „*weil der merer teil eitel pfaffen und pfaffenknecht, auch diejenigen, so disser handlung des Luthers leher entgegen sein*“, und sieht voraus, dass auch im Regiment noch ein harter Strauss deswegen bevorsteht.

Bei diesen Beratungen scheint Schwarzenberg eine ganz besonders entscheidende Rolle gespielt zu haben. Einmal finden wir ihn bereits am 14. Januar im Besitze eines vollständigen Textes des Gutachtens, den er heimlich dem sächsischen Gesandten zustellt, damit ihn dieser an seinen Kurfürsten senden kann,[3]) (was vielleicht darauf deutet, dass Schwarzenberg selbst das Gutachten geschrieben hat), andererseits wird bei den folgenden Verhandlungen im Regiment am 19.—23. Januar offen ausgesprochen, dass Schwarzenberg an diesem Gutachten „schuld habe.“ Es wird jeder einzelne Satz genau durchberaten und die einzelnen Änderungen in langen Besprechungen und heftigem Zank oftmals genauer zwischen den Mitgliedern des grossen und kleinen Ausschusses festgestellt, wie wir es in den Reichstagsakten im einzelnen vor uns haben.[4]) Eine sehr anschauliche Schilderung dieser Ausschuss-Verhandlungen lesen wir in einem Briefe von Fei-

[1]) RTA. III 417ff.

[2]) Planitz an Kurfürst Friedrich v. 15. Januar 1523 (Planitz, S. 325 [7]).

[3]) Planitz, S. 325 [7].

[4]) Dazu auch Planitz v. 23. Januar 1523 (S. 333—335); Redlich, S. 122—123.

litzsch an Herzog Johann von Sachsen (29. Januar).[1]) Danach ist am Montag nach Antoni (28. Januar) der Ratschluss des kleinen Ausschusses dem grösseren vorgetragen worden, der darüber weiter beraten soll. Hierbei zeigt sich besonders die wetterwendische Art des Bischofs von Augsburg; denn obwohl er im kleinen Ausschuss den Beratungen Schwarzenbergs und der übrigen zugestimmt hatte, redet er jetzt allenthalben davon, „dass die Irrungen im Glauben von denen herkämen, die dem Luther anhangen," sodass Feilitzsch sich dazu veranlasst sieht, den Kurfürsten von Sachsen, den er damit gemeint glaubt, gegen derartige Vorwürfe zu verteidigen. Im grossen Ausschuss beginnt dann, zum grössten Erstaunen der kleinen Kommission, der Bischof von Augsburg gegen das Gutachten des kleinen Ausschusses zu sprechen; als man ihn darüber zur Rede stellt, antwortet er: *„er bekenns, es sei aber sein wille und meinung nit gewest; her Hanns von Schwartzburg und Doctor Zoch hettens gestelt, die machten die entborung."* Dabei muss es zu einem heftigen Auftritt zwischen ihm und Dr. Zoch gekommen sein, der sich sofort gegen einen derartigen Vorwurf verantwortet; Schwarzenberg war leider in dieser Sitzung nicht zugegen, hat aber dann später nicht versäumt, ein kräftig Wörtlein drein zu reden.

Dass man auch besonders Schwarzenberg für das Gutachten verantwortlich machte, zeigt noch eine kleine Scene, die uns ebenfalls Planitz überliefert hat,[2]) und aus der wir sehen, dass selbst hohe Kirchenfürsten es nicht wagen, offen gegen den gewaltigen Recken aufzutreten, sondern sich damit begnügen, mit spöttischer Ironie ihm einen Hieb zu versetzen. Bei einer Gelegenheit sagte nämlich der Bischof von Strassburg zu Schwarzenbergs Sohn, Paul von Schwarzenberg: *„Ich will dir rathen, das du deinem vater nit bekennest, das du geweihet seist, und wan er, der bischof, nit geweihet und prister were und hett die walh, geistlich zu werden oder ein glid vom finger zu hauen, so wolt er bei seinem eide ehr ein glid vom finger hauen, dann pfaffe werden."*

Um hier auf das Gutachten zurückzukommen, so hatte dies, wie schon erwähnt, in den Beratungen des grossen Aus-

[1]) Planitz, S. 343—345.
[2]) Planitz, S. 343 [3].

schusses manchen Sturm zu bestehen, und besonders Planitz gibt uns von den Änderungen im einzelnen Nachricht, die sich der Text des kleinen Ausschusses gefallen lassen musste. Vielleicht gehört hierher das im Weimarischen Archiv befindliche Schreiben eines Ungenannten (Schwarzenbergs?) an Planitz,[1]) das zwischen den 19. und 23. Januar fällt und die wichtigsten Punkte scharf hervorhebt, die sich besonders auf den Zusatz beziehen, es sollte gestattet sein, die Predigt nach dem Evangelium oder, wie die Gegner wollten, auch den vier grossen Kirchenvätern zu halten. Am 23. Januar übersendet Planitz seinem Kurfürsten die Änderungen des grossen Ausschusses, doch scheinen sich die Beratungen noch etwas länger hingezogen zu haben.[2])

Es wird nicht wundernehmen, wenn wir die Wichtigkeit der Persönlichkeit Schwarzenbergs für dieses Gutachten in Rechnung ziehen, dass sich im ersten Text des kleinen Ausschusses eine ganze Reihe von deutlichen Anklängen an Schwarzenbergische Diktion und spätere Kampfschriften Schwarzenbergs für Luther finden lassen, auf die hier nur im allgemeinen hingewiesen werden kann.

Eine erfreuliche Zustimmung findet im Gegensatz zu den Zänkereien im grossen Ausschuss das Gutachten ungefähr am 19. Januar bei den Städten.[3]) Aus derselben Zeit ist in den Reichstagsakten ein weiteres Gutachten über den Entwurf der Antwort an den Nuntius überliefert, das jedenfalls für die Beratung im grossen Ausschuss zusammengestellt war.[4]) Da in diesem Gutachten Punkte bekämpft werden, welche nach Planitz' Brief vom 19. Januar[5]) von den Geistlichen aufgegriffen waren, so ist es möglich, dass wir als Verfasser dieses Schriftstückes unseren Schwarzenberg ansprechen können. Die sprachliche Gewandung des Schriftstückes würde nicht dagegen sprechen, der Fundort sogar dafür. Es ist nämlich in der Ansbacher Serie der Bamberger Reichstagsakten und daneben in einem Weimarischen Aktenbande enthalten. Jedenfalls lässt sich die Vermutung

---

[1]) RTA. III 426 Anm.
[2]) Planitz, S. 335, 349 ff.
[3]) RTA. III 433 f.
[4]) RTA. III 429 f.
[5]) Planitz, S. 330—331 [3].

Wredes, dass der Verfasser im Kreise des Markgrafen Kasimir (Georg Vogler) oder der kursächsischen Räte (Feilitzsch) zu suchen sei, durch nichts stützen. Es ist ja auch recht wahrscheinlich, dass Schwarzenberg, der an dem ersten Text einen so grossen Anteil genommen hatte, nun über die ganzen Ausschuss-Änderungen noch ein Gutachten abgibt und damit gleichsam eine Endredaktion herstellt und das Schlusswort für diese Sache zu sprechen hat.

Trotzdem bereits am 3. Februar der Text endgültig festgestellt worden war und man auch eine Übersetzung ins Lateinische begonnen hatte, die dann dem Nuntius überreicht werden sollte,[1]) wurde von der Gegenpartei — und das kann für die ausserordentliche Lebhaftigkeit dieser Verhandlungen Zeugnis ablegen — ein nicht gerade loyaler Vorstoss gegen die Lutherfreunde gemacht. Kurfürst Joachim von Brandenburg nämlich versucht noch einmal das Wormser Edikt durchzudrücken.[2]) Er wusste den Erzherzog und den Kanzler von Trier auf seine Seite zu bringen, und trotzdem sie nur drei im Regiment waren, schickte er doch den Komtur von Koblenz und den Kanzler von Trier zum grossen Ausschuss hinauf mit dem Befehl, anzuzeigen, „*das regement sehe vor gutt an, das man des keisers mandata exequiret.*" Schwarzenberg, Planitz und andere erfahren dies und scheinen den Trierischen Kanzler auf der Treppe festgehalten zu haben; sie bitten ihn, den ihm gewordenen Befehl nicht auszuführen, sonst drohen sie, sie wollten den Ständen anzeigen, dass das Regiment gar keinen einheitlichen Beschluss gefasst hätte, sondern dass die Majorität dagegen wäre. Trotz dieser Bemühung wird die Botschaft doch vor die Stände gebracht, freilich in der Form, „die Fürsten und ein Teil des Regiments sähen für gut an, die Mandata zu exequieren." Der Versuch scheitert aber an dem Widerstand der Stände selbst, die nicht darein willigen wollten, weil es der dem Nuntius zu gebenden Antwort und dem festgestellten Text des Gutachtens zuwider wäre.

---

[1]) Planitz, S. 352; Text vom 5. Februar RTA. III 435f.

[2]) Planitz an Kurfürst Friedrich vom 3. Februar 1523 (Planitz, S. 349ff., besonders S. 354 [6].

Am 5. Februar endlich erhielt der Nuntius seinen Bescheid in der Luthersache,[1]) und trotzdem er noch dringend Änderungen verlangte,[2]) blieben die Stände bei ihrem Beschlusse, dessen endgültige Formulierung im Abschiede ebenfalls unter Schwarzenbergs Mitwirkung festgesetzt worden ist,[3]) der das vom 6. März datierte Mandat des Regiments enthält.[4])

3. Kleinere Kommissionen.

Ausser diesen beiden grossen Kommissionen hat Schwarzenberg während der Dauer des Reichstages aber noch einer ganzen Reihe kleinerer angehört.

Zuerst ist der sogenannte kleine Ausschuss zu erwähnen, der im November 1522 in der Sickingenschen Frage zur Verhandlung mit den drei Fürsten Trier, Pfalz und Hessen gebildet wurde.[5]) Die Verordneten aus dem Regiment waren Herzog Heinrich von Mecklenburg und Schwarzenberg, von den Ständen die Stadt Strassburg und der von Geroldseck. Die Verhandlungen über diese Sache und besonders über das Hilfegesuch des Pfalzgrafen Ludwig, der von Sickingen hart bedrängt wurde, nahmen längere Zeit in Anspruch. Auch das Mainzer Protokoll beschäftigt sich mit dieser Frage des näheren unter dem 24. November und dem 3. Dezember.[6]) Hier hören wir, dass zur Begutachtung des Benehmens des Pfalzgrafen eine besondere Kommission eingesetzt wird, der wiederum Schwarzenberg angehört. Im weiteren Verlauf der Verhandlungen werden dann eine Zahl von anderen Räten genannt, die sich mit der noch später anzuführenden Kommission nicht decken. Hierdurch wird aber kein Widerspruch hervorgerufen. Die weiteren Angelegenheiten, besonders die sehr verwickelte Entschädigungsfrage, nahmen eine grössere Zahl von Mitgliedern in Unterkommissionen in Anspruch, die nebeneinander arbeiteten. Ausser den Bemerkungen bei Planitz und im Mainzer Protokoll hören wir von

[1]) RTA. III 435 ff. [2]) RTA. III 443 ff.
[3]) RTA. III 745 [III] ff. [4]) RTA. III 447 ff.
[5]) Siehe oben S. 91; RTA. III 282 Anm.
[6]) RTA. III 287 ff.

den Verhandlungen selbst wenig.[1]) Die Frage erreichte auch durch den tragischen Tod Sickingens auf seiner Festung Landstuhl nicht ihr Ende; es waren noch langwierige Verhandlungen nötig, die in die Monate Mai und Juni fallen, in die Zeit, als Schwarzenberg zeitweilig als Statthalter den Vorsitz im Regiment führte. Es ist natürlich, dass er sich als solcher des näheren mit der ganzen Frage, besonders dem Streit zwischen dem Regiment und den drei obengenannten Fürsten beschäftigt hat; aktenmässig lässt sich jedoch eine Teilnahme seinerseits oder ein persönliches Eingreifen nicht nachweisen.

In dieselbe Angelegenheit hinein spielt Schwarzenbergs Berufung mit Planitz zum Verhör der beiden Grafen Eitel-Fritz von Zollern und Wilhelm von Fürstenberg, die sich vor Statthalter und Regiment wegen ihrer Unterstützung Franzens von Sickingen zu verantworten hatten.[2]) Planitz und Schwarzenberg, beide damals im Regiment, wurden damit beauftragt, die Grafen anzuhören, die am 1. Januar 1523 in Nürnberg erscheinen sollten. Es scheint die erste Beschäftigung Schwarzenbergs als Regimentsvertreter gewesen zu sein. Allerdings hatte die Sache keine weiteren Folgen: die Grafen hatten sich stillschweigend aus Nürnberg entfernt, da sie ein offenes Verbot, Sickingen zu unterstützen, fürchteten. Der Ausschuss, der zu diesem Zwecke zusammengetreten war, steht seinen Mitgliedern nach nicht ganz fest. In dem oft genannten Mainzer Protokoll sind Ludwig von Bayern, der Hochmeister von Preussen und Bernhard von Solms dazu verordnet, mit den beiden Grafen zu verhandeln. Vielleicht bedeutet die Abordnung Planitzens und Schwarzenbergs nur den Auftrag, ein erstes Verhör mit den Angeklagten anzustellen, das aber durch die vorzeitige Entfernung der beiden aus Nürnberg vereitelt wurde.

Der gleiche Ausschuss, der um den 24. November 1522 in der Sickingenschen Frage zusammentrat, wurde auch, wie uns das Mainzer Protokoll berichtet, damit betraut, die Frage der Exekution und damit im Zusammenhang die Durchsicht der Antwort-

---

[1]) S. Ulmanns, Sickingen und Balfanz, S. 45f.

[2]) RTA. III 282 Anm. 1, 287 Anm. 1; Planitz v. 13. Januar 1523 (S. 319).

schreiben in betreff der am 10. Februar 1522 erlassenen Landfriedensordnung und der vom Regiment am 17. Februar angeordneten Wahl der Kreishauptleute und -räte zu übernehmen.[1]) Sie bestand aus folgenden Personen: Dr. Johann Furderer von seiten der Kurfürsten, Dr. Sebastian von Rotenhan und Johann von der Leiter vom Regiment, dem Strassburgischen Kanzler Dr. Eitelhans Rechburger, Hans von Schwarzenberg und Hamann von Holzhausen, dem Gesandten Frankfurts. Nach Wredes Ansicht sind letztere drei hierbei von den Ständen verordnet. Wie diese Nachricht mit dem mutmasslichen Eintritt Schwarzenbergs ins Regiment bereits vor dem 1. Januar 1523 zu vereinigen ist, haben wir bereits gesehen.[2]) Das eigentliche Gutachten und der Vorschlag einer Exekutionsordnung dieses Ausschusses fehlt.[3]) Es muss ungefähr am 11. Januar 1523 fertig gestellt gewesen sein, wie Wrede aus einer Bemerkung der Nördlinger RTA. schliesst.[4]) Wir haben jedoch die Zusätze und Abänderungsvorschläge, welche im Regiment aufgestellt[5]) und, wie sich aus § 8 des Reichstagsabschiedes vom 9. Februar 1523 ergibt,[6]) der Beratung auf dem im Juli 1523 stattfindenden Reichstage vorbehalten wurden. Aus der *„enderung und erclerung voriger durch key. regiment verfaster und aufgerichter execution“*, die uns in den RTA. erhalten ist, können wir jedoch ungefähr den Inhalt des Ausschuss-Gutachtens rekonstruieren. Es handelt sich darum, dass die tätliche Exekution der am Regiment und Kammergericht erlangten Urteile und Achterklärungen durch die Hauptleute und zugeordneten Räte geschehen soll, deren Wahl, Festsetzung, Vereidigung u. s. w. nebst einzelnen Bestimmungen über kriegerische Massnahmen genau festgestellt werden. In Schwarzenbergs Arbeitsgebiet scheint der Schlussabschnitt zu gehören, der fordert, dass die Artikel der Regimentsordnung über die „Nacheile“ nach der Landfriedensordnung verbessert werden sollen. Vielleicht deutet der Zusatz in der Wiener Handschrift *„wie mit worten weiter anzuzaigen ist,“* auf ein besonderes Gutachten gerade über diese Materie.[7])

---

[1]) RTA. III 287 und Anm. 4.
[2]) S. oben S. 92.
[3]) RTA. III 288 und Anm. 4.
[4]) RTA. III 768.
[5]) RTA. III 768—771.
[6]) RTA. III 753 [VIII].
[7]) RTA. III 771 Anm. b in *W.*

Ebenfalls noch im November wurde über die **Unterhaltung des Regiments und Kammergerichts** eine Kommission niedergesetzt. In dem Zusatz zum Mainzer Protokoll werden Hans von Schwarzenberg, der Komtur Ludwig von Seinsheim, der Kanzler, vielleicht Dr. Zoch, der Marschall Wolf Christoph von Wiesentau, der Strassburgische Kanzler Bernhard Wormser und Dr. Furderer damit beauftragt.[1] Im Texte des Protokolls dagegen heisst es, es wären dieselben Räte dazu verordnet, die über die Exekution des Landfriedens gesessen hätten, also dieselben, die wir bereits oben auch in der Sickingenschen Frage anzuführen hatten. Es fehlen demnach hier Rotenhan, Johann von der Leiter und Hamann von Holzhausen, dort Ludwig von Seinsheim, Dr. Zoch, Wiesentau und Bernhard Wormser.[2])

Ausserdem sass Schwarzenberg in einer Doppelkommission, die über **Münze** und **Monopolien** zu beraten hatte. Bereits auf dem ersten Reichstage von Nürnberg haben wir das Gutachten eines vom Regiment gewählten Ausschusses über die Münze vom 10. bis 16. April 1522.[3]) Gegen Ende November wird, wie uns das Mainzer Protokoll berichtet, die auf dem ersten Reichstage nicht mehr zur Verhandlung gekommene Frage einem kleinen Ausschuss übertragen.[4]) Dieser bestand in der Hauptsache aus dem Bischof von Passau und Hans von Schwarzenberg, welch letzterer auch in seiner Eigenschaft als Bambergischer Hofmeister an Münztagen bereits teilgenommen hatte und dadurch besonders geeignet erschien, die von den fränkischen, schwäbischen und sächsischen Münzmeistern eingelieferten Gutachten zu beurteilen.[5]) Ihm zur Seite standen der Bambergische Kammermeister Hans Braun, dessen Wahl in diesen Ausschuss ebenfalls von dem Übergewicht Schwarzenbergs Zeugnis ablegen kann, und einige andere, die uns weniger interessieren. Dieser Ausschuss stellt auf Grund der erwähnten Vorarbeiten gegen Ende Dezember 1522 ein Gutachten über die Münze fertig.[6]) Es handelt sich hierbei um die Frage, wie trotz des verschiedenen Brauches beim Münzen der einzelnen Münzberechtigten eine ein-

[1]) RTA. III 282 Anm.
[2]) RTA. III 290 oben.
[3]) RTA. III 156—160.
[4]) RTA. III 290.
[5]) RTA. III 599ff.
[6]) RTA. III 615ff. und Anm. 1.

heitliche Münze im ganzen Reich hergestellt werden und ein richtiges Wertverhältnis der einzelnen Münzen zu einander festgelegt werden könne. Auf unseren Schwarzenberg deuten in dem sehr kurz und klar gehaltenen Schriftstücke vielleicht die einen ziemlich breiten Raum einnehmenden strafrechtlichen Bestimmungen, die Münzmeister oder Wardeine betreffend.[1])

Auch der Abschied vom 9. Februar beschäftigt sich in § 9[2]) mit der Münze und bestimmt unter Anziehung des ebengenannten Gutachtens, dass alle Kurfürsten, Fürsten und andere Stände, die Münzgerechtigkeit besitzen, auf den nächsten Sonntag Exaudi, den 17. Mai 1523 ihre Wardeine nach Nürnberg entsenden sollen, damit man ihren Rat und ihre Kenntnis des Gebrauches der einzelnen Landschaften beim Münzen einholen könne. Erwähnt mag noch werden, dass das Gutachten des kleinen Ausschusses im Januar einem grossen vorgelegt wurde, der Ende Januar oder Anfang Februar 1523 seinerseits ein Gutachten aufstellte.[3]) Hier wird auf Verhandlungen, des Silberkaufs wegen, Rücksicht genommen, welche mit Erzherzog Ferdinand gerade in dieser Zeit gepflogen worden sind. Über den Silberkauf hatte man aber auch bereits früher, etwa am 17. Dezember, einen Ausschuss niedergesetzt, der mit dem Statthalter und Erzbischof zu Salzburg handeln sollte.[4]) Ihm gehörte neben dem Bischof von Bamberg und dem Pfalzgrafen Friederich wiederum unser Schwarzenberg an. Näheres ist über diese letzten Verhandlungen nicht zu ermitteln.

Dieselbe Kommission wurde, wie uns das Mainzer Protokoll meldet, im November 1522 mit der wichtigen Frage nach der Berechtigung der grossen Handelsgesellschaften (Monopolien) betraut. Hier ebenso wie bei den Beratungen über die Münze, liegt dem Ratschlag des kleinen Ausschusses eine Reihe von Gutachten vor, die von grossen Städten z. B. Augsburg, Frankfurt, Ulm, zur Darbietung geeigneter Gesichtspunkte eingefordert worden waren.[5]) Die Beratungen über diese Monopolienfrage scheinen neben denen über die Münze hergegangen zu sein.

---

[1]) RTA. III 619 f. [2]) RTA. III 755 [IX].
[3]) RTA. III 621 f. und Anm. 1.
[4]) RTA. III 283 Anm. [5]) RTA. III 556—571.

Auch hier beendet der kleine Ausschuss seine Arbeiten gegen Ende Dezember und reicht sein Gutachten, wie aus dem Briefe von Feilitzsch (29. Dezember 1522) hervorgeht,[1]) dem grossen Ausschuss ein, dessen Beratungen dann in das Jahr 1523 hinüberreichen. Der uns überlieferte Text des Gutachtens[2]) bietet die Aufstellungen des kleinen Ausschusses, in deren meisten Handschriften die Änderungen und Begutachtungen seitens des grossen Ausschusses und des Regiments ganz oder teilweise eingetragen sind.

Es müssen die Arbeiten des kleinen Ausschusses ungewöhnlich zahlreiche Beratungen erfordert haben, und wenn auch das Gutachten die schriftlichen Antworten der grossen Städte benutzt hat, so ist doch der ganzen Anlage nach noch viel eigene Arbeit darin zu spüren. Die den Städten gestellten Fragen hiessen folgendermassen: Erstlich ob die Monopole im heiligen römischen Reich dem gemeinem Nutzen schädlich und deshalb abzutun seien. Zweitens ob alle Gesellschaften ohne Unterschied abzuschaffen seien, oder ob sie nur beschränkt werden sollen. Drittens sollen die Mittel angegeben, wie das geschehen und wie der ganzen Sache geholfen werden könnte. Wir besitzen, wie bereits erwähnt, die vom Rate von Ulm und Augsburg an das Regiment übersandten Antwort-Gutachten,[3]) das erstere kurz, das zweite ziemlich ausführlich, in denen wir jedenfalls die zu diesem Zweck von dem Stadtrat eingeholte Ansicht der Ulmer und Augsburger Grosskaufleute zu sehen haben. Das in diesen beiden Gutachten (im übrigen wissen wir noch von einem Frankfurter)[4]) gebotene Material erscheint im Gutachten des kleinen Ausschusses in so scharf pointierter Weise unter einzelne Paragraphen registriert, dass wir über die Beherrschung des Stoffes nur erstaunt sein können. Sehen wir uns nach den Männern um, die dies Gutachten offiziell zu bearbeiten hatten, so finden wir zu unserm grössten Erstaunen, wie auch bei den Münzverhandlungen schon angedeutet wurde, neben zwei unbekannteren Namen Sigmund Fürer und Hans Falkemar den Gesandten

[1]) Planitz, S. 346, auch 324 (Planitz v. 15. Januar 1523).
[2]) RTA. III 571—599.
[3]) RTA. III 556 ff.
[4]) RTA. III 557 Anm.

Philipps von Baden. Hans Friedrich von Landeck, den Bambergischen Kammermeister Hans Braun und als Stamm des Ausschusses[1]) den Bischof von Passau und Hans von Schwarzenberg. Wer dazu noch aus dem Regiment verordnet werden sollte, ist zwar nicht ersichtlich, jedoch würde eine bedeutendere Persönlichkeit sicher namentlich genannt worden sein. So bleiben denn, da wir dem Bischof von Passau gewiss keine besonders ausgebreitete Kenntnis in diesen Sachen zuzutrauen brauchen, tatsächlich die beiden Bamberger übrig, die bei diesem Gutachten eine massgebende Stimme gehabt haben müssen. Von ihnen ist der Kammermeister Hans Braun des öfteren als Mitglied von Reichstagsausschüssen erwähnt;[2]) wir kennen ihn aus Bamberger Akten als den langjährigen Rechnungsführer des Bamberger Bischofs und seines Hofhaltes und vermögen uns wohl vorzustellen, dass seine praktische Kenntnis in Handelsgeschäften den Beratungen des Ausschusses zu gute gekommen ist. Er hat sich auch, wie aus den Bamberger Rezessbüchern und Hofgerichtsprotokollen hervorgeht, als Beisitzer des Hofgerichts vorzüglich in Zivilsachen eine umfassende Erfahrung erworben. Weit überragt wird er jedoch von Schwarzenberg selbst, dem wir als dem einzigen Schriftgewandten aus dieser Kommission auch die äussere Stilform des Gutachtens verdanken, die sich durchaus in die Reihe des von ihm sonst bekannten einfügt. Es ist geradezu erstaunlich, wie Schwarzenberg sich hier in dieser privatrechtlichen Materie und den oft genug in das Handelsrecht hinüberspielenden Urteilen zurechtfindet. Besonders verraten jedoch die Paragraphen 28—42, welche die strafrechtlichen Bestimmungen enthalten, seine Hand und seinen Stil, der oftmals geradezu an die Schlussparagraphen der Bambergensis (vornehmlich den grossen Art. 268) erinnert. Einen direkten Hinweis auf Schwarzenbergs Tätigkeit gerade hierbei gibt uns eine handschriftliche Bemerkung zu den im grossen Ausschuss festgesetzten Änderungen. Hier wird für die Beratung des in § 36 gebotenen Themas betr. eine Frist für die Aufhebung der grossen Handelsgesellschaften vom grossen Ausschuss für die Bestimmung über Waarentaxierung der Bischof von Passau und unser Schwarzen-

---

[1]) RTA. III 596 Z 24. [2]) RTA. III 291 Anm.

berg niedergesetzt.[1]) Auch die Bestimmungen über Befriedung der Strassen, Geleitung der Kaufleute, Fälschung der Tücher und anderer Ware erinnern an die Bambergensis. Dass wir hier tatsächlich Schwarzenbergische Sprache vor uns haben, möge der Schlussabsatz zeigen: [2])

„*Und nachdem der strassenrauber wissentliche helfer, hanthaber und mitteilnemer denselben thettern gleich gestraft werden, so sol es billich gegen denen, so gemelten grossern beschedigern des gemeinen nutz hilf und beistand thun und darumb gab, geniess oder verheissung nemmen, dergleichen auch gehalten werde[n], und das derhalb zu denselben nemern und gebern und iren guttern, wie vor (in andern fellen) von wegen der verwurklichen kaufleut gesatzt ist, ein jeder vom volk clagen und hilf erlangen moge.*“

Der Abschluss von Schwarzenbergs Tätigkeit auf dem Reichstag zu Nürnberg bildet seine Teilnahme an der Kommission, die den Reichstagsabschied zu formulieren hatte.[3]) Hier sassen neben ihm Dr. Furderer, der Strassburger Kanzler Rechburger, Degenhardt, der Abt Gerwig von Weingarten, der von Gerhardseck und der Mainzische Sekretarius Andreas Rucker, ferner als zweites Mitglied des Regiments Ludwig von Seinsheim. Dieser Abschied wurde am 9. Februar vor den Ständen verlesen; seine endgültige Vollziehung konnte jedoch nicht erlangt werden, da die Städte sich auf das äusserste gegen seine Annahme sträubten. Der in Nürnberg neben dem Reichstage versammelte Städtetag hatte bereits seit dem Januar 1523 auf das heftigste gegen die Beschlüsse und Vorschläge des Reichstags als Zoll, Türkenhilfe, Monopolien und Unterhaltung Regiments und Kammergerichts Front gemacht.[4]) So ist es erklärlich, wie unser Schwarzenberg, der gerade an diesen den Städten anstössigen Beschlüssen den grössten Anteil gehabt hat, in dem bereits zitierten Briefe des Dr. Kaspar Mart an die Stadt Strassburg (16. Mai 1523) als „*ein veind aller stett*“ bezeichnet werden konnte, und schon am 16. März derselbe Mart mit seinen eigenen Plänen warten zu müssen glaubte, bis Hans von Schwarzenberg und andere

[1]) RTA. III 596 Anm.
[2]) § 42 RTA. III 599 Z. 10—17.
[3]) RTA. III 736 ff., 282 Anm. [4]) RTA. III 478 ff.

„Missgönner der Städte“ aus dem Regiment ausgetreten wären. Grollend zogen sich die Städte vom Reichstag zurück.

Aus dem Abschied, in dem wir wie in einem Spiegel die ganze Tätigkeit Schwarzenbergs bei der Türkensache, bei Aufrichtung eines Reichszolls zur Unterhaltung des Regiments- und Kammergerichts, bei der Antwort an den Papst in der Luthersache, bei Monopolien, Münze und Exekution an uns vorüberziehen sehen, ist die Antwort in der Lutherischen Angelegenheit für die Folgezeit die wichtigste gewesen. War auch der Bescheid hierin nur aufschiebend, insofern man Vorschläge für ein freies christliches Konzilium „*an bequemer malstatt deutscher nation*“ machte, und Kurfürsten und Fürsten und andere Stände verpflichtete darauf zu achten, dass mittlerzeit nichts anderes als das heilige Evangelium nach Auslegung der Schriften, die von der christlichen Kirche approbiert und angenommen seien, gepredigt werde, und besonders Kurfürst Friedrich aufgefordert wurde darauf zu sehen, dass Luther und seine Anhänger fürder nichts Neues schrieben oder drucken liessen,[1]) so war doch ganz offenbar, dass der Abschied von einer Durchführung des Wormser Ediktes, die Georg von Sachsen mit zäher Beharrlichkeit durchzusetzen versucht hatte, nichts wissen wollte. An dieser für die ganze Entwickelung der Stellung Luthers und seiner Lehre im Reich wichtigen Urkunde hat also auch bei der letzten Formulierung unser Schwarzenberg seinen Anteil gehabt, wie er während des ganzen Reichstages mit Kraft und Energie dafür eingetreten war.[2])

---

[1]) RTA. III 745—748.

[2]) Über Schwarzenbergs sonstiges Verhältnis zu Luther s. die Ausführungen im zweiten Teile.

Neuntes Kapitel.

Der Nürnberger Entwurf der Carolina.[1])

Es ist unleugbar das Verdienst Güterbocks,[2]) über die Verhandlungen zum zweiten Entwurfe der Halsgerichtsordnung dadurch Licht verbreitet zu haben, dass es ihm gelang, einen Entwurf in Königsberg aufzufinden, den er als eine Zwischenstufe zwischen dem Wormser und Speirer Projekte erwiesen hat. Über die Schicksale der Halsgerichtsordnung zwischen Worms und Speier war bis dahin fast gar nichts bekannt. Man wusste nur aus der Vorrede zu dem Speirer Entwurf von 1529, dass nach dem Reichstage von Worms dem neugegründeten Reichsregiment und dem Statthalter die Sorge für die Revision der peinlichen Gerichtsordnung aufgebürdet war, da die Stände in Worms keinen endgültigen Beschluss hatten fassen können. Güterbock machte es wahrscheinlich, dass die grosse Beschwerdeschrift der am 25. November zu Schweinfurt versammelten Ritterschaft[3]) den unmittelbaren Anlass für das Regiment gegeben hat, sich neben den vielen wichtigen anderen Aufgaben, die es erwarteten, mit einer Revision der Halsgerichtsordnung zu beschäftigen: trafen doch die scharf formulierten Beschwerdepunkte der Ritterschaft in vielen Sachen durchaus mit den Forderungen zusammen, die eine neue Halsgerichtsordnung besonders an das Verfahren im Strafprozesse zu stellen hatte.

---

[1]) Der Anteil Schwarzenbergs an dem Entwurfe der HGO. ist bereits hier behandelt worden, um seine Tätigkeit auf den Reichstagen und im Reichsregiment möglichst allseitig zu beleuchten. Wir bezeichnen im folgenden den Wormser Entwurf der Carolina von 1521 mit I, den Nürnberger von 1524 mit II, den Speirer von 1529 mit III, den Augsburger von 1530 mit IV, die endgültige Regensburger Fassung von 1532 mit V. Zur Literatur über die Entwürfe vgl. Kohler und Scheel, Carolina S. XI—XIX; Varianten zu I bis IV bietet Güterbock, Die Entstehungsgeschichte der Carolina S. 268—300; I und III sind bei Zöpfl, Die peinliche Gerichtsordnung Kaiser Karls V. (1883) abgedruckt.

[2]) Güterbock, S. 75ff., bes. 85—101.

[3]) RTA. III 695ff.

Dies kann aber nur der äussere Anstoss für das Regiment gewesen sein, sich wiederum der Neuordnung der peinlichen Gerichte für das ganze Reich zuzuwenden. Die Kürze der zugemessenen Zeit verlangt, wie wir sehen werden, die Annahme, dass die Halsgerichtsordnung ebenso wie die übrigen drängenden Fragen, die dem jungen Regimente vom Kaiser in die Wiege gelegt wurden, von Anfang an auf der Tagesordnung der Regimentsberatungen gestanden hat. Genauere Angaben fehlen, mit Ausnahme der ziemlich belanglosen Andeutungen, die Güterbock besonders in kurpfälzischen Akten fand, vollständig. Nur aus dem gänzlichen Schweigen der Reichstagsakten des ersten Nürnberger Tages, ebenso wie des Winter-Reichstages 1522 auf 1523 können wir schliessen, dass die Stände wenigstens keinen Finger dafür gerührt haben. In ihren Beratungen dominierte die Türkenhilfe. Erst im Abschied vom 9. Februar 1523, § VIII[1]) wird eine Beratung über die Halsgerichtsordnung im Reich auf den St. Margarethentag (13. Juli 1523) und zwar *„endtlich zu radtschlagen“* anberaumt. Güterbock schliesst daraus, dass das Regiment in der Zeit zwischen dem 9. Februar und dem 13. Juli 1523 seine Revision des in Worms beratenen Entwurfes durchgeführt und vollendet habe, und gibt auf Grund einer ziemlich dunklen Notiz über eine Konferenz des Regiments zu Oberwesel im Anfang Juli dem Regiment sogar ausdrücklich keine weitere Frist für Beratungen, trotzdem der eigentliche Reichstag bekanntlich dann auf den 11. November 1523 und von da wiederum auf den 14. Januar 1524 verschoben wurde. Diese Annahme Güterbocks ist jedoch schon dadurch hinfällig, dass wir gerade in den Sommermonaten 1523 das Regiment in einer ausserordentlich traurigen Verfassung sehen.[2]) Trotz vieler wichtiger schwebender Fragen waren die Regimentsmitglieder nur sehr selten vollständig beisammen; unter diesen Umständen kann von einer wirklich revidierenden Tätigkeit, wie sie an den 226 Artikeln des Wormser Entwurfs geübt werden musste, keine Rede gewesen sein. Tatsächlich zeigt aber dieser zweite Entwurf der Halsgerichts-

[1]) RTA. III 754.

[2]) Arwed Fischer, Der Reichstag zu Nürnberg 1524, S. 23 ff.; vgl. oben S. 96 f.

ordnung stofflich und formell ein ganz bestimmt ausgeprägtes Gesicht. Die vom Regiment ausgearbeiteten Gesetzentwürfe über Zölle, Monopole und Münzen beweisen gegen die geäusserte Ansicht nichts; es ist dies eine ganz andere Tätigkeit.

Aus diesem Grunde komme ich zu folgendem Schluss: die Halsgerichtsordnung hat von Anfang an auf der Tagesordnung des Regiments gestanden, und da, wo die Zerrissenheit des Regiments und das Fehlen von Regimentspersonen ein fruchtbares Zusammenarbeiten mehrerer unmöglich machte, hat eine Person vielmehr hauptsächlich die Revision ausgeführt — und das war Schwarzenberg.

Freilich soll damit nicht gesagt sein, dass er ganz ohne anderer Rat und Hilfe das durchaus nicht niedrig zu veranschlagende Werk einer Revision des Wormser Entwurfes durchgeführt habe; sehen wir uns vielmehr unter den Regimentspersonen nach einem Manne um, der dieser Arbeit nahe gestanden haben dürfte, so fallen unsere Augen auf Sebastian von Rotenhan, den Schwarzenberg bekanntlich am 1. Januar 1523 in der Vertretung von Kur-Mainz ablöste. Wie schon früher, wird er sich auch jetzt dem Freunde zu gemeinsamer Tätigkeit nicht versagt haben. Allem Anschein nach ist aber eine mehrköpfige Kommission zur Bearbeitung des Entwurfes vom Regiment nicht abgeordnet worden. Auch Rotenhans Anteil kann nicht allzu gross gewesen sein. Der Entwurf charakterisiert sich bei näherer Betrachtung durchaus als ein Kind Schwarzenbergischen Geistes.

Güterbock hebt besonders zwei Punkte hervor, in denen gerade seine Tätigkeit wiederzuerkennen sein dürfte.

Der Nürnberger Entwurf hat erstlich eine Neukollation aus der authentischen Ausgabe der Bambergensis von 1507 erfahren. Wir erinnern uns an die bemerkenswerte, jedoch nicht unerhörte Tatsache, dass bei den Wormser Beratungen nur ein Nachdruck der Halsgerichtsordnung benutzt ist. So wenig dies damals gegen eine Teilnahme Schwarzenbergs an den Beratungen zu sprechen brauchte, so stark erscheinen uns hier die Gründe für seine hervorragende Teilnahme: In Worms tagte fern von Bamberg eine vielgliedrige Kommission zu einer Zeit, als Luther einzog und aller Gemüter von den erstaunlichen Vorgängen jener Tage erfüllt waren; hier in Nürnberg befand sich Schwarzenberg fast auf heimischem Boden. Hier konnte er in Ruhe den Wormser Extrakt aus seiner Bambergensis an sich vorüberziehen lassen; hier konnte er sich leicht ein Originalexemplar aus Bamberg verschaffen, hier hat er also auch Missverständnisse und Fehler, die sich in den Text eingeschlichen hatten, durch urkundliche Vergleichung aus dem Original entfernen oder im Geiste des Originals verbessern können.

Zweitens weist die ganz eigenartige Stellung des Nürnberger Entwurfes in religiösen Fragen auf einen Redaktor, der der Lehre Luthers wohlgeneigt gewesen ist.

Art. 92 Bamb. enthält ebenso wie Entw. I 81 die Beichte und den Empfang des h. Sakramentes für den armen Sünder obligatorisch; vom Nürnberger Entwurfe an ist der Empfang in sein Belieben gestellt: wenn er es empfangen will, soll man es ihm zu reichen schuldig sein. Auch die Beichte zeigt einen Zug ins Evangelische durch die Worte: „*damit er zu rechter zeit sein sundt mag bedencken, beclagen und beichten etc.*“ Ähnlich ändert Entw. II 110 bereits beim Ausschleifen des Verurteilten zum Richtplatze. Während man ihn in der Bamb. art. 124 (Entw. I 108) dabei zum Guten ermahnen sollte, werden hier die Priester (Entw. II 110) angewiesen, den Verurteilten zur Liebe Gottes, rechtem Glauben und Vertrauen zu Gott und dem Verdienste Christi zu ermahnen, wie es dann im Entwurf III 108 geblieben ist.

Eine ganz eigenartige, sowohl von der Wormser wie von der Speirer Fassung abweichende Form hat der Artikel über die Gotteslästerung (I 112, II 114, III 112). Hier wird neben die gröblichen Lästerungen der Persönlichkeit Gottes selbst und seiner Allmacht es als gleich schweres Verbrechen gesetzt, wenn jemand der heiligen Menschwerdung Gottes widerspricht und seine heilige Mutter schändet.

Ganz persönlich auf Schwarzenberg deutet endlich der art. 126 des Nürnberger Entwurfes. Auch hier ist bei der Entführung von Frauen oder Jungfrauen nicht mehr wie in Bamb. art. 143 von Klosterfrauen die Rede, nur die Überschrift zeigt noch ebenso wie Entw. I 124 eine Erinnerung an den früheren Inhalt. Weissel hat dies richtig mit der Herausnahme von Schwarzenbergs Tochter Barbara aus dem Kloster zum heiligen Grabe in Nürnberg in Zusammenhang gebracht, wovon weiter noch zu reden sein wird.[1])

Was die übrigen materiellen Bestimmungen angeht, die im Nürnberger Entwurfe zuerst auftreten, so ist natürlich die Zuweisung an eine einzelne Person als Verfasser ausserordentlich schwierig, wenn nicht ganz unmöglich. Wir müssen uns daher darauf beschränken, das, was der Entwurf Neues bringt, zusammenzustellen und im allgemeinen in den Gedankenkreis Schwarzenbergs einzureihen.

Die Umarbeitung schont fast keinen Artikel; eine ganze Reihe von Rechtssätzen treten hier zuerst, trotzdem aber in so mustergültiger Form auf, dass die späteren Redaktionen von Speier, Augsburg und Regensburg entweder nichts oder fast nichts daran zu ändern gehabt haben. So hat Schwarzenberg auch noch auf die letzte Fassung des Gesetzes, das vier Jahre nach seinem Tode erschien, Einfluss gehabt. Nach Güterbock kennzeichnet sich die Revision von Nürnberg als ein Werk gewiegter Juristen, die auf das gemeine Recht und die italienischen Kriminalisten stetig Rücksicht nehmen. Damit steht unsere obige Annahme, dass Schwarzenberg der Hauptredakteur gewesen sei, durchaus nicht im Widerspruch. Auch in der Bambergensis finden wir Hinweise auf das kaiserliche Recht allenthalben, ohne dass Schwarzenberg jemals sich zünftiger Rechtsstudien beflissen hätte. Gerade wie dort bietet ihm auch jetzt Freundeshilfe das fremdsprachliche Material in Übersetzung, und wir werden nicht fehlgehen, wenn wir dabei wiederum auf Rotenhan zurückgreifen.

Bemerkenswert sind zuerst die neuen, schärferen Fassungen der Artikel über den Zeugenbeweis (Entw. II 72--75), die in gleicher Form in den Speirer Entwurf (III 75 ff.) und dann in die Carolina (art. 64—68) selbst übergegangen sind.

Den Indizienbeweis, der ja in der Bambergensis bereits eine für die damalige Zeit mustergültige Form zeigte, ändert die Nürnberger Redaktion in kleinen, feinen Zusätzen, die so recht

[1]) S. unten im zweiten Teile; anders Brunnenmeister, S. 201 bis 262 Anm. 4.

im Geiste des ersten Verfassers gemacht erscheinen, dass man über den Autor füglich nicht zweifeln kann.

Beim heimlichen Vergiften (Entw. II 40) setzt der Redaktor zu I 38 in seiner kurzen Fassung den wichtigen Absatz hinzu, man solle darauf achten, ob der Verdächtigte mit dem Vergifteten in Uneinigkeit gelebt hätte oder von seinem Tode irgend welchen Nutzen ziehen würde, ein Zusatz, der wörtlich in die längere Fassung des Speirer Entwurfes (III 38) übergegangen ist, die gerade hieran anknüpft.[1]) Ebenfalls mit der Vergiftung beschäftigt sich Entw. II 53 (= III 51) und setzt zu den Fragen nach Gebrauch und „mehrerem Vorhaben des Giftes" sehr instruktiv die Fragen nach dem geistigen Urheber der Tat und dem eigentlichen Grunde, sowie Tatort und näheren Umständen in den Vordergrund. Auch diese Fassung geht dann in die Carolina (art. 50) über.

Die Verstärkung des Verdachtes bei öffentlichem Totschlag, wenn jemand mit blutiger Wehr gesehen wird (II 37 = III 37. Carol. 34), geht ebenfalls auf II zurück. In gleicher Weise sind auch die Fragen nach der Zauberei und ihren näheren Umständen vermehrt (II 55 = III 53). Als echtes Kind seiner Zeit jagt hier der Redaktor dem Ursprung zauberischer Worte und Zeichen nach. Andererseits zeigen uns die Zusätze zu den Bestimmungen über die Folter (II 19, 31, 64), dass er vielleicht durch die eigene Praxis die Furchtbarkeit jener Bestimmungen eingesehen hatte, die er einst (Bamb. 23 f.) aus dem Kanonischen Rechte übernommen hatte. So kann der Besitzer eines Gegenstandes, der am Tatorte gefunden ist, Gründe vorbringen, die ihn der peinlichen Frage zu entledigen imstande sind. Sie sollen vor dem Beginne der Folterung auf ihre Tatsächlichkeit hin geprüft werden (Entw. II 31 = III 30 i. f.[2])). Ähnliches ist auch beim Verdachte des Mordes (Entw. II 35 = III 34 und II 36 = I 34 b III 27) hinzugefügt. Man erkennt hierin das Bestreben, die Anwendung der Folter einzuschränken, sie an festbestimmte Voraussetzungen zu knüpfen und ihren Missbrauch Unschuldigen gegenüber zu erschweren. Schwarzenberg hat auch in der Praxis

---

[1]) Vgl. ähnliches in II 33 = III 32.
[2]) Vgl. auch II 94 = III 92.

ähnlich humane Gesinnung betätigt; einem Eintrag in den fürstl. Bambergischen Hofkammerrechnungen zufolge werden einmal einem zu Unrecht Gemarterten 3 Gulden Schmerzensgeld geboten.[1]) Aus gleichem Gedankenkreis ist daher auch die Zusatzbestimmung über die Strafbarkeit der Richter entsprungen, die die Folter gegen das Recht anwenden (II 64 i. f. = III 62). Die rechtlich belanglose Anwendung der Tortur endlich gegen Leute, die eine notorische Tatsache leugnen wollen, scheidet der Nürnberger Entwurf überhaupt aus.[2])

Dazu stellen sich Neuerungen in Einzelheiten. Neu redigiert sind die Artikel von Urfehdebruch (II 116 = III 114) und von der Fehdeerlaubnis im Reich (II 137 = III 135); neu ist ferner der Antrag der Benötigten auf Bestrafung eines Notzuchtversuches (II 127 = III 125). Gegen die „geschriebenen Rechte" wendet sich die Klausel des Artikels II 148 (= III 146), dass der Angegriffene bei der Notwehr nicht bis zum Schlage des Gegners zu warten braucht. Artikel II 166 stimmt im wesentlichen zu III 164 „vom allerschlechtesten heimlichen Diebstahl", doch fehlt charakteristischerweise die Erlaubnis des Speirer Entwurfes, dass der Richter den Dieb im Kerker am Leib strafen und dann des Landes verweisen dürfe. Ebenso sind kleine Neuheiten in Artikel II 138 (= III 136) bei der Wasserstrafe der Weiber, die jemanden vergiftet haben, in II 140 (III 138) bei der Kindesaussetzung, die noch nicht Strafen an Leib und Leben nach sich zieht, zu verzeichnen. Am Schlusse des Artikels II 168 (I 166) fehlen die überaus grausamen Strafen für den Einbrecher, die aus dem Speirer Entwurf III 166 in die Carolina (art. 159) übergegangen sind: Ausstechung der Augen, Abhauung der Hand und andere schwere Leibstrafe. Wie bei der Folterbestimmung und dem Defensionalbeweis ein milderer Zug durch den Entwurf zu gehen scheint, so gibt auch hier die eben genannte Bestimmung uns die Möglichkeit, wiederum eine gewisse menschlichere Regung in dem Redaktor zu beobachten, die diesmal augenscheinlich ihm ganz individuell zuzusprechen ist; denn

---

[1]) HKR. 1502—1503, S. 202; W. Scheel, Das alte Bamberger Strafrecht S. 50.

[2]) Vgl. I 17 und II 19 (= III 17).

er setzt sich damit geradezu in Gegensatz zu dem Gebrauch des alten Bamberger Strafrechts, in dem der Einbrecher oft noch grausamer gestraft wurde,[1]) wie auch zum gemeinen Recht. Weitere kleine Änderungen beziehen sich auf den Ehebruch (II 126 aus I 126 gekürzt, ohne den Zusatz von III 126), den Schadensersatz (II 167, III 165), Gefängnis (II 185, III 183), den Diebstahl am Geweihten (II 181, 182; III 179, 180).

Auf Schwarzenberg selbst führen uns die von I 212 wie von III 212 gleicherweise abweichenden Bestimmungen über die den Gerichtspersonen geschuldete Mahlzeit, resp. ihren Ersatz in Geld.[2]) Er sagt dort: „*Wo aber solche malzeit zu geben von altter nit herkomen ist, soll es furo auch nicht beschehen, sondern bei derselben herbrachten gewohnheit bleiben.*“ Ebenso für Beibehaltung des alten Gebrauches, jedoch nach der andern Seite, spricht er sich in der Gerichtsordnung für Scheinfeld (1513) aus: „*Item so man ein gastgericht heltt, ist man richtter, dem schöpffen, dem schreiber unnd dem gerichtsknecht ein malzeit schuldig, unnd wirdt nach erkantnus des gerichts einer oder beiden parteyen aufferlegt, wie mit altters herkomen.*“[3]) Auch der erste Teil des Artikels, dessen Anfänge schon in Worms (I 212) liegen, bewegt sich mit seiner Ansetzung der täglichen Kosten für einen inhaftierten Beklagten, dessen Essen und Wartung, durchaus im Gedankenkreise unseres Schwarzenberg. Wir haben in den fürstl. Bambergischen Hofkammerrechnungen[4]) genaue Anschläge der Kosten für solche Häftlinge, die gewöhnlich beim Lochhüter den Tag ihrer Hinrichtung erwarten. Hier ist die tägliche Mahlzeit auf 12 Pf. für den Kopf angesetzt.[5])

In der soeben erwähnten Gerichtsordnung heisst es ähnlich: „*Item ligt einer gefangen, es sey in burgerlichen oder zentparlichen sachen . . und gibt im der knecht das essen: ist sein lohn fur gefengknus unnd costgelt alle tag und nacht 45 pf.*“ Stimmen also auch freilich die Angaben des zu zahlenden Geldes nicht mit

---

[1]) Siehe Scheel, § 30 passim.

[2]) Abgedruckt bei Güterbock, S. 286.

[3]) Gerichtsordnung von 1513 im fürstl. Schwarzenbergischen Archive zu Schwarzenberg i. Fr.

[4]) HKR. 1506 u. ö.

[5]) Vgl. Scheel, S. 29.

einander überein, sehen wir doch jedenfalls, dass sich Schwarzenberg mit ähnlichem tatsächlich beschäftigt hat.

Ebenso steht es mit den im Nürnberger Entwurfe neu erscheinenden Artikeln (II 221—223) über die Werkleute, die am Galgenbau mitzuarbeiten und zu bessern haben.[1]) Es wird nicht allein in dem undatierten Bericht über das Zentgericht Scheinfeld an Schwarzenberg (1502?)[2]) als bekannt vorausgesetzt, dass die Zimmerleute, die zu einem bestimmten Bezirk gehören, den Galgen zu zimmern haben, sondern die ganze Art der Sprache in dem Artikel II 221—223 erinnert so an Schwarzenbergische Diktion, dass wir nicht zweifeln können, hierin (ebenso wie in II 75—77) einen Zusatz aus seiner Feder vor uns zu haben.[3])

Endlich scheint auch die Hinzufügung von „*unfursezlich*" im Text des Artikels von Mord und Totschlag (II 145), das noch in III 143 blieb, dann aber unbegreiflicherweise nicht in den Carolinatext aufgenommen wurde, gerade von ihm als einem Bamberger herzurühren. Taucht doch gerade zur Zeit der Bambergensis in Bamberger Akten jene Scheidung zwischen „*fursezlich*" und „*unfursezlich*" auf, auf die er Einfluss gehabt hat.[4])

Um das Ausdrücken des „Vorsatzes" handelt es sich zuletzt in dem bekannten Artikel vom Urfehdebruch, der in Worms (I 114) noch vollständig mit der Bambergensis (art. 129) übereinstimmend belassen wurde. In Nürnberg finden wir den Zusatz „*fursezlich und frevenlich*" (II 116), der dann in den Speirer Entwurf (III 114) und von dort in die Carolina (art. 108) überging. Wie Fehlen und Vorhandensein des Vorsatzes in der Praxis Einfluss auf das Urteil hatte, lässt sich deutlich an dem Rechtsfall des Correctoriums (ad art. 129) erkennen, wo ein Mensch, der in augenblicklicher Aufwallung trotz geschworener Urfehde auf öffentlichem Markte einen andern verwundet, von peinlicher Strafe ledig wird,[5]) weil kein staatsfeindlicher, absichtlicher Bruch der

---

[1]) Ebenso III 223—225.

[2]) Im fürstl. Archive zu Schwarzenberg i. Fr.

[3]) Gegen Güterbock, S. 94.

[4]) Vgl. Scheel, S. 9—10; in II 154 steht jedoch bei der ungefährlichen Tötung „*unfursichtigkeit*" gegen III 152 „*unfürsezlikait.*"

[5]) Vgl. jetzt bei Kohler und Scheel, Bambergensis, S. LXXVIII und 123—124.

Urfehde vorliegt. Klärlich ist also das sogen. Correctorium, wie in Worms, so bei der Redaktion des Nürnberger Entwurfes benutzt worden.[1]) Wie dort, so beweist es auch hier die Teilnahme eines Bambergers, also Schwarzenbergs.

So steht demnach auch der Nürnberger Entwurf unter dem Zeichen Schwarzenbergs, und wir haben in den Neuzusätzen und Änderungen gegenüber der Wormser Redaktion noch jetzt ein sichtbares Zeichen, wie sich der Verfasser der Bambergensis nun von höherer Warte darum müht, eine Halsgerichtsordnung für das ganze Reich fertigzustellen. Wir sahen, dass es ihm gelungen ist, vielen Artikeln bereits wörtlich oder fast wörtlich die Fassung zu geben, die dann über den Speirer und die späteren Entwürfe hinaus Eingang in den Text der Carolina gefunden haben.

Nach alledem erhebt sich Schwarzenbergs Bedeutung weit über das Mass, das man bisher anzunehmen berechtigt war. Pries man ihn früher bloss als Verfasser einer mustergültigen Kriminalordnung für ein einzelnes Gebiet, die den Grundstock zu einer gemeinen deutschen peinlichen Gerichtsordnung geboten hat, so müssen wir jetzt auch seine Bemühungen um das Zustandekommen dieser Reichsordnung in ihren ersten beiden Stadien anerkennend hervorheben, von denen besonders das spätere in Fassung und Auswahl der Artikel einen wichtigen Schritt vorwärts bedeutet. Wir sehen also in Schwarzenberg in noch stärkerem Sinne den „pater Carolinae“, als man bisher geglaubt hat.

---

[1]) Gegen Güterbock, S. 100—101.

Zehntes Kapitel.

Das Ende des Reichsregiments.

Der Reichstag von Nürnberg 1524.

Die durch den Reichsabschied vom 9. Februar 1523 für die Evangelischen geschaffene günstige Lage sollte jedoch nicht von Bestand sein. Zwar blieb die Forderung nach einem allgemeinen Konzilium deutscher Nation, zwar sollte ein neuer Reichstag ausgeschrieben werden, doch zögerte sich dies durch das ganze Jahr 1523 hin. Der zuerst auf St. Margarethen (13. Juli) angesetzte Reichstag fiel gänzlich ins Wasser; bereits am 18. August ging man auseinander, ohne überhaupt Nennenswertes verhandelt zu haben; auch zu Martini kamen auf den neuen Reichstag wenige. Erst am 14. Januar 1524 wird eine ordnungsmässige Einladung ausgegeben, in der neben der Unterhaltung Regiments und Kammergerichts auch die Exekutionsordnung, Halsgerichtsordnung, Polizeiordnung, Monopolien und Mass und Gewicht figurierten. An den Ausgang des Streites über die Erhaltung des Regiments lag alles. Nachdem das Regiment bereits seit Oktober 1523 nur vegetiert hatte, musste man nun, da sich die allgemeine Stimmung gegen sein Fortbestehen wandte, das merkwürdige Bild sehen, wie schliesslich der Statthalter Ferdinand und der kaiserliche Sekretär Hannart für das lutherfreundliche Regiment eintraten. Freilich ohne Erfolg. Zwar wurde auf Grund einer Proposition vom 9. März endlich am 22. März 1524 eine Einigung dahin erzielt, dass die Hälfte der Kosten der Kaiser, die andere Hälfte die Stände tragen sollten, — aber die Stände forderten seit dem 26. Februar immer dringender die Entlassung der alten Regimentsmitglieder, Wahl von neuen und Wahl einer neuen Stadt als Sitzungsort: Augsburg, Ulm oder Esslingen.[1])

---

[1]) Vgl. Baumgarten, Karl V. II (1), S. 322 ff., Arwed Fischer, S. 71 ff.; die ältere Literatur verzeichnet Herrmann, S. 63—65 Anm.

Das Schicksal Schwarzenbergs und seiner Freunde war besiegelt. Zwar protestierten sie kräftig gegen eine derartige Absetzung, deren Berechtigung sie nicht anerkannten — aber sie mussten weichen, und damit schwand die Möglichkeit, im Reichsabschied dieses von Lutherfeinden besetzten Reichstages auch nur entfernt die Fassung des Abschiedes vom 9. Februar 1523 zu erhalten. Am 18. April 1524 beschlossen die Stände, „das Wormser Mandat zu exequieren".

Das neue Regiment trat dann in Esslingen zusammen. Die Wahl der Mitglieder wurde eifrig betrieben: es blieb natürlich nicht aus, dass nun die evangelisch Gesinnten harte Wahlkämpfe mit den Katholischen zu bestehen hatten. Für Franken hören wir von einer Vereinigung der evangelischen Stände unter Führung Kasimirs von Brandenburg zu Windsheim, wo eifrig gegen die geistlichen Fürsten gewirkt wurde, die die Präsentation eines Regimentsmitgliedes für ihren Kreis allein in Anspruch zu nehmen versuchten.[1]) Schwarzenberg war hier als Rat Kasimirs tätig; eine Ersatzwahl für ihn selbst fand jedoch nicht statt, da er niemals Vertreter des fränkischen Kreises gewesen ist.[2])

In dieselbe Zeit fällt die bekannte Herausnahme seiner Tochter aus dem Kloster zum heiligen Grabe in Bamberg, ein Akt, den er in einem offenen Sendbriefe an Bischof Weigand verteidigte. Wir werden auf den Inhalt der Schrift ebenso wie der übrigen Streitschriften im Rahmen seiner reformatorischen Publizistik einzugehen haben.[3]) Hierdurch brach Schwarzenberg offen mit der alten Kirche, merkwürdigerweise ohne mit Weigand in persönlichen Streit zu geraten, dem das Kloster verwandt war. Seine Stellung muss auch damals so gefestigt gewesen sein, dass ihm Angriffe und Anfeindungen, die gewiss nicht ausgeblieben sind, nichts anhaben konnten. Anderseits fand sein Vorgehen auch freudige Zustimmung. So schrieb ihm z. B. kein geringerer als Luther selbst freundliche Worte und versicherte ihn seiner Teil-

---

[1]) Förstemann, Neues Urkundenbuch zur Geschichte der evangelischen Kirchenreformation 214, 218 B. 2; Philippi, S. 2 Anm. 3; Balfanz, S. 54—55.

[2]) Gegen Balfanz, S. 52 Anm. 4.

[3]) S. auch oben S. 23 Anm. 2.

nahme.[1]) Leider starb die Tochter Barbara bereits Anfang August 1525.[2])

Dass Schwarzenberg auch in seiner eigenen Lebensführung der evangelischen Lehre folgte, ist von ihm selbst in der Vorrede zu seiner „Beschwerung der alten Teüfelischen Schlangen mit dem Götlichen wort“ (Nürnberg 1525)[3]) bezeugt. Dort wendet er sich gegen die Vorwürfe seines Sohnes, des streng katholisch gebliebenen Christoph, er hätte in diesem Jahre den Leib und das Blut Christi in Brot und Wein empfangen und in der letzten Fastenzeit drei Vögel gegessen.

Die Spaltung der Kirche hatte auch in die Familie Schwarzenberg Zwietracht und Streit gebracht, die nun öffentlich zum Austrag kam. Auf Grund einer Publikation Christophs erhebt Vater Johann seine gewichtige Stimme für die reine evangelische Lehre.[4])

Elftes Kapitel.

Bauernkrieg und Schwäbischer Bund.

In die Zeit nach der Beendigung der Tätigkeit des alten Reichsregiments fällt der Beginn des sogenannten grossen Bauernkrieges.

Es ist bekannt, wie gerade das Frankenland ein Tummelplatz der Bauernhaufen gewesen ist.[5]) Das Jahr 1524 brachte

---

[1]) Luther an Schwarzenberg vom 21. Dezember 1524 (de Wette 2, S. 581).

[2]) Kasimir von Brandenburg an Albrecht von Preussen vom 3. August 1525 (Philippi, S. 13).

[3]) Bl. A 3a.

[4]) Über den Verlauf des Streites s. unten im 2. Teile.

[5]) O. Erhard, Bauernkrieg in Bamberg (Beiträge zur Bamberger Kirchengeschichte 1; Veröffentlichungen des Bamberger Historischen

besonders für Bamberg schwere Bedrückung. Die Bauern brachen in die Burg ein, plünderten auf das grässlichste und zerrissen in blinder Wut Briefe und Akten, die sie vorfanden.[1]) Zahlreich waren in Franken die von den Aufständischen gebrochenen Burgen und Schlösser: zwanzig Schlösser des Stifts, 98 adlige Häuser und 6 Klöster wurden verbrannt und zerstört.[2])

Auch Schwarzenbergs Besitz wurde in Mitleidenschaft gezogen, ja von dem ganz nahe bei Schloss Schwarzenberg gelegenen Markt Bibart soll gerade der Aufruhr dieser mittelfränkischen Gegenden seinen Anfang genommen haben. In der Woche nach dem Sonntag Oculi (19. März) berichten die Archivalien von dem öffentlichen Zusammenziehen der Bauern in ein Feldlager und von friedbrüchiger Tat.[3]) Die Hintersassen der Herrschaft Schwarzenberg halten fürs erste noch treu zu ihrem Herrn und teilen die Versuche der Bauern jedesmal mit einem Gesuch um Schutz und Schirm dem Freiherrn Johann oder seinem Sohne mit: so die Scheinfelder am Dienstag nach Misericordiae (2. Mai) und die Geiselwinder sogar noch am Donnerstag nach Pfingsten (8. Juni). Nur als die Bauernscharen des „hellen Haufens" zur Zerstörung ihres Eigens geschritten wären, erklärten sie gezwungen ihre Teilnahme am Bund und zogen vor Schwarzenberg.

Im April, Mai und Juni 1525, zur Zeit als die Münzerschen Haufen bei Frankenhausen aufs Haupt geschlagen wurden, war es in Franken und Schwaben noch gar unruhig. Zwar war bei Ulm ein Bauernhaufe zerstreut worden, doch lagen im Riess und

---

Vereins 56). Archivalische Quellen bieten die Bamberger Landtagsverhandlungen 1525 im Kr.-Arch. Bamberg (Looshorn, 4, 589); aus der in Nürnberg (St. B.) befindlichen Chronik von Windsheim druckt Engelhard im 12. Jahresbericht des historischen Vereins für Mittelfranken (1843), S. 25—32 die betreffenden Stellen ab. Die Schwarzenbergischen Archivalien benutzt Burckhardt in seinen Beiträgen zur Geschichte des Bauernkrieges in Mittelfranken, ebendort S. 94—105; weitere Quellen des Jahres 1525 liegen in Ms. hist. 78 der Kgl. Bibliothek zu Bamberg.

[1]) Looshorn 4, 568, bes. 574—575; sollte hier der Grund für das Fehlen so vieler Nachrichten aus Schwarzenbergs Zeit liegen?

[2]) Looshorn 4, 610 ff.; vgl. 587—588, 624 ff.

[3]) Vgl. auch Lorenz Fries' Schilderung in seiner Geschichte des Bauernaufstandes 1525, hrsg. von Schäffler und Henner (1883) I, der jedoch den Sonntag Judica (2. April) als Anfang angibt (Burckhardt, S. 96).

bei Mergentheim noch verschiedene grössere Abteilungen. In Mergentheim befehligte Florian Geyer, der Stadt und Schloss Röttingen eingenommen hatte. Nun streckte der Haufe, wie Schwarzenberg charakteristisch schreibt, *„die köpf heraufwärts gegen Awe“* (Aub), und nur dieser Ort und Uffenheim trennen ihn von Schwarzenberg. Da rüstete sich auch Schloss Schwarzenberg zur Verteidigung. Friedrich von Schwarzenberg, der mit seiner Familie dort wohnte, leitete die Arbeiten. Er erhielt von seinem Vater genaue Verhaltungsmassregeln und den Auftrag, Hakenbüchsen von Landsberg heimlich dorthin schaffen zu lassen, ohne jedoch dies Schloss ganz zu entblössen.[1] Auch Kasimir sandte ihm Geschütze aus der Kadolzburg.[2]

Freiherr Johann schickte dazu soviel Geschosse, als er beschaffen und anfertigen lassen konnte, ferner $13^1/_2$ Zentner Pulver, so dass das Schloss mit artilleristischem Material gut versehen war; freilich verfügte es für seine grosse Verteidigungslinie nicht über genügende Besatzung.

Doch kam es hier vorerst noch nicht zu einem Zusammenstosse. Vielmehr fielen die Bauern der Herrschaft Hohenlandsberg, die Schwarzenberg selbst in seinen Briefen als unzuverlässig bezeichnet hatte, zuerst ab, wählten einen Seinsheimer, Gillich Hofmann, zum Anführer, nahmen das damals teilweise zu Schwarzenberg gehörige Schloss Wässerndorf und plünderten am Donnerstag nach Walburg (2. Mai) die Kornspeicher des Schwarzenbergischen Dorfes Weigenheim unter der Burg. Zwei Tage darauf, am 4. Mai,[3] überfielen sie Hohenlandsberg. Trotzdem die Burg zu den höchstgelegenen des Rezatkreises gehört und weit die Gegend beherrscht, ging doch Schwarzenbergs Plan vielmehr darauf, unter allen Umständen lieber das Stammschloss zu halten. So konnte das vernachlässigte und von seiner Artillerie entblösste Hohenlandsberg leicht genommen werden. Vielleicht

---

[1]) Schwarzenberg an seinen Sohn Friedrich vom 11. April (Dienstag nach dem Palmtag) 1525 (abgedruckt von Zöpfl, Altertümer des Deutschen Reichs und Rechts 2, S. 436—438); ferner an denselben vom 21. April (Auszug bei Burckhardt, S. 98—99).

[2]) Looshorn 4, 632.

[3]) Nicht am 4. März, wie Berger, S. 44 aus Burckhardts Aufsatz S. 45 zitiert.

ist diese mühelose Besitznahme der Grund für die Bauern gewesen, es ausnahmsweise nicht zu zerstören.[1])

Ende Mai 1525 zogen die Bauern auch vor Schwarzenberg, nachdem sie in noch erhaltenen „dringlichen Briefen“ die umwohnenden Burghasslacher, Geiselwinder, Schlüsselfelder und den Mönchsgrund an sich gezogen hatten. Schwerer entschlossen sich die Neustädter.[2]) Friedrich tat sein bestes, das Vertrauen seines Vaters zu rechtfertigen; er hatte sich sichere Leute aus dem Schwarzenbergischen Herrschaftsgebiet Scheinfeld und anderen Orten aufs Schloss geholt und dabei mit den Schultheissen konferiert, ob auch kein Verräter darunter wäre. So sah er getrost dem Bauernsturm entgegen; hatte er sich doch auf speziellen Rat seines Vaters wohl besonders in der letzten Zeit gehütet, den Bauern gegenüber zu streng aufzutreten, nachdem er vor dem 12. Mai im Bewusstsein seiner Kriegsbereitschaft den Markt Scheinfeld mit Geschütz hatte beschiessen lassen.[3]) Freiherr Johann selbst hatte sogar im Bündischen Lager eine Gesandtschaft von Bauern aus Seinsheim, Bullenheim, Iffigheim, Hernsheim und Wässerndorf empfangen und sich mit ihnen um Zins und Steuer vertragen, hatte sie auch noch durch den Markgrafen Kasimir persönlich ermahnen lassen, sich als „*frum leut*“ zu halten; ja es war ihnen ausserdem vorgestellt worden, dass sie um Leib und Gut kommen würden, „*so man die ungehorsamen zu Francken durch ein feind volck straffen werde*“. Freilich verhehlte er sich nicht, dass auch viele „Schälke“ darunter wären, und fürchtete besonders von dem Mergentheimer Haufen für sein Schloss die grösste Gefahr, wenn in den Osterfeiertagen die Bauern „zu Wein“ kämen.[4])

Er sollte recht behalten. Die Belagerer, die Friedrich

---

[1]) Burckhardt, Geschichte der Burg Hohenlandsberg aus archivalischen Quellen im 14. Jahresbericht des historischen Vereins für Mittelfranken (1845), S. 95.

[2]) Archivalien des fürstl. Schwarzenbergischen Archivs zu Schwarzenberg (bei Burckhardt, Bauernkrieg S. 100—101).

[3]) Beschwerde der Versammlung der Bauern zu Heidingsfeld an Friedrich von Schwarzenberg vom Freitag nach Jubilate (12. Mai) bei Burckhardt, S. 100.

[4]) Siehe den eben zitierten Brief vom 11. April (Zöpfl, S. 437).

gegen Ende Juni doch wieder durch Ausfälle mit Reitern und Fussgängern nach Markt Bibart und Scheinfeld gereizt hatte, drohten den Schwarzenbergischen, die Besatzung Mann für Mann aufzuknüpfen, und erschöpften sich in scheusslichen Worten gegen Friedrich und seine Gemahlin Walburgis, eine geborene Gräfin von Helfenstein, die der Geburt eines Kindes gerade in jener wilden Zeit entgegensah.[1])

Trotz wütender Beschiessung seitens der Bauern, deren Spuren man noch heute an dem alten Turme der südlichen Befestigungsmauer sieht, blieben die Verteidiger fest und zwangen ihrerseits die Belagerer, da sich inzwischen die Lage sehr zu Ungunsten der Bauern gewendet hatte, abzuziehen. Es war dies anfangs Juni, als die Kontingente der Fürsten und Städte, besonders in Oberdeutschland der Schwäbische Bund unter dem furchtbaren Truchsess von Waldburg einen der Haufen nach dem andern vernichteten. Ein eiliges Schreiben der Hauptleute im Lager zu Würzburg vom Freitag nach Exaudi (2. Juni) verlangte bereits Aufhebung der strengen Belagerung Schwarzenbergs und Zurücklassung einer kleinen Schar, da der Haufe wider den Schwäbischen Bund ziehen müsse. Der am 4. Juni bei Sulzdorf und Ingolstadt errungene Sieg des Bundes über den Rotenburger Haufen hatte die Ergebung Würzburgs (7. Juni) zur Folge. Damit war Schloss Schwarzenberg gerettet; von einer Fortführung der Belagerung haben wir keine Kunde. Am 8. Juni bitten die Markt-Bibarter bereits unterwürfig um Vergebung.[2])

Zwei an den Verteidiger der Burg vor und nach der Belagerung gerichtete Briefe charakterisieren unseres Schwarzenberg Stellung zu den Bauern und stimmen mit dem überein, was er in seinen theologischen Streitschriften zum Ausdruck gebracht hat.[3])

Er steht seinen Bauern nicht als der unnahbar strenge

---

1) Mörath, Schloss Schwarzenberg S. 6—7.

2) Burckhardt, Bauernkrieg S. 103—105; Mörath, S. 28. — Die recht unverlässliche unten zitierte Windsheimer Chronik spricht von einem Abbrennen des Schlosses Schwarzenberg.

3) Über den Brief vom 11. April s. oben; der zweite Brief ist aus Volkach vom Dienstag nach Trinitatis (13. Juni) 1525 datiert und ebenfalls von Zöpfl, a. a. O. S. 438—440 abgedruckt.

Aristokrat gegenüber, der in ihnen nur Werkzeuge für seinen Dienst sieht; die jahrelange Fürsorge für seine Untertanen besonders im Kampfe gegen die Domprobstei Würzburg schützt ihn vor einem derartigen Vorwurf. Nach Abzug der Bauern tritt er für die Seinen in einem Briefe an den zu Schlüsselfeld versammelten Adel Frankens ein, in dem er über die furchtbaren Verwüstungen durch die Aufständischen klagt und Schadenersatz verlangt.[1]) Die Milde und Gerechtigkeit, die ihn anderwärts auszeichnet, wird ihn als Oberherrn des Gerichts seinen Bauern und Hintersassen besonders lieb gemacht haben.[2]) Er ist auch durchaus nicht abgeneigt, billige Beschwerden der Bauern abzustellen. So sehr er aber auch seinen Sohn Friedrich zur Milde und Mässigung ermahnt, vielleicht gerade durch das Verhalten seines Markgrafen Kasimir klug gemacht,[3]) so strenge will er anderseits diejenigen bestraft wissen, die sich den Bauern nur anschliessen, um fleischliche Freiheit und tätlichen Aufruhr zu üben.[4]) Er wendet sich zwar nicht so energisch, aber doch ganz im Sinne von Luthers Schrift „Wider die mordischen und

[1]) Schwarzenberg an den versammelten Adel Frankens zu Schlüsselfeld vom Dienstag nach Allerheiligen (7. November) 1525 (eigenhändiges schwer lesbares Konzept des Freiherrn Johann auf Papier im fürstl. Schwarzenbergischen Zentralarchiv zu Krumau). Die dazu gehörige Kopie eines Schreibens an den Würzburger Bischof, das die Begründung seines Nichterscheinens enthielt, liegt leider nicht mehr bei. Ferner liegen Streitakten mit Bischof Konrad von Würzburg und Dompropst Friedrich von Brandenburg vom Reichskammergericht in Speier 1525—1531 im fürstl. Schwarzenbergischen Archive zu Schwarzenberg (Burckhardt, S. 94).

[2]) Ähnlichen Gerechtigkeitssinn verrät eine Korrespondenz mit der Stadt Rotenburg o. T. (im Stadtarchiv) wegen eines Mannes namens Fenn, (1522), der sich auf Schwarzenbergischem Grund aufhielt und Ansprüche aus einem Fehmgerichtsurteil an die genannte Stadt prätendierte. Schwarzenberg weist die Bitte der Rotenburger ab, die verlangten, er möge doch den Fenn mit Gewalt zwingen, von seinen Ansprüchen abzustehen (Brunnenmeister, S. IX No. 6). — Am 6. November 1525 legt Schwarzenberg für den Bruder seines Schreibers Hepel Fürbitte ein, der in der Klosterkirche zu Langheim Sakrileg verübt hatte, um nach verborgenen Schätzen zu suchen (Looshorn 4, 597).

[3]) M. Thomas, Markgraf Kasimir von Brandenburg im Bauernkrieg (1897), S. 9 ff.; Stimmen gegen Kasimir s. bei Looshorn 4, 512—513.

[4]) „Beschwerung der alten teufelischen Schlangen“ (1525), bl. 137a; Herrmann, S. 84.

reubischen rotten der bauern" gegen eine Herleitung der Freiheitsideen der Bauern aus der neuen evangelischen Lehre. Trotzdem wird er von Karlstadt, der in Rotenburg o. T. gegen das Sakrament gepredigt hatte, in ihren Kampf mit hineingezogen. Der Bürger Stephan von Mentzingen sagt am 22. Juni 1525 vor dem dortigen Rate aus, Karlstadt sei in Rotenburg gewesen und habe ihm eine „*Fürschrift*" an Hansen von Schwarzenberg gegeben.[1])

Er hatte gewiss Gelegenheit, die Bauernhorden aus eigener Anschauung kennen zu lernen. Gerade in jenen Monaten befand er sich im Lager des Bündischen Heeres zu Volkach, jedenfalls im Gefolge des Markgrafen Kasimir. Die Windsheimer Chronik berichtet von einem Waffenstillstand, den Schwarzenberg mit den Bauern geschlossen habe, ohne aber die Billigung seines Markgrafen zu finden; er soll dabei sogar einmal gefangen sein und hat in Ochsenfurt in einer Teidigung gestanden.[2]) Am Dienstag nach Trinitatis (13. Juni) ist das Heer im Begriff nach Schweinfurt aufzubrechen und von da jedenfalls in drei weiteren Tagen auf Bamberg zu marschieren. Die im Anfang des Juni errungenen Siege haben bereits teilweise eine Auflösung des Bundesheeres zur Folge gehabt: Pfalz und Würzburg sind nicht mehr dabei, auch Brandenburg scheint nicht viel Lust zum Bleiben zu haben und will vielmehr „auf das Gebirge" ziehen, um einige der eigenen Untertanen in der bei Kasimir bekannten Weise zu „endlicher Ruhe" zu zwingen.

Schwarzenberg scheint nicht gerade mit Begeisterung den Fahnen des Bundes gefolgt zu sein. Er hat niemals grosse Sympathien für seine Interessen gehabt, wenn er auch natürlich als Bambergischer Hofmeister und verordneter Bundesrat den Verhandlungen über die Verlängerung des Bundes 1520 nicht fern bleiben konnte. Damals ist er noch als Hofmeister neben Jörg von Heideck, Jeronymus Cammermeister auf Bambergischer, gegenüber Seckendorff, Hesberg, Conrad Poss von Flachslanden

---

[1]) Looshorn 4,589.

[2]) Windsheimer Chronik (hs. in Nürnberg StB.), bl. 57—58; abgedruckt als „Extrakt aus der Chronik der Stadt Windsheim" im 12. Jahresbericht des historischen Vereins für Mittelfranken (1842), S. 28—29; Rossmann, S. 279.

und Georg Vogler auf Brandenburgischer Seite genannt.[1]) Auch Bischof Weigand von Redwitz tritt nach dem Tode Georgs, der seit 1512 dem Bunde angehört hatte, ein und beteiligt sich neben Kasimir von Brandenburg an den Kriegen und Fehden desselben, ohne dass Schwarzenberg irgend welchen Anteil daran hatte.[2]) Dieser stand vielmehr dem Bunde sehr unparteiisch gegenüber und gibt Kasimir[3]) auf dessen Anfrage ganz objektiven Bescheid über die Bündischen Verhältnisse und Aussichten, als dieser im Begriffe stand, gegen den Willen des Bundes Conrad Schott und Wilhelm von Velberg, die zur „Purigation" gefordert waren, in seinem Schlosse Streitberg zu schützen und zu herbergen.

Recht plastisch tritt uns hier die feine Diplomatie und der offene kriegsmännische Blick Schwarzenbergs vereinigt entgegen, der solch gefordertes Gutachten nicht gern über Land schreibt, weil sich inzwischen die Verhältnisse geändert haben können. Der damals im Regiment befindliche Freiherr kennt die Macht des Bundes und die Ohnmacht der Reichszentralgewalt am allerbesten und meint, dass man mit einem Befehle seitens des Statthalters beim Bunde überhaupt zur Zeit auf nichts zu hoffen habe; er warnt den Markgrafen vor etwaigen Übergriffen der Bündischen, die leicht einen offenen Landkrieg beginnen könnten, wenn erwiesen wäre, dass die Gesuchten in der Feste Streitberg gehalten würden. Am besten wäre es — dahin geht sein Rat —, die beiden Bundesgegner so schnell als möglich aus den Brandenburgischen Landen zu schaffen; dann würden die kleineren Mitglieder des Bundes, die Städte und Äbte, keinerlei Schwierigkeiten machen, da sie ohnehin dem Zuge nicht geneigt wären.

---

[1]) Looshorn 4, 540—547 nach den „Acta des Schwäbischen Bundes" im Kr.-Arch. Bamberg.

[2]) Looshorn 4, 550 ff.

[3]) Schwarzenberg an Kasimir vom 25. April 1523 (Acta den Schwäbischen Bund betreffend tom. XI, fol. 88—91, 92, 94 im Kr.-Arch. Bamberg).

Zwölftes Kapitel.

Übertritt in Brandenburgische Dienste.

Eine ausserordentlich umstrittene Frage ist es, zu welcher Zeit Schwarzenberg den Dienst des Hochstifts Bamberg verlassen und in den der Brandenburgischen Markgrafen übergegangen ist. Die Angaben schwanken zwischen 1522 und 1524. Die Besprechung dieser Frage lässt sich von der Reformation und den religiösen Angelegenheiten nicht trennen, da hier die Motive für Schwarzenbergs neue Lebensbahn liegen.

Am 31. Mai 1521 war der Bischof Georg III. Schenk von Limburg gestorben, dem Schwarzenberg die besten Mannesjahre hindurch als treuer Diener und hochgeehrter Hofmeister gedient hatte.

Der neue Bischof Weigand von Redwitz war im Gegensatz zu ihm streng päpstlich gesinnt: leicht möglich, dass er schon vor seiner Bischofswahl als Mitglied des Domkapitels ein Gegner von Schwarzenbergs reformatorischen Bestrebungen gewesen ist. Ich glaube daher die Vermutung aussprechen zu dürfen, dass das Bambergische Hofmeisteramt Schwarzenbergs mit dem Tode seines Bischofs überhaupt sein Ende erreicht hat.[1]) Freilich darf man nicht so argumentieren wie dies Erhard und Weissel taten, die, wie bereits erwähnt, behaupteten, Bischof Weigand hätte seinen Hofmeister aus Bamberg entfernt und nach Nürnberg gesandt, um ihn sich vom Halse zu schaffen. Bambergischer Vertreter ist Schwarzenberg im vierten Vierteljahre 1522 überhaupt nicht gewesen und konnte es auch gar nicht sein, da er als Mitglied des Regiments in Nürnberg nicht zugleich auch die Stellung eines Reichstagsgesandten bekleiden durfte. Im übrigen sind uns die drei Vertreter Bambergs in dieser Zeit bekannt: Schwarzenberg war nicht unter ihnen.

---

[1]) Ebenso setzt J. Neff in der Allgemeinen Deutschen Biographie 33, S. 305—306 den Austritt Schwarzenbergs aus den Diensten Bambergs ins Jahr 1522 (freilich ohne Angabe von Quellen); was für ein akuter Konflikt zwischen ihm und Weigand vorgelegen haben soll, wird nicht angegeben.

Die oben geäusserte Vermutung, dass er unter Weigand die Stellung eines Hofmeisters überhaupt nicht mehr bekleidet habe, wird durch den Bestallungs-Revers vom 21. September 1522 bestärkt.[1]) Hier wird Schwarzenberg zum Rat und Diener Weigands von Bamberg, jedoch nicht zu seinem Hofmeister bestellt. Es wird ausdrücklich bemerkt, dass dieser Dienst ihn am Dienste des Markgrafen von Brandenburg „in keiner Weise irren noch hindern solle". Ferner braucht er nicht zu dienen gegen Wilhelm und Ludwig von Bayern sowie gegen Grafen, Herren und Ritterschaft von Franken. Er soll die Stiftssachen behandeln, sofern er nicht durch Brandenburgischen Dienst daran verhindert wird. An Gehalt bezieht er jährlich hundert rheinische Gulden, solange er dient. Dazu will man ihm *„futer und male, nagel, eysenn und verlegung, wie anderen unsern retten und dienern"* geben. Die Zahlung beginnt am St. Matthäustage (21. September) 1522. Schwarzenberg nimmt am Schlusse der Urkunde diese Bestallung an; er erscheint uns demnach als Rat des Bischofs in eigentlicher Bedeutung des Wortes, jedoch in einem eigentümlich lockeren Dienstverhältnis zum Bamberger Hofe, keinesfalls als Hofmeister.[2])

Seine Verbindung mit den Markgrafen von Brandenburg datierte bereits aus einer früheren Zeit. Wenig freundlicher Natur freilich war sein Verhältnis zu Friedrich von Brandenburg, seinem langjährigen Gegner im Streit mit der Domprobstei Würzburg gewesen. Schon unter Sigmund von Schwarzenberg hatten die Markgrafen ein Auge auf die Schwarzenbergischen Besitzungen geworfen;[3]) nach langem Drängen wurden 1511 und 1514 Schwarzenberg und Hohenlandsberg Brandenburgische Lehen. Am 28. März 1515 trat Johann auf die Seite der jungen Markgrafen Kasimir und Georg,

---

[1]) Original mit vollständiger, schön erhaltener Besiegelung im Kr.-Arch. Bamberg.

[2]) Dazu stimmt auch vollkommen die Bemerkung in seinem Sendbrief an Weigand vom 12. November 1524 betreffs Herausnahme seiner Tochter Barbara aus dem Kloster: *„aber uber etlich jar danach [1508], dieweil ich noch zu Bamberg hoffmeister was"*; (gegen Balfanz, S. 55 Anm.)

[3]) Ad. Berger, Das Fürstenhaus Schwarzenberg. (Österr. Revue 1866 XI S. 30 ff., XII S. 44 f.); oben S. 4 ff.

die ihren geisteskranken Vater Friedrich absetzten und gefangen nahmen, und sein Name erscheint in den Unterschriften des Landtagsrezesses von Baiersdorf[1]) als Vertreter der Grafen, Herren und gemeiner Ritterschaft in Franken. Die jungen Fürsten hatten es diesem Beschlusse besonders zu danken, dass ihre Handlungsweise gegen ihren Vater als berechtigt anerkannt und das Abdankungsdekret des alten Friedrich nicht angefochten wurde.[2]) War durch diese Beziehungen ein näheres Verhältnis zu Brandenburg entstanden, so zeigt uns ein Ereignis des folgenden Jahres, dass die jungen Fürsten den Wert Schwarzenbergs zu würdigen verstanden, als sie 1516, gewiss nicht ohne mit ihm in persönliche Beziehung zu treten, die Bambergische Halsgerichtsordnung mit ganz geringen Änderungen als „Brandenburgische Halsgerichtsordnung" in ihren Landen einführten. Vielleicht datiert aus dieser Zeit das fortan stetig wachsende Vertrauen zwischen beiden Teilen. Wann Schwarzenbergs Beziehung zu den Markgrafen bestimmtere Gestalt angenommen hat, ist nicht ersichtlich.[3]) Jedoch widerspricht es durchaus nicht der damaligen Anschauung, dass er ihnen in einzelnen Fällen auch schon vor 1522, unbeschadet seiner Stellung als Bambergischer Hofmeister, seine beratende Stimme geliehen hat. Nach dem Tode des Bischofs Georg ist dies mehrfach belegt. So raten am 14. Oktober 1522 die Brandenburgischen Würdenträger dem Mark-

---

[1]) Looshorn 4, 512—513; Lang, Neue Geschichte des Fürstentums Baireuth 1, S. 119ff., besonders Herrmann, S. 38—39, der mit Recht in den auf diesem Landtage gestellten Forderungen: häufigere Gerichtstage am Land- und Hofgericht zu halten, Gotteslästerung und Zutrinken zu wehren und vorzüglich in der Forderung der Rücksichtnahme auf die Notwehr in peinlichen Sachen Schwarzenbergs Hand erkennen will.

[2]) Mit dem Vater Markgrafen Friedrich von Brandenburg stand Schwarzenberg auch sonst in Beziehungen; es finden sich zwei Briefe von ihm (1508, 1511) im Germanischen Nationalmuseum zu Nürnberg (Brunnenmeister, S. VIII No. 5).

[3]) Die von Balfanz, S. 53f. vorgebrachten Folgerungen bezüglich seines Austritts aus Bambergischen Diensten erledigen sich durch die weiter unten von mir angeführten archivalischen Nachrichten von selbst. Seine Teilnahme am Tage von Prenzlau 1522 (Bartholomäus) ist ebenso zu beurteilen wie sein Zug nach Preussen. Die Fürsten liehen sich bewährte Räte gegenseitig. (Raumer, Codex Dipl. Brandenburgensis 2, S. 163.)

grafen Kasimir, der gegen ein Zahlungsmandat wegen der Beiträge zur Türkenhilfe und zum Regiment und Kammergericht protestieren will, doch Schwarzenberg nach Nürnberg zu senden, den sie besonders dafür geeignet halten, die Beschwerden des Markgrafen den Ständen vorzutragen.[1]) Noch deutlicher zeigt der bereits erwähnte Brief Schwarzenbergs vom 15. April 1523 seine Beziehungen zum Markgrafen Kasimir.[2]) Schwarzenberg erbietet sich trotz nötiger Anwesenheit im Regiment sofort bei Kasimir persönlich zu erscheinen, falls sein brieflich gegebener Rat nicht befriedigen sollte.

Überhaupt hat sich Schwarzenberg während seiner Teilnahme am Reichsregiment sehr gut mit dem Markgrafen Kasimir gestanden. Planitz berichtet uns ausdrücklich von einem Schreiben desselben an Schwarzenberg, in dem die Sendung des kaiserlichen Rates und Sekretärs Johann Hannart nach Deutschland zum Reichstage als sicher gemeldet wurde, eine Tatsache, die damals des Widerstandes der Städte halber alle Gemüter in Aufregung versetzte.[3])

Gegen Ende des Jahres 1523 erweitert sich seine Tätigkeit unbeschadet seiner Dienste für Bamberg und Brandenburg noch mehr. In Zusammenhang mit seiner Stellung als Vertreter des Erzbischofs von Mainz seit dem 1. Januar 1523 im Nürnberger Reichsregiment wird Schwarzenberg laut Bestallungsbrief vom Tage St. Johannes des Evangelisten 1523 mit 200 Goldgulden rh. als Mainzischer Reichsregimentsrat angestellt mit der ausdrücklichen Bestimmung, dass dies sein Verhältnis zu Georg und Kasimir von Brandenburg, *„deren rat und diener er ist“*, nicht beeinträchtigen solle; auch braucht er nicht gegen Bamberg und die Herzöge von Bayern zu dienen.[4])

So erscheint hier Schwarzenberg bereits 1523 als Brandenburgischer Rat älteren Datums, ohne dass wir den genauen Anfangstermin dieses Dienstverhältnisses anzugeben imstande

---

[1]) RTA. III 268 Anm. 1.

[2]) Tom. XI der Acta den Schwäbischen Bund betreffend, fol. 89—91 (Kr.-Arch. Bamberg).

[3]) Planitz an Kf. Friedrich vom 6. August 1523 (Planitz, S. 515).

[4]) Original im fürstl. Schwarzenbergischen Zentralarchiv in Krumau (Berger, S. 42).

wären; wahrscheinlich hat es festere Formen seit dem Tode des Bischofs Georg von Bamberg (1522) angenommen, als Schwarzenberg nicht mehr Bambergischer Hofmeister, sondern nur „Rat und Diener von Haus aus" bei Weigand von Redwitz wurde.

Jedenfalls ist er aber auch in Brandenburgischen Diensten in dieser Zeit nicht als Hofmeister angestellt worden, wie der Bestallungsrevers[5]) der regierenden Markgrafen Georg und Kasimir vom Sonntag Cantate (24. April) 1524 beweist. Hier wird beurkundet, dass „*wir den edeln unnsern rathe unnd lieben getreuen Johannsen herrn zu Schwartzenberg zu unnserm rathe und diener aufgenommen und bestellt haben, allso das er als unnser rathe und dienner mit sechs pferden, knecht unnd knaben, darunter er für sich selbs ein schreiber habenn mag, bey unns marggraf Casimirn hoff sein unnd unns nach seinem besten verstenntnus und vermogen getreulich rathen unnd dienen soll.*" Er erhält als Dienstgeld auch hier 200 Goldgulden rh. und für seine Begleiter und Pferde „*futer, mal unnd unnser hofclaidung*". Das Dienstverhältnis läuft auf vierteljährliche Kündigung; Irrungen und Streitigkeiten sollen jedesmal „*unnser hofmeister, marschalck unnd unnser ander edel rethe*" entscheiden. Dieser Hofmeister ist Herr Hans von Seckendorff, der früher bereits erwähnt wurde; es ist also unverständlich, wie man Schwarzenberg schon für diese Zeit zum Brandenburgischen Landhofmeister machen konnte.

Auch hier wird für das fortbestehende Dienstverhältnis zu Bamberg festgesetzt, „*das er dem erwirdigen inn Gott unnserm liebenn herren unnd freunt, herrn Weiganden, bischovenn zu Bamberg, alls lanng sein lieb mit unns inn verschribner ainigung ist,*[1]) *vonn haus aus diennen mag, doch das ine sollch sein diennerschaft an seinen dinst gegenn unns inn keinen wege irren noch verhindern, sonnder unns darann inn allweg unabbruchig unnd unnachteillig sein*".

Damit ist auch zugleich die oben ausgesprochene Vermutung

---

[5]) Original auf Pergament in Lade 18 des fürstl. Schwarzenbergischen Zentralarchives zu Krumau (Bergers Hinweis S. 42—43 scheint von späteren Forschern gar nicht richtig gewürdigt zu sein; obiger Text stammt aus dem Original).

[1]) Gemeint ist wohl die Einigung vom 23. Dezember 1499 (Looshorn 4, 421), die dann später verlängert wurde.

über die Trennung des Dienstverhältnisses mit Bamberg zur Gewissheit erhoben. Schwarzenberg ist also von 1522—1528 weder in Bamberg noch in Ansbach im Hofmeisteramt, sondern dient nur beiden Fürsten „von Haus aus“;[1]) das Verhältnis zu Brandenburg erscheint jedoch als das festere und innigere. Dies hielt auch während der Folgezeit an. Noch stand Kasimir treu zur Lutherischen Sache. Mit ihm wandte sich Schwarzenberg gegen die geistlichen Fürsten,[2]) welche den Ständen das Recht der Präsentation einer neuen Regimentsperson für das Esslinger Regiment streitig zu machen beabsichtigten und nahm mit ihm am Bartholomäustage 1524 an der Versammlung zu Windsheim teil, freilich noch nicht als sein Landhofmeister.[1])

Die evangelisch gesinnten Stände schlossen sich im September (21.—25.) 1524 zu Ansbach öffentlich zusammen,[3]) wo Schwarzenberg für die freie Predigt des Wortes im Sinne des Nürnberger Reichsabschieds eintrat. Kasimir liess einen „Ratschlag“ von 23 Artikeln, den christlichen Glauben betreffend, zusammenstellen, an den sich zwei in der Reformationsgeschichte

---

[1]) Gegen Balfanz, S. 55; irrtümlich auch Lang, Neue Geschichte des Fürstentums Baireuth 1, S. 24; 2, S. 2; Philippi, S. 10. — Dadurch ist auch erklärlich, dass er im Nürnberger Reichsregiment (1522—1523) ganz unabhängig dasteht und das oben angeführte Verhältnis zum Erzbischof von Mainz eingehen kann.

[2]) v. d. Lith, Erläuterung der Reformationshistorie, S. 41, 46 ff.; Philippi, S. 9—10; Balfanz, S. 54—56; neuerdings handelt ausführlich über diese Fragen K. Schornbaum, Die Stellung des Markgrafen Kasimir von Brandenburg zur reformatorischen Bewegung in den Jahren 1524—1527 auf Grund archivalischer Forschungen (Diss. Erlangen) Nürnberg 1900, S. 30 ff. mit sehr genauen Anmerkungen und Nachweisen.

[3]) Leider lassen die Protokolle über diese Verhandlungen, die uns sonst recht ausführliche Antworten der einzeln befragten Mitglieder aufbewahrt haben, die Reden Schwarzenbergs vom 26. September gerade fort: Ansbacher Religionsakten II, fol. 102—110 (Kr.-Arch. Nürnberg); siehe Schornbaum, S. 44 und 176 Anm. 144; ohne Namensnennung sind jedoch Excerpte der Rede erhalten, die Schwarzenberg am 1. Oktober 1524 hielt, in der er die Stimmung im Lande schilderte und offen und freimütig der Versammlung seine Reformvorschläge ans Herz legte (Ansb. Religionsakten II, fol. 109; Schornbaum, S. 52 f.; 180 Anm. 161), vgl. näheres unten im zweiten Teile.

Frankens wichtige Streitschriften schlossen.[1]) Man hat für den Ratschlag die Mitwirkung Schwarzenbergs mit Recht angenommen, der ja gerade in dieser Zeit offen schriftstellerisch für das Luthertum einzutreten beginnt, nachdem er im Regiment mit dem Wort so tatkräftig dafür gewirkt hatte. Zu erinnern ist hierbei auch daran, dass Schwarzenberg in Preussen auf den späteren Ratschlag Kasimirs in katholischem Sinne eine evangelische Entgegnung verfasst hat.

Auch in den Jahren 1525 und 1526 ist unser Schwarzenberg im Interesse Kasimirs tätig gewesen. Wie sich im kleinen die evangelischen Stände in Franken einmütig gegen die katholischen zusammenschlossen, so tun sich die Hauptstützen der reformatorischen Partei, der Landgraf Philipp von Hessen und Kurfürst Johann von Sachsen im Februar 1526 zu einem Gotha-Torgauer Bündnis zusammen, um dem im Juli 1525 geschlossenen sogenannten Dessauer Bund unter Herzog Georg von Sachsen die Spitze zu bieten. In die Vorgeschichte dieses Bundes fällt eine diplomatische Verhandlung zwischen Martin Tucher für Nürnberg und Schwarzenberg als Vertreter Kasimirs zum Zwecke eines Bündnisses zwischen Brandenburg und der Stadt Nürnberg,[2]) die uns zeigt, dass auch hier Schwarzenberg ebenso wie dann später in den Jahren 1527—1528 die evangelisch Gesinnten zu engerem Zusammenhange zu führen strebte.

In dieser Doppelstellung als Bambergischer und Brandenburgischer Rat wirkt Schwarzenberg während der ganzen Folgezeit bis zu dem später zu erwähnenden offiziellen Eintritt als Landhofmeister in Brandenburgische Dienste (1528). Ein Beweis dafür ist einerseits seine Tätigkeit für die Markgrafen Kasimir und Georg während seines Aufenthaltes in Preussen und Polen, und andrerseits der Umstand, dass er trotzdem daneben vom Matthäustage (21. September) 1522 bis zum Jahre 1527 ununter-

---

[1]) Die Aktenstücke zur Reformationsgeschichte Frankens sind gedruckt bei J. H. Schülin, Fränkische Reformationsgeschichte 1731; Herrmann, S. 75f.; vgl. auch v. d. Lith a. a. O., der gute archivalische Quellen benutzt, und Schornbaum, S. 37 ff.

[2]) Friedensburg, Zur Vorgeschichte des Gotha-Torgauischen Bündnisses der Evangelischen 1525—1526 (1884), S. 36: Martin Tucher an Schwarzenberg vom 24. Juli 1525; s. auch Balfanz, S. 53.

brochen[1]) seinen „Dienstsold“ laut seiner Bestallung von jährlich 100 Gulden rh. vom Bamberger Bischof bezogen hat.

Zum Schlusse mag endlich noch als Krone dieser mehrfachen Ernennungen erwähnt sein, dass Schwarzenberg am 3. April 1524 von Kaiser Karl V. zu seinem Rate ernannt worden ist. Die Urkunde[2]) erkennt in ausserordentlich schmeichelhaften Worten die *„angenehmen, getreuen und nützlichen dienste“* an, die er dem heiligen römischen Reiche besonders in seiner Eigenschaft als Mitglied des Reichsregiments geleistet habe, und nimmt in Erneuerung des kaiserlichen Privilegs von 1521 Schwarzenberg und seine Söhne in besonderen kaiserlichen Schutz. Die Veranlassung dieser Ehrung liegt allerdings wohl in der damaligen politischen Lage: Karl V. wollte die grollend abtretenden Regimentsmitglieder versöhnen, ehe das neue Esslinger Regiment zusammentrat. Trotzdem zeigt die Urkunde durch ihren Wortlaut, dass auch über konventionelle Ausdrücke hinaus Schwarzenbergs Verdienste und Bedeutung bei seinen Zeitgenossen anerkannt wurden.

Dreizehntes Kapitel.

Schwarzenberg in Preussen.[3])

Als Schwarzenberg sich entschloss, zum Hochmeister Albrecht nach Preussen zu gehen, war ihm die Sache und die

---

[1]) Nach Ausweis der fürstl. Bamberg. Hofkammerzahlamtsrechnungen von 1523—1527. (Kr.-Arch. Bamberg.)

[2]) Original im fürstl. Schwarzenbergischen Zentralarchive zu Krumau (Berger, S. 43).

[3]) P. Tschackert, Urkundenbuch zur Reformationsgeschichte des Herzogtums Preussen Bd. 1 und 2, 1870 (Publik. aus den k. preuss. St.-Arch. 43, 44).

E. Joachim, Die Politik des letzten Hochmeisters in Preussen, Albrecht von Brandenburg III. (1895). (Publ. aus den k. preuss. St.-Arch. 61).

politische Lage des Ordens nicht unbekannt. Wir können durch seine ganze politische Tätigkeit hindurch verfolgen, wie von Zeit zu Zeit immer wieder von neuem der Hochmeister von Preussen in seinen Gesichtskreis tritt.

Bereits 1512 war er Zeuge des Hilfegesuchs, das Albrecht in Nürnberg und Neustadt an der Aisch an Maximilian richtete. Der Rat, den man damals dem Hochmeister gab, sich an die Reichsstände und die Ritterschaft zu wenden, führte freilich noch lange nicht zu einem günstigen Resultate. Die Sache des Hochmeisters beschäftigte sodann den Reichstag längere Zeit hindurch. Als 1522 die uns bekannte Gesandtschaft nach Wien zog, wird besonders berichtet, dass vor Eintritt in die eigentliche Verhandlung über die Türkenhilfe die deutschen Gesandten mit den polnischen eine Unterredung über den Streit zwischen Polen und Preussen gehabt hätten (7. Juni); sie scheinen ihre Vermittelung angeboten zu haben. [1]) Die Sache selbst hat aber wohl keine weiteren Folgen gehabt. Ebenso wenig fruchtete eine Verweisung an das Reichsregiment, das einem Versprechen Karls V. zufolge die Angelegenheiten des Ordens entscheiden sollte. [2])

Das Reichsregiment und der Reichstag zu Nürnberg mag erst einen näheren Zusammenschluss zwischen dem Hochmeister und Schwarzenberg begünstigt haben. Auch Albrecht war ein tätiges Mitglied des Regiments und hatte dort gewiss am ehesten die Möglichkeit, den Wert eines Mannes wie Schwarzenberg kennen zu lernen, mit dem er des öfteren in Kommissionen gemeinsam gesessen hat und den er als Regimentsrat in der Vertretung von Kurmainz ablöste. Es ist daher wohl kein Zufall, dass gerade Schwarzenberg, als sich Albrecht (Febr. 1523) von

---

R. Philippi, Freiherr Johann von Schwarzenberg in Preussen. Ein Beitrag zu seiner Biographie. Sep.-Abdruck aus der Zeitschrift des westpreuss. Geschichtsvereins 1880 (1), 44 ff.; M. Balfanz, S. 56—66.

Zu den bisher bekannten Archivalien des kgl. Hausarchives zu Charlottenburg und des St.-Arch. zu Königsberg kommen folgende Briefe Schwarzenbergs, die bisher teils gar nicht, teils ganz oberflächlich benutzt waren: vom 2. August 1525, 19. Januar 1526, 19., 20. Januar 1526, 10. Januar 1527, 2. Mai 1527, 10. Juni 1527, 18. Mai 1528.

[1]) RTA. III 198. [2]) Joachim III 29.

neuem hilfesuchend an die Reichsstände wandte, in die Reichskommission gewählt wurde, die auf einem Tage zu Wien zugegen sein sollte. Daneben gehören ausser dem lutherfreundlichen Doktor Zoch, dem Kanzler von Magdeburg, die Bischöfe von Freising und Passau und der Herzog Ludwig von Bayern dazu.[1]) Diese Zusammensetzung bestärkt die Vermutung, dass bereits 1522 von der ja fast mit den gleichen Personen besetzten Gesandtschaft in Wien ebenfalls wichtige Angelegenheiten verhandelt worden sind. Es wurde aus diesem Tage nichts: das alte Reichsregiment hat also das Versprechen Karls V. nicht zur Ausführung gebracht. Als sich das neue im Jahre 1525 mit der Frage zu beschäftigen begann, war Albrecht bereits Untertan des Königs von Polen.

Schwarzenberg hatte lange gezögert, den immer dringender werdenden Bitten und Einladungen des Hochmeisters folge zu leisten; wie er trotzdem die ausserordentlich schwierigen politischen Verhältnisse zu klären suchte, in denen sich der Hochmeister befand, zeigt ein uns erhaltenes Konzept ungefähr vom August 1524.[2]) Es war die Zeit, in der man es Albrecht nahe legte, Lehnsmann des Polen zu werden. Schwarzenbergs „Bedenken auf die handlung, so jetzo aus Preussen an meinen gn. herrn, den hochmeister gelangt ist", zeigt ihn uns als gewiegten Diplomaten. Nach Lage der Dinge blieb für Albrecht, der trotz aller seiner Anstrengungen und Bitten vom Reiche verlassen war, kein anderer Ausweg übrig. Den König von Polen für diesen Vorschlag zu gewinnen, wurde Herzog Friedrich von Liegnitz ausersehen, der bei Sigismund eine Stimme hatte. Er sollte in Krakau sondieren, doch wurde ihm ernstlich ans Herz gelegt, solche Handlung „als von im selbst" zu tun und sich mit nichten merken zu lassen, dass Hochmeister, Orden oder Landschaft überhaupt davon Kenntnis hätten. Das Schriftstück sieht ganz wie eine von Schwarzenberg erbetene Instruktion für den Liegnitzer aus. Reden und Antworten des Königs werden darin vorausgesetzt und schon die Antworten für eine Verhandlung dem Herzoge in den Mund gelegt.

---

[1]) Joachim III 58; RTA. III 735, besonders Anm. 1.
[2]) Joachim III 332—335 Nr. 191.

Es ist bekannt, dass die Bemühungen des Herzogs Friedrich Erfolg hatten. Am 10. April 1525 leistete Albrecht der Krone Polen den Treueid.

Aber nicht nur als gewichtiger Ratgeber in der Ferne wirkte Schwarzenberg für das junge Herzogtum Preussen, er entschloss sich persönlich dorthin zu reisen und an der Neuordnung der dortigen Verhältnisse trotz seines hohen Alters werktätigen Anteil zu nehmen.

Bereits vor dem 21. Juli 1525[1]) hatte Albrecht sich in einem dringlichen Schreiben an Schwarzenberg gewandt: Dieser scheint im Prinzip durchaus damit einverstanden gewesen zu sein, nach Preussen zu gehen, war jedoch z. Z. durch Krankheit verhindert. Er hat gleich dem Markgrafen Kasimir an Lithiasis gelitten. Auch waren gerade im Jahre 1525 die Zeitläufte recht unsicher. Die Bauern hatten sich erhoben und waren sogar vor Schwarzenberg gezogen, das, wie wir sahen, nur mit Mühe von Christoph verteidigt wurde. Albrecht machte bald darauf einen neuen Versuch, Schwarzenbergs Hilfe zu gewinnen. Am 29. November richtet er[2]) abermals ein eigenhändiges Schreiben an ihn und bittet dringlich, ihm doch seine bewährte Kraft zur Verfügung zu stellen. Auch diesmal war die Zeit ungünstig gewählt; der alte Recke fühlte sich nicht mehr so urkräftig und gesund wie früher; er liess fast zur selben Zeit wie Kasimir die Steinoperation an sich vollziehen;[3]) doch damit nicht genug: gerade das Jahr 1525 setzte dem Freiherrn gewaltig zu. Der Tod seiner Tochter Barbara, der Streit mit seinem strengkatholischen Sohne Christoph und alles was sich daran an Kämpfen

---

[1]) Nach Philippi, S. 12, der den Aufbewahrungsort des Schreibens von Schwarzenberg an Albrecht v. 21. Juli 1525 jedoch nicht angibt; im St.-Arch. Königsberg ist es nicht.

[2]) Philippi, S. 13; Aufbewahrungsort des Originals ebenfalls nicht zu ermitteln.

[3]) Schwarzenberg an Albrecht v. 7. November 1525 (Philippi, S. 13; wo?); Kasimirs Operation erwähnt ausser einem Schreiben Kasimirs an Albrecht vom 26. Oktober 1525 (Philippi, S. 13 Anm. 2), auch Schwarzenberg an Albrecht in einem Schreiben zusammen mit Seckendorff und Vogler v. 19. Januar 1526 (St.-Arch. Königsberg, herzogl. Briefarchiv A 4).

mit Schatzgeyer und den Würzburgern[1]) anschloss, verursachte viel Aufregung, gerade in einer Zeit, in der auch Markgraf Kasimir an seinen Rat und seine Hilfe fortdauernd die grössten Ansprüche stellte. So schreibt Schwarzenberg noch Ende Januar 1526[2]) dem Hochmeister ablehnend, gibt aber dabei seine Bereitwilligkeit zu erkennen, später mit oder ohne Auftrag von seiten Kasimirs dem Herzoge zu dienen.

Bald fand sich die Gelegenheit, auf die Albrecht hoffte. Die Verhältnisse Preussens waren nach dem Aufgeben der Selbständigkeit des Ordens wenigstens äusserlich geklärt, und Albrecht konnte daran denken, seiner Hinneigung zu Luthers Lehre dadurch öffentlich Ausdruck zu geben, dass er die wichtigste Ordensregel brach und ein Weib nahm.[3]) Bereits in Nürnberg hatte ihn der Verkehr mit Männern wie Osiander und Schwarzenberg der neuen Lehre geneigt gemacht: hatte er doch in der Luthersache auf seiten der Evangelischen gestanden. Luthers Rat und Bescheid, an den er sich persönlich gewandt hatte, tat das übrige. So bereitete er seine Hochzeit mit der Tochter des Königs von Dänemark, der Prinzessin Dorothea vor, die am 24. Juni gefeiert werden sollte. Zu dieser Hochzeitsfeier trafen von allen Seiten die geladenen Fürstlichkeiten und ihre Vertreter ein: unter letzteren auch Schwarzenberg für seinen Markgrafen Kasimir, der sein Ausbleiben gebührend entschuldigte und seinem Hochzeitsbotschafter mit einem Kredenzschreiben gebührend Eingang verschaffte, „*der an meiner statt E. L. fröhlichkeit als ein alter deutscher renner und stecher vollbringen helfen soll.*“[4])

Am 20. Juni kam Schwarzenberg in Königsberg an,[5]) fand jedoch die Hochzeit verzögert. Die Braut landete erst am 26.

[1]) S. oben S. 34 ff.

[2]) Schwarzenberg an Albrecht v. 20. Januar 1526 (St.-Arch. Königsberg, herzogl. Briefarchiv A 4; vgl. Philippi, S. 15).

[3]) Joachim III 90 ff.

[4]) Kasimir an Albrecht v. 15. Mai 1526 (St.-Arch. Königsberg, Tschackert, No. 483; Philippi, S. 17).

[5]) Schwarzenberg an Kasimir v. 27. Juni 1526 (Tschackert, No. 496); gedruckt in Spiess, Münzbelustigungen 2, 29—31 und Longolius, Beschäftigungen 1, 418—421.

in Fischhausen. Die Festlichkeiten dauerten vom 1.—4. Juli. Wir haben genaue Berichte, wie es dabei zuging. Neben dem grossen ausführlichen Briefe des Christoph von Gattenhofen über die Vermählungsfeierlichkeiten[1]) gibt auch Schwarzenbergs Brief an Kasimir darüber Auskunft.[2]) Er reitet bei der Einholung des fürstlichen Fräuleins mit den übrigen Botschaftern dicht hinter dem Bräutigam. Bei dem Stechen und der Kurzweil ritterlicher Spiele scheint er freilich nicht mehr persönlich mitgewirkt zu haben. Seine Anwesenheit hat Albrecht selbst in den ersten Tagen seiner jungen Ehe beschäftigt; mag der Eindruck, den er von der machtvollen Persönlichkeit des alten Freiherrn von neuem erhielt, in ihm gute Erwartungen geweckt haben: kurz, er schreibt bereits am 2. Juli, also noch während der Hochzeitsfeier, an Kasimir, er sei bedacht, in seinen Landen gute Ordnung aufzurichten, und wolle dabei Herrn Johann von Schwarzenberg gern „haben und gebrauchen". Er bittet Kasimir, ihn ein Jahr lang in Preussen zu belassen.[3]) Ja, er muss dem Freiherrn sogar schon früher Anträge in dieser Richtung gemacht haben; denn Schwarzenberg stellt es bereits am 27. Juni seinem Markgrafen Kasimir anheim, ob er ihn zu Haus entbehren könne, vergisst jedoch nicht, die Hinweisung auf seine eigenen Angelegenheiten in Franken beizufügen.[4]) Kasimir erteilt seinem getreuen Rate den gewünschten Urlaub nicht mit ganz leichtem Herzen: auch im Frankenland gibt's allerorten zu schaffen, und die Fürsten haben an redlichen und geschickten Leuten Mangel.[5]) Er willigt jedoch schliesslich ein und beruhigt auch Schwarzenberg über seine eigenen Angelegenheiten: er will seinen Sohn Christoph beschützen, der den Vater in dessen Abwesenheit vertreten soll.[6])

---

[1]) Tschackert, No. 498.

[2]) Tschackert, No. 496 I; woher Philippi auf einen zweiten Bericht Schwarzenbergs schliesst (S. 18), ist unerfindlich.

[3]) Tschackert, No. 501. Nachschrift: *„Ich pit, E. L. wol mir disen man nicht versagen, angesehen, das dem haus Onnolspach on disen landen auch nicht wenig gelegen."*

[4]) Stelle bei Philippi, S. 18 abgedruckt.

[5]) Kasimir an Albrecht v. 1. August 1526 (Tschackert, No. 510; Stelle bei Güterbock, S. 90; Philippi, S. 19).

[6]) Kasimir an Schwarzenberg v. 1. August 1526 (Longolius, 1, 424 ff.; Philippi, S. 19, Anm. 2).

Über die eigentliche Tätigkeit Schwarzenbergs in Diensten des neuen Herzogs in Preussen wissen wir nicht viel Einzelheiten. Dass er an den Sitzungen des Königsberger Hofrats teilgenommen habe, ist aus den Präsenzlisten ersichtlich.[1]) Die sehr schwierige und prekäre Lage Preussens gegenüber Polen und Brandenburg erforderten einen so weitschauenden Mann wie Schwarzenberg war, noch mehr als die augenblickliche innere Lage des ehemaligen Ordensstaates. In dem Jahr von Schwarzenbergs Anwesenheit ist sogar ein gewisser Stillstand unverkennbar, da durch die Verheiratung Albrechts ein Abschluss in seinen Bestrebungen eingetreten war. Die Landesordnung des Herzogtums in Preussen, die bereits 1525 viel beraten war, wird in jener Zeit nicht merklich gefördert, sie erscheint erst zwei Jahre später.[2]) Kleinere Ordnungen wie die Hofstaatsordnung Dorotheens u. a. sind nicht so wichtig, dass wir Schwarzenberg dafür zu bemühen brauchen.[3]) Dass er die von Dr. Crotus verfasste Schrift über die Säkularisierung Preussens vom 29. Oktober mitberaten habe, ist wahrscheinlich, jedoch durch keine archivalische Nachricht zu stützen.[4])

Seine Tätigkeit scheint sich auf wirkliches Ratgeben in den oft verwickelten politischen Angelegenheiten und auf Ratschläge zur Einrichtung der inneren Verwaltung beschränkt zu haben. Hierauf deutete Philippi die Vermutung, dass er „*zur aufrichtung allerlei christlicher ordnung*“ nach Preussen gebeten, eine ganze Reihe von Schriften mitgebracht hätte, die dann in der herzoglichen Kanzlei kopiert wurden: so u. a. die Halsgerichtsordnung,[5]) die Ordnung des Oberhofgerichts der Kurfürsten von Sachsen, die sog. 23 Artikel von 1524 und die dagegen gerichteten Ansbacher Ratschläge; ausserdem ein Formularbuch „*etlich viel guter copien von hauptbriefen*“. Diese Annahme, ebenso wie die Angabe

---

[1]) Philippi, S. 21.

[2]) Vgl. hierzu Philippis Nachrichten aus dem Königsberger Archive in seiner Abhandlung S. 21—24.

[3]) Tschackert, No. 515, 533 (Ordnung gegen Müssiggänger).

[4]) Philippi, S. 21; Literatur bei Tschackert, No. 519.

[5]) Über die Königsberger Handschrift des Nürnberger Entwurfes s. Kohler und Scheel, Carolina S. XII ff.; über den Entwurf selbst s. oben S. 119 ff.

eines herzoglichen Schreibers Caspar Knötzl, der die Ansbacher Ratschläge und die Halsgerichtsordnung kopiert haben sollte, hat sich jedoch nicht als stichhaltig erwiesen. Sowohl der starke einst zuerst von Steffenhagen beschriebene Sammelband,[1]) als auch der teilweise von gleicher Hand geschriebene Registrant: „*Handlung des reichstags zu Nurenberg 1524*“ benutzen nämlich Papier mit einem Wasserzeichen, das regelmässig in Schreiben der fränkischen Markgrafen wiederkehrt.[2]) Will man also nicht annehmen, dass Schwarzenberg als höflicher Mann auch das Schreibpapier nach Königsberg mitgebracht habe, so ist nicht zu verkennen, dass von den Stücken, die Schwarzenberg nach Philippis Ansicht mitgebracht haben soll, nicht viel übrig bleibt. Wir werden vielmehr zugeben müssen, dass alle diese Schriften ebensogut Albrecht selbst ihre Einführung nach Preussen verdanken konnten. Albrecht wollte nicht Schwarzenbergs Akten, sondern seinen Blick, seine lebendige Anschauung der dortigen Verhältnisse, seinen in manchem Sturm erprobten Rat. Den wird er ihm nicht vorenthalten haben.

Von Einzelheiten ist aus Schwarzenbergs preussischem Aufenthalt folgendes bekannt: Er war von Kasimir nicht nur als Botschafter zu den Hochzeitsfeiern abgeordnet worden, sondern hatte auch noch Aufträge der fränkischen Markgrafen für den polnischen Hof übernommen. Vorzüglich sollte er im Namen Georgs und Kasimirs mit König Sigismund über die Auszahlung des Heiratsgeldes ihrer Mutter (der verstorbenen Markgräfin Sophia), der Schwester des Königs, verhandeln. Die Summe belief sich auf 32000 Goldgulden. Schwarzenberg hatte die Absicht, dies in Danzig zu tun, wenn Sigismund auf dem Rückwege nach Krakau dort verweilte.[3])

Mag ihm jedoch der Zeitpunkt nicht angemessen erschienen sein, da Sigismund von dem scharfen Strafgerichte kam, das er in und um Danzig vollzogen hatte, oder schreckte ihn das Beispiel seines Herrn, der im Mai 1526 in gleicher Sache vom König

---

[1]) Zeitschrift für Rechtsgeschichte 1864, S. 186.

[2]) Mitteilung der Verwaltung des St.-Arch. Königsberg.

[3]) Schwarzenberg an Kasimir v. 27. Juni 1526 (Tschackert, No. 496).

in Danzig schnöde abgewiesen worden war: kurz, er scheint günstigere Gelegenheit abgewartet zu haben. In den letzten Tagen des Juli weilte Sigismund in Marienburg.[1]) Hier brachte Schwarzenberg am 30. Juli[2]) im Beisein Albrechts sein Gewerbe vor: selbstverständlich hatte er den gleichen Erfolg wie Albrecht. Der König verweigerte jede Zinszahlung, sowie die Auszahlung des Kapitals, das er gern um 10000 Goldgulden herabgedrückt hätte. Man erbot sich zu einer Abschlagszahlung von jährlich 2000 Goldgulden vom Jahre 1530 an. Hierauf konnte sich Schwarzenberg nicht einlassen.

Die Verhandlung hatte damit für diesmal ihren Abschluss erreicht; sie wurde wieder aufgenommen, als Schwarzenberg wohl im September[3]) von Kasimir von neuem die Anweisung erhielt, seine Forderung geltend zu machen. Dies sollte nach Schidlowitz' Rate auf einem polnischen Landtage zu Petrikau im Februar 1527 geschehen. Die Aussichten auf Erfolg waren freilich schlecht genug.

Bereits in einem Schreiben an Vogler[4]) hatte Schwarzenberg als guter Beobachter den Rat gegeben, man solle es doch einmal bei der Courtisane des Bischofs von Krakau versuchen, „*die hübsch und des geistlichen vatters gewaltig ist*".

Ferner bittet er am 10. Januar 1527[5]) Albrecht, den fränkischen Markgrafen mitzuteilen, dass er einem „*königischen gewaltigen*" eine Geldsumme als „Verehrung" versprochen hätte, um die Sache in Fluss zu bringen. Über die Person und Summe will sich Schwarzenberg seinen Herren gegenüber kein Urteil

---

[1]) Nach den Acta Tomiciana VIII 157 vom 24.—31. Juli (Balfanz, S. 62 Anm. gegen Philippi, S. 19).

[2]) Der Tag wird durch das Schlussdatum des Briefes von Schwarzenberg an Petrus Tomicki, den Bischof von Krakau v. 31. Juli 1526 (Tschackert, No. 509) genau bestimmt; die Gegenwart des Herzogs sichert ein Schreiben von Christoph von Schidlowitz (Szydlowiecki) und Tomicki an Albrecht v. 31. Januar 1527 (Tschackert, No. 532; Balfanz, S. 63); der Anfang des vorher zitierten Briefes vom 31. Juli 1526 (Tschackert, No. 509) beweist dasselbe.

[3]) Kasimir an Albrecht v. 13. September 1526 (Philippi, S. 23).

[4]) Tschackert, No. 508.

[5]) Schwarzenberg an Albrecht v. 10. Januar 1527 (St.-Arch. Königsberg, herzogl. Briefarchiv A 4).

erlauben. Albrecht benutzt diesen Hinweis noch an demselben Tage in einem Nachzettel zu einem Briefe an Georg und Kasimir.[1] „*Nachdem des ortes fast der gebrauch ist: wer schmiert, der fährt*", schlägt er vor, die Summe von 1500—2000 Gulden an einige polnische Grossen zu geben: „*Wollten uns versehen, es sollte der sache sehr nützlich sein*"! Wer die polnischen Empfänger gewesen sind, kann nicht zweifelhaft sein. Am 31. Januar antworten nämlich Christoph von Schidlowitz und Petrus Tomicki an Albrecht, der König wäre nicht zu bewegen, eine günstigere Antwort als im vorigen Jahre zu geben.[2]

Der Erfolg scheint also trotz aller Bemühungen ausgeblieben zu sein.

Während Schwarzenberg in dieser Geldangelegenheit keinen Erfolg gehabt zu haben scheint, ist sein tatkräftiges Eintreten für die evangelische Sache auf demselben Tage zu Marienburg von Wichtigkeit für die Stellung, die das neue Herzogtum gegenüber dem katholischen Polen in Religionssachen einnimmt. Hinneigung zur Lutherischen Lehre hatte das Band zwischen Albrecht und Schwarzenberg geknüpft, hatte den Urgrund für die Herberufung nach Preussen abgegeben: nichts ist natürlicher, als dass Schwarzenberg nun tatkräftig den gleichen Lehren Ausdruck zu geben wagt, zu denen er sich in Nürnberg und Ansbach, sowie in seinen Schriften bekannt hatte. Er fand in Preussen besonders unter den Räten Herzog Albrechts gleichgesinnte Genossen,[3] einige von ihnen wie Friedrich Fischer, Speratus und Poliander waren ihm sogar aus früherer Würzburger und Bamberger Zeit her wohlbekannt. Dazu kommen noch der bereits erwähnte Bischof Queis von Riesenburg und Dr. Crotus Rubeanus, letzterer unserm Schwarzenberg aus der denkwürdigen Zusammenkunft zu Bamberg 1520 vertraut, wo Hutten zum Vorkämpfer für die Lehre Luthers gewonnen wurde.[4]

Schwarzenberg hatte gleich im Anfang seines Aufenthaltes

---

[1]) Albrecht an Georg und Kasimir v. 10. Januar 1527 (Tschackert, No. 530, S. 181).

[2]) Tschackert, No. 532.

[3]) Tschackert I, S. 110 ff., Philippi, S. 21, 22.

[4]) Leitschuh, Georg III. Schenk von Limburg (1888), S. 16.

in Preussen Gelegenheit für seine religiöse Überzeugung einzutreten. Albrecht musste das Wüten Sigismunds gegen die Reformation in Danzig mit ansehen, ohne etwas dagegen tun zu können. Neun Danziger und zwei Marienburger Lutherprediger schmachteten in Ketten und sollten zum Tode verurteilt werden. Um sie zu befreien, hatte Albrecht, wie wohlbezeugt ist, sogar einen Fussfall vor dem Könige nicht gescheut. Schwarzenberg trat offen für die Lehre selbst ein. In zwei höchst interessanten Briefen hören wir näheres.[1])

Als Albrecht in der erwähnten Unterredung mit Sigismund die Losgabe wenigstens einiger der Gefangenen erreicht hatte[2]) und Schwarzenberg nun nichts mit seinen Worten verderben zu können glaubte, forderte er als streitbarer Mann, wie einst in Nürnberg Sir Edward Lee, so hier den Bischof Tomicki von Krakau zu einem Wortgefecht über religiöse Fragen heraus, dessen Bedeutung er selbst mit den Worten anerkennt: *„so ist derselbig bischoff der geschicktst und gewaltigst bey dem könig.“* Zeuge der Unterredung war der Kanzler Christoph von Schidlowitz. Es waren harte Worte, die dem alten Vorkämpfer evangelischer Lehr- und Gedankenfreiheit hier vor Polens König entfuhren. In Polen, so sagte er, wäre der gleiche Streit um das Wort Gottes wie in deutschen Landen. Die Päpstlichen scheuten das Licht und die öffentliche Aussprache, wie die Nachteulen den Tag und die Sonne. Er weist auf die Beschlüsse des Reichstags von Nürnberg hin (1523) und beklagt es tief, dass die Katholischen es verstanden hätten, den Kaiser umzustimmen; ja er gibt diesem Umstande schuld an dem Bauernaufruhr in Süddeutschland. Zum Schluss spricht er den Wunsch aus, Gott wolle die Häupter der Christenheit erleuchten in der Erkenntnis,

[1]) Schwarzenberg an Georg Vogler und an Petrus Tomicki von Krakau v. 31. Juli 1526 (Tschackert, No. 508, 509) aus G. Th. Strobel, Vermischte Beiträge (Johann Freiherrn von Schwarzenberg, eines zur Zeit der Reformation um die Marggräflich-Brandenburgischen Lande Hochverdienten Ministers zween sehr merkwürdige Briefe nebst einer kurzen Nachricht von dessen Leben und Schriften). Altdorf 1773; im Auszuge abgedruckt bei Herrmann, S. 87—92.

[2]) Vgl. den Brief Sigismunds an Albrecht vom 16. August 1526 (Tschackert, No. 511).

dass auch die römische Kirche irren und stracks dem Gebote Gottes zuwiderhandeln könne und oftmals von Christo und dem göttlichen Wort abweiche. Die Erwiderung des Bischofs fiel recht matt aus; vielleicht war er auch durch das Schmunzeln des Königs in Verlegenheit gebracht. Er behauptete nur, gerade die Lutherische Lehre hätte den Krieg in die Welt gebracht, was Schwarzenberg zu einer scharfen Antwort von fast Lutherischer Kraft veranlasste, „die Fürsten und des Kaisers Majestät sollten hoch bedenken tragen, damit sie nicht in dieser Sache wider Gott stritten!" Da fürchtete wohl der König, es könnte seinem Bischof im Wortstreit übel ergehen, und so trennte er die Parteien mit der burlesken Wendung, dass jetzt Essenszeit wäre.

Schwarzenberg gab jedoch den Kampf noch nicht auf und liess den Bischof nicht so ohne weiteres los. Er schrieb ihm *„eine glympffige schrifft und heuchelt darinnen mer, dann mir im synn was;"* [1]) ausserdem sandte er ihm noch eins seiner eigenen Büchlein mit der Bitte zu, dies zu lesen und sich vielleicht dazu äussern. Es war das Buch gegen Schatzgeyer.

Auch äusserlich hielt sich Schwarzenberg, wie früher, vom römischen Ceremoniell absichtlich fern und hätte sich am Sonntag den 29. Juli während der Messe, die Sigismund und auch Albrecht miteinander hörten, gern die Marienburg angesehen, doch sandte ihm der Marschalk einen Boten nach, der ihn gerade vor der Kirchentüre traf und ihn hineinführte; dort musste er zwischen zwei Bischöfen Platz nehmen. Da zog er, unbekümmert um seine Umgebung, sein Neues Testament aus der Tasche und las im Römerbrief. Der Herzog selbst, so erzählt Schwarzenberg, habe gar wohl bemerkt, wie die Bischöfe ihm öfters ins Buch geblickt, geschmunzelt und an seiner Pauluslektüre den Lutheraner erkannt hätten. Sie sagten aber kein Wort darüber, sondern waren voll Höflichkeit.

Sehr mit Unrecht sind die Briefe Schwarzenbergs an Georg Vogler und Petrus Tomicki für unecht gehalten worden.[2])

---

[1]) Tschackert, No. 510.

[2]) Philippi, S. 19—21; dagegen Tschackert, No. 509 (S. 173) und auch Balfanz, S. 64.

Die kraftvolle, originelle Art, der bei allem mannhaften Ernst durchscheinende echt deutsche Humor beweisen allein schon klar, dass wir es hier tatsächlich mit Äusserungen Schwarzenbergs zu tun haben; inhaltlich werden sie nicht nur durch die Nachrichten des preussischen Chronisten Stegmann, sondern auch durch einen lateinischen Brief Sigismunds an Albrecht gestützt, in dem nochmals auf die Freigebung der evangelischen Prediger zurückgegriffen und der Zusammenkunft in Marienburg ausdrücklich gedacht wird.[1])

Noch ein Eintreten Schwarzenbergs für die evangelische Sache ist zu erwähnen.

Nach dem 29. Oktober 1526 erschien in Königsberg bei Weinreich ein jetzt ausserordentlich seltener Druck „*Des heylgen Geysts deutlicher warnungbrieffe u. s. w.*,"[2]) in dem anonym mit kräftigem und freiem Wort die protestantische Priesterehe verteidigt wurde. Man hat auf verschiedene in der evangelischen Bewegung stehende Männer als Verfasser geraten, auf Friedrich von Heideck, Paulus Speratus, die beide verheiratet waren; denn nur solchen ist die kraftvolle Verteidigung der Ehe zuzutrauen.[3]) Neuerdings ist man jedoch zu der ganz richtigen Überzeugung gekommen, dass kein anderer als Schwarzenberg diese Schrift verfasst habe:[4]) die süddeutschen Ausdrücke „*glaubig*" und „*nit*", die immer wiederkehrende Hinweisung auf den Bauernaufruhr von 1525, den er ja am eigenen Leibe erfahren hatte, weisen klar auf ihn als Verfasser. Die geradezu virtuose Beherrschung der Bibel in Luthers Übersetzung erhebt dies zur Gewissheit.

In die Zeit des Königsberger Aufenthalts fällt endlich noch Schwarzenbergs Bemühung, die religiösen Verhältnisse der Ansbachischen Lande zu bessern. Es ist bekannt, dass Markgraf Kasimir trotz anfänglicher Hinneigung zur Lutherischen Lehre

---

[1]) Tschackert, No. 511.

[2]) Tschackert, No. 522.

[3]) Tschackert I, S. 178.

[4]) Tschackert, Nachträge zur preussischen Reformationsgeschichte (Zeitschrift für Kirchengeschichte 17, S. 410—412); vgl. auch P. Schwenke, Hans Weinreich und die Anfänge des Buchdrucks in Königsberg (Altpreuss. Monatsschrift 33, S. 67—109).

doch nach und nach sich ganz den Katholischen in die Arme geworfen hatte und das Fronleichnamsfest 1526 katholisch feiern wollte. Dazu kam der Abschied des Reichstages von Speier 1526, der es in das Belieben der Stände stellte, sich in Glaubenssachen so zu halten, wie sie es vor Gott und dem Kaiser verantworten könnten. Die Furcht, sich die Gunst Karls V. zu verscherzen, von dem Kasimir persönlich vieles erhoffte, führte ihn zu einer der Lutherischen Lehre geradezu feindlichen Auslegung des Reichsabschiedes, ja brachte ihn sogar dazu, einen evangelischen Prediger, Hans Ruerer in Ansbach, zu verfolgen und festzusetzen.[1]) Auf dem Landtage zu Ansbach (10. Oktober) erliess er eine vom Tage darauf datierte *„Neuordnung etlich strittig artikel betr. unsern h. christlichen glauben"*, die er vielleicht an Georg, sicher an Albrecht nach Preussen sandte.[2])

Hier empfand man die Ordnung als einen Schlag gegen die sich in Preussen immer weiter ausbreitende Luthersache und versuchte in diplomatischer Weise den Markgrafen Kasimir anderen Sinnes zu machen. Schwarzenberg war der Verfasser eines „Gegenratschlags", den er am 10. Januar an Albrecht mit der Bitte einsendet, ihn an seine eigentliche Adresse gelangen zu lassen. Freilich will er sich nicht offen als Verfasser bekennen, sondern schlägt vor, dem Markgrafen zu melden, die Schrift käme von *„etlichen der gotlichen schrift verstendigen"*, die sie an den Markgrafen Georg auf seinen Wunsch gesandt hätten.[3])

Schwarzenbergs Polemik ist scharf und wortkräftig, wie wir es bereits an ihm kennen. Er nennt die Art, wie Kasimir im ersten Artikel seiner Ordnung die Predigt und Lehre freigibt

---

[1]) Georg an Schwarzenberg v. 9. Juni 1526 (v. d. Hardt, Historia reformationis litterarum 5, 109; Balfanz, S. 65; Schornbaum, S. 99f., 228, 249—284).

[2]) v. d. Lith, Erläuterung der Reformationshistorie S. 176ff.; Philippi, S. 24; sie ist vorhanden im St.-Arch. Königsberg, d. d. Ansbach 11. Oktober 1526, herzogl. Briefarchiv A 4, Anlage zum Schreiben Schwarzenbergs an Albrecht v. 10. Januar 1527 (29 Seiten).

[3]) Albrecht handelte nach diesem Vorschlage: Albrecht an Kasimir und Georg vom 14. Januar 1527 (St.-Arch. Königsberg; Philippi, S. 25 Anm. 1).

und dann in den folgenden dies verklausuliert, „*sich Christo und seines worts schemen*"! Er kennt Kasimir und wagt kaum zu hoffen, dass man die Publikation der Ordnung werde hindern können, oder dass er sich dazu verstehen werde, seine Artikel nach dem Gegenvorschlag in irgend einer Weise zu ändern. Sehr klug ist daher sein Vorschlag, doch dahin zu wirken, dass die fürstlichen Brüder „*einen notdoerftigen klaren brifflichen vertrag doneben vereinigten, welche solche ardickel in derselben ordnung funden werden, die noch den ersten furstlichen ardickel, die klar wort gotes luter und frey zu leren und volzihen, verhinderlich verstanden werden mochten, das doch solgs alles und ydes durch ir genade semptlich oder sunderlich oder irer genaden amptleut oder bevehlhaber mit nichte und keinerlei weisse gehanthabt, noch den bebstischen bischöffen gestat werde, irer genaden unterthan und verwante mit der that von dem klaren wort gotes und desselben volzihung zu bedrangen.*" [1])

Offenbar hat dies Vorgeben keine Folgen gehabt. Schon bevor Ratschlag und Brief in Kasimirs Händen sein konnte, erliess dieser am 1. Februar 1527 noch schärfere Bestimmungen gegen die Evangelischen [2]) und setzte wiederum einen der Neuerer ins Gefängnis, diesmal den biederen Georg Vogler, dessen Schicksal Schwarzenberg zusammen mit Markgraf Georg in Wien durch Fürsprache bei Kasimir zu lindern trachtete.[3])

Wir nähern uns dem Ende der Wirksamkeit Schwarzenbergs in Preussen. Ein Jahr lang sollte sein Fernbleiben von Ansbach dauern; dass aber Kasimir trotz einer gewissen Gegnerschaft in religiösen Dingen seinen bewährten Diener gern früher wieder bei sich gehabt hätte, zeigt eine Äusserung bereits vom 24. Oktober 1526; er meldet Voglers Gefangensetzung mit dem Beifügen: „*Sagt das auch herrn Schwarzenberg, wenn er noch bei E. L. ist.*" [4])

Die Instruktion für den oben erwähnten polnischen Tag von

---

[1]) Eigenhändige Beilage zu Schwarzenbergs Schreiben an Albrecht vom 10. Januar 1527 (St.-Arch. Königsberg).

[2]) Schwarzenberg an Albrecht vom 10. Juni 1527 (St.-Arch. Königsberg, herzogliches Briefarchiv A 4, früher Schrank 3, 32, 34).

[3]) Ebendort.

[4]) Kasimir an Albrecht vom 24. Oktober 1526 (Philippi, S. 24).

Petrikau hielt Schwarzenberg jedoch noch bis in den Februar 1527 in Preussen fest. In einem Schreiben Kasimirs an Albrecht vom 10. Februar wird die Sache der Entscheidung Albrechts und Schwarzenbergs anheimgestellt,[1]) und auf den Rat der früher genannten polnischen Grossen, unterblieben weitere Schritte in der Mitgiftangelegenheit.[2]) Nach dem 10. Februar, wo Schwarzenberg also sicher noch in Königsberg war, gibt nur noch ein etwas unsicheres Zeugnis von seinem Aufenthalt in Preussen Kunde. In dem Ehevertrag, den Bischof Polenz mit Friedrich von Heideck für eine seiner Schwestern schloss, ist Schwarzenberg als Vermittler genannt, der *„kürzlich aus Preussen wieder gen Franken reisen wird"*.[3]) Da, wie Tschackert andeutet, in dem Datum „29. Februar 1527" ein Fehler steckt, so liegt es nahe, da die Zahl 29 mit Buchstaben geschrieben ist, an eine Verwechselung mit dem 29. Januar zu denken; und dann würde die Urkunde für unseren Zweck nichts beweisen; sonst aber ist Schwarzenbergs Anwesenheit in Preussen bis in den März hinein bezeugt.

Die Angabe „kürzlich" lässt einen gewissen Spielraum für seine Abreise aus Preussen. Am 5. Mai ist seine Anwesenheit in Ansbach durch ein Schreiben Kasimirs an Albrecht sicher gestellt.[4]) Es steht also nichts im Wege, diesen Tag als den seiner Ankunft anzunehmen. Dann wäre er etwa zu Anfang April aus Königsberg geschieden, nicht ohne kleine politische Aufträge für die Reise, auf der er ja durch vieler Herren Länder zog. Dies gibt uns ein vom Donnerstag nach Quasimodogeniti (2. Mai) datierter Brief an Albrecht an die Hand, in dem freilich die Ortsbezeichnung fehlt.[5]) Schwarzenberg berichtet darin über den Erfolg seiner Sendung an den Kurfürsten Johann von Sachsen, dem er im Auftrage Albrechts einen versiegelten *„vertragsbrieffe"* den Landgrafen von Hessen betreffend, mit der Massgabe überreicht hätte, ihn dem Landgrafen nur dann einzuhändigen, wenn dieser seinerseits ebenfalls einen solchen Brief für Albrecht

[1]) Philippi, S. 25. [2]) Acta Tomiciana IX 37.
[3]) Tschackert, No. 537, S. 183.
[4]) Kasimir an Albrecht v. 5. Mai 1527; s. Philippi, S. 25 Anm. 3.
[5]) Schwarzenberg an Albrecht v. 2. Mai 1527 (St.-Arch. Königsberg, herzogl. Briefarchiv A 4).

dem Kurfürsten übersandt haben würde. Der Kurfürst erklärte sich damit einverstanden. Wir werden nicht fehl gehen, wenn wir hierin die ersten Anzeichen des evangelischen Gegenbündnisses gegen die gefürchtete Vereinigung Ferdinands, Joachims I. von Brandenburg und des Herzogs Georg von Sachsen zu Breslau zu erkennen glauben, über die man in Preussen jedenfalls gut orientiert war. Schwarzenbergs Beziehungen zu den daraus folgenden „Packischen Händeln" sind anderwärts zu besprechen.

Nehmen wir danach an, dass Schwarzenberg gegen Ende April auf seiner Rückreise aus Preussen in Torgau beim Kurfürsten Johann vorgesprochen hat[1]) und am 2. Mai über die Unterredung an Albrecht berichtet, so kann er ganz gut am 4. Mai in Ansbach eingetroffen sein, so dass Kasimir seine Ankunft am 5. Mai nach Preussen melden konnte.

Albrecht antwortete darauf an Kasimir mit Worten voller Wärme, die den Schluss dieses Kapitels und zugleich des preussischen Aufenthaltes bilden mögen:

„Ich bitte, E. L. wolle sich herrn Schwarzenberg befohlen sein lassen, sein gnädiger herr sein und bleiben, auch um meinetwillen ob ihm und seinen sachen halten, ihn schützen und schirmen; denn fürwahr wir gebrüder nit einen schlechten mann an ihm haben und uns seiner wohl freuen mögen, ja nit wir alleine, sondern so ihn ein kaiser hätte." [2])

Fürwahr ein ehrenderes Zeugnis konnte Albrecht seinem scheidenden Rate nicht ausstellen; es zeigt uns, wie hoch man in Preussen Schwarzenbergs Tätigkeit geschätzt hat.[3])

---

[1]) Den Ort mutmasse ich aus einem späteren Briefe Schwarzenbergs an Albrecht vom 18. Mai 1528 (St.-Arch. Königsberg).

[2]) Albrecht an Kasimir vom 9. Juni 1527 (nach Philippi, S. 25).

[3]) Mit einem Worte wenigstens zurückweisen muss ich die Angabe Herrmanns (S. 91 f.), Schwarzenberg sei im Herbst 1526 in Ansbach gewesen, und Weissels Behauptung (S. 35), er habe dem Reichstag zu Speier beigewohnt. Beides ist durch obige Darstellung widerlegt; dagegen sprechen ausserdem die Erwähnungen bei den Hofratssitzungen in Königsberg. Vgl. gegen Herrmann und Weissel Balfanz, S. 61 Anm. 3 auch Schornbaum, S. 90 ff.

Vierzehntes Kapitel.

Schwarzenberg in Ansbach 1527—1528.

Nach Ansbach zurückgekehrt, trat Schwarzenberg sofort wieder in das alte Dienstverhältnis zu dem Markgrafen Kasimir; die Gegnerschaft in religiösen Dingen scheint also in keiner Weise ihre sonstigen Beziehungen getrübt zu haben; auch von einer Verstimmung nach dem Bauernkriege ist keine Rede,[1]) selbst wenn Schwarzenberg Kasimirs Massnahmen nicht immer gebilligt haben wird.

Bald nach seiner Rückkehr begannen umfangreiche Rüstungen für den Zug nach Wien zum König Ferdinand, dem am 23. Oktober 1526 die Krone Böhmens und am 17. Dezember 1526 die Ungarns übertragen worden war. Dieser neue Zuwachs zu Österreichs Hausmacht musste mit frischen Kräften gegen die Türken verteidigt werden, die seit der siegreichen Schlacht von Mohacz immer grössere Erfolge errungen hatten. Kasimir war zum Oberbefehlshaber gegen die Türken berufen worden und machte sich mit grossem Gefolge im Juni auf den Weg. Es ist bezeichnend für die Wertschätzung, deren sich Schwarzenberg erfreute, dass der Markgraf gerade ihn trotz eigener Geschäfte und zunehmender Kränklichkeit dabei um keinen Preis missen mochte. Humoristisch schreibt der alte Freiherr an Herzog Albrecht: „*dabei s. g. mich als ein alten narren auch hat haben wollen*", und fügt der Aufzählung des fürstlichen und ritterlichen Gefolges seines Herrn die Worte hinzu: „*und ich alter nar tross auch mit.*"[2])

Weiteres wissen wir von seinen Schicksalen auf diesem Zuge nicht; wahrscheinlich ist er nach dem Tode Kasimirs zu Ofen am 21. September unverzüglich in die Heimat zurückgekehrt.

---

[1]) Gegen Balfanz, S. 60 und Anm.

[2]) Schwarzenberg an Albrecht vom 10. Juni 1527 (St.-A. Königsberg, herzogl. Briefarchiv A 4).

Hier warteten seiner neue Aufgaben. War Kasimir in den letzten Jahren mehr und mehr auf die Seite der Luthergegner gerückt, so trat mit dem Markgrafen Georg einer der begeistertsten Anhänger der neuen Lehre die Regierung an. Dass er ebenfalls unserem Schwarzenberg wohlgeneigt war, haben wir aus den Königsberger Briefen gesehen. Er hatte nichts Eiligeres zu tun, als den bewährten Rat und Diener auch seinem Lande und seiner Regierung zu erhalten. Ja, er war klug genug, ihn wiederum durch eine feste Verbindung an sich zu ketten; nicht nur als „Rat und Diener von Haus aus" sollte er ihn unterstützen: er bot ihm vielmehr die Stellung eines Landhofmeisters an mit weitgehenden Befugnissen. Während der Abwesenheit Georgs ausser Landes ist er Hauptmann und Statthalter auf dem Gebirg und der Vormund von des Fürsten unmündigem Sohne Albrecht. So trat Schwarzenberg am Abend seines Lebens noch einmal in ein festes Dienstverhältnis, wie einst in Bamberg unter Bischof Georg III.[1]) Hiermit erst verliess er offiziell den Bambergischen Dienst: mit dem Jahre 1528 hören erst, wie die fürstlich Bambergischen Hofkammerzahlamtsrechnungen ausweisen, die Soldzahlungen von seiten des Bischofs auf, die Schwarzenberg bis dahin, also sogar während seines Aufenthaltes in Preussen, fortlaufend bezogen hatte.[2])

Seine Tätigkeit in den politischen Fragen hängt mit den sog. „Packischen Händeln" zusammen. In der vielumstrittenen Frage steht wohl soviel zur Zeit fest, dass eine Vereinigung der altgläubigen Fürsten zu Breslau 1527 tatsächlich nicht existiert hat. Wie wir aber bereits aus Schwarzenbergs Torgauer Briefe sahen, scheint er ebenso wie die Fürsten von Sachsen und Hessen an eine den Evangelischen drohende Gefahr von jener Seite geglaubt zu haben. Jedenfalls steht er, nachdem im März 1528 der kampfesfrohe Landgraf Philipp sich mit dem Kurfürsten Johann zu Weimar vereinigt hatte, mitten in den

[1]) Bestallungsrevers Schwarzenbergs v. Sant Peterstag Cathedra (22. Februar) 1528 zu Onolzbach (Kr.-A. Bamberg); ebendort vgl. das Brandenburg. Gemeinbuch 9, fol. 170: am 7. Juli 1528 wird Schwarzenberg zu einer Vertragssache als „Landhofmeister" erwähnt, ebenso in dem unten benutzten Briefe vom 22. April 1528 an Paul von Schwarzenberg.

[2]) HKR. 1527—1528 (Kgl. Kr.-Arch. Bamberg).

Verhandlungen; er zeigt sich in einem Briefe an Albrecht genau über die starken Rüstungen Philipps orientiert und glaubt, dass mit der Rückkehr Markgraf Georgs vom Tage zu Prag die Sache eine bestimmte Wendung nehmen wird.[1])

Auch in einem Briefe an seinen Sohn, den Würzburger Domherrn Paulus Freiherrn zu Schwarzenberg,[2]) erwähnt er die aufrührerischen und sorglichen Zeitläufte, die durch den angeblichen Bund der katholischen Fürsten in Deutschland eingetreten sind. Er schreibt: *„wie diser zeit die laufft auffrurisch unnd sorglich sein, ist dir on zweifel wissennd, unnd was dasselbig verursacht, kannst du villeicht besser weder ich wissen; wann ist es als man sagt, solt ir genannte geistliche euch zusamenn verbunden unnd verpflicht habenn, alle, die ir lutherisch nenntt unnd dem evanngelion annzuhangen begern, mit der that zu vertilgen unnd aufs neu ausszureuten wie etwo den tempelherrn geschehen ist."* Er scheint also auch hier zwar nichts Genaues über die Gegner zu wissen, doch von dem Vorhandensein eines Bundes gegen die Evangelischen vollkommen überzeugt zu sein und meint, dass der offene Kampf nicht lange auf sich warten lassen kann; ist dies doch sogar für ihn ein Grund, nicht zu einem angesetzten Tage nach München zu reiten, zu dem Christoph von Schwarzenberg, der Bayerische Hofmeister, den Vater und die Brüder im Namen seines Herzogs eingeladen hatte.

Weiteres über seine Teilnahme an dem Ausgang der Packischen Händel ist nicht zu erkennen. Die späteren Ereignisse, in deren Verlauf ja neben Mainz und Würzburg besonders Bamberg zur Zahlung eines Ersatzes der entstandenen Kriegskosten an den Landgrafen Philipp gezwungen wurde, weisen jedoch so in seine unmittelbare Nähe, dass wir an seiner weiteren Teilnahme wohl nicht zweifeln dürfen. Archivalien sind darüber nicht vorhanden.

---

[1]) Schwarzenberg an Albrecht vom 18. Mai 1528 (Plassenburg).

[2]) Schwarzenberg an seinen Sohn Paulus vom 22. April 1528 (Fürstl. Schwarzenbergisches Zentralarchiv in Krumau; Akten des Freiherrn Johann II., Fasc. 278; die erste Hälfte des Briefes abgedruckt von A. Mörath im Anzeiger für Kunde der deutschen Vorzeit 21, Spalte 150 (1874).

Grossen Anteil hat Schwarzenberg an der eifrig durchgeführten Reformation der Ansbachischen Länder genommen.[1])

Markgraf Georg hatte durch den Landtagsbeschluss vom März 1528 die strengen Massnahmen seines Vorgängers unschädlich gemacht. Er wünschte aber noch mehr zu tun. Schwarzenbergs Verdienst war es, wie es scheint, ihn in nähere Verbindung mit Luther selbst gebracht zu haben.[2]) Eine Kirchenvisitation nach Kursächsischem Vorbilde sollte in Ansbach und zugleich auch in Nürnberg der neuen Lehre festen Halt und Organisation geben.[3]) Gestalt gewann dieser Plan durch Verhandlungen zwischen Ansbach und Nürnberg (15. Juni) zu Schwabach in 22 Artikeln, die für spätere Ordnungen vorbildlich wurden. Während Schwarzenberg an diesen Beratungen und besonders an dem Zustandekommen der 22 Artikel tätigen Anteil genommen hat, konnte er die Verhandlungen zwischen Ansbach und Kursachsen im Oktober 1528 zu Koburg nicht mehr persönlich fördern.

Fünfzehntes Kapitel.

Ausgang.

Schon seit dem Jahre 1525 finden sich, besonders in Schwarzenbergs Briefen nach und aus Preussen Klagen über Krankheit und Schwäche seines Körpers. Wir hören, dass er mit der gleichen Krankheit behaftet war wie sein Markgraf

[1]) v. d. Lith, S. 238ff.; Herrmann, S. 94—95; Balfanz, S. 66—67; vgl. Schornbaum, S. 110.

[2]) Luther an Georg vom 21. Mai 1528 (de Wette 3, S. 324).

[3]) Lazarus Spengler an Schwarzenberg vom 20. Mai 1528; siehe darüber Herrmann, S. 95 Anm. 10.

Kasimir, einer äusserst schmerzhaften Lithiasis, und dass beide zu gleicher Zeit eine Operation an sich vollziehen liessen. Trotz deren Gelingen ward es Schwarzenberg doch schwer, Kasimir 1526 auf seinem Zuge nach Wien zu begleiten; er liess sich nur durch dessen dringliche Vorstellungen dazu bewegen. Es war die letzte grössere Ausfahrt des alten Freiherrn. Zwar hat er als Landhofmeister Georgs und Vormund seines Mündels Albrecht noch manche Arbeitslast auf seine alten Schultern genommen, ja sogar in dieser Zeit das Landrichteramt der Burggrafschaft Nürnberg für Georg, den Burggrafen von Nürnberg, verwaltet; doch nahmen seine Kräfte auch äusserlich sichtlich ab, wie wir aus der Ergänzungsurkunde zu seiner Bestallung als Landhofmeister [1]) herauslesen können; hierin wird ihm zugestanden, dass er nach dem Tode Georgs seinem Mündel Albrecht nicht mehr am Hofe oder als Hauptmann auf dem Gebirge und besonders nicht ausser Landes zu dienen brauche.

Doch kam es nicht mehr dazu, dass der alte Recke nochmals den Herrn wechselte. Im Dienste Markgraf Georgs ist er gestorben, als er sich im Oktober 1528 in seiner Begleitung zu einer Zusammenkunft mit dem Kurfürsten von Sachsen nach Koburg begeben wollte. Er verschied auf der Reise am 21. Oktober 1528 im goldenen Kreuz zu Nürnberg.

In der Vorrede zu seiner Übersetzung von Ciceros Schrift „Vom Alter" wird der Augenblick seines Todes geschildert: als die äusseren Glieder bereits abstarben, erhob er die Hand und sah sie an; furchtlos blickte er dem Tode ins Auge; nur des schweren letzten Kampfes wünschte er entledigt zu sein. Noch einmal richtete er sich in alter Kraft empor; dann sank er schmerzlos zurück.[2])

Der alte Streiter für Gesetz und Recht und reine evangelische Lehre war dahingegangen.

Auf dem Nürnberger Johannisfriedhofe ist er begraben. Leider kennt man, wie im Eingange erwähnt, seine letzte Ruhe-

[1]) Originalurkunde vom 22. Februar 1528 im Fürstl. Schwarzenbergischen Zentralarchive in Krumau.

[2]) „Teutsch Cicero" (1534), Bl. 21a.

stätte nicht mehr. Sie ist bereits seit dem Ende des 17. Jahrhunderts verschollen.[1])

Sein Tod ging bei seinen Zeitgenossen nicht unbemerkt vorüber. Besonders aus Luthers[2]) oft zitierter Lobpreisung erhellt die Würdigung und Wertschätzung der Mitwelt.

[1]) Trechsel, Erneuertes Gedächtnis des Nürnberger Johanniskirchhofs (1785) s. v. Schwarzenberg; Rosshirt, S. 242; Berger, S. 46.

[2]) S. oben S. 89.

Zweiter Teil.

Schwarzenberg als Jurist.

Sechzehntes Kapitel.

Die Quellen der Bambergensis.[1])

1. Altbambergische Rechtsquellen vor der Bambergensis.

Im Mittelpunkte von Schwarzenbergs juristischer Schriftstellerei und seiner Tätigkeit als höchster weltlicher Gerichtsbeamter des Bistums steht die zuerst 1507 erschienene *Constitutio criminalis Bambergensis*, die Bambergische Halsgerichtsordnung. Die klare Disposition, die feine und doch kräftige Art der Darstellung, die unnachahmliche Kunst, fremde Rechtssatzung und altdeutsches Gewohnheitsrecht mit einander zu verschmelzen, sichern ihr einen dauernden Platz in der deutschen Rechtsgeschichte und besonders der Geschichte der Rezeption des

---

[1]) H. Zöpfl, Das alte Bamberger Recht als Quelle der Carolina (1839); E. Brunnenmeister, Die Quellen der Bambergensis. Ein Beitrag zur Geschichte des deutschen Strafrechts (1879); C. Gahn, Beiträge zur Quellengeschichte des Bamberger Zivil- und Kriminalrechts (1893); W. Scheel, Das alte Bamberger Strafrecht vor der Bambergensis (1903); die ältere Literatur verzeichnet Geib 1, S. 254 f. — Ausgaben der Rechtsquellen: Zöpfl, Urkundenbuch, darin S. 1 ff.: Das alte Bamberger Stadtrecht (StR.), S. 141 ff.: Gerichtsbuch der Stadt Bamberg (StB.), S. 124: kleinere Ordnungen und einzelne Rechtsfälle. — A. Köberlin, Ein Bamberger Echtbuch (liber proscriptorum) von 1414—1444 (EB.) im 59. Bericht über Bestand und Wirken des historischen Vereins zu Bamberg (1898). — Die Bambergische Halsgerichtsordnung unter Heranziehung der revidierten Fassung von 1580 und der Brandenburgischen Halsgerichtsordnung zusammen mit dem sogenannten Correctorium, einer romanistischen Glosse und einer Probe der niederdeutschen Übersetzung

römischen Rechts in Deutschland.[1]) Um diesem Werke gegenüber den richtigen Standpunkt zu gewinnen, besonders das Verhältnis feststellen zu können, in dem Schwarzenberg zu ihm steht, empfiehlt es sich, einen kurzen Blick auf die Kodifikation des altbambergischen Strafrechts und Prozesses vor der Bambergensis zu tun.

In der ersten Zeit nach der Entstehung des Bistums (1007) finden sich nur dürftige Nachrichten über das Gewohnheitsrecht, nach dem die Richter urteilen; den Untergrund der Rechtsprechung bilden die alten fränkischen Volksgesetze und die Kapitularien der fränkischen Könige; geschriebenes Recht war nicht vorhanden. Nur das geistliche Recht erhielt durch Synodalstatuten weitere Ausdehnung, die freilich erst sehr spät durch Bischof Heinrich Gross von Trockau zuerst 1491 zu einem Gesetzbuch zusammengefasst und unter Bischof Georg III., Schenken von Limburg 1506 mit Nachträgen versehen wurden.

Für die Entwicklung des Strafrechts und Prozesses in Bamberg bildet das 14. Jahrhundert sodann einen ersten Markstein. Im Jahre 1306 liess der Rat von Bamberg ein Gerichtsbuch (StB) zu kriminellen und vorzüglich polizeilichen Eintragungen anlegen, das bis 1332 (1333) fortgeführt wurde, zufällig zusammengetragene Nachrichten, aus denen ein vollständiges Bild des damaligen Strafrechts und Prozesses nicht zu gewinnen ist.

Dieses Gerichtsbuch bildete nicht den Grundstock, wie allgemein behauptet wird — dazu ist es viel zu unbedeutend[2])

---

hrsg. von J. Kohler und Willy Scheel (1902), vgl. Einleitung S. LXV bis LXIX. — Ungedruckte Materialien enthält das Kgl. bayrische Kreisarchiv in Bamberg: Fürstl. Bambergische Hofgerichtsbücher 1484 ff. (HGB.), Fürstl. Bambergische Ratsbücher 1500 ff. (FBRb.), Sammlung von Protokollen in den Fürstl. Bambergischen Ratsbüchern 1501 ff. (Prot.), Fürstl. Bambergische Hofkammerzahlamtsrechnungen (HKR.), vgl. Scheel, S. 1—5. — Das Nürnberger Recht behandelt H. Knapp in seinen Schriften: Das alte Nürnberger Kriminalverfahren bis zur Einführung der Carolina (nach Ratsurkunden erläutert) 1891 und Das alte Nürnberger Kriminalrecht (1896).

[1]) Näheres bietet die Einleitung zur zitierten Neuausgabe der Bambergensis.

[2]) Scheel, S. 96 (ich zitiere sämtliche ungedruckten Bamberger Quellen (s. o.) der Kürze halber nach meiner oben angeführten Abhandlung darüber).

— wohl aber einen Beitrag zu dem sogenannten alten Bamberger Stadtrecht (StR.), über das Zöpfl ausführlich in seinem gleichnamigen Buche handelt. Er überschätzt die Wichtigkeit der beiden genannten Rechtsdenkmäler sowohl an sich, als ihre Geltung für die Folgezeit beträchtlich. Es kann jetzt als erwiesen gelten, dass Schwarzenberg bei der Abfassung der Bambergensis nicht auf dem Recht seiner engeren Heimat in dem Sinne fusst, dass er die altbambergischen Rechtsdenkmäler zur näheren oder weiteren Grundlage seines Gesetzbuches gemacht hat; davon kann schon bei der Lückenhaftigkeit derselben keine Rede sein. Zwar bieten die 52 Titel des alten StR. in bunter Reihe ein Bild damaliger Rechtszustände; aber die Kodifikation als solche ist durchaus keine so exzeptionelle, dass sie aus der Reihe der gleichzeitigen Stadtrechtsdenkmäler irgendwie hervorragte, sondern steht ihnen vielmehr an Klarheit des Ausdrucks bei weitem nach. Auch diese Aufzeichnungen sind trotz der scheinbar systematischen Einkleidung und Einteilung durchaus lückenhaft und zufällig. Das materielle Recht, das, wie Gahn richtig bemerkt, keine Entwicklung gegen früher bietet, ist besonders fragmentarisch, so dafs an eine quellenmässige Beziehung zur Bambergensis schon aus diesem rein äusserlichen Grunde gar nicht gedacht werden kann. Ausführlicher ist der Prozess behandelt; freilich steht er noch vollständig auf altgermanischer Grundlage. Inwieweit hieran die absichtliche Nichtausführung des Inquisitionsverfahrens in der Bambergensis, sowie die Lehre von der Notwehr etwa angeknüpft werden darf, ist weiter unten klargelegt.

Nun schweigt die Kodifikation in Bamberg über 100 Jahre. Erst die bischöfliche Gerichtsbarkeit[1]) des 15. und 16. Jahrhunderts schuf einige Ordnungen, die hier genannt sein mögen, da man auch in ihnen Quellenschriften der Bambergensis gewittert hat. Im Jahre 1463 erliess Bischof Georg I. eine Reformation des Domdechaneigerichts, zu der Bischof Heinrich III. 1488 eine Erklärung herausgab; 1508 folgte die „*Reformatio iudicii decanatus Babenbergensis*“ von Bischof Georg III. Ferner veröffentlichte der ebengenannte Bischof Heinrich III. 1497 eine Reformation

[1]) Vgl. Näheres darüber bei Brunnenmeister, S. 32—40.

des Hofgerichts zu Bamberg, die durch die sich daran schliessenden Hofgerichtsprotokolle berühmt geworden ist[1]). Alle diese vor der Bambergensis liegenden Ordnungen haben, wie Brunnenmeister richtig und klar ausspricht, für die Schwarzenbergische Halsgerichtsordnung überhaupt keinen Quellenwert, es sei denn, dass der im Bambergischen Gerichtsdienst stehende Verfasser sich an ihnen und ihrer Sprache gebildet habe. Ich schliesse mich diesem Urteil durchaus an und weise überdies noch die ganz allgemeinen Verbindungsfäden ab, die Brunnenmeister für das Zeugenverhör und das Verfahren von Amtswegen zu konstruieren scheint.

Ganz anders steht es mit der Reformation des Landgerichts von 1503.[2]) Diese unter Bischof Veit erlassene Ordnung ist in der Bambergensis (art. 182. 244. 245. 270) ausdrücklich als Quelle angeführt und hier darauf verwiesen. Und nur zu natürlich. Ich werde den Nachweis versuchen, dass wir in dem Verfasser des wichtigen kleinen Gesetzes keinen anderen als Schwarzenberg selbst zu sehen haben.

Sahen wir also, dass Schwarzenberg bei Abfassung seines Gesetzes keineswegs auf dem Rechte seiner engeren Heimat fusst und an einen rein quellenmässigen Zusammenhang mit den alten Bamberger Rechtsbüchern nicht gedacht werden kann, so ist anderseits nicht zu vergessen, dass er jahrelang in Diensten der Bamberger Bischöfe war und mindestens seit 1501 fast täglich mitten in der Bamberger Gerichtspraxis gestanden hat. Diese Praxis des 16. Jahrhunderts hat unter ihm noch vor der Bambergensis einige Veränderungen erfahren, trennt sich jedoch prinzipiell nicht von der des 14. und 15. Jahrhunderts. Über diese Gerichtspraxis waren wir bisher nur durch die kurzen Bemerkungen orientiert, mit denen Seitz[3]) einst in überschwänglicher Finderfreude auf die Protokolle des Bamberger Hofgerichts und einige darin enthaltenen Urteile Schwarzenbergs aufmerksam gemacht hatte. Dazu stimmt herzlich schlecht die pessimistische Abweisung Brunnenmeisters, der in ihnen gar nichts Förderndes für eine Quellenuntersuchung der Bambergensis

---

[1]) Vgl. Scheel, S. 1—5.

[2]) Brunnenmeister, S. 40 ff.

[3]) Zeitschrift für Rechtsgeschichte 2 (1863), S. 435 ff.

sehen will. Beides ist unrichtig. Von den für uns in Betracht kommenden Bänden (HGB. 1484—1487, 1500—1504) — einer ist inzwischen verloren gegangen, — dürfen wir allerdings kein Repertorium von selbständigen Strafurteilen Schwarzenbergs erwarten; denn Schwarzenberg hat durchaus nicht immer den Vorsitz geführt, und das Gericht war die Appellationsinstanz, kein ursprünglich in erster Instanz erkennendes Gericht.

Trotzdem hat eine erneute genaue Durchsicht der berühmten Bände ein nicht zu verachtendes Material ergeben, das uns tiefer in die Entwicklungsgeschichte der Bambergensis zu führen imstande ist. Wir vermögen mit grösserer Deutlichkeit den Gedankenkreis zu erkennen und zu präzisieren, dem manche Bestimmung der Halsgerichtsordnung entstammt, und sehen somit deutlicher in die Werkstatt Schwarzenbergs, da auch die Hofgerichtsprotokolle uns von dem allmählichen Eindringen fremden Rechtes Zeugnis ablegen.

Rein deutschrechtliche Gedanken können wir in der Praxis Altbambergs neuerdings noch weiter rückwärts verfolgen und ihren Zusammenhang mit der Bambergensis nachzuweisen versuchen. Wir kennen nämlich jetzt aus den Jahren 1413—1444 ein sogenanntes Echtbuch, *liber proscriptorum*, das in einer getreuen Ausgabe R. Köberlins vorliegt.[1]) Die sehr interessante Publikation bietet uns jedoch nicht nur Stadtverweisungen, sondern auch andere Verurteilungen aller Art, so dass wir unter Hinzuziehung einiger bereits bekannter Einzelurteile aus den Jahren 1481—1486[2]) ein ziemlich nach allen Seiten vollständiges Bild damaliger Gerichtspraxis erhalten und somit auch fast bis an den Beginn des ersten Hofgerichtsbuches heranreichen.

Aus dieser Gerichtspraxis des 15. Jahrhunderts lassen sich rechtliche Normen und Gedanken eliminieren, die im Beginne des 16. Jahrhunderts in Altbamberg bekannt, massgebend und somit auch Schwarzenberg vertraut gewesen sind.

Hier und nicht in quellenmässig pedantischer Vergleichung des lückenhaften alten Stadtrechts liegen die wahren Wurzeln vieler deutschrechtlicher Gedanken der Bambergensis.

---

[1]) S. oben S. 169, Anm. 1.

[2]) S. Zöpfl, Anhang IV, S. 139—140.

2. Die übrigen Quellenschriften.

Sahen wir in der Bamberger Praxis die eine Quelle für Gedanken und Rechtsanschauungen der Bambergensis, die wir zwar als keine literarische, wohl aber als allgemein -geistige Anregung betrachten durften, so stehen nach dem ausführlichen Buche E. Brunnenmeisters dem eine ganze Reihe von Werken gegenüber,[1]) die Schwarzenberg bei der Ausarbeitung seines Gesetzes quellenmässig benutzt haben soll.

Abgesehen von den beiden Reichsgesetzen, die in art. 47. 127 Bamb. selbst deutlich bezeichnet werden, ist jedoch keine einzige Stelle als vollständig sicher zu erweisen. Brunnenmeister nennt die von ihm gefundenen Autoren mehr Interpretationsmittel als direkte Quellen. Damit hat er jedoch selbst seinen Ausführungen das Urteil gesprochen.

Von den genannten Quellenschriften scheidet zunächst die Nürnberger Reformation von 1479 aus: abgesehen davon, dass die Nürnberger gewiss trotz aller guten Beziehungen Schwarzenbergs zu ihrer Stadt dem Landfremden den Einblick in ihre — wohlgemerkt — handschriftlichen Gerichtsordnungen nicht ohne weiteres gestattet haben werden, ist der verglichene Inhalt (art. 268 Abs. 1. 2. Bamb.) so allgemein und auch anderen Stadtrechten eigentümlich, dass es ganz unnötig ist, das Nürnberger Recht dafür zu bemühen. Brunnenmeister verkennt ganz, dass nicht jede zufällige Gleichheit als Zeichen eines intimen Abhängigkeitsverhältnisses ausgebeutet werden darf.

Als zweite grosse und zwar wichtigste Quellengruppe schliesst sich die italienische Kriminalistik und ihre deutschen populären Darstellungen zu einem Ganzen zusammen. Wie aber Brunnenmeister selbst zugesteht, muss es auch hier als vergebliches Bemühen bezeichnet werden, aus der grossen Zahl der in Betracht kommenden Kriminalisten einen oder mehrere hervorzuheben, die Schwarzenberg und seine Gehilfen ausschliesslich benutzt hätten. Es steht mit den italienischen Lehrbüchern und Traktaten des 13. bis 15. Jahrhunderts gerade so wie mit

[1]) S. 289—290; 208—210.

den lateinischen Grammatikern der Renaissance. Auch sie überliefern eine Summe von Regeln, jedoch in einer so abgeschliffenen Form, dass eine Quellenuntersuchung nur immer eine Gruppe und keine einzelnen Schriftsteller anzugeben wagen dürfte. So auch hier; doch liegt die Sache noch bei weitem schwieriger, da wir es für die Bambergensis mit einer Übersetzung, und zwar von verschiedenen Händen, zu tun haben.

Dazu kommt noch folgende Erwägung: Hätte Schwarzenberg und seine Freunde tatsächlich auch nur einen Teil der in Frage kommenden Literatur in natura benutzt, so wäre seine Schreibstube derartig mit Büchern überladen gewesen, wie es im 16. Jahrhundert undenkbar war.

Aus der Bedeutung und der allgemeinen Bekanntheit z. B. des Albertus Gandinus und des Angelus Aretinus lässt sich wohl mutmassen, dass diese beiden Schriftsteller benutzt worden sind. Aber es finden sich in der Bambergensis auch Gedanken, die nicht den beiden genannten Werken entstammen. So kommen wir denn zu einem Ergebnis, das durch die folgende systematische Darstellung des Strafrechts der Bambergensis bestätigt werden soll:

Schwarzenberg hat jedenfalls die populär-wissenschaftliche Literatur des römisch-kanonischen Rechtes gekannt und gelesen, auch wohl exzerpiert; es wäre nicht zu verstehen, dass er an der Wormser Reformation von 1498 und dem Klagspiegel[1]) vorbeigegangen sein sollte. Ob und wieweit er aber tatsächlich Stellen und Gedanken gerade dieser beiden Rechtsbücher in sein Werk herübergenommen hat, ist schwer nachzuweisen, da Form und Inhalt auch in den italienischen Schriften wiederkehren.

Diese letzteren sind ihm durch seine Freunde zugänglich gemacht worden und zwar, wie wir noch sehen werden, in der Weise, dass sie ihm nötige Notizen auf Pergamentstreifen übersetzt zur Verfügung gestellt haben. Diese hat er dann seinem Werke einverleibt, wie an einigen Stellen deutlich nachgewiesen werden kann. So ist es erklärlich, dass bald aus diesem, bald aus jenem Juristen ein Stückchen genommen wurde, das

---

[1]) Der Leyenspiegel Ulrich Tennglers ist später erschienen.

Schwarzenberg nun seinerseits entweder weiter verarbeiten oder auch wörtlich einfügen konnte. Bestimmte Quellen sind nur in den wenigsten Fällen sicher festzulegen. Dagegen sind ihm nachweislich direkte Übersetzungen von Stellen des Corpus iuris geliefert worden.

Seinem Takt, seiner abwägenden scharfsinnigen Betrachtung blieb die Verschmelzung aller dieser heterogenen, verschiedenartigen Elemente vorbehalten.

Siebzehntes Kapitel.

Das Strafrecht der Bambergensis.

Allgemeiner Teil.

Wenn wir im folgenden den Versuch wagen, den wesentlichen Gedankeninhalt der Schöpfung Schwarzenbergs auf die Quellen hin zu prüfen, so soll nochmals die Ansicht an die Spitze gestellt werden, die in Hinsicht des eigentümlichen Verhältnisses des Verfassers zu seinen Quellen als notwendig richtig erscheint:

Es kommt nicht darauf an, eine möglichst grosse Zahl von Quellenstellen zusammenzutragen, aus der der Verfasser etwa geschöpft haben könnte. Eine bestimmte Stelle anzugeben, wird nur in den wenigsten Fällen möglich sein. Es soll vielmehr versucht werden, auf dem Hintergrunde der Bamberger Gerichtspraxis besonders des 15. Jahrhunderts den Gedanken Schwarzenbergs selbst nachzugehen, und durch die Gegenüberstellung deutscher und römisch-rechtlicher Gedanken die ganz eigenartig reiche Tätigkeit beleuchtet werden, die hier ein einzelner für sein Territorium auf dem Gebiet des Strafrechts und Prozesses entfaltet ist.

Bei der Sammlung der allgemeinen Lehren des Strafrechts aus der Bambergensis und dem Versuche, sie auf ihre

Quellen hin zu prüfen, muss es zuerst auffallen, dass in dem stellenweise so ins einzelne dringenden Gesetzbuche die allgemeinen Lehren verhältnismässig selten ausgedrückt werden. Doch nur zu erklärlich! Schwarzenberg hat sein Gesetzbuch offensichtlich nicht für gelehrte, sondern für Laienrichter bestimmt. Das zeigt ausser dem ausdrücklichen Hinweis in art. 1 Bamb. und der Beigabe der Holzschnitte für das grosse Publikum die bei jeder schwierigeren und subtileren Frage erscheinende Bezugnahme und Verweisung auf den Rat der Rechtsverständigen, also der zünftigen Juristen. Besonders feine und dem Laienverstande nicht leicht klar zu machende Gedanken, z. B. Vorsatz, Versuch und Teilnahme gehören solchen Partieen an. Die bekannte Strafe für einen klaren Rechtsfall konnten die Laienrichter wohl finden; hatte doch Schwarzenberg gerade in den Strafbestimmungen öfter erscheinender Verbrechen, wie des Diebstahls, durchaus deutsche, seinen Richtern wohlbekannte Rechtsgedanken absichtlich bewahrt. Schärfere Unterscheidungen konnte und durfte er ihnen jedoch nicht zutrauen. Aus diesem Grunde ist der allgemeine Teil des Strafrechts sogar da ausserordentlich zusammengeschrumpft, wo bereits das nationale Recht schon ähnliche Gedanken vertreten hatte.

1. Die Zurechnungsfähigkeit.

Dass die Zurechnungsfähigkeit durch die allzu grosse Jugend des Verbrechers eingeschränkt wird, ist ein allgemein stadtrechtlicher Satz; ihn brauchte Schwarzenberg nicht erst aus den Nürnberger Chroniken zu lernen, wie Brunnenmeister annimmt;[1]) auch die übrigen dort angeführten Quellen (Tiroliensis u. a.) kommen gar nicht in Betracht. Die Bamberger Praxis nennt ausdrücklich des öfteren das Alter der Delinquenten von 14, 17, 18 Jahren.[2]) Wenn hier freilich von einer Strafmilderung keine Rede ist, so liegt der Grund dafür in der Strafansetzung überhaupt. In Bamberg pflegten jugendliche Diebe — solche kommen ja auch in art. 190 Bamb. nur in Betracht — auf ewig der Stadt verwiesen zu werden. Mit der besonderen Betonung, dass solche Kinder unter 14 Jahren nicht am Leben gestraft werden dürften,

[1]) S. 71 nr. f. [2]) Scheel, S. 9.

stimmt also Schwarzenberg einerseits vollkommen zu der in Bamberg üblichen Praxis, andererseits zeigt die wörtliche Übersetzung des römischen Grundsatzes: „malitia supplet aetatem“ doch auch hier Beeinflussung durch fremde Rechtsquellen.[1]) Gerade bei diesem Falle lässt sich gegen Brunnenmeister deutlich machen, wie vorsichtig man mit Nennung einer bestimmten Quellenstelle sein muss. Auch ich bin überzeugt, dass Schwarzenberg bei der Abfassung des art. 190 durch Gedanken der Wormser Reformation (6, 1, tit. 22) angeregt worden ist; die einzelnen Angaben, die Altersgrenze stimmen jedoch keineswegs überein: hier muss die Tätigkeit der Gehilfen eingesetzt haben, die unserm Schwarzenberg die Gesetzesstelle verdeutscht haben, die klärlich dem Wortlaut des Artikels zu Grunde liegt. Eine Bestätigung bietet der art. 205 Bamb., wo allerdings ganz im allgemeinen die Jugend als Unzurechnungsfähigkeitsgrund genannt, aber derartige Fälle deutlich dem Urteil und Gutachten der rechtsgelehrten Räte unterstellt werden.

Auch hier scheint eine Benutzung des fremden Rechtes hervorzuschimmern. Die Erwähnung der Geisteskrankheit als Strafausschliessungsgrund führt auf die bereits genannte Stelle der Wormser Reformation (6, 1, tit. 22) und auch den Klagspiegel.[2])

2. Vorsatz.

Der Begriff des Vorsatzes hängt eng mit der Terminologie und Einteilung der Tötungsverbrechen zusammen; da davon an anderer Stelle genauer zu reden sein wird, beschränke ich mich hier darauf, die Aufmerksamkeit auf die wichtige Tatsache zu lenken, dass der Begriff des Vorsatzes in Bambergischen Quellen der Praxis des 15. Jahrhunderts wenigstens in der Terminologie der Bambergensis (art. 162; 159. 174.) vollkommen unbekannt ist; die Ausdrücke einer früheren Zeit sind „*wissentlich*“ und „*verlich*“, die natürlich auch der Bambergensis neben anderen bekannt sind. Die erste Stelle, die mir mit dem Ausdruck „*fursetzlich*“ aufstiess, zeigt in sehr interessanter Weise, wie

---

[1]) l. 23 D. de furtis 47, 2; Brunnenmeister, S. 89, 121—122.

[2]) tit. ad leg. Cornel. de sic. Bl. 174; Brunnenmeister, S. 121.

Schwarzenberg den älteren Terminus zur Erklärung des scheinbar neu eingeführten verwendet. 1505 heisst es in einer Verhandlung, in der er den Vorsitz führt: *„Das solche tatt einer ungeverlichen weyse unnd nit fursetzlich bescheen ist"*.[1]) Ebenso entscheiden die Räte einmal: *„Dweil die rede von beden teillen unfursetziglich, unbedachtlich und auss bewegnus des zcorns bescheen sein, so soll kein teil dardurch an seinen eren verletzt . . . sein"*.[2])

Dass solch Auftauchen einer neuen Terminologie in der Bamberger Praxis mit Schwarzenberg zusammenhängt, ist klar. Es lässt dieser Umstand sogar den Schluss zu, Schwarzenberg habe bereits 1505, also während der Abfassung seines Gesetzbuches, die ihm unterstellten Gerichte so beeinflusst, dass sie die von ihm geschaffene Terminologie annahmen. Woher er nun seinerseits das Material genommen hat, ist trotz mancher Untersuchungen[3]) nicht klar. Im allgemeinen muss die schärfere Betonung des Begriffes an sich aus dem fremden Rechte entnommen sein, und da Schwarzenberg die in diesen Gedankenkreis gehörigen bekannten Beispiele vom Schützen und Barbierer (art. 172 Bamb.) mit einigen Modifikationen aus dem Klagspiegel[4]) genommen zu haben scheint, so wird er vielleicht dieser populären Verarbeitung römischer Rechtsgedanken neben offensichtlichem Zurückgehen auf das Corpus iuris selbst (l. 11 pr. D. ad legem Aquiliam 9, 2), das ihm Freunde übersetzten, die dargelegte Auffassung entnommen und sich zu eigen gemacht haben. Wie dem auch sei, jedenfalls ist nach dem Gesagten eine bewusste Scheidung von *„geverlich, arglistig, wissentlich"* als Vorsatz auf der einen und *„fürsetzlich"* als „praemeditatio" auf der andern Seite keinesfalls für Schwarzenberg wahrscheinlich zu machen. Es braucht dagegen nicht erst erwähnt zu werden, welche Bedeutung die weitere Entwicklung dieser Begriffe für die Folgezeit gehabt hat.

---

[1]) Fürstl. Bamb. Ratsbücher 3 (1505), 237 ff.; Scheel, S. 10.

[2]) Fürstl. Bamb. Ratsbücher 2 (Prot. 1503—1505), 138; Scheel, S. 10.

[3]) S. Brunnenmeister, S. 249 Anm. 4 und die dort zitierte ältere Litteratur; vgl. neuerdings Kohler, Das Strafrecht der italien. Statuten vom 12.—16. Jahrhundert (1897), S. 708 f. über die Entwicklung der Begriffe vom Vorbedacht und Affekt bei den Italienern.

[4]) Bl. 124 b; Brunnenmeister, S. 172—173.

3. Der Versuch.

Auch die Behandlung des Versuchsbegriffes (art. 204 Bamb.) steht unter dem Zeichen italienischer Rechtsgelehrsamkeit und scheidet sich bewusst vom deutschen Gewohnheitsrechte, das die Versuchshandlungen als selbständige Verbrechen ohne Rücksicht auf den Erfolg bestrafte.

Die noch immer massgebende Abhandlung H. Seegers[1]) hat die Entwicklung dieses Begriffes im einzelnen nachgewiesen. Neben dem allgemeinen Schema des Klagspiegels (Bl. 186), der das „Gedenken", „Unterstehen" und „Vollbringen" scheidet, liefert die italienische Jurisprudenz, besonders Jacobus de Bellovisu alle Momente, die für die Zusammenstellung des art. 204 als nötig vorauszusetzen sind. Brunnenmeister sieht richtig, dass Schwarzenberg an dieser Stelle die sogenannten eigentlichen Versuchshandlungen von blossen Vorbereitungshandlungen trennen will. Dies drückt in unnachahmlicher Weise der Passus: „*So sich yemant einer misstat mit etlichen scheynlichen wercken, die zu volbringung der misstat dienstlichen sein mögen, understet* . . .", aus. Ist dies besonders durch die Plastik des Wortes „*scheinlich*" klar am Tage, so darf anderseits gegen Brunnenmeister doch nicht übersehen werden, dass Schwarzenberg mit seinem art. 204 Bamb. nicht den ganzen Begriff erschöpft. Seeger bemerkte dies bereits[2]) und betonte die deskriptive Natur der Behandlung. Art. 131 Bamb. z. B. bietet entschieden den sogenannten Versuch mit untauglichen Mitteln, wenn er den Zaubereiversuch, der niemandem geschadet hat, unter Strafe, freilich nur unter arbiträre, stellt. Auch dies entspräche übrigens der italienischen Praxis.[3])

Wie sehr Schwarzenberg gerade hierbei von den Italienern beeinflusst ist, zeigt seine zum teil recht bedeutsame Abwendung von der Bambergischen Praxis des 15. Jahrhunderts, in der wiederum merkwürdigerweise das charakteristische Wort „*scheinlich*" bereits um 1414 erscheint.[4]) Während hier beim Diebstahls-

---

[1]) Über die Ausbildung der Lehre vom Versuch der Verbrechen in der Wissenschaft des Mittelalters (1869): dazu Brunnenmeister, S. 173 ff.

[2]) S. 28. [3]) Brunnenmeister, S. 176; Kohler, S. 231.

[4]) Scheel, S. 11—13.

versuch mildere Strafen als bei der vollendeten Handlung verhängt werden (in art. 199 Bamb. handelt es sich freilich um einen Kirchendiebstahl, und es wird nur nach dem Orte der Handlung geschieden), ist bei den häufig vorkommenden Notzuchtvergehen die Bamberger Praxis unerbittlich und straft auch den leisesten Versuch wie vollendete[1]) Notzucht. Hier ist die mildere Bewertung Schwarzenbergs aus der ganzen Stellung dieses Verbrechens bei den Italienern erklärlich, wogegen die ziemlich ausführliche Unterscheidung eines freiwilligen oder unfreiwilligen Abstehens vom Versuche in den überlieferten Bamberger Fällen direkte Vorbilder hat.[2])

Wenn Versuch und Vollendung des Frauenraubes, besonders an Klosterfrauen, dagegen gleich bestraft werden, so ist Einfluss des kanonischen Rechtes hierbei nicht zu verkennen.

So schlingen sich deutsche gewohnheitsrechtliche Gedanken und römisch-rechtliche Anregungen ineinander und bilden ein fertiges Ganze, dessen Teile und einstige Zusammensetzung nur noch schwer zu erkennen sind.

4. Die verbrecherische Teilnahme.

Die verschiedenen Arten der verbrecherischen Teilnahme umfasst der vielbesprochene art. 203 Bamb.,[3]) doch finden wir auch anderwärts, besonders bei der Darstellung der einzelnen Verbrechen, wenig beachtete weitere Anführungen. Es ist im allgemeinen durchaus zuzugeben, dass die italienische Gelehrsamkeit einen grossen Einfluss vorzüglich auf die genauere Unterscheidung der Begriffe von Anstiftung, Beihilfe, Mittäterschaft und Begünstigung gehabt hat.[4]) Das zeigt von vorn herein das etwas unsichere Tappen Schwarzenbergs in Bezug auf die Feststellung der Strafbarkeit; er weist in den allermeisten Fällen die Entscheidung aus dem Machtbereich der Laienrichter heraus den juristisch geschulten bischöflichen Hofräten zu.

---

[1]) Scheel, S. 74—75.

[2]) ebendort S. 12.

[3]) Vgl. J. Heimberger, Die Teilnahme am Verbrechen in Gesetzgebung und Litteratur von Schwarzenberg bis Feuerbach (1896), S. 42—46.

[4]) Hälschner, Geschichte des brandenburgisch-preussischen Strafrechts (1885), S. 75.

Welcher Schriftsteller oder welches Buch ihm jedoch im einzelnen vorlag, ist wiederum sehr schwer festzulegen. Die Wormser Reformation bietet nicht, wie Brunnenmeister meinte,[1]) eine für unser Empfinden deutlichere Scheidung der einzelnen Arten der Teilnahme als Schwarzenberg. Ebenso wie sie die Worte „auxilium" und „favor" durch einen mehrgliedrigen Ausdruck wiederzugeben versucht, tut dies nach der Sitte der Zeit auch Schwarzenberg, braucht deshalb aber durchaus nicht auf der Reformation zu beruhen, sondern kann sich von einem seiner Freunde sehr leicht eine oder die andere Stelle aus den italienischen Dogmatikern (Gandinus) haben übersetzen lassen. Dafür spricht das eigenmächtige Dazwischenstellen des „*ursachers*" in art. 174. 203 Bamb. Die Erteilung von „*rat*" in der Wormser Reformation fehlt auch bei Schwarzenberg nicht (art. 48), man sieht jedoch nicht deutlich, was er damit meint: es ist wohl an eine Beihilfe im weiteren Sinne zu denken.

Beim Festsetzen der Strafe für die Anstiftung ist er, wie gesagt, nicht ganz sicher. Ob wir von Anstiftung zum Aufruhr und zur Schlägerei unter mehreren mit tötlichem Ausgange wirklich sprechen dürfen, ist sehr fraglich (art. 152. 174), besonders da bei letzterem das Moment des Vorsatzes hineinspielt, wie die Überschrift des letztgenannten Artikels andeutet. Dazu scheint freilich die Wissentlichkeit der Anstiftung zum Meineid zu passen (art. 128); der Anstifter erleidet hierbei die gleiche Strafe wie der Falschschwörer. Schwarzenberg steht also eigentlich noch vollständig auf dem Standpunkte der Bamberger Praxis des 15. Jahrhunderts. Auch hier ist gerade die Tätigkeit des Anstifters nicht sehr deutlich gegen die Beihilfe abgehoben, wenn auch eine Strafschärfung in einem Einzelfalle wenigstens darauf hindeutet.[2])

Dasselbe lässt sich von dem Verbrechen der Beihilfe[3]) selbst sagen. Auch hier bringt Schwarzenberg in art. 203 Bamb. eine ganz allgemeine Norm; zugegeben, dass er den Gedankenkreis an einem einzelnen Verbrechen, dem der Tötung, in der Wormser Reformation fand, braucht doch eine nähere Beziehung der

---

[1]) S. 127ff.

[2]) Scheel, S. 14.

[3]) Vgl. im allgemeinen Mintz, Die Lehre von der Beihilfe (1892).

beiden Stellen gar nicht bestanden zu haben. Die Häufung von Synonymen, in denen Brunnenmeister Ähnlichkeit entdecken will, ist in der Sprache der damaligen Zeit gang und gäbe und kann nichts beweisen. Betrachtet man die Angaben des Gesetzgebers ganz unparteiisch, so muss man zugeben: er sagt nichts weiter, als dass jede Art von Beihilfe peinlich strafbar sei; die Höhe der Strafe überlässt er der Festsetzung der Urteiler. Das ist im ganzen ebenfalls die Praxis des 15. Jahrhunderts in Bamberg. Hier finden wir in den Eintragungen des Echtbuches sich scheinbar vollständig widersprechende Urteile und Strafmasse, die eben nur dadurch verständlich werden, dass der einzelne Fall ganz individuell behandelt und bewertet wurde.

So möchte ich es denn absichtlich unterlassen, eine bestimmte vorbildliche Stelle zu nennen, der Schwarzenberg seine Kenntnisse verdanken könnte. Hier wie oft scheint es ihm genug gewesen zu sein, wenn er das, was er aus Bambergischer Praxis kannte, von anderer Seite her bestätigt fand, sei es durch eigene Lektüre oder durch Anfragen bei seinen rechtsgelehrten Freunden. Wichtig erscheint mir, dass er sich hier nichts absolut Neues aneignet, sondern dass er heimisches Recht in seinen Prinzipien bewahrt, wenn es nicht mit dem fremden Gesetze disharmonierte: also durchaus der Gedanke, den er selbst für die Ansetzung der Strafmasse in art. 125 Bamb. festlegt.

Dem widerspricht auch nicht die tatsächliche Anführung der Beihilfe bei einzelnen Verbrechen, der Münzfälschung (art. 136), des Ehebruchs (art. 148), die sicher fremden Rechtsaufzeichnungen entstammen; mit dem Indizium der Beihilfe zum Raube (art. 48) zeigt er deutsches Gewohnheitsrecht und damit auch hier eine Verschmelzung beider Rechtsanschauungsmassen.

Ähnlich wie um die Beihilfe steht es um die Mittäterschaft. Gewiss lag gerade für den art. 174 Bamb. der spezielle Fall der Tötung im Raufhandel, des „homicidium in rixa" vor, das die italienische Kriminalistik lang und breit behandelt[1]), gewiss konnte Schwarzenberg aus mündlichen Belehrungen seiner

---

[1]) Siehe die Stellensammlung bei Brunnenmeister, S. 192, 1, ferner S. 190 f. (Italiener) und 135 (Wormser Reformation).

Freunde und eigener Lektüre im Klagspiegel und der Wormser Reformation die dort gebotenen recht geschickten Zusammenfassungen der „communis opinio" der Italiener lernen; dass aber die eine oder andere Stelle ihm bei der Abfassung seines Artikels wirklich vorgelegen habe, ist nicht unbedingt nötig. Wieder ist zu betonen, dass er sowohl für die Haftung aller Beteiligten, wie die Sonderhaftung des *„ursachers"*, des „autor rixae", ganz gleiche Motive in der Bamberger Praxis schon vorfand.[1]) Es sind in dem Artikel klare Gedanken in denkbar einfachster Form aneinander gereiht, die ganz den Stempel Schwarzenbergischen Geistes tragen. Dass die Strafansetzung der Todesstrafe für mehrere Täter, von denen keinem der tödliche Schlag direkt nachgewiesen werden kann, an die Wormser Reformation (Bch. 6, 2, 2. 19.) erinnert, soll natürlich nicht bestritten werden. Das Motiv der Absichtlichkeit kehrt ja auch bei Schwarzenberg (*„fürsetzlich oder unfursetzlich"*) wieder.

Jedenfalls dürfen wir auch hier nicht an ein wörtliches Abschreiben aus einer Quelle denken. In dem art. 174 Bamb. vereinigt Schwarzenberg eigene Kenntnis mit Anregungen, die ihm von allen Seiten gekommen sind.

Das Strafensystem und die einzelnen Strafarten.

5. Die Todesstrafen.

Das Strafensystem der Bambergensis als Ganzes entfernt sich durchaus nicht von dem in Bamberg üblichen Verfahren. Es umfasst Todes- und Leibesstrafen, Landesverweisung, Gefängnis und Ehrenstrafen, Züchtigung, arbiträre Strafen, Einziehung und Talion. Die Schwere und Höhe der Strafe ist jedoch wesentlich verschieden. Im allgemeinen wird das Verhältnis des Strafmasses zum römischen Rechte durch den art. 125 Bamb. festgesetzt: es sollen Todes-, Leibes- und Ehrenstrafen nur in den Fällen angewendet werden, in denen sie auch dort zugelassen sind. Bekanntlich ist die Bambergensis in ihren Strafen radikaler als das gemeine deutsche Gewohnheitsrecht vor der Rezeption.

---

[1]) Scheel, S. 14 f.

Der Grund hierfür liegt in dem fast gänzlichen Fehlen der Kompromissstrafen, wie sie in Bamberg in den Hofgerichtsprotokollen auch noch nach der Publikation der Bambergensis auftreten, und der verringerten Anwendung der Landesverweisung.

1. Vierteilen. Die Vierteilung ist die dem altgermanischen Rechtsbewusstsein entsprechende Strafe für den Hoch- und Landesverrat, der sich als Bruch der Lehns-, Mannen- und Sippentreue qualifiziert. In diesem Sinne verhängt art. 149 Bamb. die grausame und leicht Roheiten im Gefolge führende Strafe, die sich in der Praxis zwar weder in dem kodifizierten Bamberger Stadtrecht, noch in der Praxis des Stadt- und Echtbuches findet, die jedoch aus einer Einzelnotiz des Jahres 1486 belegt ist.[1]) Auch die bei Zöpfl angezogene Zentgerichtsformel[2]) kann für eine frühere Zeit nichts beweisen: sie stammt offensichtlich erst aus dem 16. Jahrhundert und zwar aus der Zeit nach der Bambergensis. Trotzdem ist an dem Vorhandensein der Strafe nicht zu zweifeln: art. 149 ist einer der wenigen, die ihrer ganzen Art nach unmittelbar aus deutschen Rechtsbegriffen entstanden zu sein scheinen.

Der Artikel wirft seinerseits noch Licht auf die ältere Bambergische Praxis, da deutlich gesagt ist, dass die Erleichterung der vorangehenden Köpfung des zu Vierteilenden nur bei geringeren Verfehlungen zu gestatten sei, dass vielmehr qualifizierte Strafe durch Schleifen und Zangenreissen bei schwererem Treubruch noch hinzukommen dürfe.

2. Verbrennen. Die Strafe des Feuertodes hat in der Bambergensis eine gewisse Ausbreitung erfahren; nicht als ob Schwarzenberg von unmenschlicher Grausamkeit beseelt gewesen wäre; gerade im Gegenteil: wir haben schon mehrfach Zeugnisse seiner humanen Gesinnung zu belegen gehabt. Der Grund liegt vielmehr in der damaligen Volksanschauung, die ihrerseits wenigstens zum Teil auf dem kanonischen Rechte beruht, dass jedes Verbrechen, welches nur entfernt an eine ketzerische Gesinnung heranreicht, mit der Ketzerstrafe des Feuertodes belegt

---

[1]) Zöpfl, Anh. S. 140 No. 3.

[2]) ebend. Anh. S. 136 § 32. 33.

werden müsse. So wird ausser der Zauberei (art. 131) und Ketzerei (art. 130) auch der Diebstahl geweihter Gegenstände (art. 198. 199) und, was besonders bemerkenswert ist, die widernatürliche Unzucht (art. 141) mit dem Feuer bestraft; mit letzterer Strafansetzung geht die Bambergensis sogar noch über das römische Recht hinaus, das dafür Enthauptung ansetzte, und auf die Italiener zurück.[1])

Alter deutscher Rechtsanschauung folgt die Bewertung der Münzfälschung und Brandstiftung,[2]) trotzdem wir für erstere an anderer Stelle daneben auf eine italienische Quelle hinweisen können. Angelus de Clavasio bestimmt nämlich nur für die Fälschung der Kaisermünze den Feuertod, für andere die Schwertstrafe oder die „poena deportationis". In Alt-Bamberg sind aus dem 15. Jahrhundert zwei Fälle von Münzfälschung belegt, die mit Feuer geahndet wurden. Es ist dies die sinnbildliche Strafe für den, der mit Feuer und Schmelztiegel umgeht; sie bleibt auch, wenn der Angeklagte nur die falschen Stücke ausgegeben hat. Das StR. § 144 i. f. bestimmt nach altem Sinnbildsprinzip, dass man über den „Brenner" mit dem Feuer richten solle.[3])

3. Rädern. Das Rädern oder Radflechten ist, falls wirklich am lebenden Verbrecher ausgeführt, sicher die grausamste Strafe des alten Rechtes gewesen. Die Bambergensis bestimmt sie für den Mörder und auch den Giftmischer (art. 162. 155 Bamb.). Woher diese Strafe stammt, ist nicht deutlich zu sehen. Die Gleichstellung mit dem Mörder scheint, soviel ich sehe, aus dem Bestreben hervorgegangen zu sein, den Vorsatz besonders strenge zu bestrafen.[4]) Die Bambergische Praxis kennt diese Strafe natürlich auch, scheint sie aber verhältnismässig selten angewendet zu haben.[5]) Schwarzenberg hat jedoch vor dem Vollzug der Strafe sogar in härtester Form nicht zurückgeschreckt, wie die Holzschnitte zur Bambergensis, besonders No. 15[6]) beweisen. Auffallend ist die Übereinstimmung mit

[1]) Brunnenmeister, S. 269; Kohler, S. 528 f.
[2]) Brunner, Deutsche Rechtsgeschichte 2, S. 665. 661. 679.
[3]) Eine Ausnahme s. bei Scheel, S. 60.
[4]) Vgl. auch Brunnenmeisters Hindeutung S. 188, 5.
[5]) Scheel, S. 21.
[6]) Kohler und Scheel, Bambergensis S. LI.

dem Nürnberger Gewohnheitsrecht[1]), aus der man jedoch nicht weitere Schlüsse zu ziehen braucht, besonders da ähnliches im Ruprecht von Freysing (2,20) bereits steht und also damit für Süddeutschland als bekannt vorausgesetzt werden darf. Auch das Augsburger Stadtrecht[2]) hat die Radstrafe. In Speier ist dagegen nichts davon bekannt.

4. Galgen. Das Hängen ist hier wie allerwärts die privilegierte Strafe für den Dieb und zwar bei schwerem und drittem Diebstahl (art. 185. 188 Bamb.). Wie genau Schwarzenberg sich hiermit an die Praxis Bambergs anschloss, kann eine Vergleichung mit dem Echtbuche zeigen. Zwar bestimmt das alte Stadtrecht § 147, dass jeder Dieb ohne Ausnahme zu hängen sei, doch ist die Praxis ganz und garnicht mit der gleichen Strenge verfahren: massenhaft sind kleinere und grössere Diebstähle mit längerer oder kürzerer Stadtverweisung bestraft worden.[3]) Auch hier werden jedoch schwerer Diebstahl in Konkurrenz mit Strassenraub, sowie qualifizierte Fälle in der Herberge u. a. mit dem Galgen bestraft. Bietet somit die Bamberger Praxis nichts besonderes, so hat doch ersichtlich Schwarzenberg wenigstens die Strafart heimischer Rechtsprechung entlehnt.

5. Enthauptung. Mit der Strafe des Schwertes werden in der Bambergensis Entführung (art. 143), Notzucht (art. 144), Ehebruch (art. 145), Raub (art. 151), Aufruhrerregung (art. 152), Landzwang (art. 153), böse Fehde (art. 154) und Totschlag (art. 162. 174) sowie Abtreibung (art. 158) bestraft. Schwarzenberg steht hiermit nicht nur in der Bamberger, sondern auch in der allgemeinen damaligen Stadtrechtspraxis[4]) und passt nach art. 125 Bamb. sorgfältig die gewohnheitsrechtliche deutsche Strafe dem römischen Recht an. Die Ansetzungen machen im allgemeinen einen weit strengeren Eindruck als die stadtrechtlichen Satzungen, abgesehen davon, dass an einigen Stellen arbiträre Strafe eintritt, wie z. B. bei versuchter Notzucht (art. 144), Ehebruch des Mannes (art. 145), Abtreibung von nicht lebendem Fötus

---

[1]) Hrsg. v. Meyer, S. 109.

[2]) Scheel, S. 20.

[3]) ebend. S. 18 ff., Knapp, S. 52 ff.

[4]) Brunnenmeister, S. 187; anders Knapp, S. 182. 184.

(art. 158), fahrlässiger Tötung (art. 159. 161. 172). Die Stadtrechte kennen in diesen Fällen die Strafe der Vertreibung in allergrössestem Umfange.

6. Ertränken. Die Strafe des Ertränkens ist auch in der Bambergensis den Frauen vorbehalten; bei Kindesmord konkurriert sie mit dem Pfählen in solchen Gerichten, in denen die *„bequemheyt des wassers vorhanden ist"*. Schwarzenberg beweist hier in der Tat einen weiten Blick auch über die Grenzen seines engeren Territoriums hinaus. Die Wasserstrafe ist z. B. in der Speierer Praxis zu grosser Bedeutung gelangt. Für Bamberg ist sie eigentlich ziemlich häufig angeordnet, häufiger als man bei den Wasserverhältnissen der Stadt erwarten sollte, doch ist ganz ähnliches auch in Nürnberg zu bemerken.[1]) In der Bambergensis erscheint sie für Frauen bei Verräterei (art. 147), Vergiftung (art. 155), Kindsmord (art. 156), Abtreibung (art. 158), sowie bei schwerem und dreifachem Diebstahl (art. 185. 188). Die Bamberger Praxis bietet uns gerade hierfür ein buntes Bild als Hintergrund, dem sich die Schwarzenbergischen Strafbestimmungen gut einfügen. 1422 wird eine Kindesmörderin, die ihr Kind in den Brunnen geworfen hatte, mit Recht „verderbt und ertränkt"; zwanzig Jahre später verschwindet eine rückfällige Diebin, die auf ewig aus der Stadt gewiesen war, bei ihrer Rückkunft und Wiederholung des Deliktes in den trüben Fluten unter der Stadtbrücke.[2]) Merkwürdigerweise wurden in Bamberg auch Männer in grösserer Zahl so bestraft und zwar meist rückfällige Strassenräuber und Diebe, bei denen auf das Delikt des Stehlens besonderes Gewicht gelegt worden zu sein scheint.

7. Lebendigbegraben und Pfählen. Diese altertümlich anmutende Tötungsart behält die Bambergensis nur für die Kindesmörderin bei (art. 156), soweit nicht die Strafe des Ertränkens eintritt. Das alte Stadtrecht § 145 setzt für den Notzüchter die grässliche Strafe des Pfählens in Übereinstimmung mit den statutarischen Rechten Deutschlands an. Davon ist Schwarzenberg durch den Einfluss der Italiener und die merkwürdige Stellung, die dies Verbrechen überhaupt im

---

[1]) Knapp, S. 57.
[2]) Scheel, S. 22.

römischen Rechte hatte, abgekommen. In unseren Quellen erscheint ein derartiger Fall überhaupt nicht, auch Nürnberg[1]) hat recht wenige solcher Tötungen aufzuweisen. Hier scheint man einer milderen oder vielmehr menschlicheren Regung gefolgt zu sein, die bei Verhängung der Todesstrafe über Frauen wenigstens Quälereien vermieden wissen wollte, wie sie z. B. aus Nürnberg noch im Jahre 1513 belegt sind.

Verschärfungen treten durch Hinzufügung des Schleifens art. 124. 149. 155. 162. 220) und des Zangenreissens (art. 149.) 155. 156. 162. 221) ein, die jedoch gerade wie im alten Bamberger Recht nicht als selbständige Strafen erscheinen.[2])

6. Die Leibesstrafen.

Auch bei den Leibesstrafen wird das Verhältnis zum römischen Recht von vornherein festgestellt (art. 125 Bamb.). Schwarzenberg unterscheidet zwei Arten von Leibesstrafen, erstlich solche, die als Verschärfung der Todesstrafe dieser voraufgehen, und zweitens solche, die als Mal- und Merkzeichen den Stadtverwiesenen mit auf den Weg gegeben zu werden pflegten (art. 222. 223 Bamb.). Letzteres gehörte zur Funktion des Bannrichters, der einige Schöffen zur Urteilsfindung zuziehen durfte. Der Gesetzgeber entfernt sich hiermit nicht von der Praxis seiner Stadt, die ebenfalls beide Arten von Strafen an Leib und Gliedern kannte und verhängte.

1. Handabschlagen. Die eigentliche Strafe des wirklichen Abschlagens der Hand, wie sie das alte Stadtrecht § 171 für den vorschreibt, der bei Totschlagsfällen die Bussumme nicht zu zahlen vermag, ist weder in der Praxis belegt, noch in die Bambergensis übernommen. Merkwürdigerweise greift gerade dies die Praxis nach 1507 wieder auf. Ein Fälschungsfall des Jahres 1520,[3]) über den ein Gutachten des Dr. Eucharius Steinmetz von Heidingsfeld eingeholt wird, sowie art. 185 der revidierten Bambergensis von 1580 verordnen bei schwerem Dieb-

[1]) Knapp, S. 56—57.
[2]) Scheel, S. 24.
[3]) Corr. ad art. 137 (Kohler-Scheel, S. 224—230).

stahl das Abhauen der ganzen Hand jedenfalls als sinnbildliche Strafe.

Das Abhauen der Schwurfinger beim Meineid (art. 128. 129. 223 Bamb.) ist althergebrachte Gewohnheit.

2. Augenausstechen. Die grausame Strafe der Blendung, die die Bamberger Praxis[1]) gern als Mittel der Unschädlichmachung gegen solche verhängte, die sich als Landstreicher und Bedroher der Stadt sowie als rückfällige Diebe missliebig gemacht hatten, ist als Einzelstrafe gar nicht in die Bambergensis übernommen worden; freilich kennt Schwarzenberg sie sehr wohl, wie art. 262 beweist. Auch hier nimmt sie erst die spätere Praxis wieder auf. 1515 erlässt der Bischof Georg III. im Hinblick der auf die gemeine Gewohnheit im Reich eine Verordnung, nach der gerade gegen „*sorgliche Personen*" diese Strafe zulässig sei (Corr. ad 202), und die Revisoren der Bambergensis führen sie 1580 ausdrücklich für schweren Diebstahl, Urfehdebruch und gefährliche Drohung wieder ein.

3. Abschneiden der Ohren. Das hergebrachte Mittel altdeutscher Praxis, den rückfälligen Dieb als solchen wiederzukennen, ist dem Bamberger Gebrauch[2]) und der Bambergensis gemeinsam (art. 187). Es ist offenbar die gewöhnliche Zusatzstrafe für unehrliches Tun, daher auch der Kuppler bei Schwarzenberg (art. 148) gleiches erleidet. In Wirklichkeit muss diese Übung weit ausgebreiteter gewesen sein, als man aus der Bambergensis entnehmen kann. Das Bamberger Echtbuch weist eine ganz stattliche Zahl von Fällen aus den Jahren 1416—1441 auf, wo die Inkulpaten teils eines, teils beider Ohren ärmer gemacht wurden.

4. Die Brandmarkung des alten Bamberger Rechts ist von Schwarzenberg nicht offiziell in sein Gesetzbuch übernommen worden;[3]) dagegen ist das Abschneiden der Zunge (art. 223. 262) wenigstens erwähnt, wenn auch einzelne Bestimmungen über die Anwendbarkeit der Strafe fehlen. Wollen wir nicht annehmen, dass das nähere den Schöffen als bekannt vorausgesetzt werden sollte, so ist wohl im Hinblick auf Corr. ad 137

[1]) Scheel, S. 25 f.
[2]) ebend. S. 26.
[3]) ebend. S. 27.

glaublich, dass die Rechtsgelehrten oder die bischöflichen Räte in solchen Fällen die Einzelstrafe festlegten.

5. Neben der verstümmelnden Strafe an Leib oder Gliedern kennt die Bambergensis (art. 223) in Übereinstimmung mit der Stadtpraxis die Züchtigungsstrafe, das Rutenaushauen.[1]) Vornehmlich erscheint es als Nebenstrafe für unehrenhafte Handlung und Betrugsfälle auch Minderjähriger, wie noch die Bambergensis wenigstens durchblicken lässt (art. 190). Auch sonst wird bei Schwarzenberg eine ganze Reihe von Verbrechen mit der Rutenstrafe bedacht und zwar jedesmal in Verbindung mit Kerker oder Stadtverweisung; so bei Warenbetrug (art. 138), Prävarikation (art. 140), Ehebruch des Mannes (art. 145), Bigamie (art. 146), Kuppelei (art. 147. 148), Aufruhr (art. 152) und offenem Diebstahl (art. 184). Auch der Gotteslästerungsfall des Corr. ad 127 aus dem Jahre 1510 wäre zu erwähnen.

Man sieht, Schwarzenberg hat hierin seinen Schöffen durchaus nichts Neues zugemutet, sondern innerlich und äusserlich alles beim alten gelassen.

7. Freiheitsstrafen.

Ebenso wie in der Bamberger Praxis des 15. Jahrhunderts finden wir bei Schwarzenberg eine gewisse Abneigung gegen das Gefangensetzen als Strafe. Zeitweilige Strafhaft hat er nur beim Diebstahl (art. 183 Bamb.), bei Fischereifrevel (art. 195), in leichten Fällen der Bigamie (art. 146) und Ehebruch des Mannes (art. 145). Dazu kommt die klösterliche Einsperrung der Ehebrecherin (art. 145. 221b).

Nur ein Teil dieser Gedanken entstammt der Stadtpraxis. Dort kannte man die Strafhaft besonders als Eintürmen auf einige Tage, wenn jemand wegen unzüchtiger Reden, Ungebühr gegen eine Hausfrau, Schlägerei im Wirtshaus u. a. eine kürzere Freiheitsstrafe verwirkt hatte.[2]) Längere Gefängnisstrafen werden in den Quellen nicht notiert. Es sind also leichtere Vergehen oder Polizeiübertretungen, die hier in Frage kommen.

---

[1]) Scheel, S. 26—27.

[2]) ebend. S. 28 ff.

Eine grosse Rolle spielt in Altbamberg die Untersuchungshaft, die jedoch nicht ganz mit unserm heutigen Begriff der indifferenten Haft übereinstimmt, sondern bereits einen pönalen Charakter hatte. Ganz ähnlich stellen sich die in der Bambergensis angeführten Fälle dar: es ist eine Mischung von Untersuchungs- und Strafhaft, die verhängt wird. Die Untersuchungshaft nennt die Bambergensis natürlich an mehreren Stellen (art. 17. 92. 127. 136. 153. 178. 182. 244.).

Über die Haft an sich denkt Schwarzenberg milde. Ob er die Lehre der Quellen, die oft wiederholt die italienische Literatur durchzieht: *„carcer enim ad continendos homines, non ad puniendos haberi debet"* (fr. 8 § 9 de poen. 48, 19), aus den Italienern übersetzt erhalten oder aus der populären Literatur des römischen Rechts entnommen habe, ist m. E. eine ganz müssige Frage.[1]) Die ganze Art, wie sich Schwarzenberg zur Haftstrafe stellt, zeigt eine humane Gesinnung, die sich auch im Altbamberger Rechte geltend macht. Dass andererseits die Einkerkerung der Ehebrecherin auf Justinianischem Recht beruht, zeigt die ausdrückliche Berufung des art. 145 auf die „kaiserlichen Rechte".[2])

Dies führt uns zu dem Begriff der Sicherungshaft, den Schwarzenberg gern vertreten zu haben scheint. Er kehrt häufig in der Bambergensis wieder.[3]) Besonders der Artikel 202 bringt den Gedanken von der Unschädlichmachung staats- und stadtfeindlicher Elemente, „sorglicher Leute", zu klarer Anschauung. Sowohl die ältere Praxis, als die der Einführung des Gesetzes folgende dachte anders darüber. Die zitierte Verfügung Georgs III. vom Jahre 1515[4]) spricht es deutlich aus, dass dem Geldbedenken entgegenstünden. Sie empfiehlt an Stelle davon das auch anderwärts beliebte Augenausstossen, um schädlichen Elementen das Handwerk zu legen. Vielleicht hat Schwarzenberg

---

[1]) Brunnenmeister, S. 130—131.

[2]) Vgl. art. 221 b, wo die Urteilsformel ausführlich mitgeteilt ist und Nov. 134 c. 10: *„adulteram vero mulierem competentibus poenis subactam in monasterio mitti."*

[3]) Art. 16. 122. 202. 219. 221 a. 222. Corr. ad 202.

[4]) Corr. ad 202 (Kohler-Scheel, S. 141 ff.).

hier noch seine Hand im Spiele gehabt, und wir können somit einen Wandel seiner Rechtsanschauungen konstatieren.

8. Landesverweisung.

Über die Verweisung aus Stadt und Land sind wir in Bamberg durch einen Zufall gut unterrichtet. Seit das lange verschollene Echtbuch, „liber proscriptorum“ aus dem 15. Jahrhundert wieder aufgefunden und ediert worden ist, kennen wir aus zahlreichen Eintragungen gerade die Praxis um die Mitte des Jahrhunderts.[1]) So genau sich daraus die Einzelbestimmungen und Banngrenzen feststellen lassen, die uns zeigen, dass gerade die Verweisung aus Stadt und Land zu den häufigsten Strafen gehörte, so geringfügig erscheinen die Angaben, die Schwarzenberg darüber macht. Wir erfahren auch nicht ein einziges Mal, auf wie lange die Verweisung gelten, wie weit sie sich erstrecken, wann sie beginnen, unter welchen Umständen sie endigen soll. Dass der Gesetzgeber jedoch die Wichtigkeit derselben durchaus nicht etwa verkannt hat, zeigen die überraschend ausführlichen Urteilsformeln des art. 223 Bamb.

Die Landesverweisung erscheint hier im allgemeinen wie auch im Altbamberger Recht mit der verstümmelnden Strafe verbunden. Einzelne Anwendungsfälle bei Warenbetrug (art. 138), Prävarikation (art. 140), Bigamie (art. 146), Kuppelei (art. 147—148), Aufruhr (art. 152), Diebstahl (art. 183. 184. 187) sind mit Rutenaushauen, Prangerstehen u. a. ebenfalls in hergebrachter Weise vereinigt. Schwarzenberg geht also hier vollkommen in den Bahnen der Praxis des 15. Jahrhunderts. Was war aber der Grund, genauere Bestimmungen so gänzlich. fast absichtlich, zu unterdrücken? Er legte der Strafe sichtlich die gleiche Wichtigkeit bei, die sie früher gehabt hatte. Die Anwendung selbst freilich ist durch die strengeren Strafbestimmungen des römischen Rechtes eingeschränkt, denen Schwarzenberg in streitigen Fällen laut art. 125 seines Gesetzes folgt. Der Grund der aphoristischen Behandlung ist in der

[1]) Dr. A. Köberlin, Ein Bamberger Echtbuch (liber proscriptorum) von 1414—1444 im 59. Bericht über Bestand und Wirken des historischen Vereins zu Bamberg 1898, S. 1—148; vgl. dazu Scheel, S. 2 ff., 34 ff.

Bestimmung seiner Bambergensis zu suchen. Die Praxis der Landesverweisung kannten seine Schöffen genau; dies brauchte er ihnen nicht so klarzumachen und einzuschärfen wie die neuen Begriffe fremden Rechtes. Daher hat er sich gerade über diese Strafe nicht weiter verbreitet, die alljährlich mehrere hundertmal verhängt wurde.

9. Die Ehrenstrafen.

Die alte Zusatzstrafe der Ehrlosigkeit, die tief in dem germanischen Strafensystem begründet ist, tritt von selbst ein durch die Acht (art. 241 Bamb.). Der ganze Mordachtprozess der Bambergensis trägt ja bekanntlich überhaupt so altertümliche Züge, dass die Beibehaltung auch dieser Bestimmung nicht verwundern kann. Ehrlosigkeit wird durch Verurteilung ausgesprochen bei Meineid (art. 128), Majestätsverbrechen (art. 132), Ehebruch des Mannes (art. 145), Bigamie (art. 146), Kuppelei (art. 147).

Sie nimmt prägnante Form durch das Stehen im Pranger und Stock an, die im allgemeinen bei peinlicher Strafe nach Ortsgebrauch verhängt werden kann (art. 98. 223); im einzelnen erscheint sie bei Prävarikation (art. 140), Ehebruch des Mannes (art. 145), Bigamie (art. 146), Kuppelei (art. 147), ferner bei offenem und zweitem Diebstahl (art. 184. 187). Es sind wie in der alten Bamberger Gerichtspraxis die ehrlosmachenden Verbrechen,[1]) die den Delinquenten von vornherein für den Pranger reifmachen und dem Gespött und der Verachtung preisgeben.

10. Geldstrafen.

Merkwürdigerweise erscheinen Geldstrafen in der Bambergensis ganz vereinzelt: nur der Dieb muss eine Geldbusse zugunsten des Bestohlenen oder des Staates erlegen (art. 183—184). Der Grund ist aus der Entwicklung der Geldstrafen in Bamberg klar ersichtlich. Abgesehen von der ordnungsmässigen Entrichtung des „Abtrags" von Kosten und Schadensersatz an den Kläger, Bezahlung von Atzung und Kost im Gefängnis[2]) finden

[1]) Scheel, S. 40—41. [2]) ebend. S. 41—42.

sie sich hier in früherer Zeit nur als eine Art polizeilicher Strafe, später in grosser Masse als Ablösungen für leibliche Strafen, Rutenaushauen, Augenausstechen und Ohrenabschneiden. Ja auch Totschlag kann, wenn auch vereinzelt, mit Geld gesühnt werden; es sind dem Angeklagten dabei sogar, weil er ganz arm war, von den angesetzten 10 Gulden noch 9 erlassen. Daneben gehen auch im 16. Jahrhundert Geldbussen als Strafen der Markt- und Verkehrspolizei z. B. für unbefugte Einführung von Schmierwein vom Maine her.[1])

11. Strafzumessung.

Über die Strafzumessung ein bindendes Urteil im einzelnen zu fällen, ist bei der rein theoretischen Fassung der Bambergensis recht misslich. Freilich ist es auch bei Quellen, die mehr das praktische Rechtsleben widerspiegeln, oftmals recht schwer, über die feineren Gründe und Erwägungen ins klare zu kommen, die Richter und Schöffen zum vorliegenden Urteil gebracht haben. Bei dem Schwarzenbergischen Gesetze sind die Schwierigkeiten ungewöhnlich gross, weil in zahlreichen Fällen arbiträre Strafe „*inspecta qualitate personarum et negotii*“ angesetzt oder das Urteil dem Ermessen der Rechtsverständigen überlassen wird, Wir dürfen eben niemals vergessen, dass Schwarzenberg sein Werk ausdrücklich für Laienrichter bestimmt hat.

Trotz aller Anlehnung an Gedanken der alten Bamberger Praxis finden wir bei der Strafzumessung im allgemeinen ein in der älteren Zeit hochwichtiges Moment gänzlich beiseite gelassen, nämlich die Zurechnung des Ergreifens auf handhafter Tat.[2]) Die grosse Rolle, welche die „Handhaft“ und das altertümlich anmutende Verfahren noch im 14. Jahrhundert in Bamberg spielte, ist aus den § 140—142 StR. noch deutlich zu erkennen. Doch melden weder die Quellen des 15. Jahrhunderts etwas davon, noch die Bambergensis. In ihr findet auch die Ergreifung auf frischer Tat nur noch beim Diebstahl eine gewisse Stelle (art. 183); übrigens nehmen auch die Quellen des 16. Jahrhunderts davon keine Notiz mehr.

[1]) Scheel, S. 41—42.

[2]) Zöpfl, S. 140 f.; Scheel, S. 44—45.

Über die Strafschärfungs- und Milderungsgründe, die in der Bamberger Praxis einen ziemlich breiten Raum einnehmen,[1]) gibt die Bambergensis nur ganz im allgemeinen Auskunft. An alte Gedanken und deutschrechtliche Bewertung des erhöhten Friedbruches erinnert die Strafschärfung beim Verrat, der sich gegen Land, Stadt, den eigenen Herren, einen Verwandten oder Freund richtet. Dafür tritt Schleifen und Zangenreissen zur Todesstrafe hinzu.[2])

Die Gemeinheit der Gesinnung im allgemeinen soll durch Strafschärfung beim Inzest und der Bigamie (art. 142. 146) getroffen werden. Die bekannten Fälle des Corr. (ad art. 146) können derartiges aus der Zeit kurz nach der Einführung der Bambergensis treffend illustrieren. Dazu kommt die Strafschärfung bei kirchlichem Diebstahl (art. 200), eine Konzession an das kanonische Recht.

Von Strafmilderungsgründen erfahren wir nur in art. 149 Bamb. Hat die Verräterei keine sonderlich bösen „Umstände" gehabt, so darf die Enthauptung vor der Vierteilung stattfinden!

Weibliches Geschlecht bildet an sich keinen Entschuldigungsgrund. Hier wie anderswo nimmt Schwarzenberg nur auf die Äusserlichkeit Rücksicht, Frauen nicht am Galgen sterben zu lassen: sie werden ertränkt oder lebendig vergraben.[3])

Inwieweit die Jugendlichkeit des Verbrechers von Strafe befreite, zeigt, wie bereits erwähnt, art. 190. 201, wo der 14jährige Dieb nur im Falle des „*malitia supplet aetatem*" zu strafen ist. Hier vielleicht eine leise Konzession an römische Begriffe, wie schon die fremde Quelle des art. 190 zeigt; in Bamberg bildete sonst die Jugend durchaus keinen Schutz vor Strafe, die meist in Rutenschlag und Ausweisung bestand.[4])

Über Affekt und Erregung beim Totschlag als Zurechnungsgrund ist an anderer Stelle zu sprechen.

Schliesslich ist in diesem Zusammenhange noch die Talion zu erwähnen, die bei Meineid in Strafsachen (art. 128), falschem

---

[1]) Scheel, S. 45 ff. [2]) Art. 149 Bamb.

[3]) Art. 149. 155. 156. 158. 185. 188; 219. 156.

[4]) Scheel, S. 48—50.

Zeugnis (art. 79), Schmähschrift (art. 134) und Gefangenbefreiung eintritt; dazu kommt die Gerichtsrache (art. 114. 115).

Die Verbrechenskonkurrenz und ihre Bewertung tritt nicht deutlich hervor. Der Grund mag auch hierfür darin liegen, dass diese Entscheidungen den Laienrichtern vorenthalten werden sollten (art. 189, Corr. ad 142).

Strafe für wiederholte Verbrechen ist in der Bambergensis nur bei der Bigamie angesetzt (art. 146), wo Schwarzenberg durch Zulassung der Todesstrafe bei wiederholter Bigamie dem deutschen Rechte gegenüber dem römischen zu Ehren hilft. Fälle der Praxis zeigt das Corr. ad art. 146 No. a und b [1]) aus dem Jahre 1509. Diebstahlsfälle in ähnlicher Anwendung hat das Echtbuch zahlreich aus dem 15. Jahrhundert.

Achtzehntes Kapitel.

Das Strafrecht der Bambergensis.

Besonderer Teil.

Mit der Besprechung des besonderen Teiles des Strafrechts treten wir noch mehr in die Werkstatt Schwarzenbergischer Gedanken hinein. Deutlicher als im allgemeinen Teile lassen sich hier überkommene Rechtsinstitutionen und neu Eindringendes scheiden. Klarer erscheint besonders das Bild des Gesetzgebers selber, der nicht nur am Schreibpult, sondern im täglichen Getriebe der Rechtsgeschäfte mitten im Rechtsleben Bambergs stehend sein Gesetzeswerk schuf.

Verbrechen gegen den Rechtsfrieden.

1. Landzwang.

So recht aus der täglichen Praxis Schwarzenbergs heraus scheint art. 153 Bamb. geflossen zu sein. Das zeigt schon sehr klar der Wortlaut des Anfangs: „*Item nachdem sich teglich begibt, das mutwillig person die lewt wider recht betrohen, entweychen und ausdretten etc.*“

---

[1]) Kohler und Scheel, Bambergensis S. 131—133.

Es handelt sich hier um die täglich sich erneuernden Plackereien und Wegelagereien, die von kleineren und grösseren Banden in der Nähe der Stadt verübt wurden. Ich habe an anderem Orte ausgeführt, wie Bambergs Lage die Bildung solcher Raubgesellschaften begünstigte; hören wir doch im Echtbuch und anderen Quellen von zahlreichen Überfällen im „Haugmorde“, dem Bamberger Stadtwald. Solchen Banden schlossen sich verzweifelte Leute, vertriebene Bürger, mutwillige Gesellen, herrenlose Reisige und Landsknechte an und stellten zu ihnen ein „redlich“ Kontingent. War Nürnberg berühmt dafür, manch adeligen Schnapphahn um einen Kopf kürzer gemacht zu haben, so hatte es Bamberg meist mit niedrigerem Gesindel zu tun, und oftmals mussten die bischöflichen oder städtischen Söldner ausziehen, um die Umgebung der Stadt von diesen Gästen zu reinigen. War doch für derartige Fahrten sogar eine Summe im Stadtetat ausgesetzt.

In dem art. 153 Bamb. und den dazu gehörigen art. 47, 154 und 202 sind mehrere Verbrechen des deutschen Rechtes vereinigt: Landfriedensbruch, Hausfriedensbruch, Bedrohung und Heimsuchung. Der Landzwang, der sonst als eine Art niedrigeren Verbrechens erscheint, hat hier scheinbar eine umfassendere Ausdehnung erhalten. Landfriedensbruch höherer Ordnung ist nur nebensächlich als böse Fehde qualifiziert und mit der Strafe des Raubes, der Enthauptung, belegt; die erlaubte Fehde oder die Fortsetzung einer früheren ehrlichen Befehdung im Dienste des Lehnsherrn oder der Stadt ist peinlich wenigstens nicht zu strafen. Der scheinbare Widerspruch zu den Bestimmungen des ewigen Landfriedens von 1495, an dem sich Brunnenmeister stösst, ist aus der klugen Erwägung des die wirkliche Welt und das Treiben seiner Zeit durch und durch kennenden Gesetzgebers geflossen. Er wusste nur zu gut, dass er mit einer Todesstrafe bei der Häufigkeit der Übertretung nichts anfangen konnte.

Hier hat ebenso wie bei den anderen vorher genannten Verbrechen das römische Recht keine Einwirkung ausgeübt, wenigstens nicht in dem Sinne der Herübernahme oder Umwandlung römisch-rechtlicher Materien in italienisch-doktrinärem Gewande. Die römische lex Iulia de vi publica (Dig. 48, 6), die hier etwa in Betracht kommen könnte, ist so allgemein gehalten und hat selbst bei den italienischen Kriminalisten so wenig Ausbildung erfahren, dass wir sicher sind, bei Schwarzenberg auf rein deutsche Rechtsgedanken zu stossen.

Andererseits ist wiederum das Verbrechen des sogenannten Skopelismus, des Verbotes, widerrechtlich Äcker zu bebauen,[1]) zu speziell und der deutschen Anschauung so entgegen, dass hiervon nichts zu brauchen war, es sei denn das Strafmass *„graviter usque ad poenam capitis"*.

Freilich ist und bleibt sehr verwunderlich, dass Schwarzenberg die Verbrechen des Hausfriedensbruches und der Heimsuchung nicht in selbständigen Artikeln behandelt hat. Sollte er doch so sehr von seinen rechtskundigen Beratern beeinflusst gewesen sein, dass ein Nichtbehandeln derartiger Bestimmungen bei den italienischen Kriminalisten[2]) ihn ebenfalls davon zu schweigen veranlasste? Ist dies der Fall, so wäre damit allerdings der Beweis erbracht, dass Schwarzenbergs Helfer das römische Recht meist nur im Spiegel der italienischen Kriminalistik sahen; freilich ist ja auch die Bestimmung des fr. 5 de iniur. 47, 10 so schwankend, dass ein Ausserachtlassen derselben uns nicht wundern darf.

Der Grund für das Fehlen solcher echt deutscher Artikel ist aber doch wohl noch ein anderer. Wir werden auch bei der Behandlung von art. 150, 151 sehen, dass hier deutschrechtliche Gedanken in die kurze lapidar-stilistische Form älterer Rechtsquellen gekleidet werden. Wenn irgend etwas, so konnte Schwarzenberg diese Kenntnis bei seinen Laienrichtern voraussetzen. Er hat es daher scheinbar nicht für nötig gehalten, solche Fragen ausführlich zu erörtern oder überhaupt vorzuführen.

Nur was ihm für sein Land akut wichtig erscheint, fügt er gewissenhaft ein. So erwähnt er in art. 47 Bamb. nach § 7 des ewigen Landfriedens von Worms (1495) die Notwendigkeit, landfahrende Knechte und nicht in einem festen Dienst befindliche Reisige streng zu bewachen; gewiss lag es für die faul bei den Wirten Zehrenden nahe, sich einer der oben geschilderten Banden anzuschliessen und so ihr Glück zu versuchen (art. 153).

[1]) fr. 9 de extraordin. crim. 47, 11.

[2]) Hälschner 2, S. 175, 195.

Bedrohung und Landzwang sind also in dem letztgenannten Artikel verbunden und zwar so, dass die Bedrohung mit irgend welchen Nachteilen das Hauptcharakteristikum des Landzwangs ist. Schwarzenberg hält diese „Landzwinger“ für so schädlich und dem geordneten Staatswesen so gefährlich, dass er sowohl die blosse Drohung, als auch die schon zur Tat schreitende Bedrohung gleicherweise mit der Schwertstrafe des Räubers belegt.

Er tritt hiermit nicht gerade mit etwas Neuem hervor, sondern scheint aus dem Gebrauch Bambergs und anderer Städte das richtige Mittel gewählt zu haben. Die in der Praxis des 14. und 15. Jahrhunderts übliche Strafe der Stadtverweisung hatte nur einen aufschiebenden Charakter dadurch, dass die Verbrecher nun zwar offiziell Bambergs Mauern zu meiden hatten, trotzdem aber nicht im geringsten an ihrem schädlichen Handwerk gehindert wurden. Die Strafansetzungen des Echtbuches scheinen jedoch bereits eine Milderung früherer strengerer Strafen zu zeigen. Das alte Stadtrecht (§ 147) setzt in seiner altertümlichen Bestimmung auf den Landzwang[1]) die gemeine Diebesstrafe des Stranges, falls das abgenötigte Gut 13 Pfennige an Wert überstieg; eine bei weitem jüngere Bestimmung des § 185 gibt die Schwertstrafe, die ich übrigens in der Praxis nirgends angefunden habe, während die altertümliche Sühne im alten Stadtrecht selbst (§ 184) mit einem Beispiele belegt ist: dem Delinquenten wird ein Schild und ein Kolben auf den Rücken gebunden und er so an den Galgen „erhangen“.

Hier hat jedoch der Landzwang eine ganz bestimmte Färbung: das Verbrechen besteht nämlich in einer wissentlich falschen Kriminalanklage, durch die ein Bauer um Gut und Eigen gebracht und noch anderweitig geschädigt wird (§ 184).[2]) Die bei Schwarzenberg gebotene Begrenzung des Verbrechens ist danach mehr die im StR. § 185 gewollte: „*das geleicht einem raube, sie nemen es den leuten mit nottigung oder inn geben es die leut selber von zwanck halb wegen.*“ Die hier gegebene Teilung

---

[1]) Vgl. R. John, Über Landzwang und widerrechtliche Drohungen (1852), S. 13, besonders S. 18ff.; Brunnenmeister, S. 23; Bayrhammer, Das Delikt der Bedrohung (1896), S. 24—27.

[2]) Zöpfl, S. 118—119.

entspricht genau dem „*drohe und forcht*" („vis" und „metus") des art. 153 Bamb. Abs. 1 fin.

Nun bestimmt zwar die Tiroliensis (§ 52) ebenfalls für den Landzwinger als regelmässige Strafe das Schwert,[1]) trotzdem werden wir bei der inneren Unwahrscheinlichkeit der Tatsache, dass Schwarzenberg überhaupt diese Malefizordnung benutzt hat,[2]) nicht annehmen dürfen, dass er gerade hieraus seine Kenntnis geholt habe. Mag Schwarzenberg den § 185 StR. vor Augen gehabt haben oder nicht, die Praxis des nahen Nürnberg gibt uns einen Fingerzeig für seinen Gedankengang, der weit über das alte Stadtrecht hinausgeht. Hier trifft den, der mit Feuer zu brennen droht, die sinnbildliche Strafe des Feuertodes; derjenige aber, der gegen die Republik selbst in „kecker Weise" vorgeht, gewärtigt das Schwert;[3]) wer Privatleute zu schädigen droht, wird auf ewig verwiesen. Ebenso hat Schwarzenberg (art. 153) den Landzwang als gegen die Stadt gerichtetes Verbrechen mit der Schwertstrafe geahndet. Dass er in der Tat diese Anschauung einer „vis publica" gehabt hat, zeigt die Behandlung aller stadtschädlichen und stadtfeindlichen Elemente, die in art. 202 zusammengefasst werden. Diesen steht ewiges Gefängnis bevor, um sie auf solche Weise unschädlich zu machen. Es sind gleichsam geringere Fälle des Landzwangs im Schwarzenbergischen Sinne. So soll der Urfehdebrecher, der seiner einstigen Missetat wegen nicht das Leben verwirkt hat, der einfache Droher und der Stadtfeind überhaupt behandelt werden.

Merkwürdigerweise ist dies die einzige Stelle, an der Schwarzenberg ausser beim Dieb und Gotteslästerer neben art. 129 den Bruch der Urfehde erwähnt.

Vergleicht man die massenhaften Fälle der Art im Echtbuch und die Praxis des 15. und auch 16. Jahrhunderts, so ist Schwarzenbergs Schweigen hierüber nur erklärlich, wenn wir wiederum annehmen dürfen, dass er diese Dinge bei seinen Schöffen voraussetzte, deren Klugheit er sonst freilich nicht sehr hoch anzuschlagen pflegt. Auch hierdurch wird unsere oben vor-

---

[1]) Zöpfl, S. 119, Anm. 1. [2]) Brunnenmeister, S. 102.
[3]) Knapp, S. 154.

getragene Ansicht gestützt. Mag also in der Tat Schwarzenberg den art. 185 StR. gekannt haben, jedenfalls ist ersichtlich, dass sein Gesetzbuch zum alten Bamberger Recht nicht in dem Verhältnis steht wie Quelle und Abfluss. Gewiss ist es falsch, in Schwarzenberg den Sammler aller nur möglichen Strafen aus deutschen Territorien sehen zu wollen;[1]) ebenso unrichtig ist es jedoch, ihn auf eine bestimmte Quellenstelle einzuschwören. Gerade bei der Behandlung dieser Artikelreihe zeigt sich deutlich, dass er mit klarem Blicke Anregungen älterer Zeit mit der neueren Praxis der Stadt zu einen verstand. Jedenfalls zeigen sich hier nur deutschrechtliche und keine römischen Materien verarbeitet; wenigstens könnte ich mir nicht denken, wie die zerstreuten Einzelbrocken, die Brunnenmeister[2]) aus Angelus Aretinus, Julius Clarus u. a. zum art. 203 Bamb. beibringt, irgendwie sich hätten fruchtbar verwerten lassen sollen. Zum Klagspiegel steht er geradezu im Gegensatz.

2. Raub.

Die Behandlung des Raubes in art. 151 Bamb. gehört zu den wenigen nach der Art mittelalterlicher Rechtsbücher im Lapidarstil gehaltenen Artikeln.[3]) Hier beruht Schwarzenberg auf der alten deutschen Anschauung, dass im Gegensatz zum römischen Recht der Raub mit dem Schwerte zu ahnden sei. Das römische Recht hat bekanntlich erst ganz allmählich aus dem Verbrechen des „furtum“ das der „rapina“ ausgeschieden und subsummierte die einzelnen Fälle des Raubes unter das Verbrechen der „vis publica“. Nur die „latrones“ und „grassatores“ wurden mit schwereren Strafen belegt,[4]) unter denen das Zerfleischen durch wilde Tiere besonders genannt ist. All dies konnte Schwarzenberg nicht brauchen. Zwar schwankte die Bambergische Praxis des 15. Jahrhunderts zwischen Erhängen, Ertränken und Enthaupten der Räuber,[5]) doch sind die beiden

---

[1]) Brunnenmeister, S. 74—75.

[2]) Ebendort S. 202—203.

[3]) Brunnenmeister, S. 242 Anm. 4; vgl. im allgemeinen Hälschner, System 2, S. 520 ff.

[4]) l. 28 § 10, 15 D. de poenis 48, 19; l. 11 § 2 eod.

[5]) Scheel, S. 58—60.

ersteren Strafen fast immer durch besondere Umstände, die Frechheit der Tat, Person des oder der Täter, Bruch eines erhöhten Friedens[1]) als eine Art Verschärfung gedacht. Die Schwertstrafe ist die dem deutschen Rechtsgefühl entsprechende Sühne, die den in Waffen gefangenen Räuber wenigstens noch mit einem Scheine von Ritterlichkeit tröstet. Sie ist übrigens auch wie in anderen Städten, so im alten Bamberger Stadtrechte (§ 147) vorgeschrieben: *„und uber einen rauber [schol man rihten] mit dem swerte"*. Schwarzenberg gibt also zwar eine andere Art der Todesstrafe als das spätere römische Recht, jedoch nach art. 125 dieselbe Strafart. Die Italiener strafen regelmässig mit dem Galgen.[2])

3. Brand.

Ebenso wie beim Raub ist bei der Strafansetzung des Verbrechens der Brandstiftung ein Einfluss römischen Rechts nur in ganz geringem Masse zu belegen. Bekanntlich bestrafte zwar das ältere römische Recht dies Verbrechen mit dem Feuertode,[3]) aber die spätere Praxis hat es als selbständige Straftat nur nebensächlich unter die Tötungsdelikte einrangiert;[4]) die Strafe war nach der lex Cornelia de sic. für Vornehme die „deportatio in insulam", für Niedriggeborene Todesstrafe vor den wilden Tieren.

Allein im Tit. de poenis[5]) greift man die Brandstifter schärfer an: *„incendiarii capite puniuntur, qui ob inimicitias vel praedae causa incenderint intra oppidum: et plerumque vivi exuruntur; qui vero casam aut villam aliquo lenius."* Die darin eingeführte Scheidung ist aber ohne Nachfolge geblieben, die Todesstrafe war jedoch wenigstens gegeben.

Das deutsche Recht hat ebenfalls eine grosse Mannigfaltigkeit von Strafsatzungen ausgebildet.[6])

Die oberdeutschen Rechte geben die sinnbildliche Strafe des Feuertodes für die vorsätzliche Brandstiftung. Subtilere Scheidung zwischen heimlichem und offenem Brand hat je-

---

[1]) Vgl. Hälschner 2, S. 525. [2]) Kohler, S. 456f.
[3]) Aus Gaius in l. 9 D. de incendio ruina naufr. 47, 9.
[4]) Tit. Dig. 48, 8; C. 9, 16. [5]) l. 28 § 12 D. de poenis 48, 19.
[6]) Brunner 2, S. 654ff.

doch Schwarzenberg nicht gemacht. Er bedroht ebenso wie das alte Bamberger Recht (§ 147 StR. i. f.)[1]) und das nahe Nürnberg[2]) die Brandstiftung ohne Unterschied im Einverständnis mit art. 125 Bamb. mit Todesstrafe und zwar durch Feuer.[3])

Neunzehntes Kapitel.

Einzelne Verbrechen.

Die Tötungsdelikte.

Besondere Schwierigkeit macht die reinliche Scheidung und Definition der Tötungsdelikte aus den Quellen Schwarzenbergs. Zöpfl,[4]) der einst dieser Frage einen eigenen grossen Paragraphen seines Buches über das alte Bamberger Stadtrecht gewidmet hatte, nimmt an, dass das alte Strafrecht der Stadt Mord und Totschlag nicht unterschied, dass die Praxis, wie sie im Gerichtsbuche[5]) des 14. Jahrhunderts vorliegt, wenigstens Tötung mit Vorbedacht und im Affekt in der Strafansetzung scheiden wollte. Diese von den späteren Forschern bestrittene Ansicht wird auch nach unserer neueren Kenntnis der Praxis des 15. Jahrhunderts in Bamberg hinfällig.[6]) Die strafrechtliche Lehre von den Tötungsdelikten scheint in Bamberg ebenso wie in anderen Städten, z. B. in Speier, merkwürdig unausgebildet gewesen zu sein. Das älteste Stadtrecht kennt überhaupt nur den einen Ausdruck „Mord" für die Tötungsdelikte. Es bezeichnet damit aber nicht mehr die heimliche feige Tötung, die die Spuren der Tat zu verwischen trachtet (§ 143 StR.), sondern auch einen Totschlag im Gasthause vor vielen Leuten (§ 380 StR.) Dem-

---

[1]) Scheel, S. 60. [2]) Knapp, S. 163.

[3]) Erwähnenswert ist auch hier der merkwürdige Fall des Stadtrechts § 139 (Scheel, S. 60), wonach ein Mordbrenner, der absichtlich Feuer anlegte, während die Tochter seines Feindes im Hause war, so dass diese verbrannte, mit der Schwertstrafe des Raubes gerichtet werden sollte.

[4]) Zöpfl, § 30 (S. 112ff.).

[5]) Vgl. auch Brunnenmeister, S. 20ff.

[6]) Scheel, S. 60ff.

gemäss werden auch in der Folgezeit nicht alle „Morde“ mit der alten Strafe des Räderns belegt, sondern es erscheint besonders häufig Stadtverweisung von verschiedener Dauer; Schwertstrafe ist aus der Zeit vor der Bambergensis für Bamberg nicht ausdrücklich belegt; die Frau, die ihren Mann mit Hilfe ihres Liebhabers tötet, wird ins Wasser geworfen. Es erhellt also daraus, dass im 14. und 15. Jahrhundert in Bamberg zwischen Mord und Totschlag im Ausdruck überhaupt nicht geschieden wurde. Die Strafe war jedoch den Umständen der Tat angemessen; die Polemik Schwarzenbergs im art. 162 pr. Bamb. gegen die unterschiedlose Bestrafung von *„fursetzlichen mördern“* und *„totschlegern“* mit dem Rade kann sich nicht auf Bamberg selbst bezogen haben, wo vielmehr gerade die Strafe des Radbrechens verhältnismässig selten vollstreckt worden ist; wenigstens finde ich in der Praxis des 14. und 15. Jahrhunderts kein einziges Beispiel dafür bezeugt; das erste mir bekannte stammt bereits aus dem Jahre 1509, ist also ein Urteil aus art. 162 Bamb.

Sehr häufig tritt, wie bemerkt, die Strafe der Stadtverweisung besonders bis zum 16. Jahrhundert hier auf, nebenher gehen vereinzelte Kirchenstrafen, Fahrten nach Rom und Aachen und Busszahlungen, die sich im Beginne des 16. Jahrhunderts ganz merkwürdig mehren: so sind uns aus der Zeit vor der Bambergensis 1504—1505 ff. Vigilien und Messen, Erscheinen in der Kirche, Stiften von Kerzen, Errichtung eines Steinkreuzes auf dem Kirchhofe oder am Orte des Totschlags neben der Zahlung des Abtrags an die Sippe von 10 bis 100 Goldgulden überliefert. Des öfteren sind auch Schwarzenbergische Urteile darunter.[1]) Verweisungsstrafen werden jetzt gar nicht mehr notiert.

Wir können schwanken, ob wir in dem geschilderten Tatbestande den Abglanz einer historischen Entwickelung zu sehen oder durch die Ungleichartigkeit der Quellenschriften zufällig in der früheren Zeit nur Stadtverweisung, in der späteren nur Kirchenstrafen und Busse vorfinden.

Sicherlich fehlt aber dem alten Bamberger Strafrecht jede bewusste Unterscheidung zwischen den Tötungsverbrechen mit und ohne Vorbedacht; auch der einzige im Bamberger Echt-

---

[1]) Scheel, S. 62 Anm. 10.

buche[1]) überlieferte Fall eines Tötungsversuches im Affekt spricht nicht dagegen: der Würfler, der beim Spiel im Zorn den Degen samt der Scheide nach seinem Partner wirft und ihn töten will, steht am Pranger, offensichtlich weil der ganze Handel nur als Friedbruch aufgefasst wurde.

Hiernach unterscheidet sich das alte Bamberger Strafrecht durchaus nicht von anderen süddeutschen Stadtrechten,[2]) welche eine Scheidung von Mord und Totschlag und eine prinzipielle Verschiedenheit in der Bestrafung der beiden Verbrechen ebenfalls nicht kennen.

Die Neuerung der Bamb. (art. 162) kann also klärlich auf Schwarzenberg zurückgeführt werden. Wie bereits Wächter[2]) und nach ihm Hälschner[3]) sah, hat „Totschlag" bei Schwarzenberg eine weitere Bedeutung und begreift sowohl die Tötung im Affekt, als die kulpose Tötung und die Tötung in der Notwehr in sich, wie aus dem Zusatze in art. 162 *„der einen totschlage auss jheheyt und zorn gethan und sunst der nachgemelten entschuldigung nit hat"*, hervorgeht.[4])

Auch die prinzipielle Betonung des Vorsatzes *„fursetzlich"* und *„nicht fursetzlich"*, allerdings nicht ganz im modernen Sinne, hat die Bamb. allein Schwarzenberg zu verdanken. Wir können aus den Bambergischen Hofgerichtsprotokollen deutlich erkennen, wie seit 1505 in Verhandlungen gerade unter seinem Vorsitze eine derartige Scheidung gemacht wird.[5]) Freilich ist *„fursetzlich"* nicht der einzige Ausdruck für unseren Vorsatz (art. 250 Bamb.).

Die in der Bamb. recht ausführlich behandelten Tötungsverbrechen haben durchaus deutsch-rechtliche Gedanken zur Grundlage. Schon das Recht der fränkischen Periode[6]) schied

[1]) EB. S. 16 (1415); Scheel, S. 63.

[2]) Wächter, Lehrbuch 2, S. 116ff.

[3]) Hälschner 2, S. 51—53.

[4]) Brunnenmeister, S. 250—251 Anm.

[5]) Vgl. zur strittigen Auslegung des art. 162 Bamb. Ph. Allfeld, Die Entwickelung des Begriffes Mord bis zur Carolina (1877), S. 84ff., bes. 95ff.; Güterbock, Die Entstehungsgeschichte der Carolina S. 232ff.; Löffler, Die Schuldformen des Strafrechts 1 (1895), S. 164; Wachenfeld, Die Begriffe von Mord und Totschlag (1890), S. 1—23.

[6]) Brunner 2, S. 630ff.

genau bei Tötungen, die nicht Ungefährwerke sind, solche „ausu temerario, sine causa, ex levi causa" etc. Geminderte Ahndungen treten ein, wenn sich die Tat als Ungefährwerk darstellt; strenge Bestrafung finden qualifizierte Totschläge am Freund, Herrn, Ehegatten u. a. m. Trotzdem zeigen uns schon äusserlich kleine Züge eine bei alledem recht weitgehende Benutzung römischen Rechts, um die fundamentalen Grundbauten durch neue Zierde zu verbrämen.

So beruht z. B. art. 160 Bamb. augenscheinlich auf fremden Quellen. Zwar genügen, wie Brunnenmeister richtig sah,[1]) die Titel des Klagspiegels nicht ganz als Vorlage für den Artikel, da die römische Ipso-jure-Folge der Gutskonfiskation bei Kapitalverbrechen dort fehlt; doch haben die italienischen Juristen (z. B. Jacobus de Bellovisu), gerade über die Zulassung der Vermögenseinziehung bei Selbstmördern nachgedacht und im Sinne des älteren römischen Rechts (l. 1 pr. 2 D. de bonis damnat. 48, 20) die Einziehung beim „crimen publicum et capitale" angenommen. Auch die Konfiskation eines Selbstmörders „metu criminis" ist dort behandelt. Als allgemeine Quelle kann neben den Titeln der Digesten und des Kodex[2]) Novella 134 c. 13 gelten, die dann Bartolus herangezogen hat.

Ferner führt uns die Heranziehung der genannten Beispiele vom Barbier und Schützen in art. 172 Bamb., die der Hauptsache nach wohl dem Klagspiegel entstammen, ebenfalls über diese Quelle auf das römische Recht selbst zurück. Wie Brunnenmeister bereits andeutet,[3]) sind die Urstellen der genannten beiden Beispiele[4]) ebenfalls von den Helfern Schwarzenbergs eingesehen worden. So kann es danach nicht auffallen, wenn er auch für die Feststellung des Begriffes der „culpa" und des „dolus" das bei den Italienern gebotene sich zu eigen gemacht hat: wir werden daher nicht daran zweifeln, dass die oben seit 1505 erwähnte Scheidung des *„fursetzlich"* und *„nicht fursetzlich"* in der Bamberger Praxis auf dieselbe Quelle zurückgeht.[5])

---

[1]) Klagspiegel, Bl. 192a; Hälschner 1, S. 90 A. 14, Brunnenmeister, S. 193f.

[2]) Tit. Dig. 48, 20. 21; Cod. 9, 50; Bartolus, Lectura ad D. 48,20.

[3]) S. 172—173. [4]) l. 9 § 4 und l. 11 pr. D. ad legem Aquiliam 9, 2.

[5]) Vgl. dazu das cit. Werk Kohlers, Strafrecht der italien. Statuten S. 708 f. (Excurs).

Die übrigen Tötungsverbrechen mögen nach der Reihenfolge im Gesetze selbst besprochen werden.

Die Vergiftung (art. 155) und ihre Sühne hat in der juristischen Literatur sehr verschiedene Behandlung erfahren; so sehr man es Schwarzenberg zum Verdienst anrechnete, den objektiven Tatbestand des Verbrechens festgestellt und dem Aberglauben der Zauberei keinen Eingang verschafft zu haben,[1]) so wenig traute man dem Gesetzgeber hier eigenes Urteil zu. Gengler[2]) bemühte Ruprecht von Freysing (2, 20), Brunnenmeister[3]) ging bis zur alten Ribuaria zurück. Letzterer hat freilich wohl das richtige getroffen, wenn er neben selbstverständlicher Kenntnis des Klagspiegels der Praxis der süddeutschen Städte Erwähnung tut. Über Bamberg wissen wir leider dafür gar nichts; doch hat Augsburg und besonders Nürnberg[4]) so ähnliche Strafansetzungen, dass wir hier getrost uns mit dieser allgemeinen Hindeutung begnügen dürfen; bestätigt wird die im ganzen also deutschrechtliche Herkunft des Artikels durch die kurze Fassung, die, wie erwähnt, meistens ein Zeichen dafür ist, dass hier Schwarzenberg sich scheut, bekannte Dinge breiter auszuführen.[5])

Der Kindesmord (art. 156) hat dagegen eine besonders ausführliche Ausarbeitung erfahren, die der ganzen Art nach auf Schwarzenberg zurückzudeuten scheint. Welche Quelle er dabei benutzt hat, ist nicht zu ersehen. Die italienische Jurisprudenz kommt diesmal überhaupt nicht in Frage, die Schärfung der Strafe bei öfterem Vorkommen beruht ebenso wie die ganze Strafansetzung auf deutschem Gewohnheitsrecht, wie es wenigstens nach der Seite des Ertränkens auch für Bamberg in der Praxis des 15. Jahrhunderts belegt ist.[6]) Gewiss hat Schwarzenberg für den zweiten medizinische Terminologie verratenden Absatz sich bei Sachverständigen Rats erholt; noch nach Erscheinen der Bambergensis wendet er diesem Artikel im Jahre 1508 Interesse

---

[1]) Brunnenmeister, S. 187—188.

[2]) Auch heute noch einzusehen ist Gengler, Die strafrechtliche Lehre vom Verbrechen der Vergiftung 1842.

[3]) Brunnenmeister, S. 188.

[4]) Knapp, S. 182. 184.

[5]) Vgl. z. B. art. 150. 151 Bamb.

[6]) Scheel, S. 64.

zu, indem er in einer besonderen Verfügung an die einzelnen Bambergischen Gerichte den Fall einer Kindestötung ausführlich erläutert.[1]) Ebenso wie hier scheint auch der Originalartikel der Bambergensis selbst durch einen bestimmten Einzelfall veranlasst zu sein. Die Strafe des Pfählens und Lebendigbegrabens, die sonst in Bamberg nur für den Notzüchter und die rückfällige Diebin erscheint, kann nicht verwundern, wenn man die Schwere und Grausamkeit der Tat in Betracht zieht; andere Städte haben wiederum andere Strafen für zuständig erachtet: so Nürnberg vor der Bambergensis (1507) die Stadtverweisung; Speier stimmt zur Bambergensis in der Annahme der Wasserstrafe.

Die Kindesaussetzung (art. 157) ist in doppelter Hinsicht zu strafen. Setzt eine Mutter ihr (uneheliches?) Kind aus und bleibt es am Leben, so wird sie nur am Leib gestraft; stirbt es, so wird sie als Kindesmörderin hingerichtet. Gemeinsam ist beiden Fällen der Wunsch, sich des Kindes zu entledigen. Das römische wie kanonische Recht kennt kein eigentliches Verbrechen der Aussetzung; das kanonische Recht hebt allerdings die Gefährdung am Leib und Leben als kennzeichnend heraus. Die italienischen Juristen sind in ihren Angaben ebenfalls schwankend. Bartolus[2]) scheint eine Scheidung nach dem Orte der Aussetzung angenommen zu haben: Setzt eine Mutter ihr Kind am Hospital aus, so leidet sie eine „poena extraordinaria"; legt sie es an einen Ort „ut moveretur", wird sie nach der lex Cornelia de sicariis gerichtet. Schwarzenberg nennt nun zwar nicht das Wort „Hospital", hat aber offensichtlich ebenfalls die „Hinlegung" eines neugeborenen, wohl unehelichen Kindes im Auge, bei der der „animus necandi" fehlt. Ob er die Strafansetzung wirklich aus Bartolus abstrahiert, wie Brunnenmeister zu meinen scheint, oder hier heimischem Rechte folgt, ist nicht zu sehen: wir kennen aus Bamberg keinen derartigen Fall, in Nürnberg scheint man die Stadtverweisung wenigstens im 15. Jahrhundert für ausreichend erachtet zu haben.[3])

Mit dem Verbrechen der Abtreibung steht Schwarzenberg (art. 158) vollkommen auf dem Standpunkte des kanonischen

[1]) Corr. ad art. 156 (Bambergensis hrsg. v. Kohler und Scheel, S. 135—136).

[2]) lect. ad l. 4 D. de lib. agnosc. 25, 3; Brunnenmeister, S. 252.

[3]) Knapp, S. 189.

Rechtes.[1]) Auch er scheidet Tötung des belebten und noch nicht belebten Fötus, ohne sich auf eine Terminsbestimmung weiter einzulassen. Dass das kanonische Recht hiermit auf den Spuren des alten Deutschen Rechtes wandelte, war für Schwarzenberg sicher nur ein Grund mehr, dies Verbrechen in der Weise des art. 158 einzuführen; wer von den Italienern die Vermittlerrolle gespielt, lässt sich nicht sicher sagen. Angelus Aretinus[2]) bestraft jedenfalls in ganz derselben Weise wie er die Tötung der unbeseelten Leibesfrucht arbiträr, die der beseelten aber nach der lex Cornelia de sicariis, d. h. mit dem Schwerte.

Dem Verbrechen der Abtreibung setzt Schwarzenberg die Unfruchtbarmachung gleich.

Einen eigenen Artikel widmet Schwarzenberg der Haftung des Arztes, durch dessen Fahrlässigkeit oder Arglist ein Kranker gestorben ist (art. 159). Brunnenmeister[3]) hat aus den Italienern eine Reihe von Stellen zusammengestellt, die sich mit der Haftung des Arztes befassen. Besonders weist er auf die auch an andrer Stelle als Quelle Schwarzenbergs erwiesene „Summa Angelica" des Angelus de Clavasio hin,[4]) die genaue Bestimmungen enthält. Die ältere Bamberger Praxis kannte ebenfalls eine Ahndung ärztlicher Fahrlässigkeit und Unkunst. Im Jahre 1418 wird die Augenärztin Anna von Regensburg, die einer Klosterfrau mit einer Arznei die Augen „verderbt und geblendet" hatte, zu zehnjähriger Stadtverweisung verurteilt. Die Strafe ist insofern bemerkenswert, als sie die auch sonst übliche Ansetzung für Totschlag wiedergibt.[5]) Schon der Umstand, dass man bereits im 15. Jahrhundert in Bamberg derartige Urteile fällte — in Nürnberg ist nichts derartiges bekannt — lässt darauf schliessen, dass Schwarzenberg die Anregung zur Darstellung des Verbrechenstatbestandes in Bamberg selbst erhalten hat. Auch der Hinweis auf die Leute, die *„sich artzney understeen"*, lässt sich aus der richtig erkannten Notwendigkeit eines Einschreitens gegen einheimische Kurpfuscher erklären. Wie weit dann die Kenntnis

[1]) C. 20 c. 2 qu. 5 und c. 8 c. 32 qu. 2; c. 20 X de homic. 5, 12.
[2]) Vgl. Brunnenmeister, S. 251. 252. 254.
[3]) S. 253 Anm. 5.
[4]) s. v. Medicus.
[5]) Scheel, S. 64.

italienischer Werke dazu gekommen ist, ist im einzelnen nicht zu erkennen; sicherlich war jedoch eine Beeinflussung vorhanden.

Hieran schliesst sich leicht die Haftung des Herrn (art. 161) für eine Tötung durch ein ihm gehöriges Tier. Wie im alten Deutschen Recht scheidet Schwarzenberg Kenntnis und Unkenntnis des Herrn von den schlechten Eigenschaften seines Tieres. Freilich hat sich die Busse und Strafe sehr geändert; wie bei anderen Rechtsinstituten ist auch hier an Stelle der „Compositio“ eine arbiträre Strafe getreten. Ob der alte Gefährdeeid, der die Wissenschaft von der Schädlichkeit des Tieres negierte, noch gefordert wurde, ist nicht ersichtlich. Im Falle der Negierung seitens des Tiereigentümers darf jedoch keine peinliche Strafe eintreten. Der Artikel atmet nach dem Angeführten so sehr deutschen Geist, dass hier an eine Beeinflussung durch fremdes Recht nicht gedacht zu werden braucht.

In der Reihenfolge der Bambergensisartikel werden von Schwarzenberg sodann (art. 164ff.—180) eingehend Notwehr, Beihilfe und prozessuale Dinge behandelt, die aus dem Rahmen des materiellen Strafrechtes an sich herausfallen und daher an anderem Orte zu behandeln sind.

Im Anschluss hieran sei bemerkt, dass die Körperverletzung als ausgeprägter Verbrechenstypus in der Bambergensis ganz fehlt. Auch art. 161 (Tötung durch ein Tier) und art. 155 (Vergiftung) können nicht, wie es meist geschieht, ohne weiteres herangezogen werden, weil ja in beiden Artikeln das Verbrechen als lebenstötend, nicht bloss schädigend hingestellt wird. Das Fehlen eines fest umgrenzten Verbrechensbegriffes im römischen Rechte wie bei den italienischen Kriminalisten kann doch nicht ganz das merkwürdige vollständige Fehlen in der Bambergensis erklären, wenn man die fast unübersehbare Fülle von Körperverletzungen aller Art z. B. in den Altbambergischen Quellen bedenkt.[1]) Der Grund liegt vielmehr wohl in der Unzuständigkeit des Halsgerichtes für derartige Streitigkeiten, die meist vor dem Stadt- oder Untergericht vor oder im Teidigungsverfahren behandelt wurden. Anzufügen ist hierbei, dass aus demselben Grunde auch die auf gleicher Stufe stehende Sachbeschädigung in der Bambergensis nicht behandelt ist.

[1]) Scheel, S. 64—67 und Anm.

Zwanzigstes Kapitel.

Verletzungen an der Ehre.

Majestätsbeleidigung.

Die Artikel über Ehrenkränkungen der Bambergensis werden durch die vollständig auf römischer Anschauung beruhende Behandlung der Majestätsbeleidigung eingeleitet. Der dem art. 132 eingefügte lateinische Ausdruck *„das er damit zu latein genant crimen lese maiestatis gethan hat"*, weist deutlich auf die fremde Quelle[1]) hin. Freilich erscheint hier die Beleidigung der kaiserlichen Majestät noch in ganz besonderem Lichte: auch wer *„verbündtnuss oder eynigung wider dieselben maiestat"* macht, wird straffällig, so dass die oftgenannte lex „quis quis"[2]) des Arkadius und Honorius vielleicht dem Gesetzgeber in der Übersetzung eines Freundes vorgelegen hat; jedenfalls wäre der Schwarzenbergische Doppelausdruck eine genau entsprechende Übersetzung der „scelesta factio" des römischen Gesetzes. Andererseits könnte die Grundlage des art. 132 ebensogut aus dem kanonischen Recht oder auch etwa der Goldnen Bulle von 1356 stammen.

Die ganze Sache erschien Schwarzenberg ausserordentlich wichtig, und deshalb wird die Urteilsfindung überhaupt für diesen Fall den Laienrichtern aus der Hand genommen und den Rechtsgelehrten zugewiesen, nach deren Ansatz jene sich zu richten haben. Trotz des scheinbar fremden Gewandes scheinen jedoch Schwarzenberg auch deutsche Rechtsbegriffe vorgeschwebt zu haben, die dann ihrerseits allerdings wieder auf römischen beruhen. Zählt doch auch der Hochverrat des fränkischen Rechtes, die Beleidigung des Königs und seiner Angehörigen mit zu den unter diesen Begriff fallenden Straftaten,[3]) ebenso wie in art. 132 beides verbunden ist.[4])

---

[1]) l. 1 D. ad legem Iuliam maiestatis 48, 4.

[2]) l. 5 C. 9, 8. Cod. Theodos. 9, 14, 3.

[3]) Brunner, Rechtsgeschichte 2, S. 688—689 und Anm.

[4]) Vgl. hierzu Meents, Die Idee der Majestätsbeleidigung (1895), S. 26—28, der das römische Recht missverstanden glaubt, weil auch das Lästern der Majestät mit schwerer Strafe bedroht ist.

Daneben steht in art. 133 Bamb. die Beleidigung des eigenen Herren mit Worten und Werken, die mit arbiträrer Strafe belegt wird. Diese besondere Kodifizierung der Herrenbeleidigung scheint ebenfalls auf deutschen Gedanken zu beruhen, ohne dass sich dafür eine bestimmte Stelle als Vorbild anführen liesse. Das Lehnsverhältnis und seine Ordnung kann ebenso wie die vielfachen in den Städten vorkommenden Dienst- und Untertänigkeitsverhältnisse zum Ausgangspunkt der Verordnung gemacht worden sein. Dass Schwarzenberg hier nichts bestimmtes im Auge hat, zeigt auch unter anderm die dehnbare Strafansetzung.

Dennoch scheint es so, als ob hiermit nicht die mannigfachen Streitigkeiten zwischen Meistern und Gesellen, z. B. in den Zünften und Gewerken gemeint sind, sondern mehr an die oben gestreiften Lehns- und Hintersassenverhältnisse gedacht ist.

All die massenhaften Ehrenkränkungen niederer Art, wie sie uns das Bamberger Echtbuch und dann aus Schwarzenbergs Zeit besonders die Bambergischen Hofgerichtsprotokolle und Ratsbücher zeigen, sind jedenfalls nicht gemeint. Davon will sich der Gesetzgeber scheinbar in der Behandlung der Ehrenbeleidigung ganz fern halten.

Und ganz natürlich! Erschienen doch für diese niedrigen Arten Busse nach altem deutschen Brauche, sodann Abbitte und Widerruf und in Fällen mit begangener Tätlichkeit auch Verbannung als die übliche Sühnung. Auf Grund der Kenntnis der Protokolle ist ferner konstatiert worden, dass gerade die Zeit Schwarzenbergs eine gewisse Wandlung in dem Ehrenkränkungsprozesse hervorbringt, und zwar eine grössere Subtilität in der Eruierung der Gründe, die dem Täter als Affekt und Zorn u. a. zu gunsten ausgelegt werden. Wir besitzen sogar von Schwarzenberg selbst Urteile, in denen er eifrig bemüht ist, einen Vergleich zwischen den Parteien zustande zu bringen. Wie stimmt das zu der Behandlung dieser Frage im art. 133 Bamb.? Zur Lösung des Zwiespaltes müssen wir auf die Worte „*so das peynlich geclagt und ausgefůrt wurdet*“ hinweisen. Ist in den eben behandelten Fällen der niedrigeren Ehrenbeleidigung nur bürgerlich geklagt und handelte es sich hier meist darum, Busse in klingender Münze zu erhalten, so ist im art. 133 vielmehr eine höhere Art der Beleidigung gemeint, bei der peinlich geklagt wird. Es ist also ganz deutlich, dass von Schwarzenberg auch hier wiederum alles, was er als ganz bekannt bei seinen Laienrichtern und Beisitzern voraussetzen konnte, fortgelassen worden ist — nämlich die Ehrenbeleidigungsklage nach nationaler Auffassung, nach deutschem Recht.

Es ist bekannt, dass sich die Rezeption der römischen Injurienlehre in Deutschland nur sehr allmählich vollzog und dass gerade hierbei auch nationale Elemente beibehalten wurden. In der Bambergensis scheinen mir die beiden Ströme noch durchaus nebeneinander zu fliessen. Zwar fand Schwarzenberg, wie Brunnenmeister nachweist,[1]) in der Wormser Reformation und im Klagspiegel den Standpunkt der damaligen italienischen Praxis dahin festgelegt, dass der Beleidigte die Wahl hatte, civiliter oder peinlich zu klagen, und hat diese Vorgängerinnen auch ganz sicher gekannt und gelesen — aus dem Schweigen der beiden Gerichtsordnungen jedoch über die Civilklage wegen Schmähung nun auch schliessen zu wollen, dass dies der Grund für Schwarzenberg gewesen ist, ebenfalls darüber hinwegzugehen,[2]) wird m. E. der praktischen Tätigkeit des Bambergischen Hofmeisters in keiner Weise gerecht.

Einfluss haben die römisch-rechtlichen Bestimmungen insoweit gehabt, als sie die Scheidung in Civil- und peinliche Klage an die Hand gaben. Im übrigen stellte sich der Gesetzgeber nicht die Aufgabe, die niedere Gerichtsbarkeit zu regeln, und konnte daher auch ohne irgend welche Beeinflussung seitens der Wormser Reformation und des Klagspiegels zu seiner Fassung des art. 133 kommen.

Einen Fall der Ehrenbeleidigung hat Schwarzenberg jedoch absichtlich herausgehoben, hier wiederum deutlich im Anschluss an das fremde Recht und die Italiener, die Schmähschrift. Wir kennen leider aus der Bamberger Praxis keinen derartigen Fall, der uns eine Vergleichung an die Hand gäbe; doch berichtet Knapp[3]) aus dem Nürnberger Gebrauche, dass „die Tat

[1]) S. 256 und Anm.

[2]) Man beachte jedoch die Andeutung in art. 19 Bamb.

[3]) S. 206—207.

Pasquinos" an sich Todesstrafe erheische, dass in der Praxis aber Verweisung und Gefängnis an ihre Stelle getreten sei.

Dies stimmt zu der Bemerkung Brunners,[1]) dass man zu Unrecht behaupte, im älteren deutschen Recht werde die falsche Anklage nach dem Gesichtspunkte der Talion bestraft. Der Gedankengang Schwarzenbergs, der allerdings in art. 134 die Talion als Strafe ansetzt, ist vielmehr wohl folgender gewesen: Die beiden Stellen des römischen Rechtes, welche die Italiener des 15. und 16. Jahrhunderts bei der Behandlung dieses gerade in Italien zu jener Zeit häufigen Verbrechens vor sich hatten, waren l. 5, 6 D. de iniuriis 47, 10 und l. unic. C. de famosis libellis 9, 36. Hier fand Schwarzenberg allerdings die Todesstrafe, ebenso wie in der älteren Satzung der Nachbarstadt Nürnberg und im Klagspiegel (Bl. 15 b). Nun wissen wir aber aus den Italienern, z. B. dem Breviarium des Johannes Faber und Bonifacius de Vitalinis, Julius Clarus u. a.[2]), dass auch die Praxis Italiens[3]) in jener Zeit durchaus nicht mehr die Todesstrafe für dies Verbrechen anwendete, sondern die Strafe der Talion hatte eintreten lassen. Ob wir hierin mit Köstlin einen Einfluss deutschen Rechtes zu sehen haben, sei dahingestellt; soviel ist jedenfalls klar, dass in dem oft citierten Einzelfalle bei Zöpfl[4]) die eigentliche Klage und Verurteilung gar nicht auf falsche Anklage geht, sondern auf Diebstahl in der Herberge und auch die Strafe, wie für den Diebstahl üblich, die des Galgens war. Wahrscheinlicher ist also, dass hier Schwarzenberg, der sich ja auch ausdrücklich darauf beruft, dass *„die recht"* ebenso *„sagen"*, den Brauch der italienischen Praxis einfach in sein Gesetzbuch übernommen hat.

---

[1]) Brunner, Rechtsgeschichte 2, S. 677.

[2]) Brunnenmeister, S. 257 und 258 Anm.

[3]) Siehe auch Kohler, Strafrecht der ital. Statuten a. a. O.

[4]) Zöpfl, Anh. IV, No. 1, S. 139 (1481).

Einundzwanzigstes Kapitel.

Verbrechen gegen die Sittlichkeit.

1. Widernatürliche Unzucht.

Das Verbrechen des art. 141, 142 Bamb. und seine Behandlung legt ein schönes Zeugnis für Schwarzenbergs gesetzgeberisches Taktgefühl ab. Die kurze Fassung beider Artikel, durch die der Gefahr der Anreizung zum Verbrechen *„umb zucht und ergernus willen"* vorgebeugt wird, ist in ihrer Einfachheit mustergültig. Art. 141 greift über die Bestimmungen des römischen Rechtes hinaus und setzt für homosexuelle Verirrungen ebenso wie für die Sodomie die Strafe des Feuertodes entgegen der bei den Italienern üblichen Enthauptung. Brunnenmeister bemerkt richtig, dass hier kirchenrechtliche Gedanken Einfluss geübt haben müssen, da man in der unnatürlichen Wollustbefriedigung von jeher etwas Ketzerisches sah. Wie sich diese Bestimmung in praxi gestaltet hat, lässt sich aus Bamberg selbst nicht erkennen, aus Nürnberg und Speier wissen wir jedoch, dass die Feuerstrafe meist in die Schwertstrafe der Italiener umgewandelt wurde. Wir werden demnach auch für Bamberg ähnliches anzunehmen haben, wenn auch freilich die revidierte Bamb. von 1580 ebenso wie die Carolina art. 118 die vorliegende Strafansetzung wiederum beibehalten.[1])

2. Inzest.

Während art. 141 aus der allgemeinen deutschrechtlichen Sphäre heraus festgestellt ist, scheint art. 142 vielmehr direkt aus der Vorlage übernommen zu sein. Freilich erhalten wir gerade hier ein lehrreiches Beispiel dafür, dass wir uns nicht auf eine Stelle einschwören dürfen, die Schwarzenberg vorgelegen haben soll, sondern müssen uns bescheiden, den allgemeinen Gedanken zu präzisieren. Brunnenmeisters Annahme, dass Bonifacius de Vitalinis den Anstoss gegeben habe, ist

---

[1]) Brunnenmeister, S. 269; Knapp, S. 232; Harster, S. 184—185; die italienische Praxis bei Kohler, a. a. O.

auf den ersten Blick recht bestechend: „*Incestus vero committitur cum privigna, noverca, nuru, consanguinea et simili coniuncta, ut Inst. de nupt. § affinitatis et eadem poena punitur qua adulterium, ff. l. si adult. cum incestu.*“ Doch ist nicht zu übersehen, dass auch das zitierte Gesetz l. 39 (38) pr. D. ad legem Iul. de adult. (48, 5) alles Wissenswerte für Schwarzenberg enthielt. Allerdings ist es trotzdem streitig, welche Ausdehnung er dem Begriffe des Inzestes geben, ob er in den von ihm angeführten Fällen der Stieftochter, Schwiegertochter und Stiefmutter nur Beispiele geben oder den Umfang des Verbrechens erschöpfen wollte. Brunnenmeister stützt seine Annahme, dass er auf Grund seiner Vorlage das Angegebene nur als Beispiele anzieht und die Ausdehnung des Verbrechens im römischen Rechte nicht verändern will, durch spitzfindiges Raisonnement; m. E. ganz unnötig, da der klare Wortlaut des Artikels von den „*näheren und bösslicheren*“ Fällen zwar absichtlich schweigt, aber ihr Vorkommen durchaus nicht in Abrede stellt: sie sollen arbiträr in der Strafe verschärft werden. Ordinär tritt die Schwertstrafe für Ehebruch nach römischem Recht ein (Bamb. 145).[1])

3. Bigamie.

In der Begründung der Strafansetzung des art. 146 Bamb. vermögen wir sehr interessante Blicke in den Gedankengang des Gesetzgebers zu tun. Schwarzenberg befindet sich hier in einer misslichen Lage: nachdem er in art. 125 feierlich proklamiert hatte, dass es nicht zulässig sei, peinliche Strafe an Leib und Leben da zu setzen, wo die „*keiserlichen recht*“ sie nicht hätten, war es unmöglich, sich bei der Stuprumsstrafe des römischen Rechts zu beruhigen, zu der übrigens schon dort Züchtigung und Verweisung treten konnte.[2]) Die etwas gezwungene Konstruktion eine Todesstrafe im Hinblick auf Strafschärfungsgründe (Verlust der Ehre und zeitlicher Güter, Wiederholung) ist um so merkwürdiger, als in Bamberg selbst, wie wir jetzt wissen, eine der römischen ganz ähnliche Behandlung der Bigamiestrafe

[1]) Brunnenmeister, S. 266—269.

[2]) Die römisch-rechtlichen Grundlagen bei Brunnenmeister, S. 264ff.; Einfluss des Klagspiegels (ad leg. Iul. de adult.) Bl. 170 ist gewiss anzunehmen: „*erbare frau*“.

Platz gegriffen hatte. Selbst auf mehrfache feierliche Eingehung der heiligen Ehe, die also Verletzung des heil. Sakraments involviert, steht nichts anderes als ewige Verweisung über Rhein und Donau nach vorhergehendem Stehen am Pranger und Brandmarkung.[1]) Wenn nun Schwarzenberg von der Wasserstrafe für Bigamie ausdrücklich redet, die *„an vil enden gewonheyt“* sei, so kann er seine Stadt Bamberg nicht meinen; wir haben also einen schlagenden Beweis dafür, dass er einerseits mit weiterschauendem Blick auch die Rechte anderer deutscher Territorien in den Kreis seiner Betrachtung zieht, dass er sich andererseits absichtlich nicht an das Recht und die Praxis Bambergs hielt, wenn ihm dies nicht passend erschien. Mag er nun Nürnbergs oder einer anderen Stadt strengere Rechtspraxis gekannt haben, jedenfalls ist es kein Bruch mit deutscher Rechtsanschauung, wie Brunnenmeister etwas volltönend sagt,[2]) da selbst in dem strengen Nürnberg eine Milderung der Todesstrafe in Stadtverweisung nicht selten war.

Die Praxis Bambergs nach Einführung der Bambergensis hielt sich übrigens, soviel wir sehen können, durchaus an die von Schwarzenberg aufgestellten Grundsätze. Brunnenmeister, dem übrigens nur der eine der jetzt bekannten beiden Fälle zugänglich war, nimmt zu Unrecht an, dass Wolf Marder aus Scherdingen in Bayern nach altem deutschen Recht als „bigamus“ zum Wassertode verurteilt sei; gerade hier liegt eine genaue Anwendung des art. 146 Abs. 2 vor: Der Inkulpat ist geständig die Absicht gehabt zu haben, von *„der andernn frauenn wegkzuzihenn unnd solcher andern frauenn das ir zu entragenn“*; ferner hat er sie laut Urteil der Rechtsverständigen an gutem Ruf, Leumund und zeitlichen Gütern arg geschädigt und hatte die Absicht, dies auch noch ferner zu tun. Die Wiederkehr fast der Worte der Bambergensis in der Begründung lässt uns vielmehr das gefällte Urteil als durchaus im Sinne des Gesetzes erscheinen.[3])

Noch deutlicher liegt dies bei einem zweiten Falle des Correctoriums auf der Hand. Hier handelt es sich um Absatz 3

[1]) Scheel, S. 72—75.

[2]) S. 264 ff.

[3]) Correct. ad art. 146 Fall a. (Kohler-Scheel, S. 131—132).

art. 146 Bamb., dass ein Täter *„bestimpte misstat mere dann einest verpracht"*. Der Inkulpat hat neben seiner rechtmässigen Ehefrau noch zwei andere Jungfrauen bei Lebzeiten der ersteren geheiratet und ist mit ihnen *„zu kirchen und strassen gegangen"*, ja wollte sogar noch eine vierte derartig behandeln. Hier ist ebenfalls aus art. 146 auf Ertränken erkannt.[1])

So sehen wir gerade bei dem Verbrechen der mehrfachen Ehe Schwarzenberg eine Einigung deutschen und fremden Rechtes vollziehen, die für die Bambergische Spruchpraxis der nächsten Folgezeit massgebend gewesen ist.

Bemerkenswert ist aber, dass diese Auffassung Schwarzenberg nicht überlebt hat. Zwar hat die revidierte Bamb. 1580 art. 146 gerade an diesem Artikel nicht geändert, doch ist sehr fraglich, ob wirklich später noch darnach geurteilt worden ist, da z. B. auch Nürnberg, wie bereits erwähnt, in der Folgezeit mildere Strafen eintreten lässt.[2]) Das Speierer Projekt der Carolina (1529 III) art. 127 bricht jedoch vollständig mit der Schwarzenbergischen Fassung und betont, dass die Bigamie ein grösseres Laster sei als der Ehebruch und daher mindestens mit der peinlichen Strafe des Ehebruchs geahndet werden müsse. So urteilt auch die endgültige Fassung von 1532 (CCC. art. 121).

4. Notzucht.

Mit dem art. 144 Bamb. steht Schwarzenberg durchaus auf deutschem Boden. Es ist bekannt, dass die Italiener ebenso wie das römische Recht kein selbständiges Notzuchtverbrechen kennen, sondern die Notzucht teils dem „crimen vis", teils den Unzuchtverbrechen zurechnen. Legen auch die Kriminalisten des 16. Jahrhunderts, ähnlich wie Schwarzenberg, Wert bei der Beurteilung auf die Verletzung der weiblichen Ehre und Unbescholtenheit, so ist trotzdem jede Verbindung mit den Italiern abzulehnen.[3]) Freilich trennt sich der Gesetzgeber auch von der Praxis Bambergs während des 14. und 15. Jahrhunderts ebenso wie von der altertümlichen Bestimmung

[1]) Correct. ad art. 146 Fall b. (Kohler-Scheel, S. 132—134).

[2]) Knapp, S. 228—230.

[3]) Gegen Brunnenmeister, S. 259.

des alten Stadtrechts § 145.[1]) Nach ersterer trat ewige Stadtverweisung ein, nach letzterem die Durchstossung des Leibes mit der „*tyl*“, einem Pfahle. Auch Nürnberg kennt diese altertümliche Bestimmung, aber nur auf dem Papiere: angewandt hat man dort die Schwertstrafe und daneben ewige Verweisung.[2]) Schwarzenberg setzt erstere für die vollendete Notzucht als Ahndung fest und belegt den Versuch mit arbiträrer Strafe, hiermit allerdings an die Bamberger Praxis des 15. Jahrhunderts anklingend, die einen Notzüchter, der aber durch hinzueilende Verwandte in seinem Vorhaben gestört wurde, auf 10 Jahre und 10 Meilen aus Bambergs Mauern weist.[3]) Später hat man die Schwertstrafe für den Notzüchter aus dem römischen Rechte allegieren wollen und fälschlich fr. 1 § 2 de extraordin. crim. 47, 11 zum art. 144 Bamb. angezogen.[4])

5. Ehebruch.

Die Behandlung des art. 145 Bamb. lässt recht deutlich die Arbeitsweise Schwarzenbergs erkennen.[5]) Die Bestimmungen über den Ehebruch beruhen vollständig auf fremdem Rechte; das Strafrecht der italienischen Juristen war aber gerade in diesem Punkte nicht einheitlich, sondern schwankte zwischen den ebenfalls nicht einheitlichen Strafen des römischen Rechts hin und her. Art. 145 nimmt als Hauptfall an, dass ein Ehemann einen anderen bei seinem Eheweibe findet: dessen Strafe ist „*nach sage der keyserlichen recht*“ das Schwert, also übereinstimmend mit der klaren Äusserung des § 4 I. de publ. iudic. 4, 18: „*Item lex Iulia de adulteriis coercendis, quae non solum temeratores alienarum nuptiarum gladio punit, sed etiam eos, qui cum masculis infandam libidinem exercere audent*“. Die Fälle der Digestenbestimmungen (48, 5) lassen dagegen keine einheitliche Strafe hervortreten. Die Ehebrecherin verliert hierbei Ansprüche auf „dos“ und „donatio propter nuptias“ als vermögensrechtliche Folge der Straftat, wird aber bei Schwarzen-

---

[1]) Scheel, S. 74—75.
[2]) Knapp, S. 230—231.
[3]) Scheel, S. 75.
[4]) Kohler-Scheel, S. 232.
[5]) Vgl. im allgemeinen Brunnenmeister, S. 260—264.

berg nicht gleich dem Manne enthauptet (Cod. 29 (30) § 4 ad legem Iul. de adult. 9, 9 Glosse), sondern soll *„zu ewiger buss und straff verspert und gehalten werden“*, wie die Authent. Sed hodie zu c. 30 ad legem Iuliam de adult. 9, 9 aus Nov. 134 c. 10 vorschreibt: *„Sed hodie adultera verberata in monasterium mittatur“*. Freilich hatte schon die oben zitierte Glosse zu Cod. 9, 9 die Strafe für die Frau arbiträr gestaltet: *„Gladio tam in mare quam in femina, sed in femina corrigitur et alia poena imponitur“*. Es fehlt also bei Schwarzenberg die körperlichen Züchtigung der Frau.[1]) Die auf obigen Anschauungen basierenden Meinungen der italienischen Juristen sind jedoch im art. 145 zusammengeflossen und zwar so, dass klärlich die Angaben zweier Stellen kombiniert worden sind, wie sich aus dem Schlusssatz *„sol auch zu ewiger buss etc.“* deutlich hervorleuchtet. Was die direkte Vorlage gewesen sein mag, ist unerfindlich. Ob gerade der bei Brunnenmeister[2]) zitierte Augustinus ad Angelum Aretinum der Worte *„et ista est communis opinio“* wegen heranzuziehen ist, scheint jedenfalls mehr als zweifelhaft.

Der zweite Fall des ehebrecherischen Verhältnisses zwischen einem verheirateten Mann und einer ledigen Dirne ist zwar auch unter Ehebruch behandelt, aber nicht mit der „poena adulterii“ belegt. Es erschien dem Gesetzgeber vielmehr die Strafe des römischen „stuprum“ als ungefähr ausreichend, die im § 4 I. de publ. iudic. 4, 18 dafür angesetzt wird: *„sed eadem lege Iulia etiam stupri flagitium punitur, cum quis sine vi vel virginem vel viduam honeste viventem stupraverit, poenam autem eadem lex irrogat peccatoribus, si honesti sunt, publicationem partis dimidiae bonorum, si humiles, corporis coercitionem cum relegatione“*.[3]) Auch sind die zivilrechtlichen Folgen der Straftat Heimfall der „dos“ und des Vermächtnisses an die beleidigte Ehefrau.

Beide Fälle können, selbst wenn die Beteiligten eine Anzeige unterlassen, von Amts wegen bestraft werden, was die Italiener, z. B. Angelus Aretinus, ganz besonders bemerken.[4])

[1]) Vgl. auch a. a. O. S. 264 Anm. 1.

[2]) S. 261 Anm. 3.

[3]) Vgl. auch l. 1 C. ad legem Iuliam de adult. 9, 9.

[4]) Angelus Aretinus l. cit. n. 31: Brunnenmeister, S. 260 Anm. 4.

Ebenso gehen die noch übrigen kleineren Bestimmungen des art. 145 auf italienische Quellen zurück. Wie dort hat auch hier Schwarzenberg dem den Ehebrecher in flagranti ertappenden Ehemann ein gewisses Recht der Selbsthilfe gestattet. Schlägt er ihn zu Tode, so wird er nicht zu peinlicher Strafe verurteilt, weil die Tat *„aus hitzigem gemüt“* geschehen ist. Nach italienischer Lehre darf der ertappte „adulter“ aber nur umgebracht werden, wenn er eine „vilis persona“ ist.[1] Ein ähnliches Recht räumt Schwarzenberg nach gleichem Vorbilde dem Vater seiner ehelichen Tochter gegenüber ein.[2]

So ist der ganze Artikel 145 restlos aus den Bestimmungen der fremden Quellen zu erklären. Bemerkenswert für die Arbeitsweise ist auch hier, dass Einzelbestimmungen von allen Seiten herbeigezogen werden, bald dieser, bald jener Italiener benutzt, vielleicht auch das Originalgesetz, eventuell freilich im Zitat des Erklärers, berücksichtigt wird; jedenfalls liegt kein einzeln bestimmbarer Autor zu Grunde. Wir können uns daher die Arbeitsweise Schwarzenbergs, da man nicht annehmen kann, dass die Masse der italienischen Erklärer um sein Arbeitspult gelegen hat, nur so vorstellen, dass ihm seine Freunde Einzelstellen und Bemerkungen auf Zettel geschrieben und übersetzt haben, die er dann zu festgefügtem Ganzen verarbeitete.

6. Kuppelei.

Das Verbrechen der Kuppelei wird in zwei Fälle geschieden: art. 147 Bamb. enthält die qualifizierte Kuppelei des Vaters oder Ehemannes, art. 148 die einfache Kuppelei an dritten Personen.

Wie bereits Hälschner[3]) erkannte, steht die Strafansetzung des art. 147 (Infamie, Rutenaushauen und Landesverweisung) in Gegensatz zum art. 125, wo ausdrücklich festgesetzt wird, dass die Strafart sich nach dem Vorhandensein oder Nichtvorhandensein in *„keiserlichen rechten“* zu richten habe. Das

[1]) So bei Angelus Aretinus l. c. n. 1, 2 und Julius Clarus § homicid. n. 49; vgl. Brunnenmeister, S. 261—262 Anm. 1.

[2]) Ebendaselbst: vgl. Brunnenmeister, S. 262 Anm. 2.

[3]) Geschichte des Brandenburgisch-Preussischen Strafrechts S. 86 n. 10.

„lenocinium" wurde von den Italienern jedenfalls auf l. 2 § 2 D. ad leg. Iul. de adult. coerc. 48, 5 zurückgehend mit der Schwertstrafe für den „leno" bedroht, d. h. der Strafe des „adulter": *„lenocinii quidem crimen lege Iulia de adulteris praescriptum est, cum sit in eum maritum poena statuta, qui de adulterio uxoris suae quid ceperit"*. So lehrten z. B. Angelus Aretinus und Jacobus de Bellovisu ausdrücklich.[1]) Verstösst dagegen obige Strafsatzung der Bambergensis, so kann ich darin nichts anderes als ein bewusstes oder unbewusstes[2]) Abweichen des Gesetzgebers vom Justinianischen Rechte sehen. Die Bamberger Praxis kann in diesen Fällen nicht streng gewesen sein, wie sich überhaupt die süddeutschen Stadtrechte gegen Hurerei und Kuppelei merkwürdig milde zeigen und die Übeltäter nur einfach aus ihren Stadtgrenzen weisen. Erst der dritte, nach Schwarzenbergs Tode, auf dem Reichstage von Speier verfasste Entwurf der Carolina (III 128) änderte die frühere Bestimmung in den allgemeinen Hinweis auf das gemeine Recht.

Sehr gezwungen erscheint mir Brunnenmeisters[3]) Versuch, die mildere Strafe aus dem Nebenfalle des Ehebruches eines Ehemannes mit einer Unverheirateten (art. 145 Bamb. Abs. 3) herzuleiten. Er übersieht ganz, dass dort zwar Ehrlosigkeit, Pranger und Rutenschlag, aber gerade die Hauptstrafe der Stadtausweisung fehlt. Beachten wir ausserdem, dass sich im 16. Jahrhundert, allerdings nach Schwarzenberg, auch in der juristischen Literatur die Meinung Bahn bricht, dass für Kuppelei die landesübliche Ausweisung genüge, so werden wir nicht fehlgehen, wenn wir in Schwarzenberg einen Vorläufer dieser Ansicht sehen, die er übrigens auch ganz wohl aus einem Italiener geschöpft haben kann, da die italienische Praxis sich ebenfalls in Gegensatz zur klaren Bestimmung des römischen Rechts setzte.

Dass sich hierbei Schwarzenberg selbst durch den Satz des Klagspiegels: *„und der leno soll eben also gestrafft werden als der eebrecher"*[4]) nicht beeinflussen liess, zeigt klärlich, wie sein Gesetzbuch sich nicht auf toten Quellenbüchern aufbaut, sondern aus der lebendigen Praxis geflossen ist.

---

[1]) Vgl. Brunnenmeister, S. 270 Anm. 3 und 4.

[2]) Hälschner, S. 86.

[3]) S. 271. [4]) Bl. 169.

Bestärkt wurde ich in dieser Ansicht durch die ganz gleichartige Behandlung des Falles der einfachen Kuppelei (art. 148 Bamb.)

Hier tritt für die (gewerbsmässigen) Kuppler die obengenannte Strafe, dazu noch Ohrenabschneiden ein, also ebenfalls die Stadtverweisung als Hauptstrafe mit Verschärfungen der üblichen Art. Dazu kennen wir aus der Bamberger Praxis von 1420 einen Fall des Hans Koch von Gerolzhofen, der mit seiner Frau 10 Jahre auf 10 Meilen aus Bamberg gewiesen wurde, weil sie junge Meidlein und Töchter bei sich hielten und sie zur Unzucht verführten.[1]) Die zu Grunde liegende für die Beurteilung des Verbrechens massgebende Stelle ist die Justinianische Novella 14. Mag nun Schwarzenberg ebenso wie die Italiener Jacobus de Bellovisu, Julius Clarus u. a.[2]) die in dieser Novelle angedrohte Deportation und Prügelstrafe missverstanden und als Todesstrafe aufgefasst haben oder nicht: jedenfalls geben die Italiener selbst zu, dass in der Praxis nur Ausweisung eintritt.[3]) Dies stimmte mit dem heimatlichen Gebrauche überein, und so besann sich Schwarzenberg nicht, hier der italienischen Praxis mehr Glauben zu schenken.

7. Frauenraub.

Eine kurze Behandlung hat das Verbrechen des Frauenraubes („raptus“) in art. 143 gefunden. Der Tatbestand desselben verrät durchaus germanischen Ursprung und gipfelt in dem Beeinträchtigen der Rechte des Ehemannes oder Vormundes (Vaters). Auch die Möglichkeit der Zustimmung des Weibes zum Raube ist bereits in den Rechten der germanischen Volksstaaten ins Auge gefasst, wobei freilich hier vielleicht früher römischer Einfluss vorliegen kann.

Der Grundgedanke des vorliegenden Artikels ist also im ganzen zweifellos deutschen Ursprungs; es liegt daher m. E. durchaus kein Grund vor, an der Nichterwähnung der unab-

---

[1]) Scheel, S. 73.

[2]) Brunnenmeister, S. 270 Anm. 5.

[3]) Augustinus Ariminiensis ad Angelum Aretin. l. cit.; Brunnenmeister, S. 270; über die Praxis selbst s. Kohler, S. 504 f.

hängigen Frauensperson Anstoss zu nehmen, die das römische Recht und die Italiener ebenso wie der Klagspiegel zu erwähnen pflegen. Lässt Schwarzenberg die „vidua" neben der „virgo" und „sanctimonialis" fort, so ist das ein Zeichen, dass er die populären und gelehrten italienischen Quellen hier nicht benutzte; ob er wirklich, wie Brunnenmeister will, die in der italienischen Literatur aufgeworfene Frage verfolgt und die dort gegebenen sehr spitzfindigen Erklärungen absichtlich beiseite gelassen hat, möchte ich hier wie anderwärts stark bezweifeln.[1]) Vielmehr ist m. E. gerade in dem Fortlassen der Witwe eine Anlehnung an deutsche Anschauung zu sehen, die in dem Witwenraub nicht einen neuen, sondern nur qualifizierten Fall des Frauenraubes sieht und ihn mit doppelter Busse belegt.[2]) Eine Schärfung und eigene Erwähnung schien daher in der Bamb. nicht nötig zu sein. Die Strafansetzung des art. 143, die in der Carol. 118 ausdrücklich geändert wurde, erscheint sehr hart. Sie beruht klärlich auf der italienischen Praxis[3]): ein deutliches Zeichen, wie Schwarzenberg Tatbestand des eigenen Rechtes und fremde Strafsatzung zu vereinigen wusste.

Zweiundzwanzigstes Kapitel.

Verbrechen gegen das Eigentum.

1. Diebstahl.

Die Artikel über den Diebstahl 183—201 Bamb. bilden eine festgefügte Einheit, die den Eindruck eines in einem Zuge niedergeschriebenen, logisch und stilistisch gleich vorzüglichen Textes macht. Trotzdem dürfen wir uns nicht darüber täuschen, dass zahlreiche und intime Verhandlungen zwischen Schwarzenberg und seinen Helfern vorausgegangen sind; doch können gerade die art. 183—201 als deutliches Beispiel dafür gelten, dass der Text des Gesetzes vom Gesetzgeber selber herrührt

[1]) Ebd. S. 197 ff.

[2]) Brunner 2, S. 668 Anm. 18. [3]) Kohler, S. 517 f.

und dass die Hilfe seiner Freunde die Form von Einzelnotizen und Antworten auf etwa strittige Punkte nicht überschritten hat.

Es ist seit den eingehenden Untersuchungen von Köstlin[1]) für erwiesen zu halten, dass für die auf den Diebstahl in seinem ganzen Umfange bezüglichen Bestimmungen eine deutsch-rechtliche Grundlage anzunehmen ist; während jedoch Köstlin hier den Einfluss des fremden Rechtes gänzlich übersah, fällt Brunnenmeister in seiner Behandlung dieser Frage zum Teil wenigstens in den entgegengesetzten Fehler, den Italienern wiederum eine allzu grosse Wichtigkeit beizulegen.

Die Wahrheit liegt insofern in der Mitte, als tatsächlich die Grundlage des Diebstahlsbegriffes auf deutscher Rechtsanschauung beruht, wie allein schon die selbständige Stellung der Unterschlagung (art. 196 Bamb.) zur Genüge beweist. Freilich ist aber die Benutzung und Kenntnis der italienischen Schriftsteller nicht abzuleugnen, wenn allerdings hier auch noch eine besondere Schwierigkeit für die Beurteilung eintritt. Die italienische Wissenschaft sah sich durch die praktische Entwickelung des heimischen Rechts dazu gezwungen, römische und germanische Elemente zu vereinigen, wie sie durch das Langobardenrecht besonders in die Praxis eingeführt waren. So zeigt also die italienische Kriminalistik selbst eine Art von Gemisch römischer und germanischer Bestimmungen, indem sie sich in Bezug auf die grundsätzliche Scheidung der Diebstähle und ihre Bestrafung an das germanische, in der Bestimmung des Tatbestandes an das römische Recht anschloss. Dass das langobardische Strafrecht, das seinerseits dem Einfluss des westgotischen und römischen Rechtes ausgesetzt gewesen war, viele echtgermanische Elemente mitführte, ist erst neuerdings wieder bestätigt worden.[2])

Schwarzenberg behandelt — um zuerst einen Überblick über das in art. 183—201 gebotene zu geben, ehe wir an die Quellen-

---

[1]) R. Köstlin, Diebstahl nach deutschem Rechte vor der Carolina in der krit. Überschau 3 (1856), S. 149ff., 335ff.; Brunnenmeister, S. 273ff.; vgl. auch Hammer, Arch. f. Crim.-Recht N. F. 1845, S. 421 bis 478, 614—650.

[2]) A. v. Halban, Das römische Recht in den germanischen Volksstaaten 2, S. 162ff.; über die Mischung in Italien Kohler, S. 420f.

frage des näheren herantreten — als ersten Fall den ersten heimlichen oder geringeren Diebstahl unter fünf Gulden wert, der ausser einem Gewedde an den Richter zwiefachen Ersatz der gestohlenen Sache oder im Unvermögensfalle Kerkerhaft nach sich zieht; dazu kommt körperliche Strafe am Leib im Kerker und nachfolgende längere oder kürzere Stadtverweisung (art. 183). Es folgt der erste öffentliche Diebstahl im Wert von weniger als 5 Gulden, der ebenfalls mit Landesverweisung, dazu mit Prangerstehen und Rutenaushauen gebüsst wird. Ein besonderer Zusatz gestattet dem Dieb, von dem Besserung zu erhoffen ist, vierfachen Ersatz an den Bestohlenen und ein Gewedde an den Richter an Stelle der genannten Strafe (art. 184). Der erste gefährliche Diebstahl, bei dem als charakteristisches Merkmal „gestiegen oder gebrochen" sein muss, wird ohne Rücksicht auf den Wert des Gestohlenen mit Strang oder Ertränken geahndet (art. 185, 186 i. f.). Ein erster grosser Diebstahl im Werte über fünf Gulden wird arbiträrer Bestrafung überlassen (art. 186). Der zweite Diebstahl im Werte unter 5 Gulden wird mit Prangerstehen, Ohrenverlust und Landesverweisung (art. 187), über 5 Gulden arbiträr (art. 187 i. f.), ein dritter Diebstahl mit Strang oder Wasser gesühnt (art. 188).

Um diesen ausführlichen deutlich aus der Praxis hervorgegangenen und der Praxis dienenden Bestimmungen gerecht zu werden, werden wir am fruchtbarsten zuerst das auszuscheiden suchen, was als italienischen Ursprungs angesprochen wird. Eine folgende Vergleichung mit der uns jetzt näher bekannten Bamberger Praxis des 15. Jahrhunderts soll sodann das Resultat von der Gegenseite bestätigen helfen.

1. Hälschner[1]) und ihm folgend Brunnenmeister[2]) führen die Unterscheidung des heimlichen und öffentlichen Diebstahls auf die Beeinflussung durch italienische Quellen zurück und setzen sich dadurch in Gegensatz zu Köstlin, der besonders auf die echt germanische Ausdrucksweise des art. 184 aufmerksam gemacht hatte. Hälschner begründet seine Ansicht damit, dass für das Strafverfahren der damaligen Zeit diese Unterscheidung bedeutungslos geworden und eine hierauf begründete

[1]) Hälschner 2, S. 409ff. [2]) S. 274f.

Verschiedenheit der Strafe dem deutschen Rechte, besonders dem alten Bamberger Stadtrechte gänzlich unbekannt gewesen sei. Hatte der alte germanische Begriff der handhaften Tat im 14. und 15. Jahrhundert keine weitere Ausbildung erfahren (auch die prozessualen Bestimmungen des alten Bamberger Stadtrechts über die Handhaft werden nicht weiter fortgeführt), so sieht jedoch die Praxis sehr scharf darauf, ob jemand durch Anzeige u. a. berüchtigt oder an frischer, wahrer Tat ergriffen worden ist. Die uns jetzt bekannten Eintragungen des Bamberger Echtbuches lassen keinen Zweifel darüber aufkommen, dass der auf der Tat selbst ergriffene Dieb härter bestraft wird als ein anderer. Ja noch mehr. Deutlich wird der „öffentliche" Dieb, wie ihn die Bambergensis nennt, mit Pranger und Rutenschlag vor der Landesverweisung bestraft. Schwarzenberg fusst also klärlich nicht auf dem alten Stadtrechte des 14. Jahrhunderts, wie Hälschner ganz richtig sah. Notwendigerweise war ihm aber die Praxis des darauf folgenden Jahrhunderts bekannt und geläufig. Hier fand er gerade die Betonung der „Betretung" auf frischer Tat als Strafschärfungsgrund vor; es ist demnach der Anstoss zu seiner Scheidung ihm sicher nicht von aussen gekommen. Hatte er doch selbst Gelegenheit, in seiner eigenen Praxis derartige Fälle zu hören. Ebensowenig kann m. E. die Strafe des „duplum" und „quadruplum" ohne weiteres allein als fremdes Recht in Anspruch genommen werden, besonders wenn man bedenkt, dass das damit verbundene Gewedde an den Richter durchaus germanischen Charakters ist; auch deutscher Anschauung nach kann der Dieb zu mehrfachem Ersatz des Gestohlenen angehalten werden. Endlich war die Rücksichtnahme auf eine etwa zu erhoffende Besserung des Delinquenten auch in deutschem Rechte durchaus nicht unerhört. Dafür können die zahlreichen Verurteilungen von kleinen jungen Landstreichern, den sogenannten Freiheitlein, zeugen, die meist nicht peinlich gestraft, sondern mit Gerten gestrichen und dann zum Tore hinaus gejagt wurden.

Sind also deutsch-rechtliche Gedanken die Grundlage für die Scheidung zwischen heimlichem und öffentlichem Diebstahl gewesen, so kann anderseits nicht Wunder nehmen, dass Schwarzenberg sich von seinen Helfern bestätigen liess, ob nicht etwa eine römisch-rechtliche Bestimmung damit in Widerspruch stände. So ist ohne weiteres anzunehmen, dass er aus dem Klagspiegel oder durch seine Freunde von der entsprechenden Scheidung des „furtum manifestum“ und „nec manifestum“ gehört hat, ihm auch gewiss von der Definition des „fur manifestus“ gesagt ist, *„quando fuit visus post furtum fugere et post eum fuit acclamatum“*; doch stehen auf der anderen Seite erhebliche Hinderungsgründe einer direkten Herübernahme entgegen. Erstlich ist es durchaus unrömisch, dass das „duplum“ und „quadruplum“ des Diebstahls unter fünf Gulden ein Gewedde an den Richter nach sich zieht. Zweitens ist die ausnahmsweise für die ordentliche Strafe eintretende bürgerliche Vergleichung des einfachen Diebstahls, wie Hälschner selbst sagt, in Zusammenhang mit dem ganzen Schwarzenbergischen System dadurch gebracht, dass sie an das Fehlen erschwerender Umstände geknüpft ist. Endlich unterscheidet sich die Definition des „furtum manifestum“ erheblich von der deutschen handhaften Tat durch das Fehlen der obligaten „apprehensio“ und „captura“, das in der Praxis des 15. Jahrhunderts in Bamberg ebenso wie in der Bambergensis wiederkehrende *„betreten“*.

Können wir uns danach nicht verhehlen, dass auch grundlegende Unterschiede zwischen den deutschen Anschauungen und den von Brunnenmeister in Anspruch genommenen Quellen liegen, so soll doch durchaus nicht etwa abgeleugnet werden, dass Schwarzenberg von der italienischen Lehre Kunde erhalten hat. Nur hat er sicherlich ihm gebräuchliche deutsche Rechtsanschauungen zu Grunde gelegt und zwar deshalb die vorliegende Fassung gewählt, weil hier deutscher Inhalt durch die fremde Form bestätigt zu werden schien.

Brunnenmeister hebt endlich (S. 280) die Rücksichtnahme auf die Person des Diebes als etwas besonders in der italienischen Praxis Gebräuchliches hervor; gerade wie in den von ihm angezogenen Nürnberger Chroniken zeigen aber die überaus zahlreichen Fälle der uns bekannten Bamberger Rechtsprechung des 15. Jahrhunderts, dass manche Urteilsfindungen gar nicht zu verstehen wären, wenn nicht vorzüglich hierbei ein Eingehen auf Vorleben, Vorstrafen u. a., sowie der Wunsch, den Delinquenten nicht durch vorzeitige Strenge, etwa mit Abschneiden der Ohren, für immer ehrlos zu machen, bei der Abmessung der Strafe mitgesprochen hätte. Auch die bürgerliche Ablösung der peinlichen Strafe des einfachen Diebstahls (art. 183—184) ist also für deutsche Rechtsbegriffe nicht unerhört; hatte in der Tat bereits die italienische Jurisprudenz ebenfalls hierauf ihr Augenmerk gerichtet, so war es für Schwarzenberg ein doppelter Anlass, eine derartige Bestimmung in sein Gesetzbuch aufzunehmen: jedoch muss man sie durchaus als subsidiäre Quelle ansehen.

2. Hatten wir für die Unterscheidung des heimlichen und öffentlichen Diebstahls uns gegen die Annahme vollständiger Beeinflussung durch das römische Recht ablehnend verhalten müssen, so scheint eine einschneidende Bestimmung der Diebstahlslehre Schwarzenbergs allerdings aus fremdem Rechte zu stammen: nämlich die Ansetzung der Grenze zwischen grossem und kleinem Diebstahl auf 5 Gulden.

Die Scheidung zwischen grossem und kleinem Diebstahl ist in den einzelnen Rechten ausserordentlich schwankend. Im deutschen Reichsrechte, ebenso wie in fränkischen, alemannischen und anderen Quellen findet sich seit dem 11. Jahrhundert ein Ansatz von fünf Schillingen als Grenze.[1]) Brunnenmeister sieht in der „Constitutio Friderici de pace tenenda", die in den „libri feudorum" (II F 27) Aufnahme fand und als römisch-gemeines Recht mit recipiert wurde, wie ich glaube, mit Recht die unmittelbare Anregung für Schwarzenberg, gerade die Zahl 5 zu wählen, für die er weder im Bamberger Stadtrechte (13 Pfennige), noch in der Praxis des Echtbuches Anhaltspunkte fand. Freilich müsste er dann allerdings die *„quinque solidi"* der Constitutio als *„fünf gulden"* aufgefasst und wiedergegeben haben. Dazu passt sehr gut die Bemerkung Tennglers im Leyenspiegel Bl. 187b über die *„fünf schilling, die nach etlicher auslegung für guldin etc."* Dass Schwarzenberg die strengere Strafe der „Constitutio", die den grossen Diebstahl mit der Schlinge („laqueo") bestraft, nicht aufgenommen hat, liegt nicht allein an dem von Brunnenmeister zitierten Widerspruch der Italiener,[2]) sondern auch an der deutschen

[1]) **Brunner** 2, S. 640—641; **Brunnenmeister**, S. 95ff., R. **Temme**, Über den Betrag des Diebstahls (1867), S. 26—28; **Hälschner** 2, S. 404.

[2]) **Brunnenmeister**, S. 99.

Praxis, wie wir sie aus Bamberg während des 15. Jahrhunderts kennen.[1])

3. Über die Bestrafung des rückfälligen Diebes (art. 187—188 Bamb.) und die Beantwortung der Frage, ob Schwarzenberg an bereits ein- oder zweimal wegen Diebstahls vorbestrafte Täter gedacht habe oder nicht, wird sich Gewissheit nicht erlangen lassen. Es ist wohl nach Hälschners Untersuchungen[2]) sicher, dass bei den Italienern die Rückfälligkeit nicht genügende Vorbedingung für die schliessliche Todesstrafe war; Schwarzenberg hatte auch in der Bamberger Praxis Fälle, wo gerade bei wiederholtem, vorher unbestraftem Diebstahl die Todesstrafe verhängt wurde[3]): es handelt sich hier um Bandendiebe, die endlich von den Stadtsöldnern eingebracht wurden und nun eine ganze Blütenlese von Diebstählen und anderen Missetaten beichten. Daneben ist aber ebenfalls aus der Bamberger Praxis ein Fall bekannt, der in seiner Art typische Geltung beanspruchen kann: Margareth Smydin wird 1442 wegen Diebstahles der Stadt mit Urfehde verwiesen, kehrt jedoch zurück und wird bei wiederholtem Diebstahl im Rückfall ins Wasser geworfen (1445). So können wir schwanken, ob für die Artikel 187—188 Einfluss italienischer Lehre anzusetzen ist[4]); für die Selbständigkeit Schwarzenbergs spricht besonders die Durchführung eines gerechten und zweckentsprechenden Verhältnisses in den Strafen der einzelnen Diebstahlsfälle, denen er in grossartiger Weise gerecht geworden ist; für eine Kenntnis der italienischen Lehre des uneigentlichen Rückfalls könnte die Ansetzung des art. 187 zeugen: „*auch dieselben zwene diebstal nit funff guldein oder darüber werdt sein*“; sonst würde ja der erste Diebstahl zweimal gestraft worden sein. Die Bezeichnung „fur famosus“, dem der Schwarzenbergische Ausdruck „*verleymater dieb*“ entspricht, kann nicht für die mehrmalige Bestrafung des Diebes in Anspruch genommen werden. Jedenfalls ist auch hier bei Schwarzenberg die ihm geläufige Praxis durch Befragung seiner Freunde nach dem Gebrauch der „kaiserlichen Rechte“ bestätigt worden. Eine

---

[1]) Scheel, S. 76ff.

[2]) 2, S. 412—413.

[3]) Scheel, S. 47—48.

[4]) Rückfallschärfung an sich war allerdings bei den Italienern allgemein; s. Kohler, S. 430f.

deutliche direkte Herleitung aus dem einen oder anderen ist durchaus müssig.

4. Brunnenmeister[1]) hat m. E. überzeugend nachgewiesen, dass sowohl das „furtum domesticum" (art. 191), wie das „furtum extremae necessitatis tempore factum" (art. 192) dem Recht der italienischen Kriminalisten entstammen, wie es bei Angelus Aretinus, Julius Clarus u. a. kodifiziert ist.

5. Ebenso ist nach ihm auch die Artikelreihe über den Kirchendiebstahl aus dem fremden, diesmal dem kanonischen Rechte geflossen,[2]) freilich nicht ohne Änderungen in der Strafsatzung, die Schwarzenberg dem ganzen System seiner Diebstahlslehre einfügen musste.[3]) Bemerkenswerterweise ist die Definition des Verbrechens in art. 197 Bamb. ebenso wörtlich aus einer fremden Vorlage (c. 21 C. 17 qu. 4) geflossen,[4]) wie die ganz ähnlich gehaltene Stelle über die Definition des Münzverbrechens (art. 136 Bamb.), das wir ebenfalls als deutliche Spur der Hilfe seiner Freunde aufdecken können. So hat er auch hier das ihm jedenfalls auf einem Pergamentblatt Gebotene in seinen Text eingefügt.

Trotz dieser Abhängigkeit ist aber Schwarzenberg in der Strafansetzung, wie wir bereits bemerkten, selbständig, auch darin, dass er in art. 199 den Diebstahl von Geweihtem auf profanem Boden nur weltlich-civiliter bestrafen lässt.[5])

6. Fügen wir hier noch die Bestimmungen über Feld-, Holz- und Fischdiebstahl (art. 193—195 Bamb.) an, die klärlich ganz und gar deutsch-rechtlichen Ursprungs sind[6]) und besonders in art. 194 auch noch die altertümliche Ausdrucksweise älteren Rechtes zeigen, so haben wir endlich mit der Besprechung der jugendlichen Diebe den Kreis der in der Bambergensis gebotenen Diebstahlsverbrechen durchlaufen. Art. 190 Bamb. wird von Brunnenmeister[7]) auf die Lehren der Wormser Reformation zurückgeführt (Bch. 6, 1, tit. 22.) Ich gebe gern zu, dass

---

[1]) S. 278. 281.

[2]) c. 4. 5. 18 C. 17 qu. 4, c. 7 X de R. J.; Brunnenmeister, S. 282 Anm. 1.

[3]) Art. 200 Bamb. [4]) Brunnenmeister, S. 282.

[5]) Näheres a. a. O., S. 282—283.

[6]) Hälschner 2, S. 414—415. [7]) S. 121. 136.

Schwarzenberg die Wormser Reformation gekannt hat, möchte jedoch auf die verschiedene Altersangabe aufmerksam machen; art. 190 Bamb. nennt 14, nicht 10 Jahre. Gibt Brunnenmeister übrigens schon selbst zu, dass derartiges auch der süddeutschen Praxis bekannt gewesen ist, so wird dies bestätigt durch die Eintragungen des Bamberger Echtbuches; hier finden sich mit merkwürdiger Sorgsamkeit Altersangaben von 14, 17, 18, auch einmal bei einem sehr kleinen Manne von 24 Jahren verzeichnet; niemals unter 14. Da die Strafen von Verbrechern über 14 Jahren sodann sich in nichts irgendwie von denen höheren Alters unterscheiden, sehen wir, wenn auch in negativem Bilde, die Ansetzungen der Bambergensis durchaus in der städtischen Praxis erwachsen. Auch hier soll jedoch keineswegs die Kenntnis oder Nachfrage nach dem Stande des fremden Rechts geleugnet werden: zeugt doch die Anwendung des Satzes *„malitia supplet aetatem“* allein schon dafür. Doch ist hier wie anderwärts der deutsche Rechtsgedanke die Grundlage der Bestimmung, die uns durch fremdes Recht bestätigt werden soll.

7. Dem Diebstahl ist die Unterschlagung (art. 196) gleichgestellt, doch nicht so wie im römischen Recht das letztere Verbrechen im allgemeinen Begriff des „furtum“ aufging. Das deutsche Recht schied einfache Unterschlagung[1]) z. B. gefundener Sachen und anderseits die Veruntreuung von Gütern, die durch Vertrag mit der Pflicht der Rückgabe in den Besitz übergegangen waren. Letzteres ist allein in Schwarzenbergs art. 196 Bamb. gemeint. Der Gesetzgeber führt in der Gleichstellung dieses Verbrechens mit dem Diebstahle nur die alte Bamberger Praxis des 15. Jahrhunderts fort, in der die Strafe für derartige Verbrechen zwischen 10jähriger und ewiger Verweisung geschwankt hatte.[2])

2. Die Fälschungsverbrechen.

Es ist bekannt, dass die deutschen Rechtsquellen des Mittelalters dem Verbrechen der Fälschung einen weiten Umfang gaben und Betrug und Fälschung nicht schieden oder gegen einander absonderten. Auf diesem Standpunkte steht in den art. 136—140

[1]) Brunner 2, S. 650.
[2]) Scheel, S. 80—81.

Bamb. auch Schwarzenberg, wie schon äusserlich die Anwendung des Wortes „*falsch*“ für alle in Frage kommenden Verbrechen verrät. Weder das römische Recht, noch das darauf fussende italienische Kriminalrecht konnten ihm für eine deutlichere Durchführung einer festen Terminologie oder Begriffsbestimmung Anhaltspunkte geben. Er wendet sich daher in seiner Darstellung vom römischen Rechte ab, wo er nicht Einzelbestimmungen und Notizen von seinen Helfern erhielt, die er in seinen Text einfügte.

Ob er wirklich, wie Brunnenmeister[1]) ihm zum Lobe anrechnet, absichtlich und in der wissenschaftlichen Erkenntnis der Unzulänglichkeit des Gebotenen die Behandlung dieser Materie im Klagspiegel[2]) beiseite liess, oder nicht vielmehr weil er hier im heimischen Rechte ihm Bekanntes und Zusagendes fand und besonders bei den zum art. 138 gehörigen Polizei- und Marktbestimmungen nicht am alten Brauche seiner Stadt zu ändern wagte, lassen wir dahingestellt. Jedenfalls ist hier der Einfluss fremden Rechts mit Ausnahme des art. 136 verschwindend oder gar nicht vorhanden.

Bei der Behandlung des Verbrechens der Münzfälschung werden aber sichtlich fremdrechtliche Bestimmungen der Disposition des Abs. 1 art. 136 Bamb. zu Grunde gelegt. Brunnenmeister[3]) hat ausführlich aus den italienischen Kriminalisten nachgewiesen, dass sie drei Arten von Münzverbrechen kennen, die im art. 136 wiederkehren: unbefugtes Anfertigen guter Münze unter anderem Münzzeichen, Versetzen schlechter Münze mit unrechtem Metall, endlich Verändern der Münze durch Verminderung des Gehaltes. Diese bei Azo, Jacobus de Bellovisu, Bonifacius de Vitalinis, Aegidius Bossius und Julius Clarus erscheinenden Fälle finden sich vereinigt in der „Summa Angelica“ des Angelus de Clavasio, die zur Zeit Schwarzenbergs viel benutzt wurde; sie erschien in Strassburg bei Mart. Flach 1495. Die dort unter dem Worte „falsarius“ n. 5 abgedruckte Stelle stimmt so genau zum art. 136 Bamb., dass ich hier wenigstens an einer Benutzung derselben durch Schwarzenbergs Helfer nicht zweifeln möchte. Brunnenmeister betont, freilich ohne Angabe eines Grundes, dass seine anfänglich

---

1) S. 284. 2) Bl. 178—179.

3) S. 285 u. 286 mit Anm.

gehegte Vermutung, die Stellen ständen in einem Zusammenhange, sich nicht bestätigt habe; er scheint mir jedoch von der Art und Weise der Quellenbenutzung nicht richtig zu denken. Aus seinen Worten glaube ich entnehmen zu müssen, dass die Summa Angelica sonst nicht als benutzt erscheint und dass dies der Grund für ihn war, auch diese Stelle beiseite zu werfen. So sehr ich damit einverstanden bin, in der sicheren Bezeichnung von Stellen, die Schwarzenberg von seinen Freunden zugereicht erhielt, vorsichtig zu sein, so sehe ich hier jedoch keinen Grund, die wirklich merkwürdige Übereinstimmung zwischen dieser Summa und dem art. 136 Abs. 1 Bamb. ohne weiteres abzuweisen. Jedenfalls hat doch auch Brunnenmeister keine ähnlichere in der in Betracht kommenden italienischen Literatur gefunden. Wir müssen wiederum daran festhalten, dass Schwarzenberg bei seiner völligen Unkenntnis des Lateinischen von seinen Helfern nicht Bücher, sondern Stellen aus fremdrechtlichen Werken in Übersetzungen geliefert bekam, die er dann in sein Werk aufnahm. Die überraschende Ähnlichkeit der genannten Stelle weist zwingend auf eine derartige Benutzung der Summa, die Brunnenmeister selbst als in Schwarzenbergs Zeit viel gebraucht bezeichnet.

Während ich in Abs. 1 art. 136 also das Schwarzenberg gelieferte Material noch zu erkennen glaube, scheint die Strafansetzung textlich von ihm selbst herzurühren: darauf führt eine gewisse Inkongruenz zwischen den beiden Abschnitten; die scharfe Dreiteilung des Einganges wird nicht weitergeführt, sondern die erste und zweite Gruppe zur Strafe des Feuertodes vereinigt, die aber bezeichnenderweise nicht als fremdrechtlich, sondern an erster Stelle als Gewohnheitssatzung angesprochen wird. Dass dies letztere richtig ist, zeigt ausser der Bestimmung des alten Bamberger Stadtrechts (§ 146 i. f.) die Praxis des 15. Jahrhunderts im Bamberger Echtbuche und der Nürnberger Brauch.[1]) Die Stellen der Italiener und ihrer populären deutschen Vertreter, z. B. des Klagspieglers hat Brunnenmeister gesammelt.[2]) Schwarzenberg neigt jedoch insofern zur deutschen Praxis, als er eine Ab-

---

[1]) Scheel, S. 85—86; Knapp, S. 258—260.

[2]) S. 285 Anm.

schwächung des Feuertodes für die genannten ersten beiden Fälle nicht kennt, während die Italiener nur die Fälschung der Kaisermünzen mit dem Tode, die von Stadtmünzen mit „deportatio" bestrafen.

Zu diesem Abschnitt ist ein Zusatz gefügt, der die Disposition unterbricht: diejenigen, die ihre Häuser zu dem Münzverbrechen hergeben, sollen sie verwirkt haben; auch diese Bestimmung entstammt dem fremden Recht — z. B. dem Klagspiegel Bl. 179b — und kann bis zum C. de falsa moneta 9, 24, dem Constantinischen Münzfälschungsgesetz, zurückverfolgt werden. Die Veränderung des Münzgewichtes durch Abschaben wird nach italienischem Muster dagegen nur arbiträr gestraft, jedoch ohne dass zwischen Gold- und anderen Münzen geschieden wird.

Fassen wir das Ergebnis der Untersuchung über den art. 136 zusammen, so finden wir einen festen Kern fremdrechtlichen Ursprungs, der Schwarzenberg von seinen Helfern zukam (auch hier lässt sich am besten an Pergamentstreifen oder -blättchen denken); um diesen kristallisiert sich dann alles, was der Gesetzgeber an heimischen oder auch fremden Bestimmungen zu geben für notwendig hielt.

Ist die Münzfälschung als das der damaligen Zeit wichtigste Fälschungsverbrechen vorangestellt, überdies noch herausgerückt, weil es fremdes Recht enthielt, so lassen sich die übrigen Fälschungsverbrechen als deutsch-rechtliches Material zusammenschliessen.

An ihrer Spitze wiederum steht das wichtige Verbrechen der Urkundenfälschung. Ein selbständiges Urkundenverbrechen ist durchaus deutschen Ursprungs, während das römische Recht dies unter die Quasifalsumsfälle der lex Cornelia de falsis[1]) subsummierte. Nachdem im älteren deutschen Recht erst einmal die Urkunde als Beweismittel zugelassen war, finden wir strenge Ahndungen der Fälschung von Urkunden, Verschreibungen, überhaupt schriftlichen verbindlichen Willensäusserungen eines andern, durch die ein Fälscher sich Vorteil verschaffen wollte. Die Rechtsbücher setzen auf das Verbrechen den Verlust der Hand als sinnbildliche Strafe, ebenso

---

[1]) D. 48, 10; C. 9, 22.

wie auf das Münzverbrechen. In ähnlicher Weise stellt die Nürnberger Praxis beides gleich, nur dass sie ohne Unterschied auf Feuertod urteilt; allerdings erscheinen daneben auch andere Strafen.[1]) In Bamberg lesen wir 1421 in den Eintragungen des Bamberger Echtbuches einen Fall von sicher typischer Geltung.[2]) Der Fälscher einer Schuldverschreibung über 200 Goldgulden soll hingerichtet werden, wird aber dann auf Fürbitte würdiger Herren und Freunde zu ewiger Verweisung begnadigt; dass man hierbei das Verbrechen nicht nur gegen Privatpersonen, sondern auch die Stadt selbst gerichtet ansah, zeigt die strenge Art der in altertümlicher Form gegebenen Ausweisung: er soll bei scheinender Sonne die Stadt verlassen, also an demselben Tage scheiden, und darf eine Nacht nicht bleiben, wo er die andere gewesen ist, „*in irre dann gotes gewalt odir kranckeit*". Selbst die damals übliche Begnadigung bei Gelegenheit des Einreitens hoher Herren oder des Kaisers in die Stadt ist ihm auf ewig verwehrt. Wenn er auch nach vier Jahren in Nürnberg oder Würzburg wieder hausen darf, so ist ihm doch die Heimat für immer verschlossen. — Wir sehen aus diesem wohlbegründeten und altertümlich anmutenden Urteil, wie man in Bamberg wenigstens das Verbrechen als gegen die „fides publica" im Sinne der alten Reichsgesetzgebung gerichtet ansah und den irrenden Sohn der Stadt entweder öffentlich zeichnen oder auf immer unschädlich machen wollte.[3])

Ein zweiter aus Bamberg bekannter leichterer Fall mit geringerem Objekte, einer Kandel, wird nur mit einem Jahre Stadtverweisung bestraft.

Auch Schwarzenberg kennt in art. 137 Bamb. eine Abstufung der Strafe für den Urkundenfälscher je nach der Schwere des Verbrechens und lässt in „*bosshafften und schedlichen*" Fällen Todesstrafe zu, scheint also ebenfalls im alten deutsch-rechtlichen Sinne die Gemeingefährlichkeit mehr haben treffen wollen, als das Verbrechen an der dritten Privatperson. Die Möglichkeit der Todesstrafe war durch die sich allerdings auf öffentliche Urkunden beziehende Stelle der l. 25 D. de lege

[1]) Knapp, S. 260ff. [2]) Scheel, S. 86—87.

[3]) Vgl. im allgemeinen Hälschner 2, S. 339ff.

Cornelia de fals. 48, 10 gegeben. Welche Todesstrafe er angewandt wissen will, ist nicht ersichtlich; auch die Quellen der Praxis jener Zeit ergeben über diese Frage nichts: wir können nur auf die bereits oben genannte Nürnberger Praxis und das Gutachten des Dr. Eucharius Steinmetz von Heidingsfeld hinweisen, das dieser am Mittwoch nach Kiliani 1520 dem Bamberger Gericht erteilte.[1])

Auch äusserlich stellt sich art. 137 Bamb. als heimisches Recht wiederum durch seine Kürze dar.

Davon scheiden sich nach altdeutschem Brauche die Fälschungen von Mass, Wage und Gewicht, zu der hier sofort die Warenfälschung gestellt wird. Sie werden mit Strafen zu Haut und Haar oder mit Busse und Gewedden bestraft,[2]) welch letztere jedoch auch schliesslich Leibesstrafe herbeiführen können. Schwarzenberg setzt durchaus im Sinne alter Rechtsanschauung körperliche Züchtigung und Landesverweisung als Strafe fest, hier auf dem Brauche seiner Stadt fussend, die ebenso wie Nürnberg gerade diese Vergehen mehr polizeilichen Ressorts mit genauen Bestimmungen bedacht hatten.[3]) Die übliche Strafe war längere oder kürzere Stadtverweisung.

Ähnlich wie bei der Bigamie (art. 146) tritt bei Wiederholung oder besonderer Schwere und „dolus“ bei der Tat die Todesstrafe ein, die übrigens auch in Nürnberg nicht unerhört war.[4]) Ob sie in Bamberg jemals wirklich vollzogen ist oder vom Gesetzgeber hier nur als Abschreckungsmittel gegen die auf Bamberger Märkten und Messen geübten Übertretungen dieser Art gebraucht werden sollte, ist nicht zu entscheiden.

Als letztes in der Reihe der Fälschungsverbrechen erscheint die Prävarikation der Anwälte, Sachwalter oder Prokuratoren. Wie wir jetzt wissen,[5]) verdankt dies Delikt den Italienern die Stellung nahe den Fälschungsverbrechen. Ob

---

[1]) Corr. ad art. 137 Bamb. (Kohler und Scheel, S. 124—130).

[2]) Hälschner 2, S. 341, Anm. 3; S. 343.

[3]) StR. § 84—88; StB. No. 20 (Zöpfl, Anh. S. 146); Scheel, S. 83—84.

[4]) Knapp, S. 255.

[5]) Brunnenmeister, S. 286.

jedoch inhaltlich eine Beeinflussung fremden Rechtes direkt wahrscheinlich zu machen ist, erscheint sehr fraglich. Die angezogene Stelle des Bartolus[1]) über die Bestrafung eines Florentiner Anwalts behandelt einen zu speziellen Fall (wie nämlich der betreffende von beiden Parteien Geld erhalten und der einen die Geheimnisse der anderen verraten hatte), als dass man an einen Zusammenhang zu denken berechtigt wäre. Einzig das Resultat der Untersuchung des Bartolus, dass nämlich dieser Anwalt nicht als „praevaricator", sondern als „falsarius" zu strafen sei, gibt Veranlassung, auf die Strafe des art. 140, nämlich Pranger mit körperlicher Züchtigung, sowie Landesverweisung hinzuweisen, die der des art. 139 entsprechen würde.

Sehr wahrscheinlich ist, dass der art. 140 ganz oder zum Teil aus der Prokuratorenordnung von 1500 herübergenommen ist, deren Druckexemplar (bei Hans Pfeyl 1500) in der Tat z. Z. verschollen zu sein scheint.[2]) Der Schadensersatz, zu dem der absichtlich „*geverdlicher weyss*" lässige Anwalt seiner Partei verpflichtet war, stammt jedenfalls daher, wie aus den fürstl. Bambergischen Hofgerichtsprotokollen 6, 83ª (1502) ersichtlich ist. Dort hatte der Prokurator einer Witwe, „*die sich doch bede bey einander nit leiden mogen*", unterlassen, die „*beswernus in die appellation zu setzen, die doch nach laut der reformacion in das instrument geseczt werden sollen und damit die fraw verkurczt und verseumbt.*" Er muss daher derselben Kosten und Schäden ausrichten und bezahlen: „*und so die fraw den Hertlein darumb, das er sie in der haubtsach verseumt hat, nach laut der procuratorordnung mit recht furnemen wolt, das solt ir zu thun auch vorbehalten sein*". Vorsitzender bei diesem Entscheid ist Johann, Herr zu Schwarzenberg.

Endlich mag noch darauf hingewiesen werden, dass auch die Wormser Reformation in demselben Falle Schadensersatz bestimmt, allerdings anderseits von einer weiteren Bestrafung abzusehen scheint.[3])

---

[1]) lect. ad l. 1 D. de praevar. 47, 15 (Brunnenmeister, S. 286, Anm. 5).
[2]) Brunnenmeister, S. 286, Anm. 3.
[3]) Wormser Reform. Bch. 6, 1, 5; Brunnenmeister, S. 286, Anm. 4.

Dreiundzwanzigstes Kapitel.

Verbrechen wider die Religion.

1. Gotteslästerung.

Bei dem Verbrechen der Gotteslästerung sind wir in der glücklichen Lage, aus Schwarzenbergs eigenem Hinweise seine direkte Quelle zu wissen. Es ist die „Königliche Satzung von den Gotteslästerern, zu Worms anno 1495 aufgerichtet",[1]) die sogar einzelnen Wendungen der Bamb. art. 127 zum Vorbilde gedient hat. Besonders sei auf die „*eytel- oder lesterwort und schwür bey got, seiner heyligisten marter, wunden oder glidern, der junckfrawen Marie und seinen heyligen*" aufmerksam gemacht; auch die Strafe der Zuhörer solcher Schmähungen, die nichts tun, um sie zu verhindern oder sie nicht zur Anzeige bringen, stammt daher. Die Strafe ist arbiträr „*nach gelegenheyt und gestalt der person und der lesterung*", auch damit auf die Wormser Ordnung zurückgehend, die ihrerseits auf der Nov. 77 c. 1 beruht. Vielleicht dürfte es nicht zu kühn erscheinen, in der Bemerkung „*praecepimus enim gloriosissimo praefecto . . . permanentes praedictis illicitis . . . et comprehendere et ultimis subdere suppliciis*" die Anregung zu dem Annehmen derartiger Übeltäter „*von ampts wegen*" zu sehen, die 1495 nicht so deutlich zum Ausdruck kommt. Das Urteil wird den Laienrichtern durch die Hofräte an die Hand gegeben: zwei praktische Fälle aus den Jahren 1508 und 1510 zeigen,[2]) dass in der Tat die individuellen Tatumstände in Betracht gezogen wurden; ein Gotteslästerer vor Gericht, der sich im Affekt vergisst, erhält wenige Tage Gefängnis, schwört Urfehde und muss dem Gotteshaus zu Stubich zwei sechspfündige Kerzen geben; ein anderer, der eine ganze Kollektion von Lästerreden geführt, wird mit Ruten ausgehauen und auf fünf Jahre des Landes verwiesen.[3])

---

[1]) Neue Sammlung der Reichstagsabschiede II, S. 28; abgedr. bei Kohler-Scheel, S. 261—262; Brunnenmeister, S. 51.

[2]) Fürstl. Bamb. Ratsbücher 5 (1508), 129; Corrector. ad Bamb. 127 (Kohler-Scheel, S. 123).

[3]) Scheel, S. 89.

Die von Brunnenmeister[1]) angezogene Nürnberger Praxis ist die gleiche wie die in Bamberg selbst übliche.[2])

2. Meineid.

Schwarzenberg behandelt den Meineid in doppelter Beziehung: als wissentlich falsche feierlich beschworene Aussage vor Gericht,[3]) die Materie des Prozesses betreffend; als Unterabteilung davon hebt er besonders die falsche Anklage hervor.[4]) Er steht mit der Behandlung des Verbrechens und Ansetzung der Strafe (Entehrung, Verstümmelung, Talion, Entschädigung) auf allgemein süddeutschem Standpunkte seiner Zeit und betont als gemeinen Brauch im heiligen Reich das Abhauen der Schwurfinger. Es ist ausserordentlich interessant zu sehen, wie er in doppelter Beziehung im strengen Gegensatz zu dem älteren Bamberger Stadtrechte des 15. Jahrhunderts steht. Aus den fürstl. Bambergischen Hofgerichtsbüchern[5]) ergibt sich, dass sich die Praxis des Hofgerichts betr. der absichtlich falschen Anklage im schroffen Widerspruch zur Bestimmung des alten Stadtrechtes[6]) befindet, wo ausdrücklich auf die „Eiferung“ des Halsgerichts die Strafe der Talion gesetzt ist. In den Urteilen des Hofgerichts, die kurz vor der Publikation der Bambergensis gefällt sind, erscheint vielmehr eine arbiträre Strafe nach dem Ermessen der Richter, ob die falsche Anklage böswillig, fahrlässig war oder nicht, so dass also durchaus nicht immer Talion angesetzt wurde. Auf diesem Standpunkte steht der Verfasser des art. 128.

Noch in einem anderen Punkte trennt sich Schwarzenberg hier scheinbar absichtlich vom älteren Bamberger Rechte. Die Praxis des 15. Jahrhunderts hatte in Bamberg als Strafe des feierlich auf den Heiligen geschworenen Eides die Stadtverweisung gesetzt, die es überhaupt besonders bevorzugte.[7]) Mit weiterem Blick über das vaterländische Territorium hinausschauend, gibt Schwarzenberg in art. 128 Bamb. nach dem gemeinen

[1]) Brunnenmeister, S. 60; vgl. Knapp, S. 277—279.

[2]) Scheel, S. 89—90.

[3]) Bamb. art. 128; 79. [4]) Bamb. art. 128 Abs. 2.

[5]) Brunnenmeister, S. 37—38; nach heutiger Zitierung fürstl. Bambergische Hofgerichtsbücher 6 (1501—1504), 7. 156.

[6]) § 138 StR. [7]) Scheel, S. 90—91.

Brauch den Verlust der Schwurfinger als Hauptstrafe, neben dem die oben erwähnten Nebenstrafen einhergingen und auch spätere zivilrechtliche Schadenersatzansprüche nicht ausgeschlossen waren.

Anders steht es mit dem Bruch der Urfehde. Hier schliesst sich der Gesetzgeber, wie ganz natürlich, dem seit Jahrhunderten geltenden Brauch Alt-Bambergs an, in dem Urfehdebruch einen Meineid zu sehen, der nicht nur ebenso strenge Rechtsfolgen nach sich zieht, wie der erstere, sondern sogar in Fällen, wo der Urfehdebrecher ein todeswürdiges Verbrechen begangen hatte, mit dem Tode bestraft wurde. Die ziemlich subtil ausgebildete Praxis des 15. Jahrhunderts in Bamberg liegt jetzt in dem sogen. Bamberger Echtbuche klar vor Augen.[1])

Dass Schwarzenberg in seiner Behandlung des falschen auf Meineid beruhenden Zeugnisses (art. 79) sich an die im Klagspiegel zitierte Bestimmung der lex Cornelia de sicariis anschloss und in ihr eine Bestätigung deutsch-rechtlichen Gebrauches sah, ist bereits bekannt.[2])

3. Zauberei.

Von dem Glauben an Zauberei und übernatürliche Künste hat sich Schwarzenberg, wie so viele andere edle Geister seiner Zeit, nicht frei machen können. Er nimmt das Zaubern als wirklich mögliche Kunst an und bestimmt die alte Ketzerstrafe des Feuertodes in Beibehaltung des kanonischen Rechtes für Zauberer und Zauberinnen. Trotzdem haben wir gegenüber sonstigen Äusserungen seiner Zeit im art. 131 der Bamb. eine verhältnismässig milde Behandlung der Hexenfrage zu sehen. Legt er doch bereits in den art. 55 und 64 auf die *„redlichen anzeichen“* und die Erschwerung des Geständnisses grossen Wert und lässt uns durch die Forderung einer genauen Bestimmung der begleitenden Umstände in den Gedankengang eines verständigen, klugen Mannes blicken. Wer „gezaubert“ hat, ohne damit jemandem Schaden zuzufügen, der wird mit arbiträrer Strafe bedacht: fürwahr ein anderes Prinzip als uns die päpstlichen Erlasse jener Zeit und die zahlreichen Schriften

---

[1]) Siehe ausführlich bei Scheel, S. 37—39, 91.

[2]) Brunnenmeister, S. 196.

über Hexenwahn und Zauberwesen[1]) und seine Behandlung zeigen. Wir müssen diese Scheidung um so höher anschlagen, als später bekanntlich schon der eingestandene Umgang mit dem Teufel zur Errichtung des Scheiterhaufens genügte. Schwarzenberg ragt also mit dem art. 131 Bamb. weit über die „communis opinio" seiner Zeit, als deren typische Ansicht des Klagspiegels Tit. „Von den Zauberern" [2]) angesehen werden kann, der nachweislich aus Azos „Summa" [3]) entnommen ist.

Vierundzwanzigstes Kapitel.

Missetaten wider Obrigkeit und Gemeinwesen.

1. Aufruhr.

Der art. 152 Bamb. behandelt kurz und verständlich das Verbrechen des **Aufruhrs**: als Strafe erscheint nach der Schwere des Falles entweder Enthauptung oder Landesverweisung mit vorhergehender Stäupung. Weist schon die Umgebung des Artikels, nämlich die art. 149—151, 153, 154 darauf hin, dass wir es hier mit einer ganzen Gruppe deutsch-rechtlichen Materials zu tun haben, so bestärkt besonders das Fehlen jeder Hinweisung auf *„die sag der recht"* diese Annahme.[4]) In und um Bamberg war Schwertstrafe wie Landesverweisung für das fragliche Verbrechen beliebt. Aus der Stadt selbst ist freilich nur die letztgenannte Strafe und zwar neben einer Geldstrafe im Unvermögensfalle belegt;[5]) doch hat Nürnberg mehrere Beispiele derartiger Bestrafung aufzuweisen.[6]) Hier werden im Jahre 1457 zwölf Leute, *„die der sach ein anfangk waren"*, geköpft. Ob wir diese Strafe an den *„rädleinsfürern"* mit der Erwähnung der *„ursacher"* im

---

[1]) Jos. Hansen, Quellen und Untersuchungen zur Geschichte des Hexenwahns und der Hexenverfolgung im Mittelalter (1901), S. 31 ff., 258 ff.

[2]) Klagspiegel Bl. 177 f.; Brunnenmeister, S. 149; Hansen, S. 122—123.

[3]) t. 18 de malef.

[4]) Brunnenmeister, S. 145 Anm. 3. [5]) Scheel, S. 92—93.

[6]) Knapp, S. 292f.; Brunnenmeister, S. 68 n. 8.

art. 152 Bamb. zusammenbringen dürfen, lasse ich dahingestellt. Die Wormser Reformation[1]) und der Klagspiegel[2]) zeigen Titel ähnlichen Inhalts: auch hier ist die Schwertstrafe genannt. Ob wir aber an eine Herübernahme derselben in den art. 152 Bamb. zu denken haben, ist ausserordentlich zweifelhaft. Dass die Strafart vielleicht für Schwarzenberg bestimmend gewesen ist, könnte man zugeben. Sonst stammt aber art. 152 nach Wortlaut und Art aus deutschrechtlicher Praxis; auch an l. 2 C. de seditiosis etc. 9, 30 ist nicht zu denken.

2. Landes- und Stadtverrat.

Die Artikel über den Verrat können uns an markanten Beispielen auch hier wiederum die Art und Weise verdeutlichen, wie Schwarzenberg sich von seinen rechtsgelehrten Freunden das fremdrechtliche Material hat zurichten lassen.

Schon bei der aus fremdem Recht stammenden Majestätsbeleidigung des art. 132 konnten wir ein Streiflicht auf den damit hier verbundenen Hochverrat werfen. Waren dort neben dem römischen Recht entschieden deutsche Gedanken zu spüren, die darauf deuten, dass dem Gesetzgeber eine kurze Notiz seitens seiner Gehilfen etwa auf einem Blatte Pergament zugereicht wurde, die er dann verarbeitete: so ist dies hier noch deutlicher. Im art. 149 Bamb. finden wir im ganzen deutsches Gewohnheitsrecht, jedoch wiederum nicht ein strenges Zurückgehen auf das alte Bamberger Stadtrecht; dies bestimmte nämlich (§ 147 StR.): *„und uber einen verreter vor schleyffen und darnach den vollen mit dem swerte.“* Freilich waren die Bestimmungen in den einzelnen Territorien verschieden, jedoch war offensichtlich die Vierteilung, nicht das Schleifen das Charakteristische an der Verräterstrafe. Je nach der Schwere der Tat wird die damit verbundene obligate Enthauptung vor oder nach der Vierteilung verfügt; Schleifen und Zangenreissen sind erschwerende Zusatzstrafen. Im ganzen ähnlich ist die Nürnberger Praxis,[3]) wo in besonders schweren

---

[1]) Buch 6, 2, tit. 15; Brunnenmeister, S. 131.

[2]) Klagsp. Bl. 181c. tit. de seditiosis et his qui plebem audent contra rempublicam colligere; Brunnenmeister, S. 145 Anm. 3.

[3]) Knapp, S. 291f.

Fällen noch Begiessen mit glühendem Pech, Augenausstechen u. a. angewandt wurde; auch Stadtverweisung kommt vor. Jedoch sind hier ebenso wie in Bamberg derartige Vorkommnisse überhaupt selten. Aus dem 15. Jahrhundert haben wir in letzterer Stadt nur einen Landesverratsfall, den Zöpfl einst in seinem Bamberger Recht publizierte.[1]) Ein verräterischer Kundschafter wird gevierteilt und die Stücke seines Leichnams auf die vier gemeinen Wegstrassen vor der Stadt als warnendes Beispiel für solche Gelüste gehangen.[2]) Hier liegt also durchaus deutsche Rechtsanschauung zu Grunde, die ja auch mit dem Nürnberger Brauche übereinstimmt; die Verschärfung der Strafe gegenüber dem alten Stadtrecht (§ 147) ist also keineswegs durch die schwere römisch-rechtliche Bestrafung des crimen laesae maiestatis bedingt.[3])

So atmet der erste grössere Teil des art. 149 Bamb. durchaus deutschen Geist: die Erwähnung und Aufzählung der Objekte des Verrats: Land, Stadt, eigener Herr, Bettgenosse und nahe gesippter Freund zeigen uns, wie Schwarzenberg die Treue gerade gegen Heimat, Herrn und Freunde in deutschestem Sinne hoch halten will; Gedanken des Lehnrechts als des festesten aller Treuverhältnisse durchziehen auch diesen Artikel, in dem die Strafumwandlung der Vierteilung in Ertränken bei Frauen ebenfalls auf deutschen Anschauungen beruht.

Woher Schwarzenberg die Abstufung der Verrätereistrafen nahm, ob ihm der Gebrauch mehrerer Territorien bekannt war oder eine literarische Quelle vorlag, lässt sich nicht mehr sehen. Jedenfalls erkennen wir auch hier, dass das alte Stadtrecht Bambergs für Schwarzenberg nur der Anlass und Anstoss gewesen ist, sich über dessen fragmentarische Bestimmungen hinaus umfassendere Kenntnis des Rechts anzueignen und darzustellen.

Der zweite Teil des Artikels 149 ist im Gegensatz zu der weiter schauenden Art des Einganges eine einfache Herübernahme römischer Festsetzungen. l. 5 § 7 C. ad legem Iul. maiest. 9, 8 bestimmt ausdrücklich, dass die Angeber einer Verräterei straflos ausgehen sollen, eine Lehre, die auch in den

---

1) Zöpfl, Anh. IV, S. 140 no. 3 (1486). 2) Scheel, S. 91—92.
3) Zöpfl, S. 119.

italienischen Kriminalistenschriften traktiert wird.[1]) Hier ist also ganz deutlich die Notiz eines rechtsgelehrten Freundes vom Gesetzgeber benutzt und an seinen Text angefügt worden. Freilich ganz ohne Vorgang in deutschen Rechtsbegriffen war auch dies nicht. Kundschafter sind im allgemeinen straflos in den Städten, denen oft ihre Dienste nur zu gelegen kamen, auch wenn sie selbst vorher in irgend einer Beziehung zu der ausgekundschafteten Tat gestanden haben. So mag Schwarzenberg, um eine derartige Ansicht „*durch sag der recht*" zu stützen, seine Helfer darnach gefragt haben: ihre Antwort ist der Schlussabsatz des art. 149, die ich mir wiederum auf einem Pergamentblatt gegeben denke, das Schwarzenberg dann benutzte.

Dazu stellt sich die Behandlung des Kriegsverrats (art. 135). Hier würde wohl niemand auch nur die leiseste Beeinflussung durch fremdes Recht annehmen, wenn nicht der Gesetzgeber ausdrücklich die Strafe der Infamie und an Leib und Leben als „*nach sag der recht*" bezeichnet hätte.

Tritt doch der bewährte Kriegsoberst und Feldhauptmann zu deutlich in den Vordergrund, als dass wir gerade dafür eine Hilfe der rechtsgelehrten Freunde in Anspruch nehmen dürften. M. E. hat Schwarzenberg im Verfolg der sich selbst gegebenen Regel des art. 125 Bamb., nämlich keine Todesstrafe zu setzen, wo das römische kaiserliche Recht keine hätte, etwa die Freunde nach einer Bestätigung der deutschen Strafe der Heerflucht und des Kriegsverrats gefragt. Diese fanden derartiges in l. 2 D. ad Iul. maiest. 48, 4.[2]) Vermutungsweise mag geäussert werden, dass sich vielleicht noch intimer in die Entstehungsgeschichte des art. 135 eindringen lässt. Der mit „*dessgleichen söllen die gestrafft werden*" beginnende etwas nachhinkende zweite Absatz des Artikels scheint mir allerdings durch den Wortlaut der l. 3 eod. beeinflusst zu sein, wo die Worte: „*qualis est ille, qui in bellis cesserit aut arcem temere aut castra concesserit; eadem lege (Iulia) tenetur, et qui iniussu principis bellum gesserit etc.*" in der dreifachen Synonymenhäufung „*stete, schloss oder bevestigung*" durchaus dem sonstigen Übersetzungsbrauch Schwarzenbergs entsprechen dürften,

---

[1]) Azo, Summa ad Cod. 9, 8 no. 5.

[2]) Brunnenmeister, S. 287.

während andernfalls der Hinzusatz *„bevestigung“* zu *„stete und schloss“* für deutsche Verhältnisse auffällig erscheint. Auch der Schlusssatz scheint mir auf ähnliche Weise entstanden. Freilich wäre damit die Einsicht der juristischen Freunde Schwarzenbergs in das Corpus iuris selbst bewiesen, die einer Benutzung der Italiener zur Seite gegangen sein kann, wenn man nicht annehmen will, dass die Textstelle in einem uns nicht zur Hand stehenden Italiener traktiert worden ist.

Resultat.

Fassen wir am Schlusse das Resultat unserer Untersuchung zusammen, so muss dies notwendigerweise anders lauten, als Brunnenmeisters Übersicht.[1]) Was wir auch an Quellen für das materielle Strafrecht der Bambergensis herbeigezogen haben, mit Ausnahme weniger Artikelstellen hat es doch nur den Wert, uns in den Gedankenkreis einzuführen, aus dem heraus Schwarzenberg seine Kenntnis geschöpft hat; wir müssen von vornherein darauf verzichten, für jede einzelne Stelle eine Quelle oder ein Vorbild aufdecken zu wollen. Wir haben also auch davon abgesehen, bei der Hauptquelle Schwarzenbergs, der italienischen Jurisprudenz, einen oder etwa mehrere Schriftsteller anzuzeigen, aus denen das Material der Bambergensis genommen sein müsste. Die in allen Italienern immer wiederkehrenden Lehrmeinungen der „Doctores“ machen jeden derartigen Versuch zu schanden. Die Quellenkritik muss sich hier ebenso selbst beschränken, wie bei Untersuchungen über die ungefähr gleichzeitigen deutsch-lateinischen Grammatikerquellen. Ist Brunnenmeister hiermit einverstanden,[2]) so führt er trotzdem eine ganz bestimmte Reihe von deutsch geschriebenen Quellen an und normiert sogar einzelne Artikel, die seiner Ansicht nach daraus entnommen sein sollen. So sehr wir auch zu betonen hatten, dass Schwarzenberg deutsch-rechtliche Quellen in grösserem Umfange heranzieht, als dies gemeinhin angenommen zu werden pflegt, so nachdrücklich ist auch hier dagegen Front zu machen, dass er das alte Bamberger Stadtrecht *„artickels weys“*, wie er selbst sagen würde, herangezogen hat. Für das materielle Strafrecht

---

[1]) S. 288—289. [2]) S. 211.

sind gerade die Einzelbestimmungen des überlieferten alten Stadtrechts des 14. Jahrhunderts so wenig ausgebildet, dass an ein Herübernehmen ganzer Artikel gar nicht gedacht werden darf. Gekannt hat er es selbstverständlich ebenso wie die Bamberger Praxis, der er allerdings manches entnommen hat. Lag es doch durchaus nahe für ihn, den Gerichtsgebrauch bei Einführung einer neuen Halsgerichtsordnung tunlichst zu erhalten. So ist der Einfluss der Altbamberger Praxis, die wir jetzt aus den Hofgerichtsbüchern und dem Bamberger Echtbuch kennen, wohl zu spüren und nachzuweisen.

Anders steht es mit der Bambergischen Landgerichtsreformation von 1503. Wir werden Gelegenheit haben, nachzuweisen, dass Schwarzenberg selbst sie verfasst oder doch bei ihrer Abfassung stark beteiligt gewesen ist. Eine Benutzung ist darnach selbstverständlich.

Die Reichsgesetze zitiert er in art. 47, 127 Bamb. selbst. Was jedoch die Nürnberger und Wormser Reformation, sowie den Klagspiegel[1]) betrifft, so haben wir uns deren Benutzung wesentlich anders zu denken, als Brunnenmeister es tat.

Eine Benutzung des Nürnberger Rechts erstlich halte ich überhaupt nicht für wahrscheinlich. Selbst bei noch so grosser Freundschaft mit dem nahen Bamberg ist es kaum zu glauben, dass die Nürnberger unserm Schwarzenberg einen Einblick in ihre, wohlgemerkt, meist handschriftlichen Gesetze gewährt haben. Die bei Brunnenmeister zitierte Stelle (art. 268 Abs. 1, 2) ist ferner zu geringfügig, um darauf den Schluss einer Benutzung der 1484 gedruckten „Reformation" von 1479 aufzubauen.

Die Wormser Reformation und der Klagspiegel geben fremdes Recht in deutscher Sprache. Der lateinunkundige Schwarzenberg hat beide damals bereits gedruckte Gesetzbücher sicher gelesen und vielleicht auch selbst besessen. Eine bestimmte Zahl von benutzten Artikeln zu bezeichnen, die er mehr oder minder wörtlich herübergenommen haben soll, ist aber vollständig müssig. Brunnenmeister gibt selbst an mehreren Stellen zu, dass man nicht mehr genau unterscheiden könnte, ob die be-

[1]) Für den Klagspiegel bereits betont von R. Stintzing, Geschichte der populären Literatur des römisch-kanonischen Rechts in Deutschland (1867), S. 406—407.

treffende fremdrechtliche Satzung nun gerade den genannten Quellen in deutscher Sprache oder einer Übersetzung des Gesetzes selbst aus der fremden Sprache verdankt wird. Davon ist natürlich wirklich wörtliche Herübernahme zu unterscheiden. Im übrigen werden wir aber besonders in Ansehung des merkwürdigen Verhältnisses Schwarzenbergs zu seinen fremdsprachlichen Quellen gerade in der Bambergensis bei der Betrachtung verschiedener Artikel zu der Annahme gedrängt, dass ihm von seinen gelehrten Freunden Notizen aus den Italienern und, wie wir zu bemerken Gelegenheit hatten, auch aus dem Corpus iuris zur Verfügung gestellt worden sind, die er dann unter Vergleichung mit den ihm zugänglichen in deutscher Sprache geschriebenen Werken zu einem eigenartigen neuen Werke verarbeitete, das ganz den Stempel seines Geistes trägt.

Die Bewertung der einzelnen Quellen, wie sie Brunnenmeister gab, ist also gänzlich zu verwerfen.

Wir können nur sagen, dass Schwarzenberg auf deutschrechtlicher Grundlage und ausgehend gerade von deutschen Anschauungen, die ihm nahelagen, sein Werk mit Hilfe der italienischen Stellen zusammengearbeitet hat. Trotz des grossen Einflusses der Italiener ist jedoch im allgemeinen anzuerkennen, dass sich beide Quellenmassen die Wage halten.

Fünfundzwanzigstes Kapitel.

Der Strafprozess der Bambergensis.

Während wir bei dem Blick in die Quellenstellen des materiell-strafrechtlichen Teiles auch Einzelheiten festzulegen vermochten und durch die Heranziehung der Bambergischen Praxis eine gewisse Unterlage für unsere Untersuchungen fanden, ist es für die Feststellung der Quellen des prozessualen Teiles der Bambergensis weit schwerer, die Abhängigkeit im einzelnen zu erkennen. Selbstverständlich ist dabei ohne weiteres zuzugeben, dass das kodifizierte Bamberger Recht nicht allzu grosse Wichtigkeit als Quelle besitzt. Allerdings steht Schwarzenberg auch hier auf dem vertrauten Grunde eigener

Praxis, aber diese Praxis liegt uns nicht mehr vor; die vereinzelten Bestimmungen des alten Stadtrechtes genügen ebenso wenig wie die verstreuten Bemerkungen über die Kompetenz und den Prozess des Hofgerichts in den Bambergischen Akten, uns über die unmittelbar vor der Bambergensis liegende Form des Bamberger Prozesses zu orientieren. So bleiben denn zur Vergleichung nur die Italiener und ihre populären deutschen Übersetzungen übrig. Freilich ist es schlechterdings unmöglich für das Einzelne genaue Entsprechungen anzugeben. Es müssen allgemeine Hindeutungen genügen. Dies ist im ganzen richtig bereits von Brunnenmeister[1]) geschehen, auf den wir daher ein für allemal verweisen können. Es erübrigt für uns, die Reste altdeutscher Prozessform aufzudecken, die Schwarzenberg bewahrt hat, und dabei gegenüber den Ausführungen Zöpfls[2]) die rechte Mitte zu halten, der, wie anderwärts beim Strafrecht, auch beim Strafprozess ein allzu grosses Quellenmaterial heimischen Rechtes anzunehmen geneigt war.

Die Stellung des Inquisitionsprozesses zum Akkusationsprozess in der Bambergensis ist von jeher zum Ausgangspunkt der Kontroversen über die Quellenfrage genommen worden. Man hat beanstandet, dass das Anklageverfahren als Muster für das Untersuchungsverfahren aufgestellt und dies daher im einzelnen nur ganz oberflächlich normiert sei (art. 10. 14. 15. 122. 215. 216. 268d. 269 Bamb.). Mit Unrecht! Zwar gab es gewiss schon seit der Mitte des 14. Jahrhunderts in Bamberg eine Art von öffentlichen Anklägern, jedoch beim Stadtgericht, nicht beim bischöflichen Hofgericht. Ob hier wirklich der in der Landgerichtsreformation von 1503 genannte „Inzichter“ als Offizialankläger aufzufassen ist, lasse ich dahingestellt. Wenn hier Schwarzenberg der Wormser Reformation (Buch 6, 2 Tit. 1) weniger folgt, welche die beiden Prozessformen gleichwertig nebeneinander stellt, so haben wir den Grund dafür in nichts anderem zu suchen, als in dem allgemeinen Charakter seines Gesetzbuches. Wir erinnern uns aus den Untersuchungen über das materielle Strafrecht, dass er Materien, die seinen Laien-

---

[1]) Brunnenmeister, S. 213—238; vgl. auch Hälschner, Geschichte S. 78 ff.

[2]) Zöpfl, S. 133 ff.

richtern entweder vollständig bekannt und vertraut oder aber für sie nicht praktisch waren, teils ganz lapidar behandelte, teils überhaupt fortliess. Letzteres ist hier der Fall. Das Untersuchungsverfahren als solches reicht wohl in die Erwägungen der Laienrichter hinein, füllt sie aber nicht aus; infolgedessen sieht sich der Gesetzgeber auch nicht veranlasst, diese Materie in seinem Gesetzbuche ausführlicher zu behandeln. Es würde aus dem Rahmen unserer Untersuchung fallen, wenn wir des näheren auf das Verhältnis des akkusatorischen zum inquisitorischen Prinzip in der Bambergensis eingehen wollten. Sehr bemerkbar macht sich jedoch trotz der äusseren Durchführung des Anklageverfahrens ein Hinausdrängen der Person des Anklägers selbst, der nach Bürgschaftsleistung und Angabe seines Wohnortes aus dem Prozesse ausscheidet und erst beim Zeugenbeweis eventuell wieder zu erscheinen hat.[1]) Das Verfahren war auf jeden Fall inzwischen ex officio.[2])

Ganz im Gegensatz zu der abgebrochenen Behandlung der beiden Maximen des Prozesses steht die peinlich genaue Durchführung der Lehre von den Indizien[3]), die ja von jeher das Staunen der Juristen alter und neuer Zeit hervorgerufen hat. Mag Schwarzenberg immerhin in den populären Quellen des römischen Rechtes, besonders wieder in der Wormser Reformation die Grundsätze für seine Beweislehre gefunden haben[4]), die Zusammenfassung aller der zerstreuten Notizen, die glänzende wie aus einem Gusse erscheinende Darstellung gerade jener Artikel sichert ihm Ruhmes genug: muss doch sogar Brunnenmeister zugeben, dass art. 60—64 Bamb. am bestimmtesten Schwarzenberg zugeschrieben werden dürfen. Zöpfls[5]) Herleitung aus dem Nürnberger Leumundsprozesse ist ebenso abzulehnen, wie allgemeine Hindeutungen auf Ciceros Schriften. Natürlich konnte neben einer so ausgebildeten Indizienlehre das Besiebnen, die eidliche Überführung durch sieben Zeugen, nur als alter Missbrauch bezeichnet werden (art. 273 Bamb.).

---

[1]) art. 18—24 Bamb.; Brunnenmeister, S. 221; Gahn, S. 58 ff.
[2]) Hälschner, S. 79; Gahn, S. 58, 5; vgl. auch Stintzing, S. 406.
[3]) art. 27—55 Bamb.
[4]) Brunnenmeister, S. 226 ff.
[5]) Zöpfl, S. 144 ff.

Deutlich auf heimischem Recht beruht der noch durchscheinende charakteristische Unterschied zwischen beschrieener und nicht beschrieener Tat (art. 233). Freilich erscheint das Beschreien des Täters hier mehr als Einleitung zum endlichen Rechttag wie als unmittelbare Handlung des Betroffenen. Ebenso entspricht wohl das in art. 23 Bamb. Gesagte dem im Stadtrecht und der Praxis des 15. Jahrhunderts wohlbekannten Begriff der handhaften, auch frischen und wahren Tat; doch ist die Terminologie Schwarzenbergs deutlich durch andere Quellen beeinflusst. Ich denke hier natürlich an das „crimen notorium“ der Italiener[1]), die „*unzweiffenliche missetat*“ unseres Schwarzenberg. Neben den Andeutungen des Bamberger Echtbuches[2]) bieten hierfür die Zentgerichtsformeln des angehenden 16. Jahrhunderts, die bereits Zöpfl kannte, geeignetes Vergleichungsmaterial.[3])

Unbestritten ist altem Recht der Mordachtprozess entsprossen, der durch die Altertümlichkeit seiner Wendungen und die feststehenden Formeln sich deutlich von seiner Umgebung im Texte abhebt (art. 229 ff. Bamb.). Wir haben hierin alte Stadtrechtssatzungen vor uns, wie sie bereits der Carolina nicht mehr passen konnten: sie sind dort fortgelassen. Freilich müssen selbst in der nächstfolgenden Zeit die ehrwürdigen Bestimmungen wenigstens ausserhalb Bambergs nicht verstanden sein: lässt doch der Mainzer Nachschneider des Originalholzschnitts von 1507[4]), wo, getreu der Bestimmung, das Leibzeichen, die abgehauene Hand, auf dem Bilde erscheint, dies fort und gibt der Zeichnung einen sensationellen Zug dadurch, dass er einen Dolch in der Brust des Erschlagenen zeichnet. Wie gerade in Bamberg solche altererbten Formeln fortlebten (art. 241), zeigt anderwärts die feierliche Ausweisung eines Geächteten[5]).

---

1) So Hälschner, Geschichte S. 79. 81 Anm. 5; anders Brunnenmeister, S. 26.

2) Scheel, S. 44f.

3) Zöpfl, Anh. II, S. 129—138; in der Bambergensis (hrsg. von Kohler-Scheel), S. 159. 163.

4) Vgl. Bambergensis S. LII No. 16.

5) Die Ausweisung des Urkundenfälschers Ledempter im Echtbuch S. 39 (1421); Scheel, S. 33.

Bestritten ist die Herkunft der strafprozessualischen Behandlung der Lehre von der Notwehr[1]) (art. 164—171, 175). Selbstverständlich führt Schwarzenberg hiermit keine neue Lehre ein, sondern bildet altheimisches Gut, allerdings in feiner und überlegter Weise fort. Es ist gewiss richtig, dass gerade auf diese Artikel die populäre Literatur (Klagspiegel) und die Wormser Reformation deutlich gewirkt hat, ja dass art. 165 sogar fast wörtlich der Wormser Reformation entlehnt ist; doch dürfen wir nicht in übertriebenem Masse fremdrechtliche Quellen heranziehen und etwa den Angelus Aretinus[2]) in seinem „Tractatus de maleficiis" (Gl. et dictus Titius se defendendo) als alleiniges Vorbild für Schwarzenberg in Anspruch nehmen. Allerdings geht Zöpfl[3]) offensichtlich viel zu weit, wenn er das alte Bamberger Stadtrecht (besonders § 157. 158. 160—161. 164. 166. 167. 168) mit Haut und Haar als Quelle der Lehre erklärt. Die Wahrheit liegt hier so, dass wir trotz deutlicher Einzeleinwirkungen des fremden Rechtes, unter denen ja die Anlehnung des art. 171 an das Originalgesetz (l. 45 § 4 D. ad leg. Aquil. 9, 2) des Corpus iuris mit seiner „aberratio ictus" besonders merkwürdig ist, doch von der Grundlage deutscher Rechtsanschauung ausgehen müssen. Schwarzenberg hat sicherlich eine reichhaltige Literatur eingesehen, eine Literatur, die mit der Erwähnung des Klagspiegels und der Wormser Reformation durchaus nicht erschöpft ist. Hierfür spricht die kritische Äusserung am Ende des art. 165 Bamb.: *„als etlich unverstendig lewt meinen"*, die natürlich durchaus kein Seitenhieb auf das Bamberger Stadtrecht zu sein braucht! Solche Beurteilungen finden wir bei unserm viellesenden[4]) Verfasser öfter[5]). Wie dem auch sei, Schwarzenberg hat hier ähnlich wie bei der Diebstahlslehre auf deutscher Grundlage fortgebaut, wie er ja auch nur Notwehr zur Rettung von Leib und Leben kennt.[6])

[1]) Brunnenmeister, S. 177.

[2]) Hälschner, Geschichte S. 81 Anm. 5; dagegen auch Stintzing, S. 400.

[3]) Zöpfl, S. 148 ff.

[4]) Siehe oben S. 22.

[5]) Vgl. art. 125. 146. 273 Bamb. u. a.

[6]) Zu art. 175 Bamb. vgl. Brunnenmeister, S. 182. (Leib, Leben oder Gut.)

Resultat.

Fassen wir zum Schlusse das Ergebnis in eine kurze Formel, so müssen wir zugeben, dass bei der Zusammenstellung des prozessualen Teiles der Bambergensis Schwarzenberg allerdings nicht auf gleicher Höhe des selbständigen Schaffens steht wie im materiellen Strafrecht[1]), ganz abgesehen davon, dass wir ihn natürlich nicht als Schöpfer und geistigen Urheber des Strafprozesses in der Bambergensis zu betrachten haben[2]). Es überwiegt das Quellenmaterial aus der fremdrechtlichen Literatur, wie es in den Traktaten der Italiener und ihren populären Übersetzungen ins Deutsche vorlag. Auch hier kann jedoch als Prinzip herausgehoben werden, trotzdem es Schwarzenberg diesmal nicht ausdrücklich bemerkt, dass deutschrechtliches Material dann ohne weiteres beibehalten und benutzt wurde, wenn es der fremden Satzung nicht widersprach. Damit ist zugleich auch einer gerechten Bewertung des altbamberger Materiales der Weg gebahnt; doch darf eine gewisse gegensätzliche Stellung Schwarzenbergs dazu nicht übersehen werden. Schafft er also auch keineswegs ein neues Strafprozessrecht für Bamberg, so hat er doch das grosse Verdienst, die unhaltbaren Zustände seiner Zeit erkannt zu haben, die freilich überall in der stadtrechtlichen Praxis hervortraten. Daher emanzipiert er sich auch im grossen und ganzen davon und behält nur ganz bestimmte statutarrechtliche Bestimmungen Altbambergs bei. Trotzdem darf die feine und weitschauende Art, mit der er auf Grund reichhaltiger eigener Lektüre, unterstützt von seinen juristischen Helfern, eine in sich abgerundete Prozessierform schafft, die Anerkennung der Nachfahren in Anspruch nehmen. Sie ist die breite Grundlage einer reichen späteren Entwicklung geworden.[3])

[1]) Brunnenmeister, S. 238.

[2]) Zöpfl, S. 106.

[3]) Über den Einfluss auf den „Leyenspiegel“ vgl. Stintzing, S. 444.

Sechsundzwanzigstes Kapitel.

Schwarzenberg und sein Verhältnis zur Bambergischen Halsgerichtsordnung.

Über die Verfasserschaft Schwarzenbergs haben von jeher die verschiedenartigsten und abenteuerlichsten Anschauungen geherrscht; besonders die älteren Rechtshistoriker ergehen sich in Vermutungen, wie es möglich gewesen sein könnte, dass der lateinunkundige, nicht zünftige Jurist ein zum grossen Teil auf fremden Quellen fussendes Gesetzbuch geschrieben habe, und dass gerade über die Autorschaft Schwarzenbergs nur ganz geringe und unsichere Nachrichten auf uns gekommen seien.[1]) Es lohnt nicht, den verschiedenen Wandlungen dieser Ansichten nachzugehen.[2]) Für uns sind nur wenige Punkte wichtig, die wir im folgenden zu besprechen haben.

Der Ausgangspunkt des Zweifels[3]) ist und bleibt die wohlbezeugte Unkenntnis Schwarzenbergs in der lateinischen Sprache und die völlige Verkennung seiner ganz ähnlich zu beurteilenden Übersetzertätigkeit. Ist ja doch die Bambergensis nicht das einzige Werk, das sich auf dem Hintergrunde fremdsprachlicher Quellen aufbaut, mit dem unser Schwarzenberg vor das damalige Publikum trat. Er gibt uns mit seinen Übersetzungen aus dem Cicero und Aretinus fast dasselbe Rätsel auf, wie einst Wolfram von Eschenbach mit seinem Parzival; können wir bei diesem nur vermuten, dass ein des Französischen kundiger Knappe dem Dichter den fremden Text verdeutschte, so sind wir allerdings bei Schwarzenberg besser daran; ihm haben lateinkundige Männer, wie der Kaplan Hans Neuber für die „Officia“, die Schrift „de senectute“, die Tusculanischen Dis-

---

[1]) Ausdrücklich als Verfasser der Bambergensis nennt ihn der Vorredner zu seiner Übersetzung der „Officia“ (1531), Bl. 2a: *wie er dann die Bambergisch halsgerichtsordnung zů der zeit seins hofmaisterampts daselbst nach rat der gelerten und ander verstendigen zůsamengebracht.*

[2]) Brunnenmeister, S. 2—11.

[3]) Vgl. auch die Einleitung zur Bambergensis (hrsg. von Kohler und Scheel) S. LXV ff. § 5.

putationen, der Kaplan Georg Wassermann für das Leben Ciceros von Aretinus einen ersten Übersetzungstext hergestellt, den Schwarzenberg sinngemäss in sein „fränkisches Hofteutsch", wie er es nennt, brachte und dann keinem Geringeren als Lorenz Beheim und Ulrich von Hutten zur Revision vorlegte.[1]) In ganz ähnlicher Weise müssen wir uns auch die Vermittlung fremdsprachlichen Materials bei der Bambergischen Halsgerichtsordnung denken. Sachlich ist ja bereits festgestellt, dass ihm Freunde Einzelstellen übersetzt haben. Hier würde es nun darauf ankommen, wenigstens den Kreis festzustellen, aus dem diese Nachrichten geflossen sind, wenn wir nicht annehmen wollen, dass die ebengenannten auch dabei tätig gewesen sind. Wahrscheinlicher waren es jedoch die Angehörigen des bischöflichen Hof- und Domdechaneigerichtes, unter denen sich zahlreiche juristisch gebildete Männer finden. Es ist natürlich müssig, aus den Hunderten von Namen, welche uns die Bambergischen Akten aller Art, besonders die Hofgerichtsprotokolle und die Hofkammerzahlamtsrechnungen bieten, beliebige willkürlich herauszunehmen; bei einigen vermögen wir jedoch über eine blosse Vermutung hinauszukommen. Ob allerdings wirklich Doktor Eucharius Steinmetz von Heidingsfeld, der 1512 Advokat und 1520—25 Syndikus des Würzburger Bischofs ist und 1491—97 in Bologna auftaucht, als Helfer Schwarzenbergs in Anspruch genommen werden darf, wie dies auf den ersten Blick durch die Nähe der Geburtsorte beider wahrscheinlich erschien, ist mir jetzt zweifelhaft, da über ihn nähere Nachrichten nicht zu finden sind.[2])

---

[1]) Vgl. im allgemeinen E. Herrmann, Johann Freiherr zu Schwarzenberg, S. 50ff. und die Einleitungen zu der Übersetzung der „Officia" des Cicero (Augsburg 1531) und des „Teutschen Cicero" (Augsburg 1534); näheres im dritten Teile.

[2]) Bambergensis S. LXVII und 130 Anm. 1; dazu Fürstl. Bamberg. Hofkammerrechnungen 1510, S. 419, wo er ebenfalls als Gutachter für Bamberg erscheint. Er wird genannt in den Würzburgischen Domkapitelprotokollen 1519, S. 145; 1520, S. 165, 166, 201. — Am 28. September 1528 wird Dr. Niclas Hanaw statt seiner vom Kapitel zum Advokaten angenommen. Vgl. über Steinmetz sonst noch Kassler, Beiträge zur Geschichte von Heidingsfeld, S. 72; Anton Weber, Dill Riemenschneider, S. 26 (lässt 1508 von R. ein Grabmal für seine Schwester anfertigen), s. auch Tönnies, Tilman Riemenschneider, S. 186.

Wenn aber Namen in den Bamberger Gerichtsakten wie Dr. jur. Leonhard von Egloffstein, Dr. jur. Lorenz Thum, Chorherr zu St. Stephan in Bamberg, Dr. jur. Johann Rüdiger, Dr. Jobst von Aufsess, Dr. Johann Vossner, Dr. Friedrich Schonleben, Vicarius in spiritualibus[1]) in zahlreichen Verhandlungen gerade der Jahre vor und nach 1507 zusammen mit dem unseres Schwarzenberg erscheinen, so liegt es nahe, zwischen ihnen für die Ausarbeitung der Bambergensis eine Verbindung möglich zu denken; ja auch die mehr praktisch vorgebildeten bischöflichen Beamten, wie z. B. der Landschreiber Johannes Scharf und der langjährige Protokollführer Schwarzenbergs Michael Lorbeer, sowie der Beisitzer Eberhart Fortsch sollen hier nicht ungenannt bleiben.[2]) Wichtig ist vielleicht auch der Vorsitzende des Bamberger Zentgerichts, der Hausvogt Erasmus Zolner, Schultheiss zu Bamberg. Dazu kommt aber noch eine Persönlichkeit, die gerade in derselben Zeit in enger freundschaftlicher Beziehung zu Schwarzenberg erscheint, das ist der vielgenannte Doktor Sebastian von Rotenhan.[3])

---

[1]) Vgl. Looshorn 4, 441.

[2]) Es ist natürlich unmöglich, die einzelnen Stellen zu zitieren; benutzt sind folgende Akten: a) die Fürstl. Bambergischen Hofgerichtsbücher 1484 ff., bes. 1501—1504; b) die Fürstl. Bambergischen Ratsbücher und Protokolle 1500—1516 (Fürstl. Bambergische Ratsbücher 1—5); c) die Fürstl. Bambergischen Hofkammerzahlamtsrechnungen (HKR) 1500—1512: alles im Kgl. bayer. Kreisarchiv zu Bamberg. Sonstige Bamberger Akten, in denen weitere Nachrichten über das Gerichtspersonal enthalten wären, fehlen leider; die Bamberger Dienstdekrete reichen nicht bis an den Anfang des 16. Jahrhunderts. — Für Rüdiger (Rüdinger) vgl. HKR. 1509, 322 b, und besonders 1507, 150, 187, 345. Er erscheint besonders oft in den Jahren 1506—1507 als Beisitzer des Hof- und Appellationsgerichts (Fürstl. Bamb. Ratsbücher 3. 5) des öfteren neben Schwarzenberg, doch auch in selbständiger Stellung, ist Rechtsbeistand für Karl von Absberg und nimmt an Stelle des Bischofs den Eid ab. Später (1514) wird er Generalvikar und Offizial zu Eichstätt (Looshorn 4, 516). — Neben ihm sind dort am häufigsten genannt der Domherr und Prälat Dr. Leonhard von Egloffstein und der Vikarius Dr. Jobst von Aufsess. Ersterer wurde am 16. Mai 1505 Domherr und Scholaster (Fränk. Adelsurkunden).

[3]) Er erscheint als bischöflicher Beamter in den Hofkammerrechnungen allerdings erst seit 1508; vgl. über ihn Allgem. Deutsche Biogr. 29 (1889), S. 299 (Wegele); obige Nachrichten passen vollkommen in die dort gelassene Lücke seiner Lebensbeschreibung.

Wir haben ja bereits mehrfach auf das enge Verhältnis zwischen beiden hingewiesen. Wenn nun aber gerade in den Jahren 1506—1507 und auch noch später beide Männer in den Verhandlungen der fränkischen Ritterschaft Schulter an Schulter stehen und der früher genannte „Rechtliche Austrag" von Kitzingen[1]) ein klares Zeugnis auch ihres literarischen Zusammenarbeitens bietet, so liegt nichts näher als in dem Helfer von Kitzingen auch den Mitarbeiter an der Bambergensis zu sehen. Bestärkt wurden wir in dieser Ansicht noch dadurch, dass beide Freunde auch in späteren Jahren sich wieder zu gemeinsamer Tätigkeit, auch literarischer Art, zusammenfinden. Wir brauchen nur an die mehrfachen Berichte und Gutachten über die Türkenfrage zu denken, die die führenden Mitglieder der Ungarngesandten 1522—1523, also Schwarzenberg und Rotenhan gemeinsam erstattet haben.[2])

Wir werden daher nicht fehlgreifen, wenn wir Rotenhan als einen oder vielleicht sogar den alleinigen Mithelfer Schwarzenbergs bei der Ausarbeitung der Bambergensis betrachten.

Einen einzigen, allerdings untergeordneten Gehilfen Schwarzenbergs kennen wir mit Namen.[3]) Es ist der Bambergische Gerichtsschreiber Albrecht Rodner, der an zwei Stellen der Bambergischen Hofkammerzahlamtsrechnungen erscheint: einmal erhält er 24 Pfund für das Schneiden von acht Formen zur Zentgerichtsordnung (Bambergensis?), sodann einen Gulden für das Schreiben von „Reimen auf 17 Figuren". Ist er danach wohl nicht der Schreiber des Manuskriptes der Halsgerichtsordnung, so steht er doch jedenfalls in einer gewissen Beziehung zur Herstellung des Druckes und hat vielleicht dem Verfasser des Gesetzes auch bei der Umarbeitung des Textes etwa untergeordnete Dienste geleistet.[4])

---

[1]) S. oben S. 46 ff. und Anlage I. [2]) S. oben S. 80 ff.

[3]) Berichtigung der Anm. 1 S. LXXXVIII der Bambergensis (hrsg. v. Kohler und Scheel).

[4]) Fürstl. Bamberg. Hofkammerzahlamtsrechnungen 1506—1507 (Sonntag nach Epiphanie 1507): *Item 24 lb. Albrechtenn Rodner gerichtsschreyber fur 8 form zu der zenntgerichtsordnung zu schneiden, von der form 3 lb.: zalt ut supra, retulit hoffmeyster* (d. h. Schwarzenberg). Ebendort 1507 (Sonntag nach Johann. Baptist.): *Item ein guld. Albrechten gerichtsschreyber von reymen zu schreybenn auff XVII figur.*

Weitere Angaben über die Helfer Schwarzenbergs werden sich nicht finden lassen.[1]) Und ist dies wirklich so wunderbar, wenn wir bedenken, dass ja auch der eigentliche Schöpfer der Bambergensis mit seinem Namen nicht hervortritt? In der im Namen Georgs III. verfassten Vorrede war kein Platz dafür, weder für ihn noch für seine Helfer!

Daher bemängeln es die älteren Rechtshistoriker mit Unrecht, dass wir Schwarzenberg wohl als Staatsmann und Diplomaten, als Hofmeister und Dichter rühmen hören, aber nicht als Juristen. Haben wir doch in der Bambergensis nicht einmal seine einzige Leistung auf diesem Gebiete.

Wie bekannt, wurde in Bamberg nicht lange vor der Publikation der Bambergensis das Landgericht reformiert. Da Schwarzenberg bereits 1503 in Bambergischen Diensten stand, wäre es nicht zu verstehen, wenn sich der Bischof seine Hilfe bei der Landgerichtsreformation[2]) hätte entgehen lassen. Zwar macht das kleine Werkchen auf den ersten Blick den Eindruck, als ob es ein zünftiger Jurist verfasst hätte. Doch sind lateinische Ausdrücke wie „ex primo, secundo decreto“ (LGR. 3b), „civiliter“ (5a), „post litis contestationem“ (5b), „procuratores“ (10b, 11a) u. a. m. nur ganz äusserlich aufgesetzt. Das ganze Milieu des kleinen Gesetzes ist vielmehr ebenso wie seine Sprache der Bambergensis so nahestehend, dass man nicht fehlgreifen wird, wenn man Schwarzenberg als Verfasser betrachtet. Beide Gesetze stehen unter deutlichem Einflusse römischen Rechts; die Bambergensis zieht äusserlich ebenso Ausdrücke wie „crimen laesae maiestatis“ (Bamb. 132) heran, wie die Landgerichtsreformation aus dem SC. „Veleiano“ zitiert (LGR. 6a); gemeinsam verwenden sie Ausdrücke wie „compulsorial- und compassbrieve“ (Bamb. 82, LGR. 8a), beide halten am „gemeinen Recht und Herkommen“ als Grundstock fest, beide erlauben Ratsuchen (Bamb. 276, LGR. 7a), beide stellen dem „Herkommen“ die „geschriebenen“ Kaiserlichen Rechte gegenüber, beide haben schriftliches Verfahren.

Dazu kommen aber noch ganz persönlich anmutende Übereinstimmungen in Wortschatz und Ausdrucksweise. Eine genaue Untersuchung hat festgestellt, dass von den ungefähr 200 technisch-

[1]) Vgl. auch Knapps Klage darüber (S. VII, VIII).

[2]) Literatur bei Stobbe 2, S. 261 und Brunnenmeister, S. 40.

juristischen Ausdrücken der LGR. mehr als 180 auch in der Bambergensis gebraucht werden. Das ist mehr als eine zufällige Gleichheit der Terminologie, der Kanzlei- und Gerichtssprache.

Nehmen wir hierzu die sprachlichen Anlehnungen, wie sie im Titel über den Leumund (LGR. 5a, Bamb. 22. 26), über Arrest und Verbot (LGR. 6b, Bamb. 265) über die Zeugen (LGR. 6b, Bamb. 213)[1]), die Prokuratoren (LGR. 10a, Bamb. 140) hervortreten, so werden wir nicht zweifeln können, dass wir in der Landgerichtsreformation eine frühere Arbeit Schwarzenbergs vor uns haben, die sich freilich insofern von der Bambergensis unterscheidet, als die Zitate aus fremdem Rechte noch dicker aufgetragen, eine organische Vereinigung zwischen altem und neuem noch nicht so stark stattgefunden hatte, als dies später der Fall war. Die Landgerichtsreformation ist der erste Schritt auf dem Wege zur Bambergensis, auch äusserlich noch nicht so gefeilt, in ihrem Zwecke, als Hilfsbuch für die adligen Beisitzer des Landgerichts noch nicht so volkstümlich; vielleicht auch damals noch unter der Unbeholfenheit der juristischen Freunde leidend, die dem Verfasser selbstverständlich zur Seite gestanden haben müssen — doch im ganzen durchaus sich in denselben Grenzen haltend wie die Bambergensis.

Dass Schwarzenberg gerade in den Jahren vor und nach der Publikation der Bambergensis sich in dem Gedankenkreise bewegt und solche Verordnungen für kleinere Verhältnisse auch zu Papier bringt, zeigt die bereits früher erwähnte Tätigkeit für seine Gerichtsbezirke Schwarzenberg und Hohenlandsberg.[2]) Kurz nach seiner Rückkunft aus Würzburg muss sich Schwarzenberg bereits mit einer Besserung der Gerichte und mit Plänen, die sich besonders auf Schöffengerichte beziehen, getragen haben. Noch zu Lebzeiten seines Vaters ist ihm von seinem Vogt jener Bericht über die Zustände des Scheinfelder Zentgerichts eingeliefert worden, aus dem er dieselben Missstände der Schöffengerichte erkennen konnte, wie er sie in der Bambergensis zu treffen

---

[1]) Auch die Ähnlichkeit der Auffassung mit dem Bilde der Bambergensis (Holzschnitt No. 10, Bambergensis (1902), S. XLV) tritt auffällig hervor.

[2]) Vgl. oben S. 34—36 mit Anmerkungen, wo die Archivalien zitiert sind.

sucht. Der Vogt beklagt sich, dass die Schöffen, die auf den Gütern umhersitzen, zum Richten nicht fähig wären und leichtsinnig mit dem schwerwiegenden Recht des Blutbannes umgehen. Er hält es für notwendig, dass vor dem endlichen Gerichtstag sich Richter und Schöffen unterreden, um sich über das Urteil einig zu werden. Derartige Verhältnisse finden sich übrigens noch im Erscheinungsjahr der Bambergensis, wo der Vogt Wilhelm Aufheimer seinem Herrn einen Tötungsfall aus seinem Zentgericht schriftlich unterbreitet und seinen Rat einholt. Auch hier klagt er kurz nach dem Erscheinen der Bambergensis im November 1507 über das Fehlen von Zentschöffen und unterbreitet seinem Herrn einen sehr vernünftigen Ausgleich, den er mit dem Amtmann zu Oberscheinfelt getroffen hat.

Ein humoristisches Bild über die Zentschöffen und die Wichtigkeit, die sie ihrem Amt beimassen, bietet uns die Erzählung Aufheimers, der entrüstet berichtet, dass anstatt der zwei Beisitzer, denen eine Zehrung auf Gerichtskosten gebührte, fünf bis sechs erschienen, die mitessen wollten. Wir erfahren sogar, dass es Kalbsbraten gegeben hat.

Finden wir also hier im Spiegelbilde die Verhältnisse, zu deren Besserung die Bambergensis beitragen sollte, und die Notwendigkeit betont, eine feste Richtschnur in einem Gesetzbuch für die Laienrichter zu haben, so bieten die Versuche Schwarzenbergs, kleinere Verfügungen und Verordnungen zu treffen, uns einen Einblick in die Art, wie die Bambergensis materiell zustande gekommen ist.

Am Samstag nach Michaelis 1507 erlässt er im Auftrage des Bischofs zusammen mit Eberhart Fortsch und Lips vom Berg eine Zehrungsordnung für die Bambergischen Flecken.[1]) In ganz ähnlicher Weise stellt Schwarzenberg für seinen eigenen Gerichtsbezirk eine Tax- und Gerichtsordnung (1513)[2]) zusammen. Charakteristisch in dieser letzteren ist neben den üblichen Fremdworten, die den Einfluss des fremden Rechtes zeigen, wie „obligation“ u. a., das bewusste Festhalten am alten Gebrauch und Herkommen. Wird doch sogar die Mahlzeit, die

[1]) Fürstl. Bamberg. Ratsbücher 3, 277—279 (1507); s. unten Beilage III.
[2]) S. oben S. 36 und in Beilage IV.

man dem Richter, Schöffen, Schreiber und Gerichtsknecht zu geben schuldig ist, trotz mancher Missbräuche, die sich ja im Bezirk herausgestellt hatten, auch hier noch beibehalten, wie im art. 256—257 Bamb. Die einzelnen Ansätze für Ratssachen, Gerichtssachen, Gerichtsschreiber und Knecht sind übrigens nicht vollständig mit den betreffenden Stellen der Bambergensis übereinstimmend, also nicht einfach aus ihr exzerpiert, sondern selbständig von Schwarzenberg den Verhältnissen seines Gerichtes angepasst.

Aus derselben Zeit stammen die unten als Beilage IV abgedruckten drei Artikel über die Auferlegung des Eides. Besonders der zweite ist geeignet, uns die augenfällige Übereinstimmung mit den betreffenden Artikeln der Bambergensis zu illustrieren, ohne dass man etwa hier wieder an ein Exzerpt aus der Bambergensis zu denken brauchte.

Ferner führt uns ein fragmentarischer Bericht über die Zent zu Scheinfeld aus der Zeit Schwarzenbergs mit seinen eigenhändigen Bemerkungen in den Gedankenkreis des Gesetzgebers ein.[1]) Wenn wir hier hören, dass bei dem peinlichen Gericht vor dem Tore von Scheinfeld bei St. Jobst, dessen Besetzung genau präzisiert wird, der Schwarzenbergische Richter Harnisch und Schwert tragen und die Schöffen jeder ein Schwert auf dem Schoss halten sollen, und dass der Büttel mit althergebrachten Worten das Halsgericht im Namen des Bamberger Bischofs und Johanns, Herrn zu Schwarzenberg beschreit, der des Halsgerichts ein Oberherr ist, so eröffnet uns dies eine weite Perspektive. Wer wäre wohl in jenen Tagen in Bamberg geeigneter gewesen, die innerlich wie äusserlich verworrenen Verhältnisse der Bamberger Halsgerichte zu ordnen und auf die moderne Höhe fremdrechtlicher Forderung zu heben als Schwarzenberg, der sich wahrlich dazu kein besonderes Material zu sammeln brauchte, sondern aus der Fülle eigener Erfahrungen auch nach dieser Seite hin schöpfen durfte.

Aber wir vermögen nicht allein durch die Gegenüberstellung allgemeinerer Ähnlichkeiten in Beschäftigung und Ge-

---

[1]) Fürstl. Schwarzenberg. Archiv zu Schwarzenberg A L 125 No. 4 (Kopie von Mörath).

dankenkreis Schwarzenbergs Anteil an der Bambergensis näher zu präzisieren: wir können noch weiter gehen und ein direktes Zeugnis dafür anführen, dass unser Gesetzgeber an dem Zustandekommen des Werkes mehr getan hat als ein blosser Redaktor, dass der Text als Ganzes vielmehr durchaus seinem Geiste und seiner Feder entstammt, mit einem Worte, dass wir allerdings von einer Bambergensis Schwarzenbergs sprechen dürfen.

Wir haben bereits das gleichzeitige Zeugnis des Vorredners zur Offizienübersetzung zitiert, das ihn klar und deutlich als Verfasser des Gesetzes nennt, das er *„nach rat der gelerten und ander verstendigen“* geschaffen habe. Dazu kommt neuerdings ein nicht nur für das Schwarzenbergische Zentgerichtswesen, sondern auch für die allgemeine Kenntnis der juristischen Schriftstellerei Schwarzenbergs ausserordentlich wichtiges Dokument, die am 26. April 1507, also zwei Monate vor der Publizierung der Bambergensis (19. Juni 1507) an das Schwarzenbergische Zentgericht zu Seinsheim gerichtete Urkunde Johanns, in der Missbräuche und Schäden abgestellt und einer neuen besseren Gerichtspraxis die Wege geebnet wurden.[1])

Hier haben wir nicht nur materiell, sondern auch formal so augenfällige Übereinstimmungen mit der Bambergensis, dass wir an einer Gleichheit des Verfassers nicht zweifeln können.

Was das Materielle betrifft, so sind naturgemäss prozessuale Bestimmungen gegeben, da, wie wir anderwärts sahen, gerade der Prozessgang hier sehr im argen lag. Den Anfang machen die Gerichtskosten; ausführlich wird sodann über die „mutwilligen Ankläger“, sowie die fremden Ankläger im Schwarzenbergischen Gericht und die heimischen Übeltäter vor fremden Gerichten gehandelt. Ein zweiter Abschnitt verfügt die bei Laienrichtern damaliger Zeit gewiss sehr nötige Zusammenkunft vor dem „endlichen Rechttage“ zur Besprechung des Urteils und daran anschliessend die Zehrungskosten. Das Hauptkapitel wendet sich gegen allerlei Missbräuche der Zentgerichte, besonders das „Besiebnen“ des alten Rechts und verweilt auch hier des längeren bei den Kosten der „Weisung“ seitens des Anklägers und Be-

[1]) Zum ersten Male aus den Schwarzenbergischen Archiven veröffentlicht von A. Mörath, Beiträge zur Geschichte des Zentgerichts Scheinfeld (1891), S. 10—12; s. oben S. 35—36.

klagten. Einzelbestimmungen über die „rei vindicatio" und die Kündigung des Zentvertrages machen den Schluss. Durch das Ganze hindurch zieht sich als Oberbestimmung der Hinweis auf die Geltung und Wichtigkeit der „kaiserlichen Rechte", neben denen die gewohnheitsrechtlichen Satzungen nur subsidiäre Anwendung finden dürfen.

Bedeutungsvoll hebt sich der Satz heraus: *„so wollen wir desshalb kurtzlich einen ratschlagk bey den rechtverstendigen schreyben und gedachtem unserm zentrichter behenndigen lassen"*, in dem man den Hinweis auf eine Schwarzenbergische Redaktion der Bambergensis hat sehen wollen.[1]) Ich kann mich dem nicht anschliessen: Bedenken wir nämlich die geringe Anzahl der Auflage des Originaldruckes[2]), so kann viel wahrscheinlicher die Bambergensis selbst gemeint sein, aus der ein schriftlicher Auszug oder eine Abschrift den kleineren Zentgerichten zur Benutzung gegeben wurde. Eine besondere Redaktion der Bambergischen Halsgerichtsordnung für die Schwarzenbergischen Zentgerichte hat sich jedenfalls nicht gefunden.

Um die erwähnten inhaltlichen Übereinstimmungen recht klar vor Augen zu bringen und dabei gleichzeitig auch die sprachlichen Gleichheiten in Satz- und Wortgebrauch, in Gedanken- und Formgebung ausführlich zu verdeutlichen, lassen wir das wichtige Dokument in extenso folgen und stellen die betreffenden Artikel der Bambergensis daneben.

Wir Johanns her zu Swartzenberg bekennen, das wir got dem almechtigen zu lob, auch umb gemeines nutz willen zu straff unnd verkummung der ubelthat zwischen den leutten der nachbenanntten merckt und dorffer, als nemlich Sainsheim, Bulnheim, Hittenheim, Herntzheim, Yffigkheim, Westerndorff unnd Weygenheim, die alle mit

---

[1]) Mörath, S. 12; oben S. 36. [2]) S. oben S. 73.

peinlichen sachen in unnser zent unnd halsgericht gein Sainsheim gehorig sindt, unnsern lieben getreuen unnd besundern, peinlicher straff halb, einen vertragk abgeret unnd gemacht haben, als das alles hernach geschriben stet:

Nemlich so einer in gemeltter unnser zent dermassen miſshandelt, das ere den gemeinen keyserlichen rechtten nach an seinem leib, leben oder gelidern peinlich gestrafft werden mag unnd in solicher unnser zent von desselben unnsers gerichts amptleutten oder anndern, die in derselben unnser zent seſshafft sindt, zu gefencknus pracht unnd daselbst peinlich beclagt unnd gestrafft, so sollen alle diejhenen in gemeltter unnser zent seſshafft, so offt das zu schulden kumpt, von einer yeden solichen miſstettigen person, die also in derselben unnser zent, wie obstet, an leib oder leben peinlich gestrafft wirt, achtzehen gulden reinischer landtswerung zu Francken geben unnd unntter gemelte zentleut alle zu gleichem teyl angelegt werden, unnd was mer darauff ging, das sol uber unns und unser erben gen; woe aber ein solicher ancleger in seiner anclag frefel und unbestendig erfunden, also das ere

[art. 250. Wie die armen leut in straff der misshendel einander sollen zu hilff komen.]

Jtem so furan, in nachberürten sachen, yemant peynlich straff verwürcket und derhalb durch unser oder der unsern hintersessen strencklich gerechtvertiget wurde, damit dann die ubeltat, von beschwernuss wegen der kostung, dester weniger verdruckt oder nachgelassen werden: so söllen ime alle andere die unsern, so in demselbigen unserm halssgericht bey dem cleger sitzen, den kosten helffen tragen.

[art. 252. Von nithelffen den mutwilligen clegern.] Jtem so sich yemant von den unsern einer mutwilligen peinlichen

wider den beclagten die angezogen mißthat zu peinlicher straff genugsam durch recht, als obgemelt, nit außfüren konte, demselbigen frefenlichen unbestendigen ancleger sol nach laut disser ordnung kein hilff oder erstattung gescheen, sunder deshalb seinen schaden und verwürckung selbst tragen; woe auch ein ubelthetter in einem andern gericht peinlich gestrafft wurde, doselbst sol disser vertragk niemant binden, sunder mit derselben hilff bey alttem herkumen beleyben, so denn auch ein ancleger, der nit in die zent gehoret, ein mißstettige person in solicher unnser zent berechtet, dem sollen unnd wollen wir unnd gedachte unnser zentleut die hilff mit obgemelter gerichtskost zu thun abermals nit schuldig sein; aber mit anndern stucken, die fur sich selbst recht pillich unnd zu fürderung des rechten unnd der warheit dinstlich, darinen sol an genugsame verwurckung niemant außgeschlossen noch gehindert[1]*), sunder damit, wie wir gern von andern in gleichen fellen haben wolten, gehaltten werden.*

[1]) Mörath: *gesundert.*

clage, die er mit recht, diser unser reformacion gemess, nit verfûrn môcht, furzunemen understûnde, und unser rete solchen seinen frevel und mutwillen erkenten: was er dann desshalb kostens und schadens erlitten het oder leyden wurde, das solt sampt der vorgesatzten straff uber denselbigen mutwilligen cleger allein geen.

[art. 253. Von frembder ancleger kost.] Jtem so aber ein frembder ancleger einen ubeltetter in unsern halssgerichten rechtvertigen wôlt oder wurde, der solt das thun on kosten und schaden unser und der unsern.

[art. 275. Von vergleychnuss der beschwernussen, so an frembden gerichten gescheen.] ... damit furan dester mere gescheucht werden môchte, uns und den unsern das recht zu sperren oder mit unbillichen beschwerungen, der ander leut nit gern an unsern gerichten warten und haben wôlten, zu beladen.

Jtem so misstettige person entlich berecht werden, so sollen sich die schopffen, nemlich auss yeden obgemelten dorffern zwen, wie von altter herkumen ist, einen tag davor zu unnserm zentrichter gein Seinsheim fugen[1]) *unnd daselbst auff alles einbringen unnd erfindung grundes unnd der warheit, auch auff gehabtten ratte der rechtverstendigen, das in zweyffellichen sachen alles zuvor gescheen sein solle, sich der entlichen urteyl vereinigen unnd auffschreyben, wie die auff dem entlichen rechttag geoffnet werden sol,*

[art. 123. Verursachung der satzung, wie auff dem endtlichen rechttag gehandelt werden sol, und wie keyn teyl diser ordnung ungemess furbringen moge.]

... Nach gewonheyt und gebrauch diser lande, mögen die halssgericht unsers stiffts nit anderst dann mit gemeinen leuten, die der recht notturfftiglich nit gelernet oder geůbt haben, besetzt werden; desshalb in diser unser ordnung vor und nach gar clerlich funden wirdet, mit was grossen notdurfftigen vleyss alle sölche gerichtliche sachen vor dem endthafften rechttag gehandelt, erfaren und auffgeschriben, auch die urteyl, wo es not thut, nach rat der rechtverstendigen gemacht werden söllen ...

[art. 94. Unterredung der urteyler vor dem rechttag.]

Jtem es söllen auch richter und urteyler vor dem rechttag alles einbringen hören lesen, das alles, wie hernach in dem zweyhundert und achten artickel angezeygt wirdet, ördenlich beschriben sein und fur richter und urteyler bracht werden sol, darauff sich richter und urteyler mit einander unterreden und beschliessen, was sie zu recht sprechen wöllen; und wo sie zweyffellich sein, söllen sie weyter rats pflegen

[1]) *fugen*, vgl. art. 95 Bamb.: *an die gerichtsstat fůgen.*

unnd sol unnser zentrichter verfügen, das von dem obgemelten auffgelegtten gelt desselben tags yedem schopffen einmal zu essen oder funfftzehen alt pfening dafur, welches er, der schopff, am libsten haben wil, auch ein halb maſs weins nach der malzeit oder drey alt pfening dafur nach willen des richters unnd dann uff dem entlichen rechtag aber dergleichen unnd nit mere gegeben werden; aber so ein ubelthettige person, alttem herkumen nach, von den zentleutten zu oder von der gefenkhnus gein Lantzperg oder Sainsheim gefurt wird, das soll auff ir, der zentleut, kostung gescheen.

bey unsern reten und alssdann die beslossen urteyl zu dem andern gerichtsshandel auch auffschreyben lassen, nach der form wie hernach in dem zweyhunderten und sibenzehenden artickel von gemeyner form aller urteyl anzeygung funden wirt, domit sölche urteyl nachmals auff dem endtlichen rechttag, wie hernach von öffnung sölcher urteyl geschriben stet, unseumlich also mögen geöffnet werden.

[art. 256. Atzung auff dem endthafften rechttag.]

Jtem auff dem endthaften rechttag sol der ancleger dem richter, püteln und yedem schöpffen, so am gericht sitzt, einmal zu essen oder aber, wie obstet, nach willen des anclegers [art. 255] fur yedes mal funffzehen pfennig geben.

[art. 257.] Jtem wo in etlichen unsern stetten nit herkomen were, richter, schöpffen oder püteln zu essen zu geben, oder etwas dafur zu thun: daselbst sölt es in disem stück bey altem herkomen pleyben; wann dise satzung, der kostung halb richter, urteyler und pütel berürende, allein dahin gemeint sein sol, da es mit gewonheyt herkomen ist, ine essen und trincken zu geben.

Jtem nachdem ye zu zeitten mißpraucht worden ist, das die ubelthetter mit siben personen, so den merteyl von der ubelthat kein wissen gehabt, bezeugt, auch ye zu zeitten etlich derselben zeugen belont und dadurch die leut zu unbilliger mühe unnd uncosten pracht worden sein, das wider got, das recht und alle billigkeit ist: darumb sol solichs fure niemant zu thun auffgelegt oder auch damit zugelassen werden,

sunder woe ein mißtat durch einen detter unbezwungenlich oder aber uff peinlich frage, die doch den gemeinen keyserlichen rechten gemes gepraucht wirt, vor unnserm zentrichter unnd zweyen schopffen bekentlich ist unnd durch den gerichtsschreyber auffgeschrieben wirt, solicher bekentnus sol gelaupt unnd darauff geurteylt werden;

[s. unten art. 273.]

[art. 76. Von belonten zeugen.] Jtem belonet zeugen sein auch verworffen und nit zulessig.

[art. 125] ... Aber sunderlich ist zu mercken, in was sachen oder derselben gleychen die keyserlichen recht keinerley peinlicher straff am leben, eren, leyb oder glidern setzen oder verhengen, das unsere richter und urteyler dawider auch niemant zum tode oder sunst peinlich straffen.

[art. 57.] Jtem so man dann den gefangen peynlich fragen wil, sol derselbig zuvor in gegenwertigkeit des richters, zweyer des gerichts und des gerichtschreibers vleissiglich zu rede gehalten werden mit wortten, die nach gelegenheit der person und sachen zu weiter erfarung der ubeltat oder argkwenikeit allerbast dinen mögen, auch mit bedrohung der marter bespracht werden, ob er der beschuldigten

missetat bekentlich sey oder nit: und was der alssdan bekent oder verneynt, sol aufgeschriben werden.

wolt aber ein ubelthetter der ubelthat also nit bekennen unnd doch derselben uberwisen werden mochte, dieselbig weysung unnd was in peinlichen sachen zu weyssen not ist, sol mit solicher zeucknus als die gemeinen keyserlichen recht fur genugsam zulassen (unnd nit obgemeltem mißprauch nach), ee der enthafft rechtag gesatzt wirt, vor unnserm zenntrichter, zweyen schopffen, die er zu im erfordert, unnd dem gerichtsschreyber gescheen, auch auffgeschriben, unnd was sich nach gestalt derselben gepurt, furtter zur zeit des entlichen rechttags darauff geurteylt werden.

[art. 15.] Jtem wölt aber ein sölcher gefangner der verdachten missetat on oder durch peinlich frage nit bekentlich sein, und er doch derselbigen uberwisen werden möcht, so solt es mit derselbigen weisung und rechtvertigung darauf, der todtstraff halben, gehalten werden, wie auch clerlich hernach geseczt ist von denyhenen, die durch ancleger einbracht werden.

[art. 80. So der beclagt nach beweysung nit bekennen wolte.]

Jtem so der beclagt nach gnugsamer beweysung noch nit bekennen wölte, sol er alssdann vor der verurteylung mit peynlicher frage weyter angezogen werden, mit anzeygung, das er der missetat uberwisen sey, ob man dadurch sein bekentnuss dester ee auch erlangen möcht; ob er aber nicht bekennen wölt, des er doch, als obstet, gnugsam bewisen were, so solt er nichts dester weniger der beweysten missetat nach verurteylt werden.

unnd so einem ancleger solicher rechtmessigen weyssung not sein würde, die sol er auff seinen selbst kosten bringen, was auch

[art. 58.] ... Und so der gefangen berurter massen oder mit andern dinstlichen ursachen sein unschuld anzeigt, solicher anzeigten entschuldigung sunst zerung auff sein person oder seine freundt, die er zu im nem, ging, die sol er auch selbst zallen; desgleichen sol es mit weysung des beclagtten auch gehaltten werden;

es sollen auch alle andere mißpreuch, so den gemeinen keyserlichen rechten widerwerttig sein unnd zu keiner erfarung der warheit dinen, sunder unnützlich das recht verzihen, abgestelt und vermitten werden.

unnd damit richter unnd urteyller sich in vorbestimpte stücken destebas den gemeltten keyserlichen rechten gemes, in dem das ine zu handeln unnd urteyllen gepüret, zu haltten wissen, so wollen wir deshalb kurtzlich einen ratschlagk bey den rechtverstendigen schreyben unnd gedachttem unnserm zentrichter behenndigen lassen, den derselbig unnser richter einer yeden dorffgemeinde, die des begeret, auff iren kosten abschreyben unnd gerecht cori-

söllen sich alsdann unser amptleůt oder richter auf des verclagten oder seiner freuntschafft costen uff das furderlichst erkundigen . . .

[art. 88. Von verlegung der zeugen.]

Jtem wer in peynlichen sachen kuntschafft fuert, der soll einem yglichen zeugen fur seinen costen einen yeden tag, dweyl er in sölcher zeugschafft ist, dreyssig pfenning geben.

[art. 273. Von alten misspreuchen der halssgericht.]

Jtem das besiben der ubeltetter und ander misspreuch, auch alle ordnung unser halssgericht, so keyserlichen rechten und diser unser ordnung widerwertig sein, wöllen wir hiemit auffgehaben und abgethan haben, unangesehen, ob sie lang oder kurtz herkomen sein.

[art. 125.] . . . Und damit unser richter und urteyler, die der keyserlichen recht nit gelert sein, mit erkennung sölcher straff dester weniger wider die gemeynen keyserlichen recht oder gutte zulessige gewonheyt handeln, so wirt hernach von etlichen peynlichen straffen, wann und wie die, gemeltem rechten, guter gewonheyt und vernunfft nach, gescheen sollen, gesatzt.

girt ubergeben solle;

weytter so haben wir den genannten unnsern zentleutten zugesagt, mit unnserm zentrichter zu verfügen, woe ir einem das sein, die weyl diser vertragk alles inhalts bestendig unnd unauffgekundet beleybt, r a u p l i c h o d e r d i e p l i c h g e n u m e n o d e r g e s t o l l e n w u r d e, *das er demselbigen soliche sein entpfrembde habe, woe die in seinen gewalt kumpt,* w i d e r s c h a f f e n *sol, woe aber zweyffenlich, ob soliche angezogne habe dem kleger* g e r a u b t o d e r g e s t o l e n *worden were oder wem die zustunde,* s o d a n d e r c l e g e r s o l i c h e s e i n c l a g z u r e c h t g n u g b e w e y s t u n n d w a r m a c h t, s o s o l i m d i e a b e r v o l g e n, d o c h o b e s v i h e w e r e u n n d e t w a s v e r z e r t h e t t e, d a s s o l t d e r c l e g e r z i m l i c h e r w e y s s e b e z a l l e n u n n d a u f s r i c h t e n, a b e r m i t k e i n e r u b e r f l ü s s i g k e i t d e s h a l b e n b e s w e r t w e r d e n.

[art. 267. Von gestolner oder geraubter habe, so in die gericht kumpt.]

Jtem so gestolen oder geraubt gut in unser halssgericht bracht würdet, sol dasselbig unser richter zu seinen handen nemen und getreulich verwaren; und so yemant derselbigen habe begert, sol er an unser statgericht, marckgericht oder dorffgericht daselbst gewisen werden, wie recht ist, darzu zu clagen; und zuforderst sol der, so also rechtlich darzu clagen wil, vor sölichem gericht einen bestalt mit bürgen oder zum wenigsten mit seinem aydt thun, wo er, sölcher sachen halb, verlüstig wurde, dem andern teyl seinen gefügten schaden, der verpotten güter halb erliden, nach messigung des gerichts abzulegen; dessgleychen sol der antworter, so sölche habe im rechten verdretten wil, auch thun.

[art. 268.] Jtem so dann der cleger beweyst, das dieselbig habe sein sey und im r a u b l i c h o d e r d i e b l i c h g e n u m e n i s t, s o l i m d i e [h a b e] d u r c h r e c h t z u e r k a n t u n d w i d e r w e r d e n.

[art. 268 f.] Und so sich also mit obgemelter peynlicher handlung gestolne oder geraubte farende güter in unserm gerichtsszwang und gewalt erfunden, die sölten dem, der sie also verloren het, abermals on beschwerung

(dann allein, ob sölichs essende habe und zimliche notdurfftige atzung darauff gangen were, dieselbigen atzung, doch on uberfluss, zu bezalen) widerverschafft werden.

Jtem so wir, unnsere erben oder ein dorffgemeind in gemeltte unser zent gehörig, nachmals verursacht wurden, darlegung halb der gerichtskostung, so auff straffung der ubelthetter, als vorstet, get, furo nicht mere in dissem vertrag zu sein, das sollen wir oder unnsere erben in yedes dorff der gemeltten unnser zent, dergleichen ein soliche gemeinde unnserm zentrichter zu Sainsheim, wan ir das ebent, doch das zur selben zeit kein ubelthetter gegenwerttig in gefencknus lige, wissentlich auffkunden, das alsdan unnser zentrichter beschreyben, auch unns unnd den anndern zentdorffern eroffen sol, darnach wissen zu richten; wan gegen denselben, so also die hilff der gerichtskost auffkunden, wollen wir unnd anndere die unnsern ditz vertrags halb auch unverpunden sein; so auch also etliche zentleut auffkundung thetten unnd etiche nit, so soll diser vertrag doch gegen denjhenen, so unauffkünt darinen beleyben wollen, alles inhalts besten, unnd sol diser vertragk oder desselben auffkundung, wie obstet, unns unnd unnsern erben an allen anndern unnsern oberkeitten unnd gerechtigkeitten, auch sunderlich unnser zent halb zu Sainsheim sunst an allen herprachtten gewonlichen und billigen zentrechten gegen allen vorgemeltten dorffern, derselben inwonern unnd sunst gegen meniglichen in alle weg unabhpruchig unnd gantz unschedlich sein: des alles zu warer urkundt haben wir unnser insigel an dissen brieff hencken lassen, der geben ist am montag nach dem sonttag Jubilate nach Cristi unnsers lieben hern gepurt funfftzehen hundert unnd im sibetten jar.

Haben wir also durch die Vergleichung des von Schwarzenberg namentlich unterzeichneten und besiegelten Schriftstückes mit dem Texte der Bambergensis die Überzeugung gewonnen, dass beide schriftlichen Äusserungen denselben Verfasser haben, so kommen als letztes Glied der Beweiskette die übrigen Briefe und Urkunden Schwarzenbergs in Frage, die wir inhaltlich schon früher betrachtet haben.[1]) Gerade aus dem Frühjahr 1507 besitzen wir jene zwei längeren Schreiben an den Bamberger und Würzburger Bischof, die als Zeugen gleichzeitiger Sprache und Orthographie heranzuziehen sind.[2])

So festgefügt und leichtfliessend die Schwarzenbergischen Perioden daherrollen, so wenig einheitlich ist das äussere Gewand, in das er seine privaten und amtlichen Niederschriften kleidet und zu kleiden imstande ist. Da anderwärts über die Wichtigkeit Schwarzenbergs für die Einigung der nhd. Schriftsprache vor

[1]) S. oben S. 53 ff.

[2]) Um ausgedehntes Zitieren zu vermeiden, bemerken wir, dass in den Beispielen die Worte vor dem: Schwarzenbergischen Urkunden und Briefen, hinter dem: der Bambergensis entstammen.

Luther zu handeln ist, mag der Hinweis genügen, dass wir es hier mit einer Art Bambergischer Kanzleisprache zu tun haben, die jedoch die engen Fesseln dialektischer Lautgebung bereits abzustreifen beginnt. Daher ist eine einheitliche Durchführung natürlich noch nicht vorhanden, und gerade diese Schwankungen kehren in allen schriftlichen Äusserungen Schwarzenbergs aus jener Zeit in gleichem Prozentsatze wieder.

Besonders in die Augen fällt das Schwanken bei der Bezeichnung des Umlautes von *u* (*aussfurung: aussfurung, aussfürung*), auch *o* (*ungehort: verhorer, verhörer*), wo sichtlich die unumgelautete Form von Schwarzenberg niedergeschrieben ist, die dann der Setzer, wie damals üblich, verwandelt hat. Neben dieser auch sonst durchgängig vorkommenden Erscheinung steht aber das Auftreten von Doppelformen, die eine spezielle Eigentümlichkeit Schwarzenbergischer Sprache zu sein scheinen (*angesatzt, erkentnus, beheltnus: gesatzt, besetzt, erkantnus u. a. m.*). Ebenso schwanken auch die Konsonanten *b:p* (*unbillig, verbotten, bergen*; *geprechen, misspreuch, pillichkeit: unbillichen, gebürt, bracht*; *pergen, pleyben, geprauchen u. a. m.*). Ähnlich wechseln *sw, schw, sl, schl* u. a.; ähnlich erscheinen vereinzelte *ay, ai* für *ey, ei* (*aygentlich, underschayde*: *ways, beschayden*). Kurz, der ganze Charakter der äusseren Erscheinung ist so ähnlich, wie es im Beginne des 16. Jahrhunderts überhaupt möglich ist. Als einzelne charakteristisch auffallende Formen heben sich *nachvolgetter massen, wartetten belonung, wegerung, betlich ansuchung, leimat, unverleymat* heraus.[1])

Darum ist es gar nicht wunderbar, wenn wir auch die äussere Zurichtung des Druckes mit Bildern und Sprüchlein, wie sie die Bambergensis zeigt, als durchgängige Beigabe Schwarzenbergischer Schriften wiederfinden. Sagt doch schon der Vorredner zu den „Officien"[2]): „*auch darzů etlich figur und reümen, seinem gebrauch nach, gestelt und gemacht.*" Diese Reime geben sich ihrer ganzen Art nach deutlich als Erzeugnisse Schwarzenbergischer Muse[3]), wie schon ganz äusserlich die Gegen-

[1]) Die Briefe sind unten als Beilage II abgedruckt.

[2]) „Teutsch Cicero" 1534, Bl. 20b.

[3]) S. näheres unten in Teil III.

überstellung des Raubritters und des „Taschenrichters"[1]) nahelegt: *„auff landt und wasser raubt man ser!"*, das den Verfasser des Liedleins vom „Mordslaster des Raubens" verrät.[2])

So ist denn Schwarzenberg in Wahrheit der Verfasser der Bambergischen Halsgerichtsordnung; nicht blosser Redaktor, kein mechanischer Zusammenfüger der ihm zugetragenen Notizen, sondern der Schriftsteller, der aus langjähriger Praxis heraus, mitten im Rechtsleben eines grossen Gebietes stehend, ein Werk selbständig schafft und niederschreibt, das weit über Altbambergs Grenzen hinaus gebraucht und gerühmt worden ist. Freundeshilfe hat ihm das fremdsprachliche Material zugänglich gemacht; gesichtet, geprüft, verarbeitet hat er es selbständig und auch die Form der schriftlichen Niedersetzung gehört ihm allein.

Wenn wir also von dem Landesgesetz sprechen, das der Grundstock der ersten Kriminalordnung für das Reich geworden ist, so können wir es getrost nach dem Manne bezeichnen, der es nachweislich geschaffen, als Johann von Schwarzenbergs Bambergensis.

Ist dem aber so, dann haben wir die Berechtigung dazu, alles, was sich aus der Bambergensis an allgemeinen Zügen ergibt, zu einer Charakteristik ihres Verfassers zu verwenden, soweit natürlich nicht die Fragen der Quellenanalyse dem entgegenstehen.[3])

Man hat der Bambergensis mit Unrecht den Vorwurf unmenschlicher Grausamkeit im Strafensystem und Strafvollzug gemacht. Zwar sollen Strenge und Härte durchaus nicht geleugnet werden; doch konnte der damalige Gesetzgeber gar nicht anders verfahren, der mit grösseren Schwierigkeiten zu kämpfen hatte, als man gemeinhin anzunehmen geneigt ist. Die Masse des ab- und zuflutenden Proletariats, des fahrenden Gesindleins, machte die Abschreckungstheorie in Strafe und Vollzug, die sich durch das ganze Gesetzbuch zieht, einfach zur

---

[1]) S. Holzschnitt 21 in der Bambergensis 1902, S. LIX u. S. LXIX.

[2]) „Teutsch Cicero" 1534, Bl. 93 ff.; vgl. auch „Memorial der Tugent" im „Teutschen Cicero" 1534, Bl. 121 b, 135, 138.

[3]) K. Klee, Die Strafrechtstheorie der Carolina und des Carpzov in der Zeitschrift für vergleichende Rechtswissenschaft 15 (1902), S. 220—54, bes. S. 250—52.

Notwendigkeit. Sollten doch gerade dazu auch die Holzschnitte dienen, die dem Originaldrucke von 1507 beigegeben sind und uns grässliche Bilder aus der damaligen Justiz vorführen; freilich darf nicht verschwiegen werden, dass in Wirklichkeit, wie auch die gleichzeitigen Gerichtsbücher zeigen, viel weniger grausame Strafen vollzogen wurden, sondern oftmals Ablösungen und Kompositionen an deren Stelle traten.

Auch die Idee der Gottesstrafe, die ja mit dem Talionsbegriff in Beziehung steht (Bamb. art. 79. 114. 115. 128. 134. 206), lässt auf den ersten Blick die strafende Gewalt mit schonungsloser Härte gegen das verbrecherische Individuum vorgehen. Doch durchziehen die Bambergensis zahlreiche Anweisungen und Bemerkungen, die auf die Relativität des Strafmasses dringend hinweisen und die Anschauung der Person und des konkreten Falles fordern; nur ganz vereinzelt steht bei der Brandstiftung der Feuertod ohne Anweisung arbiträrer Strafe; sonst ist überall teils eine Abstufung der Strafe versucht, teils aber auf den Rat der Rechtverständigen hingewiesen, die in zweifelhaften Fällen eine gerechte Entscheidung zu geben imstande wären. Damit kommen wir zu dem Hauptgrundsatz, der aus jedem Artikel hervorleuchtet, dem der Gerechtigkeit. Ebenso wie Schwarzenberg um eines gerechten Gerichtes willen unfähige Beisitzer entfernt und alle Gerichtsmitglieder auf das ernsteste an die Wichtigkeit ihres Amtes mahnt, so gestattet er es sogar, im Notfalle über die Rechtverständigen, d. h. die gelehrten Bambergischen Räte, hinauszugehen und andere Rechtsgelehrte zu befragen. Aus allen diesen Verordnungen geht der immer in neuer Form ausgedrückte Wunsch hervor, dem Individuum nicht zu nahe zu treten und nur das wirklich Strafbare zu treffen und zu vernichten. Es ist ein wahrhaft peinlich gerechter Sinn, ein Geist der Humanität, den das Gesetz trotz allen harten Strafen atmet, deren es in einer rauhen und bewegten Zeit nicht entraten konnte. So tritt uns denn aus der Bambergensis ein Bild ihres Verfassers entgegen, das uns bereits lieb und vertraut ist: eines Kämpfers für Recht und Gesetz, für Wahrheit und Unterordnung unter den Willen Gottes, eines Streiters für strenge Gerechtigkeit.

Dritter Teil.

Schwarzenberg als Schriftsteller.

Siebenundzwanzigstes Kapitel.

Allgemeine Vorbemerkungen.

Der Vielseitigkeit Schwarzenbergs auf politischem und juristischem Gebiete entspricht auch seine schriftstellerische Tätigkeit. Er ist als Dichter und Übersetzer klassischer Schriften, als Verfasser religiöser Flugblätter seit dem Anfang des 16. Jahrhunderts tätig gewesen, seit der Zeit, wo ihn der Tod seiner Gemahlin Kunigunde von Rieneck auf diese literarische Beschäftigung hinwies, die auf den ersten Blick mit dem ritterlichen Helden, dem Turnierkämpfer, dem stärksten Mann seiner Zeit, in Widerspruch zu stehen scheint. Doch konnten wir bereits aus der grossen Ausbreitung seiner Lektüre für die Zusammenstellung der Bambergensis den Schluss ziehen, dass er sich, freilich autodidaktisch, eine Fülle von Kenntnissen angeeignet hatte, die er dann auch in seinen anderen Schriften verwertete. Wir sehen ihn deutlich vor uns, den Tieftrauernden, der, um seinen Schmerz zu betäuben, sich in allerhand geistige Beschäftigung hineinzufinden sucht, und so eifrig darüber wird, dass er während des Essens das Tischtuch zurückschiebt, um zu schreiben oder zu lesen. Was er alles aufgesammelt und zusammengebracht hat, lässt sich aus der kleinen, erst kürzlich wieder ans Licht gekommenen Schrift „Von der alten Philosophen Seligkeit"[1]) recht deutlich erkennen, in der aus den Schriften antiker Philosophen von Griechen und Römern eine geradezu erstaunliche Fülle von Sentenzen und Sprüchlein über die Unsterblichkeit zusammengestellt sind. Seine Vielseitigkeit zeigen uns auch die den Übersetzungen aus dem Cicero beigegebenen Glossen, die sich durchaus nicht, wie noch später zu behandeln sein wird, etwa nur auf eine Wort- oder Sacherklärung der betreffenden Stelle beschränken, die sich vielmehr in allgemeinen Betrachtungen über das gerade Gebotene ergehen und so einen Blick in die geistige Werkstatt und das weit ausgebreitete Interessengebiet unseres Schwarzenberg erlauben. War die Tätigkeit Schwarzenbergs eine mehr sammelnde als produktive, so kann doch nicht verschwiegen werden, dass wir gerade dadurch imstande sind, ein deutlicheres Bild dieses merkwürdigen Mannes und auch seiner Zeit zu zeichnen. Schwarzenberg lebt und webt in der nach Deutschland aus Italien herüberkommenden Renaissance, nicht freilich der Renaissance, die nur in den Reihen der Gelehrtesten wohnte: er ist vielmehr ein ausserordentlich wichtiges Beispiel dafür, dass auch weitere Kreise an den Früchten teilhaben wollten, die das Wiederaufleben klassischen Altertums und klassischer Literaturwerke in Deutschland gezeitigt hatte. Wir erleben an ihm das merkwürdige Schauspiel, dass ein Mann ohne Kenntnis einer fremden Sprache es nicht nur glühend erstrebt, sich in den Gedankeninhalt der fremden Schriftwerke zu vertiefen, sondern es sogar unternimmt, Übersetzungen aus den Klassikern, nun freilich nicht selbst anzufertigen, wohl aber zu redigieren. Wir haben also hier das oben erwähnte Gegenstück für sein grosses juristisches Hauptwerk. Wie ihm dort durch Freundeshand die Stellen der fremden Rechtsbücher verdeutscht worden sind, so haben ihm auch für seine Übersetzungstätigkeit seine Freunde zur Seite gestanden.

Von Schwarzenbergs reicher literarischer Tätigkeit ist freilich bei seinen Lebzeiten merkwürdig wenig ans Licht getreten. Ausser den reformatorischen Flugschriften der Jahre 1524/5 ist es nur das „Büchlein vom Zutrinken", dessen Veröffentlichung in die Zeit kurz

[1]) „*Fines bonorum et malorum M. T. C. Von der alten Philosophen Seligkeit Paradoxa sechſs*" usw. Strassburg, bei Jacob Cammerlander o. J. (1536); bisher einziges Exemplar der Dresdner Kgl. öff. Bibliothek.

nach dem Reichstag von Köln 1512 fällt und ein Druck seiner Übersetzung von Ciceros Schrift „Cato Maior" (Augsburg, bei Grimm 1522); alles übrige ist uns in zwei grossen Foliobänden des Augsburger Verlegers Heinrich Steiner überliefert, die ein jedenfalls der Familie Schwarzenberg nahestehender Geistlicher (?) pietätvoll herausgegeben und eingeleitet hat. In diesen Vorreden zu den einzelnen Werken, die dann von der grossen Buchdruckereifirma des öfteren aufgelegt wurden, finden wir auch einen zweiten Teil Schwarzenbergischer Schriftarbeit erwähnt, auf dessen Erscheinen hingewiesen wird, der aber in einem entsprechenden Drucke nicht vorliegt. Wie schon oben bemerkt, dürfen wir aber die freilich anonyme Schrift „Von der alten Philosophen Seligkeit" als einen Ergänzungsband ansehen, der freilich in einem anderen Formate und Verlage erschien, dessen Ausstattung, Verse und Holzschnitte aber deutlich den gleichen Verfasser wie der „Teutsch Cicero", die „Officien" und die „Bambergensis" verraten. So ist nicht daran zu zweifeln, dass wir in der Tat nunmehr sämtliche hinterlassenen Werke unseres Schwarzenberg besitzen, soweit sie überhaupt zum Druck gekommen sind; eine Handschrift hat sich allerdings nur von einem einzigen erhalten, alles andere scheint bei einer Erbteilung nach Bayern gekommen zu sein und ist dort verschollen, gerade so wie bei der gleichen Gelegenheit auch die Bibliothek unseres Schriftstellers zerstückelt sein mag, deren Kenntnis bei ihm gewiss von allergrösstem Interesse gewesen wäre. Schreibt doch sein Vetter, der Freiherr Georg Ludwig von Seinsheim der Ältere aus Seehaus in Franken am 27. Februar 1590 an den Grafen Otto Heinrich zu Schwarzenberg, bayerischen Landhofmeister in München, den Erben der Grafschaft Schwarzenberg: „*die noch vorhandenen bücher uff Schwarzenberg belangent, wirdt der herr vetter aus der vertzaichnus befinden, was es für ein herrliche liberey sei.*" Später liess sich der streng katholische Graf Otto Heinrich zu Schwarzenberg bewegen, diese Bibliothek, die gewiss auch die Bücher des Freiherrn Johann enthielt, dem der Lehre Luthers ergebenen Freiherrn Georg Ludwig von Seinsheim dem Älteren nach Seehaus auszufolgen. Dieses Schloss gelangte nach wiederholten Plünderungen im Dreissigjährigen Kriege 1655 in den Besitz der Schwarzenberge, denen es heute noch gehört. Die Seinsheime zogen sich nach Sünching in Bayern zurück. Weder hier noch dort ist von einer alten Bücherei irgend eine Spur vorhanden. Nachfragen in Augsburg nach Manuskripten aus der ehemaligen Druckerei des Heinrich Steiner waren ebenfalls vergeblich.[1]) Die einzig erhaltene Handschrift ist die erste Bearbeitung des sogenannten „Kummertrost". Es ist der „Trostspruch umb abgestorbene freunde",[2]) den Schwarzenberg kurz nach dem Tode seiner Frau 1502 verfasst und später ebenso wie sein „Büchlein vom Zutrinken" geändert und metrisch gefeilt hat. Auch dieses Manuskript hat er dann nicht selbst zum Druck besorgt; es ist zum erstenmal in der ersten Ausgabe des „Teutschen Cicero" 1534 abgedruckt worden.

Achtundzwanzigstes Kapitel.

Schwarzenbergs Stellung innerhalb der Entwicklung der neuhochdeutschen Schriftsprache.

Die Entwicklung unserer neuhochdeutschen Schriftsprache und das Problem der Herausbildung einer gemeinen Sprache im Reich aus den einzelnen Dialekten und Kanzleisprachen hat seit Müllenhoffs Hinweis auf die Einheitsbestrebungen der kaiserlichen Kanzlei Karls IV. verschiedene Wandlungen erfahren. Es sind mehr als 25 Jahre her, seit Heinrich Rückert mit seinem für die damalige Zeit vortrefflichen Buche hervortrat, das den stolzen Namen einer Geschichte der neuhochdeutschen Schriftsprache[3]) führte. Trotzdem müssen wir heute bekennen,

[1]) Mitteilung des fürstl. Schwarzenbergischen Archivdirektors A. Mörath in Krumau.

[2]) Handschrift früher im fürstl. Schwarzenbergischen Archiv zu Wittingau, jetzt im fürstl. Schwarzenbergischen Zentralarchiv zu Krumau.

[3]) H. Rückert, Geschichte der neuhochdeutschen Schriftsprache, 2 Bde. (Leipzig 1875); über die hierher gehörigen Fragen und ihre Literatur orientiert in einem kurzen Überblick W. Scheel in den Ergebnissen und Fortschritten der germanistischen Wissenschaft (1902),

dass wir von einer Erfüllung des durch diesen Titel gegebenen Versprechens noch recht weit entfernt sind. Der Grund liegt meines Erachtens in der allzu grossen Hervorhebung der Gestalt Luthers, wie sie in den Arbeiten älterer Forscher und auch neuerdings wieder hervorzutreten scheint. Die Konzentrierung des Problems auf die eine gewaltige Persönlichkeit wird dem grossen ausgedehnten Vorgange auf schriftsprachlichem Gebiete, dessen Bedeutung und Interesse Edward Schröder nicht mit Unrecht der Herausbildung des Germanischen aus der Ursprache zur Seite stellt, in keiner Weise gerecht. Ich möchte auch an dieser Stelle auf das nachdrücklichste davor warnen, den Streitfall etwa so zu formulieren, als ob nur eine Teilung „hie Luther", „hie nicht Luther" möglich wäre; es ist gewiss richtig, dass die sprachgewaltige Persönlichkeit des Reformators mit dem neuschaffenden Ausdruck für die verschiedenartigsten Gegenstände und Vorgänge kein ebenbürtiges Vorbild etwa in der sächsischen Kanzleisprache oder überhaupt in einer Kanzleisprache finden konnte. Doch ist nicht zu verkennen, dass besonders in neueren Forschungen der Ausdruck „Kanzleisprache" mit einem fast beleidigenden modernen Nebensinne des Trockenen und Aktendeutschen gebraucht wird. Es sind dies alles meiner Ansicht nach unfruchtbare theoretische Erörterungen. Die Kanzleisprachen sind noch viel zu wenig durchforscht, die Archive mit ihrem gewaltigen, Säle füllenden Material noch viel zu wenig benutzt, als dass hier mit Wortgefechten geholfen wäre. Seit Burdachs bahnbrechenden Forschungen in seiner Habilitationsschrift[1]) und dem Vortrage über die Sprache des jungen Goethe[2]) haben wenigstens einige Kanzleisprachen Bearbeitung gefunden, wie z. B. Luzern, Basel, Köln, Stettin, Augsburg, und man hat dabei die Wege kennen und würdigen gelernt, die aus den Aktenstuben der Kanzleien in das lebendige Leben des diplomatischen, städtischen und fürstlichen Verkehrs hinaus-

---

S. 45—60. Vgl. im allgemeinen R. v. Bahder, Grundlagen des neuhochdeutschen Lautsystems (1890), S. 12 ff. und A. Socin, Schriftsprache und Dialekte (1888), S. 191 ff.

[1]) K. Burdach, Die Einigung der neuhochdeutschen Schriftsprache (1884).

[2]) Derselbe, Die Sprache des jungen Goethe (Verhandlungen der Dessauer Philologenversammlung 1884).

führen. Man ist von den Schriften und ihrer verschiedenen Herkunft den einzelnen Schreibern nachgegangen und hat in ihrer Bildung und Ausbildung[1]) die tausendfachen Fäden gefunden, die sich schliesslich zu einem Gewebe neuhochdeutscher Sprache verdichten, und erst ganz neuerdings hat man auf Anregung der Königlich preussischen Akademie der Wissenschaften den Plan einer Inventarisierung wenigstens sämtlicher literarischen Handschriften der Archive des Deutschen Reiches und der Nachbarländer ins Auge gefasst,[2]) nach dessen Ausführung vielleicht einmal daran gedacht werden kann, unter Zuhilfenahme des rein archivalischen Materials eine „Geschichte der neuhochdeutschen Schriftsprache“ zu schreiben.

Es kann hier nicht unsere Aufgabe sein, genauer auf die mannigfachen Phasen dieser Entwicklung einzugehen; nur soviel sei bemerkt, dass sich, abgesehen von gegenteiligen Bestrebungen, die ja bekanntlich bis ins 18. Jahrhundert reichen, auf dem heimatlichen Grunde der Kanzlei und ihrer Erzeugnisse eine Art lokaler Schriftstellerei erhebt, die sich zuerst kongruent der lokalen Kanzleisprache entwickelt, dann aber, wie diese, von anderen Seiten her beeinflusst und durch den Buchdruck zu allgemeinerer Kenntnis gebracht wird. Dabei können wir nicht verkennen, dass sich auch an anderen Stellen als in Sachsen Erscheinungen mit und auch zum Teil schon vor Luther zeigen, deren Verfasser ebenfalls redlich daran arbeiten und bewusst die Absicht haben, wenigstens eine Art Schriftsprache zu schreiben. Das sind erstlich die seit dem Erscheinen des Buchdrucks immer wichtiger werdenden Reichstagsabschiede in ihren Wormser und Mainzer Drucken, die sich mit ihrer mehr oder minder abgeschlossenen Lautgebung dem Ideal einer gemeinen Schriftsprache wenigstens annähern. Daneben stehen einzelne wichtige Persönlichkeiten besonders süddeutscher Hofbeamten, auf die Edward

---

[1]) K. Burdach, Vom Mittelalter zur Reformation I (1893); dazu vgl. Burdachs Bericht über Forschungen zum Ursprung der neuhochdeutschen Schriftsprache und des deutschen Humanismus in den Abhandlungen der Kgl. preuss. Akademie der Wissenschaften, Sitzungsberichte St. XXIX, S. 631 ff.

[2]) Sitzungsberichte 1904 VI, S. 241—243; dazu K. Burdach. Zentralblatt für Bibliothekswesen 21 (1904), S. 183—187.

Schröder[1]) aufmerksam gemacht hat, die, jeder für ihre Landschaft von Wichtigkeit, dann jedoch auch über die Grenzen ihrer engeren Heimat hinaus bedeutenden Einfluss zeigen, in Bayern Dietrich von Pleningen[2]) und Aventinus-Turmayr und in Franken eben unser Schwarzenberg.

Ich möchte mich energisch dagegen verwahren, etwa in Schwarzenberg einen süddeutschen Luther auf sprachlichem Gebiete zu sehen; er verkörpert uns jedoch den berufensten Vertreter und Kenner einer der wichtigsten Quellen des neueren Deutsch, den selbsttätigen Schriftsteller der Rechtssprache. Dazu kommt noch ein anderer Grund, der uns gerade Schwarzenberg zu einer beachtenswerten Erscheinung auf sprachlichem Gebiete machen kann. Man hat von jeher in dem heutigen Oberfranken und seinen Grenzen, also zwischen Bamberg und Nürnberg, ein wichtiges Ausgangsgebiet für die Spracheinigung gesucht: ich erinnere nur an Raumers Hypothese von den Nürnberger Polizeiordnungen;[3]) davon wird nun freilich heutzutage nicht viel bleiben. Richtig ist so viel, dass wir hier in Franken, beeinflusst durch einen hervorragenden Publizisten, auf Grund der bei den Höfen üblichen Sprache ein „fränkisches Hofdeutsch" erblühen sehen, das in seiner Entwicklung der Lutherischen Schriftsprache nicht entgegenwirkt, sondern sich ihr parallel entwickelt und am Ausbau des „gemeinen Deutschen" mitarbeitet. Schwarzenberg hat tatsächlich einer Art süddeutscher Reichssprache die Wege geebnet, als er im Jahre 1507 seine Bambergische Halsgerichtsordnung erscheinen liess. Er schafft durchaus nicht bewusst in Orthographie und Syntax etwas Neues. Wie auf juristischem Gebiete, so steht er auch auf sprachlichem ursprünglich vollständig auf dem Boden der Praxis des Bambergischen Gerichts. Die früher erwähnten ausserordentlich zahlreichen Akten und Gerichtsbücher, überhaupt die schriftlichen Äusserungen des Hofgerichts Bamberg zeigen uns durchaus keine verwilderte Orthographie und Schreibart, sondern wir können zu

[1]) Göttingische gelehrte Anzeigen 1888 (7), S. 249, bes. 265.

[2]) Wilh. Vilmar, Dietrich von Pleningen, ein Übersetzer aus dem Heidelberger Humanistenkreis (1896).

[3]) Ges. sprachwissenschaftl. Schriften S. 189—204; Socin, Schriftsprache und Dialekte (1888), S. 155.

unserem Erstaunen eine gewisse Weiterbildung deutlich wahrnehmen, die, ebenso wie in Augsburg,[1]) gewiss auch hier mit den hohen Persönlichkeiten des massgebenden Gerichts zusammenhängt. Erinnern wir uns an die zahlreichen bedeutungsvollen Persönlichkeiten im Dienste des Bamberger Bischofs, so können wir nicht zweifeln, dass auch hier jener geheimnisvolle Zusammenhang von Bildung und Sprache stattgefunden hat, den wir anderwärts bemerken und den aufzudecken eines der Hauptprobleme der Erforschung neuhochdeutscher Schriftsprache sein wird.

Die Sprache der Schwarzbergischen Werke ist im ganzen gleichmässig. Das ist umsomehr zu betonen, als besonders in den Übersetzungen doch Männer wie Pirckheimer, Beheim und Ulrich von Hutten eine gewisse massgebende Bedeutung für die schriftliche Niedersetzung gehabt haben müssen. Trotzdem hat es Schwarzenberg verstanden, einen nivellierenden Einfluss auszuüben. So erscheint denn besonders die Sprache der Bambergensis wie aus einem Gusse. Die Rechtschreibung des Originaldruckes stellt sich als eine gewisse Milderung der in Bamberg und bei Schwarzenberg sonst üblichen Konsonantenverdoppelung des *n* und vorzüglich des *l* und *t* dar. Mit der syntaktischen Form seines Gesetzbuches hat Schwarzenberg ein Meisterstück geschaffen; wurde er doch durch den juristischen Inhalt gerade dazu gedrängt, scharf und klar zu schreiben, und so müssen wir die meist einfachen Formen der Sätze, ihre scharfe logische Gliederung als die günstigste Vorbedingung für den Erfolg dieses Gesetzbuches hervorheben, das sofort nach seinem Erscheinen einen merkwürdigen Siegeslauf antritt und durch die gerade für ausserbambergische Gerichte veranstalteten Mainzer Nachdrucke weite Verbreitung über die engeren Grenzen des Bamberger Bistums gefunden hat, das dann im Jahre 1516 bei Jobst Gutknecht in Nürnberg mit ganz geringen Änderungen der Titulaturen als „Brandenburgische Halsgerichtsordnung" nachgedruckt und in dieser Gestalt in alten und neuen Brandenburgischen Landen gebraucht worden ist. Die scharf geordneten,

[1]) Fr. Scholz, Geschichte der neuhochdeutschen Schriftsprache in Augsburg (1897), S. 38—58.

einzelne Fälle enthaltenden Vordersätze, die sich schliesslich zu der Strafbestimmung des Nachsatzes zusammenschliessen, werden nun freilich einige Male durch dazwischengestellte Erörterungen, besonders durch juristische Definitionen, gestört; doch finden wir im allgemeinen eine klare, verständliche Sprache, die sich von der ungewandten Art der aus den fremden Quellen übersetzenden Rechtsaufzeichnungen, besonders von dem Stil der berühmten „Wormser Reformation“ von 1495 erheblich unterscheidet.

Die Originalausgabe von 1507 wird bereits in den nächsten Jahren vielfach nachgedruckt. Es ist der oft allzu rührige Drucker Johannes Schöffer in Mainz, der allein im Jahre 1508 mindestens acht verschiedene Ausgaben der Bambergensis herstellte und in den Handel brachte.[1]) Er war es auch, der in einigen dieser Abdrücke den einfachen Schwarzenbergischen Titel durch eine lange reklamehafte Überschrift ersetzte, die das Gesetzbuch auch für ausserhalb Bambergs liegende Gemeinden empfahl. Er muss mit diesen Ausgaben einen guten Absatz erzielt haben, denn bereits 1510 erfolgte ein weiterer Abdruck. Die Orthographie dieser Schöfferschen Drucke, die ohne irgendeinen Auftrag seitens des Bischofs von Bamberg von dem als Büchermarder bekannten Verleger veranstaltet wurde, gleicht die Unebenheiten des Originals ganz nach Art der übrigen Schöfferschen Druckerzeugnisse aus; besonders ähnlich sind die Drucke der Reichstagsabschiede: die gleichmässige Durchführung des Umlauts, das allmähliche Verschwinden der für Schwarzenberg so charakteristischen Doppelformen[2]) führen immer mehr in die Bahnen einer „gemeinen Sprache“, und Schöffer scheint für seine Person überhaupt bereits antizipierend, vor allen Kommissions- und Reichstagsverhandlungen, nur aus seinem Verlegerinteresse heraus, die Bambergensis als eine für das ganze Reich mögliche Ordnung angesehen zu haben. Er schmückt in der Ausgabe 1508 B die Rückseite des Titels mit einem Holzschnitte, der dann in weiterem Verlaufe in der „Carolina“, der Reichskriminalordnung von 1533 wiederkehrt: der Verfasser des Gesetzbuches überreicht

---

[1]) Vgl. hierzu die Einleitung zur Bambergensisausgabe von Kohler und Scheel (1902), S. X ff.

[2]) Vgl. oben S. 275.

in feierlicher Versammlung der Kurfürsten dem Kaiser sein Werk.[1]) Die späteren Auflagen der Bambergensis von 1531, 1536, 1538, 1543 verallgemeinern den Charakter der Schwarzenbergischen Sprache dann immer mehr und gehen zeitlich neben den ersten Drucken der Carolina her, bis endlich 1580 für Bamberg unter dem Bischof Johann Georg eine zweite Redaktion erscheint, die noch 1738 neu gedruckt wird. So tritt also ohne ihr Wollen die Bambergische Halsgerichtsordnung in die Reihe der Publikationen des Schöfferschen Verlages ein, und wenn sie in der Schwarzenbergischen Orthographie ihre Wirkung auf Bamberg und seine Umgebung gehabt hat, hat ihr syntaktisch stets unangetasteter Text in Schöfferscher Form seinen Weg über Bambergs Grenzen hinaus genommen.

Aus der Bambergensis entstand sodann, wie bekannt, über die Entwürfe von Worms 1521, Nürnberg 1523, Speier 1529, Augsburg 1530, Regensburg 1532 die Peinliche Gerichtsordnung Karls V., die sogenannte „Carolina“, die in vielen Punkten selbstverständlich inhaltlich geändert, doch im Grundstock vollkommen wiederum auf dem Schwarzenbergischen Text beruht, so dass zahlreiche Artikel ($^3/_5$) Wort für Wort einfach übernommen wurden. Auch die Carolina erschien in Schöffers Verlag und zwar zur Zeit von Ivo Schöffer im Hornung 1533, August 1533, Brachmond 1534, Brachmond 1535, Mai 1537, Oktober 1538, Januar 1542, Juli 1543, März 1545, Januar 1548, ohne Datum 1555. Doch damit nicht genug. Das Gesetzbuch erschien noch während des 16. Jahrhunderts bei anderen Verlegern in 25 verschiedenen Auflagen, im 17. in mehr als zehn und noch während des 18. in vieren, wobei die damals bereits beginnenden Nachdrucke zu wissenschaftlichen Zwecken nicht mitgerechnet sind.

Diese füllhornartig ausstrahlende Masse von Drucken bildet mit den Reichstagsabschieden und sonstigen Erlassen öffentlicher Natur eine Gruppe, die man allerdings als süddeutsche Reichssprache im 16. Jahrhundert zusammenfassen darf, und die nicht nur inhaltlich, sondern auch durch ihre Form imstande war, bei einer derartig grossen Verbreitung und Popularität einen weit-

[1]) Vgl. die Einleitung zur Ausgabe der Carolina von Kohler und Scheel (1900), S. XXXIX ff.

gehenden Einfluss zu üben. Die Schwarzenbergische Syntax bildet also einen nicht zu unterschätzenden Faktor in der deutschen Rechtssprache bis in das 18. Jahrhundert hinein, wo die Carolina durch die neuen Landesgesetzkodifikationen abgelöst wurde.

Neunundzwanzigstes Kapitel.

Schwarzenbergs Übersetzertätigkeit.[1])

„Wie die reformatorische Theologie zur Übersetzung der Bibel schreiten musste, so hatte der Humanismus die natürliche Tendenz, seine Bibel, die antiken Klassiker, immer weiteren Kreisen zugänglich zu machen." Mit diesen Worten drückt Scherer die Bestrebungen einer Hälfte der Humanisten aus, die in der Beschäftigung mit dem Original nicht das Endziel ihrer Arbeit sahen, sondern vielmehr danach strebten, die aus den Alten gewonnenen und zu gewinnenden Kenntnisse einer grösseren Masse der Gebildeten und Interessierten zuzuführen. Es ist dies in der Zeit des beginnenden 16. Jahrhunderts die Fortsetzung der Bemühungen einer älteren Übersetzergruppe, zu der wir Albrecht von Eyb mit Steinhöwel, Niklas von Wyle, Antonius von Pforr, Pleningen und Wimpfeling zusammenschliessen. Immer deutlicher tritt besonders bei Eyb[2]) das Streben hervor,

---

[1]) Für dies Kapitel lag mir die Staatsexamenarbeit des Herrn Rudolf Ideler (damals in Halle a. S., jetzt in Erfurt) vor, die sich mit der Übersetzungsmethode Schwarzenbergs im „Cato maior" (1522) beschäftigt. Ich spreche Herrn Ideler für die liebenswürdige Bereitwilligkeit, mit der er mir seine Arbeit zugänglich gemacht hat, auch hier herzlichen Dank aus und hoffe, dass er sich entschliessen wird, die sauberen Stoffsammlungen für eine Einzelübersetzung weiter zu komplettieren und zu veröffentlichen. Daraus entnommene Notizen sind mit seinem Namen bezeichnet.

[2]) Über Albrecht von Eyb vgl. die grundlegende, ausführliche Monographie von Max Herrmann (Berlin 1893), besonders S. 285 ff.

Übersetzungen wirklich wertvoller Werke der Antike zu bieten und die Erzeugnisse der Renaissance dagegen in den Hintergrund treten zu lassen. Die Komödien des Plautus und Terenz brachten in ihrer Art gewiss für das damalige Publikum viel des Spannenden, die Geschichtsschreiber, besonders Livius, Josephus, Thukydides, Plutarch, Xenophon u. a. enthielten manch wertvolles Material zur Vergleichung mit zeitgenössischen Verhältnissen: der ganzen Zeitrichtung mit ihrem Zuge ins dogmatisch-didaktische entsprach entschieden auch der Versuch Schwarzenbergs, die dahin gehörigen Schriften Ciceros in deutschem Gewande erscheinen zu lassen.[1])

In Franken war das Interesse für das klassische Altertum durch Gregor Heimburg[2]) erregt worden, und bald wetteiferten kleine humanistische Zentren um den Vorrang bei der Einführung der neuen Ideen. Die Anregung für eine derartige Tätigkeit und überhaupt für eine Beschäftigung Schwarzenbergs mit dem klassischen Altertum ist nicht allein in seinem allgemeinen literarischen Wirkungskreise zu suchen: hier müssen ganz besondere Umstände zusammengewirkt haben.

Der Beginn von Schwarzenbergs Beschäftigung auf diesem Gebiete fällt etwa in das Jahr 1517. Eine Reihe bedeutender Männer, die sich mit dem Humanismus befreundet hatten, weilten damals in Bambergs Mauern[3]) und konnten durch enge Beziehungen und freundschaftlichen Verkehr unsern Schwarzenberg nicht nur auf neu zu hebende Schätze aus klassischer Zeit hinweisen, sondern ihm gewiss auch die nötigen Bücher selbst verschaffen; ich nenne hier neben dem Domherrn Jakob Fuchs, dem man, und nicht mit Unrecht, Teilnahme an den Briefen der Dunkelmänner zuschreibt[4]), den Bamberger Stiftsherrn Lorenz Beheim, den Vikar Conrad Zärtlin, die dauernd gerade in jener Zeit in

[1]) Vgl. im allgemeinen die grundlegenden Werke von J. F. Degen, Literatur der deutschen Übersetzungen der Römer (1794—99) und Literatur der deutschen Übersetzungen der Griechen (1797—98); Nachtrag 1801.

[2]) S. die Monographie über Gregor Heimburg von P. Joachimsohn (Bamberg 1891).

[3]) S. oben S. 27.

[4]) So auch neuerdings W. Brecht, Die Verfasser der epistolae obscurorum virorum (Quellen und Forschungen zur Sprach- und Kulturgeschichte der germ. Völker, 93. Heft) 1904.

Bamberg lebten. Dazu kommen aber namhafte Männer, deren vorübergehender Aufenthalt am bischöflichen Hofe sogar schon einen bedeutsamen Einfluss auszuüben vermochte: Ulrich von Hutten und Johann Jäger von Dornheim, oder wie er mit seinem gelehrten Namen heisst, Crotus Rubeanus.

Wie bei der Betrachtung des Einflusses, den Hutten auf Schwarzenbergs dichterische Tätigkeit gehabt haben soll, entsteht auch hier die Frage, ob wir in dem aus Italien zurückkehrenden Hutten, der wie ein glänzendes Meteor an Bambergs Himmel aufsteigt und wieder verschwindet, den Anreger für Schwarzenbergs populäre Schriften zu sehen haben. Die Antwort lautet auch hier verneinend; jener Bamberger Humanistenkreis, zu dem dann auch Schwarzenbergs Beziehungen zu Nürnberger Gelehrten, besonders Wilibald Pirckheimer[1]), hinzukommen, hat sicherlich bereits vor 1517 unsern Autor beeinflusst; ist doch bereits in diesem Jahre der älteste Text der Offizienübersetzung dem Kaplan Neuber in Arbeit gegeben. Jede Beeinflussung von seiten Huttens abzuleugnen, wäre gleichwohl übereilt; waren doch die beiden Männer trotz ihres Altersunterschiedes sich in ihrem politischen und literarischen Streben nicht unähnlich, und man kann sich wohl denken, dass der mit frischer Begeisterung aus dem Lande der Renaissance nach Norden eilende Hutten den reiferen Freund bestärkt hat, auf dem begonnenen Wege weiter zu schreiten. Der Einfluss Huttens in Bamberg war freilich nicht von langer Dauer. Wir treffen ihn jedoch drei Jahre später noch einmal dort, als er 1520 mit Crotus Rubeanus zusammentraf und von diesem zum tatkräftigen

[1]) Vgl. über ihn R. Hagen, Wilibald Pirckheimer in seinem Verhältnis zum Humanismus und zur Reformation (Mitteilungen des Vereins für Geschichte der Stadt Nürnberg 4) 1882. — Bekanntlich hat er unserm Schwarzenberg die Übersetzung einer Plutarchischen Schrift gewidmet und sich in der Dedikationsepistel über die Grundsätze deutscher Bearbeitungen ausgesprochen (Herrmann, S. 54). Sie ist abgedruckt im „Theatrum virtutis et honoris oder Tugendbüchlein“, hrsg. von Hans im Hoff 1606, S. 112—113 (Hinweis von Ideler). Die dort gegebenen Andeutungen sind jedoch zu unklar und zeitlich zu wenig feststehend, als dass man darin die deutliche Anregung für unsern Autor zum sinngemässen Übersetzen gerade durch Pirckheimer finden könnte, zu dessen Freunden Schwarzenberg gezählt wird (Theatrum S. 79).

Eintreten für die Lehre Luthers aufgerufen wurde. Dass hier auch Schwarzenberg nicht fern gewesen ist, lässt sich aus seiner ganzen Geistesrichtung wohl vermuten.

Reformatorische und humanistische Bestrebungen vereint finden wir in einem gleichaltrigen Freunde Schwarzenbergs, dem Humanisten Bernhard Adelmann von Adelmannsfelden, dessen bekannter Streit mit Eck sich am Silvesterabend 1519 in Schwarzenbergs Hause vollzog.[1])

In den Übersetzungen Schwarzenbergs erblicken wir mehr als in anderen Werken sein eigentliches Steckenpferd, die Lieblingsbeschäftigung seiner Mussestunden. Hier sehen wir in Wort und Bild die moralischen Mahnungen und Warnungen in prosaischer Form vereint, die wir in ähnlicher Weise poetisch im sogen. „Memorial der Tugend" mit seinem überallher zusammengelesenen Inhalt wiederfinden. Und gerade die philosophischen Ciceroschriften mögen der Ausgangspunkt für die ernste Selbsteinkehr und Selbstbetrachtung gewesen sein, die Schwarzenberg allen Mitbrüdern in Christo in seinem „Trostspruch umb abgestorbene freunde" empfiehlt. Sie will er durch seine Veröffentlichung populär machen.

Trotzdem wir bei den Übersetzungen Schwarzenbergs aus Ciceros Schriften und aus der Lebensbeschreibung des L. Aretinus verschiedene Durchsichten des uns vorliegenden Textes anzunehmen haben und Sprache und Stil nicht ohne weiteres Schwarzenberg allein zuschreiben dürfen, so geben doch die uns im „Teutschen Cicero" überlieferten Stücke ein verhältnismässig deutliches Bild von dem, was Schwarzenberg auf sprachlichem Gebiete gewollt und erstrebt hat. Neben seinen bereits erwähnten Helfern[2])

---

[1]) F. X. Thurnhofer, Bernhard Adelmann von Adelmannsfelden, Humanist und Luthers Freund (1457—1523): Erläuterungen und Ergänzungen zu Janssens Geschichte des deutschen Volkes, hrsg. v. L. Pastor II 1, S. 66—68.

[2]) Die Angaben über die Freunde und Helfer Schwarzenbergs entstammen neben den oft zitierten Vorreden zu seinen Schriften aus der „Dissertatio de Jo. Schwarzenbergico" (1726) von J. Christ und aus Strobels „Merkwürdigen Briefen" (1775), S. 28. Vgl. auch Herrmann, S. 50 f. — Sie mögen ihrer Wichtigkeit halber hier nochmals Platz finden:

Beheim an Pirckheimer 1517 (3/9.): *„Dictator noster vult, ut revideam suum Tullium „von den emptern". Non quidem ut concinnem*

Lorenz Beheim und Ulrich von Hutten wird noch ein gewisser Kerper erwähnt, der aber geringere Wichtigkeit zu haben scheint. Die eigentlichen Übersetzer sind die Kapläne Neuber und Wassermann. Die Genannten, besonders Ulrich von Hutten, unterscheiden sich jedoch einerseits hinsichtlich ihrer Tätigkeit von dem Kaplan Neuber, andrerseits aber auch von einander in dem Anteil, den sie an den einzelnen Schriften gehabt haben: Huttens Anteil am „Cato maior" ist z. B. nicht so gross als Beheims an den „Officien".[1]) Wir müssen uns den Gang so vorstellen, dass Neuber einen ursprünglichen Übersetzungstext herstellte, diesen Schwarzenberg vorlegte, der nun seinerseits wieder die genannten Freunde um eine Durchsicht anging.

Die älteste Übersetzung scheint die der Officien von Neuber gewesen zu sein, die bereits 1517 in Arbeit war, jedoch erst im Jahre 1520 in Druck gegeben wurde; freilich hatte sie merkwürdige Schicksale. Der Drucker, wir wissen nicht wer, hielt sein Wort nicht und starb über dem Druck, so dass das Manuskript ungefähr zehn Jahre lang liegen blieb und erst im Jahre 1531 bei Heinrich Steiner in Augsburg erschien.[2]) Die Revision besorgten neben Schwarzenberg Beheim und Kerper. In demselben Jahre 1517 liess Schwarzenberg durch Georg Wassermann, den Kaplan des Bischofs Georg III., Schenk von Limburg, zu Bamberg das Leben Ciceros von Leonardus Aretinus verdeutschen; das Werk erschien, soweit wir sehen können, zum

---

verba, quia hoc suum est, sed respiciam an sit sententia reddita sententiae, et an historiae quadrent. Et quamvis me dixi ad hoc munus ineptum, tamen adiunxit mihi quendam Michaelem Kerper, quem nosti forte. Sed hactenus nihil feci, nescio, si facturus sim, quia aliis praepeditus sum negotiis melioris lucri. Sed tecum de hoc, ne rescisat ipse."

Heumann, Docum. litt. S. 258: *„Cepi quandam duram provinciam revidendi translationem Ciceronis officiorum de todesco in todescum, i. e. de malo in peius, quia video errorem parere errorem. Nam utrobique aliquando non sequuntur non modo textum, sed ne sensum quidem textus. Et sic quasi tertiam facio todescam."*

Beiträge zu einer allgemeinen Charakteristik der Übersetzungen bringt Degen 1, S. 89ff., 3, S. 56ff.

[1]) Ideler gegen Szamatólski, Ulrich v. Hutten S. 65.

[2]) „Officia" 1531, Bl. 2*. — Eine frühere Übersetzung erschien bei Hans Schobser in Augsburg 1488; s. Degen 1, S. 69f.

ersten Male im „Teutschen Cicero" 1534.[1]) Ob die „Officien" oder das Leben Ciceros zuerst in Arbeit gegeben sind, lässt sich nicht entscheiden; die enge und nachhaltige Verbindung mit Neuber spricht für obige Reihenfolge.[2])

Darauf folgte 1520 die Übersetzung des ersten Buches von Ciceros „Tuskulanen", die wiederum Hans Neuber übernommen hatte. In der Vorrede des Herausgebers[3]) finden wir im Anschluss hieran die interessante Notiz, dass auch das zweite und fünfte Buch von Schwarzenberg vorgelegen hätte, jedoch noch zurückgestellt worden sei, weil das Manuskript in der Eile nicht hätte korrekt zum Druck abgeschrieben werden können, was bei der unglaublich schwierigen Handschrift Schwarzenbergs ausserordentlich nötig gewesen sein mag. Das dritte und vierte Buch wird schon von dem Herausgeber als verloren betrachtet, die beiden anderen eben erwähnten sollten einer späteren Publikation vorbehalten bleiben, die freilich als solche nicht erschienen ist. Ein Extrakt daraus mag das früher erwähnte Schriftchen über der alten Philosophen Seligkeit gewesen sein.[4]) Das erste Buch erschien zuerst im „Teutschen Cicero" von 1534 im Druck.

Weit früher als „Officien" und „Tuskulanen" erschien auf dem Büchermarkt Ciceros „Cato Maior" in der Reihe der Ciceronischen Schriften; es folgte das Buch „Von der Freundschaft" „De amicitia". Beide hatte wiederum Hans Neuber übersetzt,[5]) das Buch „Vom Alter" Ulrich von Hutten korrigiert und verbessert. Ob die Revision dieser Übersetzung bereits bis 1517 herunterzurücken ist,[6]) erscheint fraglich; viel wahrscheinlicher wäre, dass die damals geschlossene Freundschaft eine spätere Durchsicht Huttens ermöglicht hat. — Der „Cato maior" erschien 1522 bei S. Grimm in Augsburg[7]) und sodann

---

[1]) „Teutsch Cicero" 1534, Bl. 1 a.

[2]) Anders E. Schröder in den Göttinger gelehrten Anzeigen 1888, S. 266f., der den Aretinus, jedenfalls der Reihenfolge im „Teutschen Cicero" folgend, an den Anfang versetzt.

[3]) „Teutsch Cicero" 1534, Bl. 40b.

[4]) S. oben S. 279.

[5]) „Teutsch Cicero" 1534, Bl. 20ff., 74b.

[6]) Szamatólski, S. 64.

[7]) H. Röttinger, Hans Weiditz, S. 87, No. 44 und unten im Verzeichnis der Drucke.

mit ganz geringen Änderungen im „Teutschen Cicero“ 1534. In dem gleichen Jahre erschien, wie gesagt, Ciceros Buch „Von der Freundschaft“, von dem wir nur den Abdruck im „Teutschen Cicero“ besitzen.

Schwarzenbergs Tätigkeit steht in ihrem Werte auf derselben Stufe wie die Übersetzungen des Dietrich von Pleningen, an den er sich ja auch zeitlich ungefähr anschliesst.[1]) Freilich müssen wir im Gegensatz zu den humanistisch gebildeten Übersetzern, z. B. des Heidelberger Kreises immer wieder stark betonen, dass unser Schwarzenberg nach seinem eigenen Bekenntnis des Lateinischen nicht kundig war, dass wir in den Verdeutschungen eingestandenermassen die Arbeiten anderer zu erblicken haben, die dann von ihm nach der stilistischen Seite hin durchgesehen und danach wiederum gelehrten Freunden und Bekannten zur Durchsicht eingereicht worden sind, die, wie wir wissen, diese Nacharbeit oftmals nur schweren Herzens vollführten; entfernte sich doch schliesslich der endgültige Text weit von der lateinischen Vorlage, ja es bildete sich an zahlreichen Stellen ein Abgrund, den selbstverständlich auch eine Schlussredaktion nicht zu überbrücken vermochte. Waren diese Schwierigkeiten bereits den Helfern Schwarzenbergs keineswegs verborgen, so stehen wir vor einer noch viel schwierigeren Aufgabe, wenn wir es unternehmen wollten, aus dem vorliegenden Texte die Originalarbeit Schwarzenbergs herauszuschälen; dies ist schlechterdings unmöglich; unmöglich schon aus dem Grunde, weil für eine derartige Untersuchung der Vergleichungspunkt fehlt: ist doch die Bambergische Halsgerichtsordnung, die etwa herangezogen werden müsste, auf ganz ähnliche Weise wie die Übersetzungen zustande gekommen, und wie es dort vergebliche Mühe wäre, etwa die Sprache Schwarzenbergs und Rotenhans zu scheiden, so müssen wir es von vornherein als müssig abweisen, die Einzelstellen herauszufinden, die aus Huttens, Beheims oder vielleicht auch Pirckheimers Feder stammen können. Auch die von Schwarzenberg überlieferten Briefe und Urkunden lassen sich nicht für derartiges verwenden.

---

[1]) Vgl. jetzt W. Vilmar, Dietrich von Pleningen. Ein Übersetzer aus dem Heidelberger Humanistenkreis. Diss. Marburg 1896. — Oben S. 284.

Nichtsdestoweniger zeigt ebenso wie in der Bambergensis Sprache und Stil als Ganzes betrachtet einen ganz bestimmten, fest ausgeprägten Charakter. Die Begabung unseres Schwarzenberg muss eine ganz eigentümlich beschränkte, aber in dieser Beschränkung höchst beachtenswerte Fähigkeit gewesen sein, vorhandene Texte in ein gutes, oder wie er sich selbst ausdrückt, „hoffränkisches Deutsch“ zu bringen.[1]) Man wende nicht ein, dass wir ja auch noch andere selbständige Werke Schwarzenbergs, ganz abgesehen von seinen Dichtungen, besitzen. Die reformatorischen Flugschriften der Jahre 1524—26 sind ebenfalls nicht stilistisch unbeeinflusste Leistungen; hier hat sich unser Schriftsteller, getrieben durch seine Hinneigung zu reformatorischen Ideen, gänzlich von der Bibelsprache abhängig gemacht, so dass auch diese Erzeugnisse nicht als bequeme Vergleichungsobjekte herangezogen werden dürfen.

---

[1]) Als Zeugnis für diesen immer wiederkehrenden Ausdruck und zur Beleuchtung der Übersetzertätigkeit Schwarzenbergs überhaupt möge hier die Stelle aus der Vorrede des „Teutschen Cicero“ 1534, Bl. 20b f. Platz finden:

„*Wölcher herr Hans Neüber auff ansynnen seins herren vonn Schwarzenbergs (dem zuvor ein ubelverteütscht Ciceronisch büchlin vom alter zuhanden kommen,) widerumb auss dem latein ein newe verteütschung gemacht, die verteütschung volgends durch den herrn von Schwartzenberg, wie gesehen wirt, dem synn nach inn „hofffränckisch teütsch“ gebracht, auch darzu etlich figur und reümen (seinem gebrauch nach) gestelt und gemacht, und solchs nach seiner verteütschung wider dem von Hutten etc. (wie auch inn nachvolgender vorred gemelt) zu übersehen geben etc.*“ —

„Von dem Alter“ Bl. 21b. *Die Vorrede des* verteütschers *inn diss büchlein, das Marcus Tullius Cicero vom Alter gemacht hat.*

. . . „*Wiewol dann hievor durch etliche, die es on zweyfel auch gut gemeint, obgemelt büchlein von worten zu worten inn teütsche sprach pracht, so ist doch dadurch der recht synn dermassen verduncklet, das die leser gar wenigs lusts und verstandts darvon haben mögen. Darumb Gott dem almechtigen zu lob und fürderung gemeines nutzs der würdig herr Johann Neuber, capelan zu Schwartzenberg, auff sunderliche bitt herren Johansen freyherren zu Schwartzenberg, derzeit Bombergischen hoffmeystern, das selbig löblich büchlein „vom alter“ auss latein inn fränckisch teütsch und nit von worten zu worten, sunder von synnen zu synnen ververwandelt hat, unnd nachmals durch den hochgelerten und eernvesten Ulrichen von Hutten zum Steckelberg, poetam laureatum corrigiert und wes er mangels darinnen erfunden, gepessert, als man nach Christi, unsers seligmachers, geburt zelet 1522.*“

Treten wir mit diesen Voraussetzungen an die Betrachtung der Übersetzungen heran, so bieten sie trotzdem an sich Interesse genug.

Wie schwer, oder vielmehr wie aussichtslos für uns der Versuch sein dürfte, die verschiedenen Stilelemente in den Übersetzungen auf verschiedene Personen zu verteilen, zeigt allein schon folgende Erwägung. Szamatólski hat einst nicht ganz ohne Erfolg den Nachweis versucht, dass sich aus Huttens Sprache charakteristische Elemente der Kanzlei-, Hof-, Ritter- und Umgangssprache loslösen und zur Feststellung der Verfasserschaft anonymer Werke desselben verwenden lassen. Der Gedanke lag nahe, in unserm Falle ähnliches zu versuchen, wo doch für den „Cato maior“ die Durchsicht von seiten Huttens ausdrücklich bezeugt ist. Der Versuch versagte hier jedoch, ebenso wie das ganze Prinzip. Ja es ergab sich das bemerkenswerte Resultat, das für derlei stilistische Untersuchungen als Warnung angeführt werden mag, dass sich in allen unseren Übersetzungen gleichmässig Elemente der Kanzlei-, Ritter-, Hof- und auch der Volkssprache finden, so dass leichtlich auch sie ebenfalls als Huttensch angesprochen werden dürften. Dem ist natürlich nicht so. Wir kennen die Verfasser und Revisoren der übrigen Übersetzungen: wem eignen also die ganz charakteristischen Stilmerkmale? Beheim kann nicht in Betracht kommen, ebensowenig die unbekannten Kerper, Wassermann und Neuber. Bliebe also nur Schwarzenberg. So haben wir auch hier eine Rivalität zwischen Hutten und Schwarzenberg wie in den metrischen Fragen, und auch hier darf es nicht zweifelhaft sein, wem die Priorität zuzusprechen ist.[1])

Der ältere Freund, der sich seit dem Beginne des Jahrhunderts bereits literarisch stark betätigt hatte, bot dem Brausekopf Hutten, der sich erst damals gerade dem Gebrauch deutscher Sprache zuwandte, die Mittel zu wirksamem Erfolge.

Als Angehöriger des Ritterstandes und adlig-kriegerischer Anschauungen zeigt sich Schwarzenberg durch mannigfache der Krieger- und Rittersprache angehörige Wendungen. Er übersetzt „*iuvare*“ mit „*beystendig seyn*“, „*hilff thůn*“, gibt „*se ducem*

---

[1]) S. unten S. 319.

praebuit" mit *„fürer, haubtman und oberer gewesst"*, *„imperator"* als *„oberster hauptman"*, ferner *„se ad hostes contulit"* mit *„hat sich auch daselb zu den feinden geton"* wieder. Den Pferdeverständigen sehen wir deutlich in der Phrase: *„libentius utatur quam intractato et novo (equo): vil lieber dann ein jung unberitten und ungezeumpt pferd reiten wolt"*.

Auch die Redeweise der späteren kirchlichen Streitschriften scheint hin und wieder durchzuschimmern. So ergänzt er den Satz *„qui suas omnes cogitationes abiecerunt in rem tam humilem tamque contemptam"* zu *„auf ein so gering verächtlich ding als der zeytlich wollust ist"*, oder er überträgt die Phrase *„quamquam subito ereptus est"* mit dem deutlicheren *„dann wiewol Scipio von disem jamertal abgefordert ist"*.

Am deutlichsten und zahlreichsten sind aber naturgemäss die Anklänge an die Rechtssprache. Wie ein Zitat aus der Bambergensis mutet uns die Übersetzung aus Lael. 42 („Teutsch Cicero" 1534, Bl. 70b) an: *„improbis autem poena statuenda est nec vero minor iis, qui secuti erunt alterum, quam iis, qui ipsi fuerint impietatis duces"* *„daneben soll auch inn allweg den ubertrettern ein straff oder peen gesetzt werden und die straff nit geringer sein wider die helffer und anhänger dann wider die hauptfürer solcher unzymlichen handlung"*. In dieselbe Richtung führt uns Lael. 43 *„supplicio omni vindicanda est: sonder vil mehr mit aller peinlichen straff ernstlich zů vervolgen sein wirt"*; eine direkte Anlehnung an Bamb. 1 bietet die Übersetzung *„in quibus eorum aut caput agatur aut fama"* als *„so ein handlung eer, leib oder leben berüret"*, an Bamb. 32ff. *„fama"* als *„eher und leymat"*, an Bamb. 10. 13. 14ff. *„signa quaedam et notae"* als *„zaychen, anzaigung oder gemerck"*, an Bamb. 153. 203 *„eorum augeant opes eisque honori sint et dignitati"* als *„ime auch beystendig, ratlich und hylflich erscheynen"*, an Bamb. 147. 272 *„non ut aliquam ... mercedem exigat"* als *„on verhoffen aynichs geniess"* und endlich an Bamb. 35—40 *„patefactum et illustratum"* als *„die warheyt, wo die genůgsam erklärt und an tag gepracht"*.

Diese Beispiele liessen sich beliebig vermehren; sie zeigen klärlich, dass der Verfasser dem meist indifferenten Ausdruck des lateinischen Textes durch Hineinziehen in die Gerichtssprache zu einer Klarheit und Prägnanz verholfen hat, die wir in anderen Übersetzungen, z. B. in der als Vergleich etwa heranzuziehenden des Jac. Wimpfeling (?) „Vom alter"[1]) durchaus vermissen.

Da diese Art jedoch nicht einer Übersetzung allein eignet, dürfen wir sie nicht einem der ursprünglichen Verdeutscher, noch viel weniger Hutten zuschreiben. Sie gibt sich vielmehr klärlich als charakteristisches Merkmal Schwarzenbergischer Schreibart, aus dessen verschiedenen Stilelementen sie sich angemessen zusammensetzt und erklären lässt.

Treten wir an die Übersetzungen selbst heran. Da fällt uns zuerst als scharf hervortretendes Merkmal der ausgeprägte Gebrauch von Synonymen ins Auge. Szamatólski[2]) hat überzeugend nachgewiesen, dass wir in dieser Häufung von Substantiven, Adjektiven oder Verben zu zwei- oder mehrgliedrigen Ausdrücken nicht die Fortführung alten volkstümlichen Sprachgutes zu sehen haben, sondern eine einfache Herübernahme aus dem Gebrauche der Kanzlei, wie er in den Rhetoriken empfohlen und von Luther für sich und seine Schreibart bekanntlich ausdrücklich bezeugt wird. Für unsern Schwarzenberg liegt die Sache ganz ähnlich. Er kennt die Häufung von Synonymen aus der Kanzlei- und Gerichtssprache und überträgt diesen Gebrauch, der auch seinem Briefstil nicht fremd ist, in seine Übersetzungstexte, wenn er z. B. „*genus*" mit „*form und geschlecht*", „*valetudinem*" mit „*kranckheit und schwacheyt des leybs*", „*eversis*" mit „*zerstöret und von grund aussreittet*", „*religiosa iura*" mit „*geystlich und weltlich ehr*", „*vos hortor tantum possum*" mit „*bite und ermane ich euch* u. a. m. widergibt. Zwei oder drei Substantiva, Adjektiva, Pronomina, Verba sollen den einfachen lateinischen Ausdruck deutlicher umschreiben und plastischer gestalten. Dieser Synonymengebrauch geht sogar, wie Ideler für den „Cato maior" betont, auf die Präpositionen über. Der Satzbau im allgemeinen ist nicht in allen Übersetzungen gleichmässig und gleichwertig. Ideler hat auch ganz richtig gesehen, dass die von Kerper und besonders Beheim revidierte Offizienübersetzung sich in viel höherem Grade streng an das Original hält, als der von

[1]) Goedeke 1, S. 412, No. 59; K. Hartfelder in der Germania N. R. 21, S. 27—31; die Probe einer Gegenüberstellung s. unten in Beilage V.

[2]) Szamatólski, S. 19—27.

Hutten durchgesehene „Cato maior". Doch ist im ganzen ein deutlicher Unterschied von dem langatmigen, Perioden an und in Perioden fügenden Stil der Kanzleisprache zu spüren. Dies ist nicht verwunderlich; hatte sich Schwarzenberg doch bereits in der „Bambergischen Halsgerichtsordnung" 1507 von dem weitauslegenden Stil der Kanzleiverfügungen, auch seiner eigenen, deutlich entwöhnt, so dass wir in dem Gesetzbuch gerade die kurze, prägnante Art der Satzfügung zu bewundern haben. So ist auch in den Übersetzungen der Stil klar und verhältnismässig durchsichtig. In der Übersetzung des „Cato maior" findet Ideler ganz überwiegend die Bildung steigender Perioden gegenüber der im Lateinischen beliebten sinkenden Anordnung, dazu stellt sich die einschliessende Periode ebenfalls als kunstvolles Produkt im Gegensatz zu der aneinanderreihenden des Kanzleistils. Diese Bildung steigender Perioden stammt natürlich aus der Gerichtssprache der Bambergensis, wo die zahlreiche Fälle enthaltenden Vordersätze dann zu dem prägnanten Nachsatz zusammengefasst werden. Diese Beobachtung bestätigt sich durchaus in den übrigen Übersetzungen, ist jedoch für den „Cato maior" besonders bemerkenswert, weil hier scheinbar die doch sicherlich markant genug ausgeprägte Schriftstellerpersönlichkeit Huttens nicht den grossen Einfluss auf die stilistische Durcharbeitung des Neuber-Schwarzenbergischen Textes gehabt hat, den man etwa hätte erwarten können. Bei Hutten ist es aus seinem schriftstellerischen Entwicklungsgange ganz erklärlich, dass besonders in der ersten Zeit seines Gebrauches der deutschen Sprache die steigenden Perioden sehr gegen die fallenden zurücktreten, die er aus seiner lateinischen Schriftstellerei mitbrachte.

Ein Kennzeichen für die mehr oder minder grosse Gewandtheit des Übersetzers ist das Herübernehmen lateinischer Konstruktionen in die deutsche Syntax. Markant ist besonders das Verhalten gegenüber dem Accusativus cum Infinitivo. Schwarzenberg kennt wörtliche Übertragungen dieser Konstruktion nur noch in ganz verschwindend wenigen Fällen; merkwürdigerweise ist ein krasses Beispiel gerade im „Cato maior" (E 5 b) stehen geblieben: „*dahin ich mich künfftig zůsein erkenne*". Sollte hier in der Tat ein Einfluss Huttens durchschimmern, den Ideler anzunehmen geneigt ist? Allerdings finden wir in dessen Schriften deutliche Acc. c. J.-Konstruktionen:[1]) *„so ist es ye unzimlich, ein nation . . . yemants dienstbar gefunden werden."* Möglich, dass wir daher gerade die Vermeidung dieser Konstruktionen unserm Schwarzenberg zuzuschreiben haben, der im „Laelius" (24) einen derartigen dass-Satz *„Agrigentinum ferunt etc.* ganz elegant folgendermassen überträgt:

„Man sagt, dass inn der statt Agrigent ein gelerter mann gewesst, der hat durch griechische verss also weissgesagt . ."

Partizipialkonstruktionen zeigt die Kanzlei- und Gerichtssprache des angehenden 16. Jahrhunderts so häufig und in solcher Ausdehnung, dass uns ein grösserer Gebrauch bei Schwarzenberg nicht wundern kann, der sogar des öfteren solche gegen den lateinischen Text erst einführt *„deprecatum venisse: kam bittend"*. Der Ablativus absolutus hingegen ist meistens ganz modern durch einen Konjunktionalsatz wiedergegeben *„ignorante rege: wie der künig nit wissen hat"*.

Eine weitere deutliche Schwierigkeit bietet die Übertragung der relativischen Anknüpfung. Ideler sieht für den „Cato maior" wohl nicht mit Recht in der verhältnismässig wörtlichen Wiedergabe des Relativs einen Einfluss Huttens, der wiederum aus seiner intimen Kenntnis der Fremdsprache hier vielleicht etwas Besonderes zu bieten meinte. Denn gleiches findet sich auch in den Übersetzungen, denen Hutten ganz fern steht, den „Officien" und „Tuskulanen". Wir haben hierin vielmehr eine Ungewandtheit des ersten Übersetzers, also des wackeren Neuber zu sehen, der sich trotz aller Bemühung doch noch nicht so recht von dem lateinischen Texte frei machen konnte.

Im Gegensatz dazu finden wir aber in den Übersetzungen deutliche Spuren einer durchgehenden, redigierenden Tätigkeit, die sich mit einer Revision des wörtlichen Verdeutschungstextes beschäftigt und sich klärlich bemüht, der deutschen Sprache und Syntax gerecht zu werden. So werden — und das entspricht doch ganz modernen Übersetzungsprinzipien — lateinische Abstracta durch deutsche Verba wiedergegeben *„accessio paucorum annorum: ob er noch wenig jar gelebt hette"*; *„nullus locus amicitiae: und hat die recht war freuntschafft gar nit statt"*.

[1]) Szamatólski, S. 132, 166, 167.

Als charakteristisches Beispiel für die wirkliche „Verdeutschung“, deren sich Schwarzenberg befleissigt, mag eine Stelle aus dem „Laelius“ (§ 103) hier Platz finden: „*una domus erat, idem victus isque communis, neque solum militia, sed etiam peregrinationes rusticationesque communes: Wir haben beyeinander inn einem hauss gewont und von allem dem, das zu der notturft gehörig ist, ein gemaine underhaltung gehabt. Wir seind auch in kriegen beyeinander gelegen; all rais, züg, spazierweg mit einander verbracht.*“

Auch durch Zuhilfenahme von Adjektiven wird den Abstrakten zu Leibe gegangen und „*amicitiae gloria excellens*“ durch „*inn eerlicher freüntschafft fast gelobt*“, „*viriditas*“ als „*grünende krafft*“, „*celeritas*“ als „*eilende volendung*“, „*verborum magnificentia*“ mit „*hüpschen zierlichen worten*“ u. a. a. übersetzt.

Umgekehrt werden auch lateinische Nebensätze, vorzüglich indirekte Fragesätze, durch deutsche Abstrakta in durchaus angemessener Weise übertragen. Recht gewandt erscheint die Wiedergabe dreier Verba „*quid sentias . . existimes . . praecepta des*“ durch „*meinung, lere und gebot*“. Auch das Gerundivum mit Substantiv wird in ähnlicher Weise gegeben „*ad benevolentiam coniungendam: in zusamenfügung oder verpindung freüntlicher gůtwilligkeyt*“. Dadurch entsteht des öftern im Deutschen ein kürzerer Ausdruck als im lateinischen Texte, wenn z. B. „*quocum coniunctissime et amantissime vixerat*“ nur durch „*in gůter freuntschafft*“ übersetzt wird.

Interesse erweckt aus der grossen Zahl der Erscheinungen die Art, wie Schwarzenberg die rhetorischen Ausrufe gibt; er macht einen ganzen Satz daraus, um der Starrheit des lateinischen Ausdrucks zu entgehen „*o praeclaram sapientiam: daz war aber kein so dreffenlich fürsichtigkeit!*“

Neben diesen recht ansprechenden Versuchen stehen natürlich auch recht erhebliche Missgriffe sprachlicher und syntaktischer Natur. Missverständnisse des lateinischen Textes mögen ja freilich nicht immer auf den Urtext Neubers zurückgehen; es ist auch sehr leicht möglich, ja höchst wahrscheinlich, dass Schwarzenberg selbst bei seiner Überarbeitung so gebessert hat, dass ein Zusammenhang mit dem lateinischen Texte ganz verloren ging. Man braucht sich bloss an Beheims oft zitierte Klage zu erinnern.[1])

Auch Auslassungen begegnen öfter, die wohl nicht selten einem Ausweichen vor der Schwierigkeit des Urtextes gleichstehen.

Wenn also auch die Persönlichkeit des Stilisten Schwarzenberg klärlich recht schwer in den Übersetzungen zu fassen ist, so leuchtet uns doch aus der ganzen Einrichtung der Bände und der Form, in der sie sich an ein breiteres Publikum wenden, die uns sattsam bekannte Bemühung Schwarzenbergs entgegen, populär zu sein. Ich spreche hier nicht von den bildlichen Beigaben[2]), sondern meine die unzweifelhaft auf Schwarzenberg zurückgehenden Zutaten, also Vorbemerkungen, Zusätze aller Art im Text und die Glossen; damit rückt die Übersetzung in eine ganz eigenartige Stellung. Bei allem Streben nach Popularität hält sich Schwarzenberg scheinbar nach wohlerwogenem Plane davon frei, etwa römische, überhaupt uns fremdartige Ausdrücke gänzlich aus seinem Buche zu verbannen. Er will vielmehr seine Leser soweit mit antiken Verhältnissen vertraut machen, dass sie wissen,

---

[1]) S. oben S. 291 f.

[2]) Über die bildlichen Beigaben zu den Übersetzungen haben wir jetzt die ausführliche Arbeit von H. Röttinger, Hans Weiditz, der Petrarkameister (Studien zur deutschen Kunstgeschichte 50) 1904, besonders S. 40—41, 86—87. Die dort gewonnenen Resultate erhalten noch grössere Wichtigkeit, wenn wir die Notiz aus der Vorrede zu den „Officien" 1531, Bl. 3* betonen, dass Schwarzenberg selbst diese Figuren „angegeben" hat. Wir müssen ihn uns also mit Burgkmair, Weiditz und dem unbekannten Meister HS in persönlicher Beziehung denken und ihm eine kunstverständige Belesenheit in illustrierten berühmten Werken der damaligen Zeit zusprechen. Nach Röttinger stammen nämlich von den 103 Holzschnitten der „Officien" 33 aus dem Illustrationsmateriale des Petrarka, einer ist von Burgkmair (Bl. 78), zwei vom Meister HS, 63 jedenfalls von Weiditz hierfür gefertigt, und zwar stammt eine Anzahl älterer Weiditzscher Schnitte aus der Zeit 1519—22, eine jüngere Reihe aus etwas späterer Zeit. In die Zahl der erstgenannten gehören auch die Schnitte zum Büchlein „Vom Alter" (Röttinger, S. 46 Anm.). Im „Teutschen Cicero" stammen die Beigaben für die Übersetzungen (Bl. 1—79 b) meist auch von Weiditz und zwar gehören von den 129 Schnitten des ganzen Werkes 7 zu Petrarkas Glücksbuch, 5 in die „Officien", 5 in Ciceros Buch „Vom Alter", 3 sind hier zuerst gedruckt. (Aretinus schreibt das Leben Ciceros, Ciceros Geburt und Tod.) Über die anderen Schnitte, besonders zum „Memorial der Tugend", s. S. 315.

was ein Konsul, Diktator, Quästor u. a. im alten Rom zu bedeuten hatte. Er setzt zu diesem Zwecke vor jeden Band seiner Übersetzungen eine Zusammenstellung der Namen von römischen Ämtern und speziell römischen Begriffen, in der er, wie überhaupt in seinem Texte, sich nicht scheut, lateinische Casus, wie „patres conscripti, senatores" u. a. zuzulassen. Dieses Streben nach Verdeutlichung setzt sich im Text fort. Zusätze, die Namen, Stand, Bedeutung der genannten Person klarlegen, die die grammatische Beziehung verdeutlichen sollen, Andeutungen der Vorlage fortführen, sind auch ausserhalb der Glossen in den Text selbst eingesetzt.

Eine ganz eigenartige Rolle spielt Schwarzenberg in den Glossen, die merkwürdigerweise hier nicht unter den Text, sondern mitten hineingefügt sind, und oftmals die Wortfolge der Übersetzungen unterbrechen.

Über diese Glossen sagt der Vorredner zum „Teutschen Cicero" (Bl. 3*): *„Der leser nachvolgends Ciceronisch leben, auch seiner drey verteütschten bůchle soll wissen, das herr Hans von Schwartzenberg såliger je bissweilen zwischen den text aigne wort, bessers verstands halben, eingemischet, und solchs zů erkennen, hat er im anfang seiner wort ein g (zů bedeütung der glos) und am end ein t, das da der text wider anfacht, gesetzt."*

Diese Zutaten, die hier also ausdrücklich als Schwarzenbergs Eigentum bezeichnet werden, sind jedoch ausserordentlich ungleichwertig und bewegen sich von dem verhältnismässig unnötigen Zusatz in den „Tuskulanen",[1]) der die Namen der vier Jahreszeiten beifügt, bis zur kürzeren oder längeren moralischen Auseinandersetzung. Auch Sacherklärungen der altklassischen Realien fehlen nicht, wie z. B. ebenfalls in den Tuskulanen („Teutsch Cicero" 1534, Bl. 58a): *„Das alsdann kain underschaid zwischen dem nie gewesten Hippocentauro [g den die poeten für ein halb mensch unnd ein halb pferd dichten]."* Die moralisch-ethischen Bemerkungen sind am charakteristischsten. Als Beispiel möge eine Stelle aus den „Officien" dienen[2]): *„Aber es werden etlich funden, die des gemaynen nutz bestes auss forcht neyds und hass*

[1]) „Teutsch Cicero" 1534, Bl. 53b.

[2]) „Officien" 1531, Bl. 20b.

nicht melden dürffen [g welche unzimliche forcht doch billich keinen rechten man bewegen soll]."

Diese Zusätze lassen uns in höchst eigenartiger Weise in die vielseitigen Interessen- und Gedankenkreise unseres Schwarzenberg hineinsehen; sie muten uns an wie Notizen, Bemerkungen und Gedankenspäne des revidierenden Lesers der Übersetzungen, der damit seine Textherstellung gewissermassen rechtfertigen wollte.

Gerade ihre Vielseitigkeit, die uns ebenso wie die aus Zitaten und Bibelstellen zusammengesetzten reformatorischen Büchlein von dem umfänglichen und äusserst gediegenen Wissen Schwarzenbergs ein überraschendes Zeugnis ablegt, lässt jedoch vermuten, dass unser Verfasser auch hierbei der Hilfe seiner Freunde nicht entraten hat. Da sie, wie Ideler für den „Cato maior" richtig sieht, ebenso wie die im Text enthaltenen Zusätze zum Teil aus der kommentierten Pariser Ausgabe von 1509 stammen, in der die „Officien", die Bücher „Von der Freundschaft" und „Vom Alter" enthalten sind, ist es recht wahrscheinlich, dass die aus den Anmerkungen dieser oder einer ihr nahestehenden Ausgabe herrührenden von Neuber, die sachlichen etwa von Beheim oder Hutten beigesteuert sind und die rein moralisierenden dann natürlich unserem Schwarzenberg allein gehören.

Jedenfalls bietet diese letzte Gruppe treffliche Selbstzeugnisse für die Arbeit des Revisors an seinem Werke.

Dreissigstes Kapitel.

Schwarzenbergs Lieder, Sprüche und Dichtungen.

Schwarzenbergs selbständige Schriftstellerei beginnt mit dem „Trostspruch umb abgestorbene freunde" (1502) aus Anlass des Todes seiner Gattin Kunigunde.[1])

Das Gedicht[2]), das bekanntlich später von Schwarzenberg als „Kummertrost" umgearbeitet und mit philosophischen Erörterungen und einer Blütenlese seiner Notizen aus Ciceros Schriften nicht

[1]) S. oben S. 21; über die Metrik des Gedichtes s. S. 320 ff.

[2]) Papierhandschrift im fürstl. Schwarzenbergischen Zentralarchive zu Krumau (= Lade 82 des sogen. alten Archivs der Grafschaft Schwarzenberg).

gerade zu seinem Vorteil vermehrt wurde[1]), beruht auf guten, alten, volksmässigen Traditionen und zeigt in der ersten Fassung eine grössere Ursprünglichkeit als später.

Die Situation des Hans Unmut, der zum Klausner in den Wald geht, war seit Wolfram von Eschenbach, der seinen Parzival hinaus in den Wald zu dem klugen Einsiedler Gurnemanz ziehen liess, des öfteren in ähnlicher Weise gestaltet worden. Besonders die Didaktik des 14. und 15. Jahrhunderts hat in ihren Allegorien eine ganze Reihe verwandter Erfindungen, einen Spaziergang, einen Traum, ein längeres oder kürzeres Gespräch mit der Minne oder einer anderen Personifikation. Mit der beginnenden Reformationszeit, in der die Behandlung sittlicher Fragen und Probleme an der Tagesordnung war, kam die Form des Gesprächs zu neuer Blüte und erhob sich in Huttens und Erasmus' Dialogen zu klassischer Vollendung. Die Gespräche finden zwischen Bürger und Bauern, Ritter und Priester u. a. statt und wählen neben der Prosarede auch oft poetische Form. Solch ein Gespräch bietet auch unser Gedicht, das sich seiner Veranlassung nach als Totenklage gibt[2]). Derartige allegorisch eingeleitete Totenklagen gehen ebenfalls in die spätere mittelhochdeutsche Zeit zurück; wir treffen sie besonders im 13. und 14. Jahrhundert in Gedichten auf den sogen. Johann von Brabant[3]) und Werner von Honberg[4]), bei Wilhelm von Holland[5]) und der Herzogin von Kärnten an[6]).

In Schwarzenbergs Gespräch zwischen Hans Unmut und dem Waldbruder finden wir also eine gute Tradition bewahrt, die uns auch in dem poetisch empfundenen Natureingang deutlich entgegentritt, einer Einleitung, die z. B. den nachahmenden Kaspar Scheit in seiner „Frölich heimfart" zur Herübernahme und weiteren Ausmalung reizte.

---

[1]) Im „Teutschen Cicero" 1534, Bl. 148ff.; eine Inhaltsübersicht dieser zweiten Fassung gibt E. Herrmann in seinem „Schwarzenberg" S. 16—22.

[2]) „Teutsch Cicero" 1534, Bl. 148b:

„Ich schrey und klag gross wee und not,
„Mein ehegesell, der ist mir todt."

[3]) Von der Hagens Germania 3, S. 116ff.; Goedeke 1, S. 252.

[4]) Bartsch, Schweizer Minnesänger S. CLXXV ff. zu No. 26; Goedeke 1, S. 254.

[5]) Germania 6, S. 250ff.

[6]) Lassbergs Liedersaal 2, S. 265.

Der trauernde Hans Unmut verirrt sich im Walde und gelangt an eine Klausnerhütte; er klopft mit einem Steine an, wird vom Einsiedler gastlich aufgenommen und kommt mit ihm in ein Gespräch, das sich zuerst auf das Klausnerleben bezieht; dann aber fragt der Alte nach Namen und Art seines Gastes und erfährt dessen Geschichte und trauriges Schicksal. Die mehrfache Mahnung, trotz allem Unglück nicht in der Narren Zunft zu treten, sondern durch verständige Erwägung des irdischen Leids Herr zu werden, weist wenigstens im allgemeinen auf eine Kenntnis der Narrenliteratur, vielleicht des „Narrenschiffs“ hin.[1]) Diese Erwägung führt auf das Leben nach dieser Zeit, ein Glaube, der allen Völkern, selbst Juden, Heiden und Sarazenen gemeinsam sei.

„*Her Job uns sagt on zweyfels streb,*
Er wis, das sein erlöser leb
Und das er wider sol erstann
Im fleisch den schepffer sehen an.“

Solcher Trost erquickt den traurigen Hans gar sehr, und er bittet den Klausner um eine kurze Lehre und Regel zum heiligen Leben. Daran schliessen sich Einzelfragen über den Christenglauben, über die ewige Vorsehung Gottes, die Unergründlichkeit seiner Werke u. a. Die Art, wie er sich über die „wahren Ablassgründe“ belehren lässt, zeigt, dass Schwarzenberg schon damals religiöse Fragen in freierer Weise behandelte und durchdachte und damit den Grund zu seiner späteren Hinneigung zu Luther legte. Die letzte kleinere Hälfte des Gedichtes füllt die weit ausgesponnene Betrachtung des Übels und Bösen in dieser Welt, des Leidens frommer Christen und auch Heiden, an die sich auch ein Blick in die Gegenwart schliesst, die mit Rauben und Gewalttat, mit Zutrinken und Unsittlichkeit die Seele eines nachdenkenden Christen betrübe. Der Klausner weiss auch hierfür gute Lehre und Unterweisung und entlässt den Wanderer getröstet. Der fühlt sich verpflichtet, Woltrosts, des Klausners, Lehre weiter zu verbreiten und widmet dies Buch seinen Kindern zu Nutz und Frommen ihres ferneren Lebens.

---

[1]) Besonders die Eingangsworte „*Narren von der bulschafft clagen*“ weisen wohl auf NS Kap. 13 (Zarncke) hin.

Die Übersicht über den Inhalt hat gezeigt, dass unser Schwarzenberg bereits für dies Büchlein eine ausgedehnte Lektüre aufzuweisen hat. Beispiele aus der Bibel stehen in erster Reihe; doch scheint auch die Kenntnis des „Narrenschiffs" durchzuschimmern; denn die Erwähnung von der Buhlschaft der Narren, der Hinweis auf den Ernst der Kindererziehung, die Keuschheit der Frauen, Tugend der Männer u. a. streifen deutlich dort behandelte Materien.

Es ist gleichsam ein Kompendium der Gedanken und Zweifelsfragen, die damals in Schwarzenbergs Seele lebten, und gibt uns einen Einblick in alles, was ihn damals bereits beschäftigte. Seine späteren Werke sind eigentlich fast alle daraus hervorgewachsen: Tugendlehre in Bild und Spruch, Schriften gegen das Zutrinken und Rauben und endlich Beschäftigung mit religiösen Fragen.

Ob das kleine Werkchen grössere Verbreitung fand, lässt sich nicht sagen. Wir kennen ausser der Handschrift die durch allerhand philosophische Zutaten vom Verfasser selbst zurechtgemachte spätere Form, die im „Teutschen Cicero" vorliegt.[1]) Ausser in den späteren Drucken dieses Werkes — ein Einzeldruck liegt nicht vor — ist der „Kummertrost", wie Schwarzenberg die revidierte Fassung nannte, noch 1613 in des Jesuiten C. Vetter „Paradiesvogel"[2]) abgedruckt worden.

Bald nach dem Erscheinen des Werkchens im „Teutschen Cicero" ist es literarisch benutzt worden. Kaspar Scheit nämlich, der 1552 auf den Tod der Anna von Erntraut, der Gemahlin des edlen und ehrenfesten Hans Jakob von Wachenheim ein Epitaphium dichtete, hat nach eigenem Zeugnis Schwarzenbergs „Kummertrost" dafür benutzt, indem er die ganze Situation, den Eingang mit seiner Schilderung des Maien und noch manche Einzelheiten herübernahm; hier wie dort hören wir die Klagen über die Ruchlosigkeit der Welt, das Zutrinken, Rauben usw., hier wie dort glaubt man, dass der jüngste Tag

[1]) „Teutsch Cicero" 1534, Bl. 148a ff.; über die Holzschnitte (Bl. 148a vom Meister HS, Bl. 148b wohl von Breu) s. Röttinger, S. 73f.

[2]) C. Vetter, „Rittersporn d. i. Fünff ausserlessene wolgescherffte Betrachtungen (Ingolstadt 1605) und „Paradeissvogel d. i. Himmlische Lobgesang" (Ingolstatt 1613), S. 133—182.

nahe und dass nur das Studium der heiligen Schrift imstande sei, den Menschen auf dem rechten Weg zu erhalten, hier wie dort wird der Stand des Witwers gelobt.[1])

Nicht ebenso sicher ist es, ob wir auch in Georg Wickrams „Irr reitendem Pilger" (1555) eine Benutzung des Schwarzenbergischen Büchleins voraussetzen dürfen.[2]) Doch stimmt dem ganzen Tone nach der Eingang Wickrams viel mehr zu Schwarzenberg als zu Scheit[3]) und im Verlauf des Gedichtes zeigt besonders das dritte Kapitel mit seinem Gespräch im Garten über die Entwicklung von Menschenleben und Schicksal und von der Erlösung durch Christum[4]) doch deutlich Schwarzenberg als Vorlage wenigstens im allgemeinen. Jedenfalls entfernt sich Wickram hier ganz von Scheit. Da er sich im „Dialog von der Trunkenheit"[5]) jedoch ganz derselben Situation bedient, wie Schwarzenberg im „Kummertrost" und hier auch in der Materie gewiss von Schwarzenbergs Zutrinkerbüchlein nicht ganz unabhängig gewesen ist, darf vielleicht auch im „Irr reitenden Pilger" eine Kenntnis unseres Dichters nicht abgelehnt werden.

Das „Büchlein vom Zutrinken" gehört in die Reihe der ausserordentlich zahlreichen Schriften des 16. Jahrhunderts, die sich mit der Bekämpfung dieses Modelasters beschäftigen. Dass das Trinken eine Nationaleigentümlichkeit der Deutschen ist, wissen wir seit Caesars Tagen, und schon das Mittelalter[6]) hatte mit der „Wiener Meerfahrt" und Gedichten wie dem „Weinschwelg" Töne angeschlagen, die sich dann im weiteren

---

[1]) Karl Hedicke, Kaspar Scheits Frölich heimfart nach ihren geschichtlichen und literarischen Elementen untersucht. Diss. Halle 1903, S. 46—48. — „Frölich heimfart" P 1a, 1b.

[2]) Georg Wickrams Werke, hrsg. v. J. Bolte 4 (1903), S. XXXVII und XL.

[3]) Schwarzenberg im „Teutschen Cicero" 1534, Bl. 150b und Wickram 4, S. 131.

[4]) Wickram 4, S. 145 ff.

[5]) Wickram 4, S. 100—101.

[6]) A. Hauffen, Die Trinkliteratur in Deutschland bis zum Ausgang des 16. Jahrhunderts in der Vierteljahrsschrift für Literaturgeschichte 2 (1889), S. 481—516; 6, 174 ff.; Max Osborn, Die Teufelliteratur des 16. Jahrhunderts (Acta Germanica III 3) S. 74 ff., besonders S. 77—80.

Verlaufe der Entwicklung, besonders der sogenannten Fress- und Saufliteratur des 16. Jahrhunderts zu nicht eben feinen Klängen erhoben. Es ist eine ganze Reihe von Dichtungen, die das Trinken und seine Freuden schildern, aber auch die Kehrseite, die abscheulichen Folgen der Unmässigkeit mehr und mehr hervortreten lassen. Das Kapitel (35) „Von der Trunkenheit“ aus Freidanks „Bescheidenheit“, Ulrich von Lichtensteins „Frauenbuch“ und vor allem die deutsche und lateinische Vagantenlyrik wären Beispiele dieser Entwicklung. Die Kirche wandte zuerst ihr Augenmerk gegen ein derartiges Treiben der adligen Herren, deren Unsitten, wie uns das Gedicht Wernhers des Gärtners zeigt, mehr als leicht auch in die unteren Stände eingedrungen waren, die sich nicht genug daran tun konnten. Aber nicht nur die Prediger beschäftigten sich mit der Frage, wie diesem Unwesen zu steuern sei: es war vielmehr ein so öffentliches Ärgernis geworden, dass Land- und Reichstage davon Notiz nahmen, und selbst im Augsburger Entwurf der Karolina von 1530 noch neben den Abschieden betreffend Bettler, Zigeuner und westfälische Gerichte auch der Zutrinker Erwähnung getan wurde. An der Schwelle der Reformationszeit erhebt sich die Satire[1]) gegen Völlerei und Trunkenheit in zwei gewaltigen Schriften zur Höhe, nämlich im 16. Kapitel des „Narrenschiffes“ von Sebastian Brant und im 18. Kapitel von Murners „Narrenbeschwörung“. Letztere erschien im Jahre 1512, und in dasselbe Jahr fällt der Reichstag zu Köln, dessen Abschied, das Zutrinken betreffend, von unserm Schwarzenberg als Grund und Anregung zu seiner feinen Satire ausdrücklich bezeichnet wird.

Diese Schrift muss kurz nach oder vielleicht sogar schon auf dem Kölnischen Reichstage entstanden sein, sie ist auch kurz danach in Druck gegeben worden; der erste Oppenheimer Druck des Zutrinkers bei Jakob Köbel stammt nicht, wie fast allgemein angenommen zu werden scheint, aus dem Jahre 1516, sondern muss bereits 1513, vielleicht sogar 1512 erschienen sein.

Die kleine Schrift[2]) bildet eine Art Kabinettstück in der

[1]) Vgl. dabei O. Schade, Satiren und Pasquille 2, S. 85—92.

[2]) Ich habe in den „Neudrucken deutscher Literaturwerke des 16. und 17. Jahrhunderts“ No. 176 einen Abdruck gegeben. Vgl. dazu A. Hauffen, Zeitschrift für deutsche Philologie 35, 553—556.

ausserordentlich zahlreichen Antitrinkliteratur des 16. Jahrhunderts. Schwarzenberg wusste die Frage beim rechten Ende anzugreifen, er traf mit der Einführung des Teufels, der gerade durch das Zutrinken imstande wäre, seine Herrschaft auf Erden auszubreiten und ganze Provinzen Deutschlands zu erobern, den richtigen Ton; hatte doch auch Luther gemeint, dass der deutsche Teufel am besten den Namen „Sauf" trüge. Die Einführung des Motivs der satirischen Teufelsbriefe braucht durchaus nicht auf die deutsche Übersetzung der Epistola Luciferi des Heinrich von Langenstein zurückzugehen, die damals (1507) weiteren Kreisen bekannt wurde. Sie beruht vielmehr ganz offenbar auf Schwarzenbergs Kenntnis dieser verbreiteten Literatur[1]) und auf selbständiger Übertragung und Nachahmung von Kanzleireskripten für seinen populären Zweck. Der Sendbrief von den Ständen der Hölle an die Zutrinker imitiert sichtlich ebenso Formeln und Wendungen, die unserm Schwarzenberg vertraut waren, wie die Artikel der „Instruktion an die Zutrinker" in Form und Aufbau dem nicht lange vorher erschienenen Gesetzbuche unseres Verfassers ausserordentlich ähnlich sind. Es würde durchaus der ganzen Art Schwarzenbergischer Schriftstellerei entsprechen, wenn wir annehmen dürften, dass ihm die vorgenannten literarischen Quellen, besonders Brant und der im Jahre des Reichstags zu Köln erschienene Murner wohl bekannt gewesen sind; eine Benutzung Murners lässt sich, wie immer bei Schwarzenberg, weniger aus Gleichheiten im einzelnen, als aus dem ganzen Milieu des Gebotenen wahrscheinlich machen. Die spezielle Anregung zur Ausarbeitung hat vielleicht jedoch das Leben und Treiben auf dem Reichstage selbst gegeben, dem Schwarzenberg bekanntlich als Bambergischer Gesandter beiwohnte. Wenn in der zweiten Vorrede zum Zutrinkerbüchlein erzählt wird, dass die Teufelsbotschaft, die als Antwort auf den Reichstagsabschied durch einen höllischen Postboten nach Köln gesandt wird, gerade noch zum Schlusse des Reichstags *„gleych am abschyd und ende obgemelts reichstags"* dort eintrifft,

---

[1]) W. Wattenbach in den Sitzungsberichten der Berliner Akademie d. Wiss. 1892, I, S. 91—123; vgl. über solche Teufelsbriefe Wickram, hrsg. v. J. Bolte 6 (1905), S. XII, Anm. 1.

und die Engelswarnung gegen diesen höllischen Sendbrief bereits am nächsten Morgen früh in allen Kirchen Kölns angeschlagen wird, so dürfte der Schluss nicht zu gewagt sein, dass auch das „Büchlein vom Zutrinken“ vielleicht noch während der Abschiedsverhandlungen entstanden und kurz danach in Druck gegeben sei. Welche Wirkung es auf das Publikum und die Mitwelt gehabt hat, zeigt die Notiz, dass es keinem geringeren, als dem Kaiser Maximilian selbst sehr wohl gefallen habe.

Das Büchlein ist voll der launigsten Einfälle. Originell ist die ganze Einkleidung, originell auch besonders die Art, wie Schwarzenberg seine Person mit den höllischen und himmlischen Instruktionen in Beziehung setzt: *„so het ein gut gesell, dem obgemelte beyderley brieffe selbst zu handen kommen sind, von solchen geschichten diss büchlein machen lassen.“*

Der höllische Sendbrief selbst ist eine komische Nachahmung der kaiserlichen Dekrete und sprüht von Witz. Glänzend ist die Mystifikation, als ob das Reich der Mässigkeit Christo, das Reich des Saufens und Zutrinkens aber dem Teufel gehöre, der nun als „oberster Regierer und Vorsteher“ dieses Reiches seine Getreuen zu rechtem Festhalten an den Satzungen des Zutrinkens höchlich ermahnt und mit der beigegebenen „Instruktion“ einen regelrechten Vorstoss in das Lager des Gegners machen will, um alte Anhänger sich zu sichern und neue zu gewinnen. Gute Kenntnis der Bibel und der Kanzleiform offizieller Urkunden lassen gerade den „Sendbrief“ als ausserordentlich witzig und schlagfertig erscheinen. Er schliesst mit den Worten: *„Geben inn versammeltem rathe, under unsers gelyebten gasts Bacchi secret innsigel, am ersten tag des weinmonats nach werung unsers reychs imm sechs tausenden jare“.*

Die *„Instruktion, wess die geübten zutrincker von den ständen der höll zu handeln inn bevelch haben“* gibt im einzelnen genaue Anweisungen, die verschiedenen Alters- und Berufsklassen zum Zutrinken zu verführen. Alt und jung, reich und arm sollen danach streben, ins „höllische Vaterland“ zu kommen; denn die Welt gehört dem Teufel: dafür wird Christi Wort zitiert, der den Teufel den Fürsten dieser Welt nennt. Das Büchlein schliesst mit einer Aufzählung der höllischen Wunderwerke im Zutrinken: die Geraden werden lahm, die Hörenden taub, die

Redenden stumm, die Sehenden blind, die Empfindlichen unempfindlich, die Gesunden krank und die Lebendigen töten sich selbst usw. So geht diese Reihe noch weiter, und immer von neuem steckt der Teufel mit mephistophelischem Grinsen seine Krallen nach den Zutrinkern aus, die er in seine Kreise hineinziehen will. Er hat sich zu diesem Zwecke eine ganze Anzahl von Dienern erzogen, deren Namen allein schon ihre Funktionen deutlich bezeichnen: „Trunckenpoltz, Flaschenzapf, Weinschlauch, Rebenhans, Speyenwein, Weinnarr, Ossenwein, Prasser, Schlemmer, Püffel, Esel".

Schwarzenberg hat diesem Büchlein später selbst noch Verse hinzugefügt, die allerdings erst nach seinem Tode im „Teutschen Cicero" von 1534 abgedruckt sind.[1]) So glücklich er sonst in Änderungen und Besserungen seiner Werke ist, so hat er hier insofern einen Missgriff begangen, als seine Zusatzverse die Ironie der Originalausgabe durchbrechen und nur allgemein moralisieren. Der lustige Schwankton, hinter dem die grimmige Miene des ritterlichen Moralisten so ausserordentlich wirksam hervortritt, ist in der Bearbeitung der späteren Zeit nicht mehr getroffen,[2]) die vielleicht durch das Erscheinen von Martin Luthers „Schönem Dialogus von M. Luther und der geschickten Botschaft aus der Hölle" (1523) angeregt sein könnte.

Fraglich ist es ferner sehr, ob wir ausser der im „Teutschen Cicero" vorliegenden Bearbeitung noch eine solche durch den Autor in dem kürzlich aufgefundenen Büchlein „*Vom Zutrincken. Neün laster unnd missbrauch, die erfolgen aus dem schändlichen zutrincken, damit jetzt gantz Teütsch nation befleckt und veracht ist*" (1523)[3]) zu sehen haben. Es scheint vielmehr eine Nachdichtung zu sein.

Trotzdem ist die zweite Fassung noch später aufgelegt und 1584 und 1585 neu gedruckt worden, auch Matthias Friedrich

---

[1]) Bl. 80—92.

[2]) Sie geht wenigstens in einem Spruch deutlich auf Brants Narrenschiff (Kap. 38, 25 Zarncke) zurück: „*Wer eym artzt in der kranckheyt lügt* usw. Vgl. Zutr. S. 30:

Wer seinem arzt und ratgeb leügt,
am aller meysten sich betreügt.

[3]) S. unten S. 366, No. 5.

fügte sie, nicht das Original, seinem „Saufftenfel“ (1557) bei, im „Theatrum diabolorum“ (1569 ff.) wird sie ebenfalls öfters zitiert.

Das Original von 1512 ist ferner von Sebastian Franck in seiner Schrift „Von dem gräulichen laster der trunckenheyt“ 1528 ff. benutzt; ob auch Jörg Wickram von Colmar in seinem „Dialog von der Trunkenheit“ (1555) unsern Schwarzenberg benutzt hat, ist bei der selbständigen Art, mit der er im ganzen seinen Quellen gegenübersteht, nicht deutlich zu sehen.[1]) Eine Hindeutung auf ein anderes Werk Schwarzenbergs, nämlich den „Kummertrost“ möchte ich in der ganzen Anlage des Dialogs sehen. Hier wie dort unterhält sich ein Klausnerbruder mit einem weltlich Gesinnten und führt ihn zu besserer Erkenntnis. Sollte ferner das aus dem ersten Gespräch (V. 145) herausspringende Wort „Unmut“ („*Und sagt: Ir solt kein unmut han*“) nicht doch an den „Kummertrost“ erinnern, wo sich bekanntlich der Unterredende Hans Unmut nennt?

Der Titelholzschnitt, der sich auch im „Memorial der Tugend“[2]) findet, wird noch in Petrarcas „Trostspiegel“ (Frankfurt 1640), S. 342 benutzt.

Kurz danach fällt das Lied „Von Mordslaster des Raubens“, das mit einer Vorrede Schwarzenbergs im „Teutschen Cicero“[3]) abgedruckt ist.

Es ist ein Volkslied in fünfzeiligen Strophen; die Zeilen halten 6 bis 7 Silben, entfernen sich also von der sonst von Schwarzenberg gepriesenen und geforderten Achtsilbigkeit, die wir z. B. in dem Liedfragment von den Kaufleuten haben, das Hutten und Schwarzenberg gemeinsam dichteten.[4]) Hier, im Räuberlied, erhebt sich Schwarzenberg nicht über den Durchschnitt gleichzeitiger Produkte; möglich, dass der Zwang des bekannten

---

[1]) Wickram 4, S. 102; vgl. auch die Einleitung 4, S. XXXII ff.

[2]) „Teutsch Cicero“ 1534, Bl. 144b.

[3]) „Teutsch Cicero“ 1534, Bl. 93—95b; vgl. oben S. 33. — Über das Raubritterwesen vgl. auch Hans Sachs (hrsg. v. Keller-Goetze 8, S. 504, 508; 23, S. 545; 25, S. 555; Wickram 4, S. XXXIX, Anm. 4).

[4]) Szamatólski, S. 127.

Tones („Drei Laub auf einer Linden")[1]) ihn zu einer gewissen Geschraubtheit und Schwerfälligkeit verdammt hat, die er sonst zu meiden pflegt. Vielleicht hat er sich sogar bewogen gefühlt, jenes Schmähgedicht aus Würzburgischen Kreisen, gegen das sich doch wohl das Räuberlied wendete, im Tone zu kopieren. — Wieder sehen wir unsern Schwarzenberg als Gelegenheitsdichter im guten Sinne. Wie ihn der Tod der Frau zum „Trostspruch", die Klagen auf dem Kölner Reichstag zum „Büchlein vom Zutrinken" anregen, so greift er hier zur Feder und zum Liede, um die Schmähungen gegen seine Landfriedensbestrebungen zu geisseln. Dass das sangbare Lied damals eine gute Waffe war, zeigt neben Hutten besonders Luther und Hans Sachs.

Das Hauptwerk Schwarzenbergs auf literarischem Gebiete ist das Bilderbogenwerk „Memorial der Tugend", das zuerst im „Teutschen Cicero" von 1534 erschien.[2]) Hatte er schon in der Bambergischen Halsgerichtsordnung der bildlichen Darstellung grossen Raum gewährt, so ist hier das Bild die notwendige Ergänzung zu dem gereimten Spruch. Die populäre Tendenz, die Schwarzenbergs sämtliche Schriften durchzieht, tritt hier besonders in den Vordergrund. Er will mit diesem „Memorial der Tugend" lehrhaft auf das Volk wirken; wenn er sich auch nicht unterfängt, Weisheit und Lebensregeln als ein Berufener zu lehren, so wünscht er doch mit seinen kurzen Sprüchen die Menschen an Tugend und Ehrbarkeit, Gottesfurcht und frommen Wandel zu erinnern, in der richtigen Erkenntnis, dass alle Menschen krank sind, und die einen starker, die andern schwacher Arzenei bedürfen. Er hätte es nicht ungern, wenn man seine Sprüchlein auf Tücher und Wände malte, auf Zettel schriebe und zu sich steckte, wenn sie nur ins Volk dringen und ihren Zweck nicht verfehlen.

Wann das Werkchen im Manuskript fertig geworden ist, ist schwer zu sagen. Mannigfache Anklänge an die erste Fassung des „Kummertrost", den sogenannten „Trostspruch" (1502), sowie

[1]) Diese Melodie, die Schwarzenberg vermutlich benutzte, steht bei Forster, Alte und neue teutsche Liedlein (1540) 2, No. 76 = Uhland, Alte hoch- und niederdeutsche Volkslieder No. 76; Erk-Böhme, Liederhort 2, S. 215.

[2]) „Teutsch Cicero" 1534, Bl. 96—147.

öfteres Zurückgreifen auf das Zutrinkerbüchlein machen es vielleicht wahrscheinlich, worauf die verschiedenartigen Stoffe schon an sich führen können, dass die einzelnen Sprüche nicht mit einem Male entstanden sind, sondern etwa zwischen 1510 und 1520 fast zu $^3/_4$ hundert anwuchsen. Eine Anfangsgrenze lässt sich freilich deshalb nicht geben, weil wir die metrische Form der zweiten vorliegenden Fassung nicht als Kriterium anführen dürfen. Einzig und allein ein indirektes Zeugnis vermag nachzuweisen, dass 1521 der Text vorgelegen hat. Um diese Zeit ging nämlich Hans Weiditz, der Petrarkameister[1]), von dem ein Teil der Holzschnitte zu Schwarzenbergs Schriften herstammt, nach Strassburg, und sein Wegzug veranlasste den Verleger Grimm in Augsburg Ciceros Büchlein „Vom Alter“ in Schwarzenbergs Verdeutschung herauszugeben, wofür die Holzschnitte schon vorlagen. Kein einziger Holzschnitt, den das „Memorial der Tugend“ enthält, ist jedoch von Weiditz, so dass also eine Illustrierung dieses Werkes erst nach dessen Weggang seitens unseres Schwarzenberg mit dem Verleger besprochen sein mag. Dass eine solche Anweisung stattgefunden hat, zeigt die Vorrede.[2]) Als Künstler erscheinen Schäufelin und Breu.[3]) Weshalb das Werk erst posthum 1534 zum erstenmal erschien, ist nicht ersichtlich. Jedenfalls sind die Holzschnitte nicht erst nach Schwarzenbergs Tode hizugekommen, sondern von Anfang an beabsichtigt.

Schwarzenberg scheint an dieser Sammlung didaktischer Gedichte mit besonderer Vorliebe gearbeitet zu haben, und wir können wenigstens im ersten Teile eine gewisse feste Anordnung erkennen. Die Hauptgrundlage fast aller der kleinen Gedichte ist die Bibel, und auch da, wo nicht speziell aus ihr geschöpft wird, schliesst der Dichter mit dem Hinweis darauf, dass Beispiele in der Bibel zu finden wären (Bl. 134a). Der ganze erste Teil schöpft jedoch direkt aus biblischer Geschichte (Bl. 100—114). Der Ausgang ist hier wie im Zutrinkerbüchlein der Gegensatz

---

1) H. Röttinger, Hans Weiditz S. 41.

2) „Teutsch Cicero“ 1534, Bl. 96 b ff.

3) R. Muther, Biographie Schäufelins in den Gesammelten Studien zur Kunstgeschichte (Festgabe an Springer). Leipzig 1885, S. 173; H. Röttinger, S. 87. — Abbildungen in Hirths Kulturgesch. Bilderbuch I, Nr. 302 und 484; Bartsch, Le Peintre-Graveur 9, No. 55—94.

zwischen dem Reiche Gottes und dem des Teufels, ein Motiv, das öfter wiederkehrt und dem Verfasser der Bambergischen Halsgerichtsordnung bereits durch den grossen Holzschnitt (No. 3)[1]) der Ausgabe von 1507 wohl vertraut sein musste. An diesen erinnert besonders Spruch und Holzschnitt Bl. 117b im „Memorial der Tugend" (vgl. Bl. 100a und 128b). Aus der Bibel und ihrer Lektüre, die ja für Schwarzenberg besonders charakteristisch ist, stammt die Schöpfung der Tiere und des Menschen, der Sündenfall, Kain und Abel, die Sintflut u. a. m. Merkwürdig wenig Stoff hat das Neue Testament geboten (reicher Mann und armer Lazarus, Zöllner und Pharisäer, Tempelaustreibung), einiges die römische und griechische Geschichte und Sage, weniges die allgemeine Geschichte (Tell). Die Hauptmasse der Sprüche bietet allgemeine moralische Lehren und Ermahnungen. Aus ihrer Zahl heben sich die anderwärts bereits erwähnten Nummern ab, die sich auf den geistlichen Stand und das Klostergelübde bei Mönchen und Nonnen beziehen. Sie mögen, wie aus der historischen Beziehung zum „Sendbrief" von 1524 hervorgeht, zu den jüngsten Teilen der Sammlung gehören. Suchen wir für das übrige eine Quelle, soweit man überhaupt bei der eigenartigen Beziehung Schwarzenbergs zu seinen Vorlagen von einer solchen sprechen darf, so führt uns ersichtlich der Weg über Murners „Narrenbeschwörung" (1512) zu Sebastian Brants „Narrenschiff" zurück (1494). Man würde freilich vergebens nach starken wörtlichen Anklängen suchen; dass jedoch Schwarzenberg beide Werke, besonders aber das letztgenannte, gekannt und gelesen und aus ihm mannigfache Anregung geschöpft hat, mag der Umstand beweisen, dass wir für rund 60 Moralsprüche 25 Kapitel des Brantschen Narrenschiffs als stofflich verwandt nachweisen können.[2])

---

[1]) Bambergische Halsgerichtsordnung, hrsg. Kohler und Scheel (1902), S. XXXI und XXXIII.

[2]) Es entsprechen sich Bl. 116 (Sakrament und Busse) = NS 29, 31, 35, Bl. 117a b (Vergänglichkeit, Tod, jüngstes Gericht) = NS 85, 86, Bl. 119b (Rauben) = NS 79, Bl. 120 (Astronomie) = NS 65, Bl. 122b (Wucher) = NS 83. 93, Bl. 123b (Leichtsinn) = NS 32, Bl. 125b (Redlich im Handwerk) = NS 48, Bl. 127 (Erzieht die Kinder) = NS 6, Bl. 128b (Niemand kann zwen Herrn dienen) = NS 18, 64, Bl. 130 (Bekämpfe fleischliche Lust) = NS 50, Bl. 133 (Ehebruch ist Werk des Teufels)

Seltener erscheint ein Zurückgehn auf Murners „Narrenbeschwörung“,[1]) und das ist nicht wunderbar: haben wir schon zwischen Brant und Schwarzenberg einen massgebenden Unterschied darin zu konstatieren, dass unser Autor mehr den einzelnen Fall ins Auge fasst, dass ihm die Lehre der Tugend die Hauptsache ist und nicht die Verhöhnung der Untugend, so ist der Unterschied von dem geistreich witzelnden, Wortspiele und Wortdeutungen suchenden Murner noch viel deutlicher. Schwarzenberg erscheint als der biedere, lehrhafte Mahner, der treue Eckart, wie er nicht mit Unrecht genannt worden ist. Geistreiches Pointieren liegt ihm hier ferner als im Zutrinkerbüchlein, der rasche Wurf geistreicher Satire ist hier durch langsame Sammelarbeit einzelner Fälle ersetzt. Gerade diese Sammelarbeit jedoch nähert das anspruchslose Werkchen seinen grösseren Vorbildern, besonders dem Narrenschiff Sebastian Brants, das ebenfalls ein Kompendium moralischer Weisheit darstellen sollte. Es gibt sich deutlich als eine Satire auf alle Stände und tritt damit in die grosse Reihe gleichzeitiger Schriften ein, welche die Tugenden und Fehler ihrer Mitmenschen im einzelnen Revue passieren lassen und zu bessern versuchen. Zu den Quellen (Brant, der Bibel, den Alten und dem Sprichwort) tritt hier noch die Summe reformatorischer gangbarer Ideen. Eigenartig und vielleicht als unvollkommene Nachahmung des geistreicheren Brant wirkt es, wenn Schwarzenberg recht oft oberhalb des Holzschnittes das Laster sprechen lässt, dessen Worte und Gesinnung durch den Spruch unterhalb des Bildes zurückgewiesen und widerlegt

= NS 32, 33, Bl. 134b (Geistlicher Stand sei frei von Begierden) = NS 73, Bl. 135 (Adel achte auf seinen Stand) = NS 79, Bl. 136 (Falscher Anwalt und Schreiber) = NS 79, Bl. 137 (Sei ein guter Arzt) = NS 38, Bl. 137b (Sei ein redlicher Kaufmann) = NS 48, Bl. 138b (Sei ein ehrlicher Jäger) = NS 74, Bl. 139 (Sei ein redlicher Mönch) = NS 73, Bl. 144b (Halte dich vom Zutrinken fern) = NS 16, vgl. 111, Bl. 145 (Sei nicht begierig nach Reichtum) = NS 3, Bl. 145b (Denke bei fleischlicher Wollust ans Ende) = NS 33, Bl. 146b (Sei kein Spieler) = NS 77.

[1]) Bl. 122b (Wucher) = NB 67, Bl. 128b (Niemand kann zween Herren dienen) = NB 64, Bl. 134b (Geistlicher Stand) = NB 11, Bl. 137 (Sei ein guter Arzt) = NB 30, 13, Bl. 139 (Mönch) = NB 25, Bl. 141 (Von feilen Weibern kommts Unglück) = NB 9, 13, 17, 39, Bl. 144b (Zutrinken) = NB 18. 48.

werden. Gewiss ist aber damit der Geschmack der Zeitgenossen getroffen. Über den Erfolg des Werkes im einzelnen ist freilich nicht viel bekannt.[1])

Einunddreissigstes Kapitel.

Rhythmik und Reimkunst.

Fast die gesamte schriftstellerische Tätigkeit Schwarzenbergs wird von den munteren Verslein und Sprüchen eingerahmt, die sicher mit dazu beigetragen haben, seine Werke im Volke beliebt zu machen; hielt es doch noch im Jahre 1557 ein ungenannter Verleger, vielleicht Steiner in Augsburg, der auch die übrigen Werke Schwarzenbergs verlegt hatte, für nutzbringend, 2450 Reimzeilen unseres Poeten in einem Foliobande zu vereinigen, wobei freilich auch einige nicht Schwarzenberg angehörige Lieder mit untergelaufen sind.[2])

Schwarzenberg ist gewiss kein hervorragender Dichter; trotzdem dürfen seine von ehrlicher Begeisterung für Recht, Moral, Tugend und Reformation durchwehten Reime nicht wie bisher unbeachtet bleiben oder gegenüber bekannteren Namen der deutschen Literaturgeschichte zurücktreten; ein eigentümliches Geschick hat es nämlich gefügt, dass wir aus den Versen

---

[1]) Ein einzelner Spruch (Bl. 116: „*Mein puss hab ich so lang gespart*") ist abgedruckt bei dem Jesuiten C. Vetter im „Paradeissvogel" (1613), S. 225 No. 18; vgl. Bäumker, Das katholische deutsche Kirchenlied 1, S. 76 und S. 176, wo aber 3, S. 357 Schwarzenberg für einen Dominikanerprovinzial gilt, der 1439 auf den Konzil zu Ferrara-Florenz auftrat.

[2]) „*MAncherley Lehr / trost vnnd warnung / So Der Wolgeborn Herr / Herr Hans von Schwartzenburgk etc. Säliger Gedecktnus / Aus Altem vnnd Newem Testament gezogenn / Jnn Kurtze vnnd Anmütige Reimen verfasset hat / Sampt sonst andern mehr Reimen / So weiter darzu kommen sind. Vnd seind der zeilen der Reimen Zwey tausend / Vier hundert / Vnd Fünfftzig. Vollendet den 10. Tag Augusti 1557*" [Titelbild]. (Berlin, Kgl. Bibliothek Yh. 371.)

und Schwarzenbergs Bemerkungen dazu ganz bestimmte Beobachtungen für die Rhythmik des 16. Jahrhunderts gewinnen können.

Seit Szamatólski[1]) bei seinen Huttenforschungen auf das Lied „von den Kaufleuten“ gestossen war, das Hutten und Schwarzenberg gemeinsam verfertigt hatten, war man geneigt auf Grund der Briefbemerkung Huttens diesen für den Urheber einer verfeinerten dichterischen Technik zu halten, die Schwarzenberg dann in den später fallenden Umarbeitungen seiner Gedichte fortgeführt und benutzt hätte. Soviel aber auch unser Autor dem humanistisch gebildeten grösseren Freunde bei den Prosaübersetzungen aus dem Lateinischen verdankt, so kann doch hier eine Abhängigkeit von Hutten in bezug auf Versrhythmik und -technik durchaus nicht zugegeben werden, vielmehr müssen wir diese einseitige Überschätzung Huttenschen Einflusses auf Grund eigener Zeugnisse Schwarzenbergs zurückweisen.

Die Hauptstelle, in der dieser sich über die Technik seiner Verse ausspricht, steht im „Memorial der Tugend“[2]): „*Jtem wem solche nachvolgende reümen abzeschreyben gefallenn, der soll eben wissen und mercken, das er darinnen nit mer oder mynder wôrter, sylben oder bůchstaben mache, dann wie inn disem recht corrigierten exemplar funden wirdt, damit das gedicht dess reümenwercks, das desshalb sein aygene art hat, durch solche verånderung der schreyber nit gefålschet und geschendt werde, wann die zier des reümenwerckes steet darauff, das solchs inn reümen, bůchstaben und syllaben ungenôtet und gerecht sey* . . .“

Ganz ähnlich warnt der Herausgeber des „Teutschen Cicero“ in seiner Vorrede[3]) davor, die Verse willkürlich zu ändern: „*Es sollen auch alle wôrter in nachvolgendem bůch in frånkischen hofteütschen (dann wo bissweilen des reümwercks halben in solche anderlendische wôrter gesetzt werden haben můssen), auch was der teutschen reümen seind, der jeder allein in acht sylben steen und*

[1]) Siegfr. Szamatólski, Ulrichs von Hutten Deutsche Schriften. Untersuchungen nebst einer Nachlese. (Quellen und Forschungen zur Sprach- und Kulturgeschichte der germanischen Völker, 67. Heft 1891), S. 67, 127.

[2]) „Teutsch Cicero“ 1534, Bl. 99b.

[3]) Ebendort Bl. 3a bis 3b.

gedruckt werden; aber wiewol diser kunstreich bůchtrucker vor andern solcher kunst im Teütschland geschickt und fleissig erkent und gesehen wirt, so kan es doch nit gar fürkommen, es werden bissweilen uberig oder ander vocal und bůchstaben im drucken gebraucht, darzů das in reümen uberig oder zů wenig vocal, auch andere bůchstaben gedruckt, dardurch die wörter, auch die zal der achtsylbeten reümen verendert etc.“

Noch präziser spricht sich das Nachwort zum „Teutschen Cicero“[1]) aus: „*Es seyn auch sunst allerley ubersehung inn disem bůch eilhalben geschehen, als das dy fränckischen wörter mit verkerung der bůchstaben, darzů dy vocal aller ort mit recht und irer art nach diphtongieret, als mit .e. oder „oben gezeichnet, auch ein vocal, je für den andern gesetzt. Dessgleichen mit anderen bůchstaben auch je beschehen, sunderlich inn ettlichen reymen (wie alles bey der ersten vorred auch gemelt) uberig oder zů wenig vocal unnd bůchstaben getruckt worden, dardurch die achtsylbeten reymen inn der zal irer sylben verkert. Das alles zů ändern oder anzůzeygen ein sundere můh und lång nem: der gůtig, verstendig und můssig leser änder das alles selbst nach seiner gelegenheyt!*“

Kürzer weist die Vorrede Schwarzenbergs zum „Kummertrost“[2]) darauf hin, dass dieses Gedicht „*in gleiche gesylbte reymen auff fränkisch Hoffteütsch gesetzt*“ sei. Damit wäre aber gegenüber der Huttenschen Bemerkung nicht viel geholfen, weil natürlich dies alles später als 1520 hinzugekommen sein kann. Dass trotzdem aber Hutten vielmehr der Schüler Schwarzenbergs in dieser Beziehung gewesen ist, zeigt die bisher oft zitierte, aber niemals eingesehene erste Fassung des „Kummertrost“, die Schwarzenberg unter dem Titel „Trostspruch umb abgestorbene freunde“ bereits 1502 oder kurz danach infolge des Todes seiner Gemahlin verfasste[3]). In der bereits aus dem ersten Viertel des 16. Jahrhunderts stammenden Abschrift findet sich nämlich die Urform aller der metrischen und rhythmischen Bemerkungen aus den gesammelten Werken, und auf sie mag auch Huttens Anweisung zurückgehen, sofern sie natürlich nicht auf mündlicher Besprechung mit seinem Freunde beruht. Sie lautet folgender-

[1]) „Teutsch Cicero“ 1534, Bl. 162b.

[2]) Ebendort Bl. 156a.

[3]) S. oben S. 21 und 304.

massen: „*Jtem wer dissenn spruch abschreib, sol in den zeilen nit mer worten, auch in den letzten worten einer yeden zeil nit ander oder meher silben noch buehstaben machen dan wye in diesem exemplar nach art und eigenschafft des reumwerks recht geschrieben funden wirt, damit die recht zall und art der silben und reumen nit gefelscht und geschent werdenn*“.[1])

Mit dieser strengen Betonung einer feststehenden Silbenzahl tritt Schwarzenberg in die Reihe der sorgsamen Dichter des 16. Jahrhunderts z. B. Rebhun, Greff, Pondo, Hollonius, Rinckhart, Montanus, Titelius und Erasmus Alberus, die den Leser um Besserung etwa durch den Druck entstandener metrischer Fehler ersuchen.[2]) Freilich lässt die Durchführung der selbstgegebenen Regeln im „Trostspruch“ noch zum Teil zu wünschen übrig, und erst spätere Verse zeigen wirklich die Glätte der Form, die Schwarzenberg auch hier schon angestrebt zu haben scheint. Jedenfalls haben wir aber in der Verstechnik des „Trostspruches“ von 1502 einen Prüfstein für die Bewertung Schwarzenbergischer Verse und können durch Vergleichung mit anderen Dichtungen desselben eine Chronologie wenigstens im allgemeinen herstellen.

Dazu ist es aber nötig, einen kurzen Blick auf die metrischen Änderungen zu werfen, die der „Kummertrost“ im „Teutschen Cicero“ von 1534 gegenüber dem handschriftlichen „Trostspruch“ von 1502 aufweist.

Das 1061 Zeilen in der ersten Fassung zählende Gedicht bietet in der Schlussredaktion ein wesentlich verändertes Aussehen. Schwarzenberg hat offensichtlich nicht nur längere Partien besonders auf Grund seiner Lektüre des Cicero ein-

---

[1]) Papierhandschrift im fürstl. Schwarzenbergischen Zentralarchive zu Krumau aus dem ersten Viertel des 16. Jahrhunderts, Blatt 2b.

[2]) Erasmus Alberus hrsg. v. W. Braune (Hallische Neudrucke 104 bis 107), S. 4; für die übrigen vgl. J. Bolte, Strickers Düdescher schlömer (1889), S. *57 und Wickram, hrsg. v. J. Bolte 4 (1903), S. *XXII—XXIII. — Über die metrischen Fragen s. J. Minor, Neuhochdeutsche Metrik (1902), S. 342; aus der in den letzten Jahren recht zahlreichen Literatur seien genannt Karl Helm, Zur Rhythmik der kurzen Reimpaare des 16. Jahrhunderts (1895) und Anton Englert, Die Rhythmik Fischarts, ein Beitrag zur Geschichte der deutschen Metrik (1903), die für die obigen Ausführungen das Zahlenmaterial boten.

gefügt, sondern auch das Gedicht einer formalen, oft einschneidenden Durchsicht unterzogen. Freilich wird die spätere Fassung dadurch nicht überall zum Idealvers, Ungenauigkeiten und rhythmische Anstösse bleiben auch im Abdruck von 1534 recht deutlich: doch bieten die in beiden Stadien nicht übereinstimmenden Zeilen der letzten Fassung das Resultat einer formalen Redaktion seitens des Dichters.

Widerstreit zwischen Wort- und Versakzent wird vom Dichter meist deutlich empfunden und zu heben gesucht, und zwar durch einfache Änderung der Wortfolge, wie z. B.

Tr. 580 *Als got funf stet kerét gantz um.*
Kr. CLVIa *Als gott fünff stett gantz keret umb.*
oder
Tr. 452 *Dan was uns zu wissén gepurt.*
Kr. CLVIa *Dann was zu wissen uns gepürt*

oder durch Neugestaltung des ganzen Verses, wie z. B.

Tr. 189 *Und sagt denén dich zeug und neig.*
Kr. CLVIIb (r. CLIb) *Er sagt von disem zweyfel nayg.*

Freilich bleiben auch in der letzten Fassung manche und zwar recht gröblich gebaute Verse stehen. — Selten erscheinen in den Zusatzstrophen des „Teutschen Cicero" rhythmische Beckmesseriaden wie

Kr. CLVIIb (r. CLIb) *Noch wáinent méin leich zúm grab trág,*

die freilich zeigen, dass auch der alternde Schwarzenberg kein formvollendeter Poet geworden ist. Doch ist derartiges allerdings vereinzelt und im Vergleich zu ähnlichen Versen bei anerkannten Dichtern wie Sachs und Fischart ganz verschwindend zu konstatieren. Die sehr instruktiven Durchzählungen, die in jüngerer Zeit an einer ganzen Reihe von Dichtungen vorgenommen sind, ergeben für die vorliegende Frage das bemerkenswerte Ergebnis, dass Schwarzenberg sich mit 1,1 auf 100 Verse an Kaspar Scheit (2,8) und Erasmus Alberus (3,4) anreiht. Besonders letztere Tatsache ist interessant, da Alberus ebenso wie unser Autor ausdrücklich auf derartige Besserungen in der Betonung hinweist.[1])

[1]) S. hierzu die Tabellen bei Helm, Zur Rhythmik der kurzen Reimpaare.

Bereits im „Trostspruch“ (1502) finden wir daher eine im ganzen wesentlich glattere Verskunst in der Behandlung des Wortakzentes als bei andern gleichzeitigen Dichtern; diese Glätte nimmt mit der grösseren Gewandtheit zu, so dass wir mit geringen Abirrungen in den Versen der Bambergensis die nachweislich datierbaren Offizienverse von 1517 (1520, 1531) als fast vollständig glatt bezeichnen dürfen.

Ein feines Gefühl für rhythmische Glättung zeigt sich auch in subtileren Fällen.

Während Schwarzenberg im „Trostspruch“ unbedenklich Suffixe, die ursprünglich einen Nebenton trugen, in die Hebung treten lässt, ändert er später, freilich nicht überall, an diesen Stellen und sucht Betonungen wie *menschlíche*, *weltlícher*, *ewíger* u. a. m. zu meiden, indem er z. B. *menschlíchen sól er* (Tr. 105) in *gar mannlich soll er* oder *menschlíche wonung gar allein* (Tr. 49) in *ein menschlich wonung gar allain* (Kr. CLb) ändert; dass allerdings auch die Betonung *endlíchen* im „Kummertrost“ zu finden ist, wurde oben bereits angedeutet. Dass dergleichen feinere Betonungsnuancen tatsächlich empfunden wurden, beweist wohl klar die Änderung von *alsó* (Tr. 81) in *damít*. Im Anschluss an diese Wortbetonung, die an sich schon nach einer gewissen Glätte strebt, verletzt die Satzbetonung bei unserm Dichter merkwürdig wenig den natürlichen Akzent. Der oben zitierte Vers *„noch wainent mein leich zum grab trag“* kann als Typus für die Ausartung gelten, die aber höchst selten erscheint; selbst geringere Verstösse, wie die Hervorhebung des Artikels oder Pronomens gegen das folgende Substantiv werden fast durchgängig verbessert und später ganz gemieden.[1])

Die Verse der ersten Fassung sind sogar noch glätter, als es auf den ersten Blick erscheint, weil die schriftliche Niedersetzung gegen das Gesetz der regelmässigen Silbenzahl meist unbewusst verstösst, so dass ein glatter Vers in der späteren Fassung meist allein schon durch das Hinzusetzen oder Fortlassen indifferenter, silbenerzeugender Buchstaben erreicht wird. Der Dichter hat also hier in seiner Überarbeitung dasselbe Manöver

[1]) Z. B. *Wy ich offt méin zeit het verpracht* (Tr. 20): *Wie ich het ófft mein zéyt volbracht* (Kr. CL b.).

angestellt, das uns der Herausgeber des gedruckten Textes am Schluss des „Teutschen Cicero“ (1534, Bl. 162 b) empfiehlt;[1]) denn selbstverständlich ist auch die letzte Fassung der Gedichtverse nicht immer richtig überliefert, wenn auch das Prinzip des Dichters deutlich hervortritt. So verkürzt der „Kummertrost“ die Formen des „Trostspruchs“: *erlustiget* in *erlustigt*, *heiligen* in *hailgen*, *seligen* in *selgen*, *heiligster* in *heylgster*, *alle zeit* in *allweg*, *alle zeitlich* in *all zeytlich*, *alle sundt* in *al sünd*, *kenigs* in *kungs* u. a. m., und verlängert anderseits *brengt* in *bringet*, *merckt* in *mercket*, *dienst* in *dienest* u. a. m., um die regelmässige Silbenzahl zu erzielen.

Unregelmässigkeiten im rhythmischen Bau der Verse finden sich in der Überarbeitung nur insofern beseitigt, als Schwarzenberg in seiner Frühzeit Verse mit und ohne Auftakt anstandslos nebeneinander gebraucht; dies gleicht er jedoch später aus, und so erscheinen im Text des „Kummertrost“ die fehlenden Auftakte mit wenigen Ausnahmen sorgfältig ergänzt. Der Dichter setzt hierbei entweder am Anfang der Zeile ein Füllwort hinzu: *diser anger was entlegen* Tr. 31: *wann díser ánger lag beseyt* Kr. CL u. ö., oder bringt durch Einfügung in der Mitte und Tonentlastung der ersten Silbe einen Auftaktvers zustande: *thút er solchs in dieser welt* Tr. 1068: *thût ihr solchs hie inn diser welt* Kr. CLIX b. Endlich sind auch grössere Änderungen zu verzeichnen; es wird z. B. der Vers *wer nach wollust furt sein leben* Tr. 85 in *doch mancher der inn wollust lebt* Kr. CL b geändert, diesmal freilich auch darum, weil ein Vers mit klingendem Ausgang dem stumpfen der späteren Zeit weichen sollte. Zweisilbiger Auftakt erscheint vereinzelt, ist jedoch sicher in Tr. 331 *gewisst álle stráf und sélligkéit* zu finden, wo selbst die spätere Fassung das leicht zu ändernde *alle* stehen liess: *wesst álle stráff und séligkéyt* Kr. CLV a.

Ebenso wie der zweisilbige Auftakt ist auch die, übrigens von vornherein vereinzelte, zweisilbige Senkung im Versinnern später beseitigt: *weniger* ist durch *mynder* ersetzt (Tr. 451).

Dagegen ist das Fehlen einer Senkung im „Trostspruch“ nicht selten; selten, wenn man die Fälle nicht hinzurechnet, bei denen

[1]) S. oben S. 320.

die fehlende Silbe auf ungenügender schriftlicher Niedersetzung beruht: *geren: gern* u. ä. Verse wie *Und háb versúcht víllerléy* (Tr. 75) werden durch kleine Füllwörter wie *gar*, *der* gelängt.

Was den Versausgang betrifft, so gehört Schwarzenberg zu denjenigen Dichtern des 16. Jahrhunderts, die den klingenden Reim möglichst aus ihren Dichtungen zu verbannen trachten; die im „Trostspruch" vorhandenen nicht allzuhäufigen (3 %) klingenden Ausgänge sind fast alle der Durcharbeitung zum Opfer gefallen; nur wenige blieben, vielleicht aus Unachtsamkeit, stehen, und selbst von diesen wenigen brauchen nicht alle notwendig als klingend betrachtet zu werden (*pflegen: verwegen* Tr. 95, 96 = *pfleg'n: verweg'n*).

In den Rahmen dieser Versentwicklung fügen sich seine übrigen Dichtungen lückenlos ein. Die Verse zu den Bambergensisholzschnitten [1]) stehen noch durchaus auf dem Stande des „Trostspruchs" (1502); fehlerhafte Betonung ist nicht selten: *hér richtér alléin zu récht* (75b)[2]), *was íst die sách odér argkwán* (8b), *dás der vérclagt hát getán* (8b), falls man nicht bei dem letzten Beispiel eine fehlende Senkung annehmen will. Auch die Verlegung des Tones auf alte Kompositionssilben ist verhältnismässig häufig; besonders oft fehlt noch der Auftakt. Klingende Reime wie *dachen: lachen* (76b), *geben: leben* (23a, 76b, 77b) liessen sich vielleicht auch anders erklären. Im ganzen zeigen auch diese Verse noch nicht den gewandteren Poeten der späteren Zeit.

Es folgen die Verse des Zutrinkerbüchleins in der Originalfassung von 1512.[3]) Auch hiervon liegt bekanntlich eine Bearbeitung Schwarzenbergs selbst vor, die allerdings erst 1534 im Druck erschien und sich zumeist auf dichterische Zutaten bezog. Von letzteren müssen wir natürlich bei unserer Betrachtung absehen und uns auf die leider nicht allzu zahlreichen

---

[1]) Die Bambergische Halsgerichtsordnung hrsg. v. J. Kohler und W. Scheel (1902), S. XXVIII—LXV, wo auch die Reproduktionen nach dem Originaldruck von 1507 geboten werden.

[2]) Ich zitiere die Holzschnitte nach den Blattzahlen des Originaldruckes von 1507.

[3]) Vgl. die Einleitung zu meiner Ausgabe des „Büchleins vom Zutrinken" S. IV; der Titel steht oben S. 12; zur literarhistorischen Würdigung vgl. oben S. 308.

Originalverse in 1512 (O) beschränken. Diese zeigen neben einigen Anklängen an das frühere in dem Verfehlen von Wort- und Verston doch einen deutlichen Fortschritt der dichterischen Fertigkeit unseres Schwarzenberg.

Das Lied vom „Mordslaster des Raubens" (1513)[1]) fällt insofern aus dem ruhigen Gang dieser Entwicklung heraus, als diese zum Singen eingerichteten und jedenfalls wohl auf eine bekannte Melodie gedichteten Verse mit wenigen Ausnahmen dreihebig sind. Deshalb hat sich auch härtere Betonung von leichttonigen Worten, wie *man, er, sy* nicht vermeiden lassen.

Nach der Reihenfolge des Erscheinens folgen hierauf die Verse zu den Holzschnitten der Übersetzung von Aretinus' „Leben Ciceros",[2]) die von Georg Wassermann 1517 vollendet wurde, darauf die Verse zu den Holzschnitten der Officienübersetzung.[3]) Sie lagen bereits im Jahre 1520 fertig im Manuskript vor, das von Schwarzenberg einem Drucker übergeben wurde;[4]) von einer nochmaligen Revision beider Versgruppen durch den Dichter ist trotz der sonst recht ausführlichen Nachrichten des Vorredners nichts bekannt. Wir dürfen beide daher unbedenklich in der vorliegenden Form der Drucke von 1531, 1534 als ursprünglich annehmen. Ebenso steht es mit den nicht eben zahlreichen Versbeigaben zur Übersetzung von Ciceros Schrift „Vom Alter", die zuerst 1522 erschien, dann aber 1534 mit rein orthographischen Änderungen wiedergedruckt wurde.[5]) Den Übersetzungen der „Tusculanen"[6]) und der Schrift „De amicitia"[7]) sind keine besonderen Verse beigegeben; sie sind nur auf dem Titel durch je ein Blatt mit Versen aus dem „Memorial der Tugend" verziert. Wann die Verse dieser Dichtung entstanden

---

[1]) Gedruckt im „Teutschen Cicero" 1534, Bl. 93 ff.; s. oben S. 313.

[2]) Gedruckt im „Teutschen Cicero" 1534, Bl. 1—20.

[3]) Gedruckt bei Steiner in Augsburg 1531.

[4]) Vorrede zur Übersetzung der „Officia" 1531, Bl. 2—3.

[5]) Vorrede zur Übersetzung „Vom Alter" im „Teutschen Cicero" 1534, Bl. 21: „*Es ist auch dises nachvolgends verteütschts Ciceronisch bůchle vor aylff jaren, aber dermassen getruckt, das vil wort und synn dem exemplar ungemess gefunden; darumb das auch zu besserem truck widerumb geben worden.*"

[6]) Ebendort Bl. 40—63.

[7]) Ebendort Bl. 64—79.

sind,[1]) ist nicht ersichtlich; wir dürfen nur aus der Lebensführung Schwarzenbergs im allgemeinen schliessen, dass die Zeit von 1515—1520 wohl eher seiner Dichtkunst günstig war als die stürmische, an politischen Ereignissen und reformatorischen Gedanken reichere Zeit seiner letzten Lebensjahre.

Die oben erwähnten Verse aus den Ciceroübersetzungen zeigen nun aber gleicherweise wie das „Memorial der Tugend" eine bemerkenswerte Glätte im Rhythmus, bewahren fast ängstlich die von Schwarzenberg vorgeschriebene Silbenzahl und verwenden fast nur stumpfe Reime.

Dasselbe Gesicht weisen die wenigen Zeilen in den reformatorischen Flugschriften der Jahre 1524—25,[2]) wenn auch freilich der muntere Erzählton, der die Dichtungen Schwarzenbergs auszeichnet, sobald er mitten in seinem Stoffe aus alten Historien steht und diese moralisch verbrämt, hier einem schwereren Ernst und gewichtigerem Tonfalle weichen musste.

Wie stellt sich nun diese Verskunst, besonders die Verse der Jahre 1517—20, zu der dichterischen Tätigkeit Huttens?

Aus der ganzen stufenweise fortschreitenden Entwicklung Schwarzenbergs geht zur Genüge hervor, dass er selbständig zu der dichterischen Kunstübung gekommen ist, die wir schliesslich bei ihm finden. Es ist höchst unwahrscheinlich, dass Hutten, der 1517 und 1520 sich auf kurze Zeit mit ihm zu literarischer Tätigkeit verbindet und bis dahin sich überhaupt noch nicht als deutscher Dichter und Schriftsteller versucht hatte,[3]) einen solchen Einfluss auf den älteren und reiferen Genossen gehabt haben sollte. Er war freilich sicher das grössere Genie; aber er wird sich erst bei Schwarzenberg und im literarischen Zusammenwirken mit ihm darüber klar geworden sein, welche Waffe er mit deutscher Sprache und Dichtung in die Hand bekam. Mag immerhin die Umwendung Huttens zu deutscher Schriftstellerei gewiss auf praktischen Erwägungen und Wünschen seines leicht erregbaren Herzens beruhen: die unmittelbare Anregung wird ihm Schwarzenberg gegeben haben. Seine grössere

---

[1]) Gedruckt im „Teutschen Cicero" 1534, Bl. 96—147b.

[2]) S. unten S. 330ff.

[3]) Huttens deutsche Dichtungen sind am bequemsten zugänglich in der Deutschen Nationallitteratur 17, S. 214 No. 1—4 (hrsg. von Balke).

Gewandtheit liess ihn die Entwicklung, zu der Schwarzenberg Jahre gebraucht hatte, in kürzerer Zeit durchmachen. Aber er war bei alledem der Schüler, nicht der Lehrer des Bamberger Freundes, wie er es selbst in dem Briefe an seinen Schwager Bernhard von Hutten mit der getreuen Herübernahme des Schwarzenbergischen Achtsilbenprinzipes bestätigt.

Sollen wir zum Schlusse Schwarzenbergs Stellung unter den Dichtern des 16. Jahrhunderts bestimmen, so gehört er natürlich nahe zu Hutten und steht in metrischer Beziehung dicht neben Alberus, Murner und Fischart. Dass er mit dem gleichmässig stumpfen Reim und der strengen Einhaltung der Silbenzahl Nachfolger gehabt hat, zeigt Kaspar Scheit, der ihn auch sonst literarisch in seiner „Frölich heimfart“ benutzt hat.[1])

Zweiunddreissigstes Kapitel.

Schwarzenbergs reformatorische Schriftstellerei.

Bereits mehrfach[2]) ist in den bunten Bildern von Schwarzenbergs Lebensschicksalen, die wir an uns haben vorüberziehen lassen, auf seine Stellung und sein Eintreten für die Reformation Rücksicht genommen worden. Der Hof des kunstliebenden Bischofs Georg III. war nicht, wie seit Jos. Heller angenommen zu werden pflegt, offen evangelisch gesinnt.[3]) Erhard weist neuerdings aus einer guten Kenntnis der einschlägigen Akten und Archivalien überzeugend nach,[4]) dass Georg wie recht viele in damaliger Zeit wohl im Herzen der neuen Lehre nicht ab-

[1]) S. oben S. 308.

[2]) S. 93 ff., 102 ff., 131, 144—145, 158—159.

[3]) Jos. Heller, Reformationsgeschichte des ehem. Bistums Bamberg 1825 und handschriftliche Sammlungen Hellers in der kgl. Bibliothek zu Bamberg.

[4]) Otto Erhard, Die Reformation der Kirche in Bamberg unter Bischof Weigand 1522—1556 auf Grund archivalischer Studien 1898, S. 6—9 und Anm.

geneigt, jedenfalls in seinem Glauben nicht unerschüttert gewesen ist; anderseits war er weit davon entfernt, die neue Lehre da zu unterstützen, wo er eine Beunruhigung der Gemüter, ja überhaupt öffentliches Ärgernis fürchtete.

So hatte er bereits seit dem Tag von Worms seinem Domkapitel gegenüber eine schwierige Stellung. Hier überwog gerade in dieser Zeit die Lutherische Partei, die mit allen Mitteln einer voreiligen oder unnötigen Ausführung von deutlich gegen Luther gerichteten Beschlüssen entgegenzuwirken suchte. Welche Rolle unser Schwarzenberg gerade bei diesen Meinungsverschiedenheiten im engeren Kreis des Bistums gespielt hat, ist nicht ersichtlich, wenn wir auch dem Hofmeister natürlich eine gewichtige Stimme dabei zutrauen dürfen, ja wir wissen leider überhaupt nur wenig davon, wie Schwarzenberg und auf Grund welcher Lektüre er sich für die reformatorischen Ideen entschied. Sicher ist, dass die erstaunliche Belesenheit und besonders die Bibelfestigkeit unseres Schriftstellers nicht über Nacht gewonnen sein kann, sondern dass hier ein jahrelanges Studium vorangegangen sein muss. Dazu stimmt, dass wir bereits im „Trostspruch“ von 1502 eine rege Beschäftigung mit allgemeinen sittlichen und religiösen Fragen erkennen und auch im „Memorial der Tugend“ (1517—20?), hier allerdings negativ, eine Art von Kritik an den Satzungen der alten Kirche erblicken.

Besonders muss die Klosterfrage in seinen Erwägungen einen grossen Raum eingenommen haben; bietet doch das genannte Holzschnittwerk an sieben Stellen Mönche und Nonnen, Abt und Nonne, Flucht aus dem Kloster u. a. und beschäftigt sich auch im allgemeinen mit der Würdigung des geistlichen Standes, der jedoch frei von Begierden sein soll.[1]) Gerade diese Frage spielt in Schwarzenbergs Leben, wie bekannt, mehrfach hinein; sein sogleich zu erwähnender „Sendbrief“, der unter Zustimmung Luthers[2]) die Flucht seiner Tochter aus dem Kloster „zum heiligen Grabe“ in Bamberg gegenüber Weigand von Redwitz verteidigt und besonders sein grossartiger Ratschlag über die Verwendung der geistlichen Güter, den er als Branden-

[1]) „Teutsch Cicero“ 1534, Bl. 130b, 134b, 139a, 139b, 140a, 140b, 142.
[2]) S. oben S. 131 Anm. 1.

burgischer Landhofmeister entworfen hat, legen davon Zeugnis ab.[1])

Das Auftreten Luthers fand also, wie Herrmann sagt, unsern Schwarzenberg nicht unvorbereitet, und er wandte sich, vielleicht durch die drei grossen Schriften[2]) des Jahres 1520 angeregt, nun zu selbständiger reformatorischer Schriftstellerei. Leider scheint die erste derartige Schrift, die in die Jahre 1521—22 gefallen sein muss, verschollen zu sein. Kein geringerer als Luther selbst, bietet uns in seinem Briefe von 21. September 1522,[3]) wenigstens ungefähr einen Blick auf den Inhalt. Es muss das Schriftchen sich mit den grundlegenden Fragen der Reformation („Von guten Werken, christlicher Freiheit, Sakrament und Bildnisanbeten und vom Heiligenehren" u. a.) in einer Weise beschäftigt haben, der auch Luther seine Anerkennung nicht versagen konnte, wenn auch in einzelnen Punkten eine Einigkeit nicht hergestellt zu sein scheint. Jedenfalls sehen wir aus dem Briefe, dass Schwarzenberg die damals erscheinenden Schriften Luthers mit selbständigem Urteil gelesen und benutzt hat.

Schwarzenberg tritt hiermit in die Reihe der ungelehrten schriftstellernden Adligen der Reformationszeit, die, ohne die Bildung eines Hutten, aus treuem Herzen heraus ihr Ringen und Kämpfen um die mannigfachen sittlichen und religiösen Fragen jener Zeit einem grösseren Publikum nicht vorenthalten haben. Er steht, was sprachliche Gewandtheit und Geistreichtum anbetrifft, allerdings über dem streitbaren Franz von Sickingen und dem weniger bekannten Ritter Hans Landschad von Steinach, dessen Namen Julius Wolffs Roman und dessen schriftstellerische Tätigkeit kürzlich Eduard Kück wieder ans Licht gezogen hat.[4])

[1]) S. unten S. 338 und 341.

[2]) Anklänge und Anregungen aus der Schrift „An den christlichen Adel deutscher Nation" sind besonders in seinem Kampf gegen das Klostergelübde und den Zölibat zu suchen, wie sie durch fast alle seine Schriften hindurchgehen, vorzüglich aber in dem Gutachten über Klostergut und Frauenklöster hervortreten. — An die Schrift „Von der babylonischen Gefangenschaft" erinnern die Äusserungen über die Sakramentslehre, soweit sie sich dann nicht süddeutsch-Zwinglischer Lehrmeinung zuneigen.

[3]) De Wette 2, S. 249.

[4]) E. Kück, Schriftstellernde Adlige der Reformationszeit I. Sickingen und Landschad. Progr. Rostock 1899.

Näher kommt er in seiner Schriftstellerei dem feurigen Hartmut von Cronberg,[1]) dessen kräftige Sendbriefe über religiöse Fragen der Zeit uns durchaus an die Schriften im Schatzgeyerstreite gemahnen.

Ähnlich sind sich beide Schriftsteller durch die Verquickung persönlicher und religiöser Interessen, ähnlich auch durch ihr Verhältnis zu Luther, ähnlich ferner durch ihre Sprache, die trotz aller Selbständigkeit in Wortwahl und Satzbau doch mancher Kanzleieigentümlichkeit nicht entraten kann, ähnlich schliesslich durch die Volkstümlichkeit ihrer Gedanken.

Einen deutlichen Abschnitt bildet der öfters zitierte Sendbrief an Weigand von Redwitz, zu dem Andreas Osiander eine Vorrede geschrieben hatte, *„darinn die munch yhres zukunfftigen untergangs erinnert und erstlich gewarnet werden"*.[2])

Im Jahre 1522 war nämlich Weigand von Redwitz zum Nachfolger Georgs III. gewählt worden, der als Bischof insofern streng päpstlich gesinnt war[3]), als er öffentlich einer Verbreitung neuer Lehren beharrlich entgegentrat, und das war ausserordentlich nötig in einer Zeit, wo Johannes Schwanhausen die Stadt Bamberg mit seinen reformatorischen Predigten begeisterte.[4]) Weigand war trotz alledem kein unzugänglicher Mensch; das wusste auch Luther, der ihn einen „feinen, vernünftigen Mann nennt, bei welchem leichtlich zu handeln sei, was christlich und recht ist". Die vollständig objektive Art, mit der Schwarzenberg im „Sendbrief" über die Schäden klösterlicher Gefangenschaft berichtet, lässt es schwer verständlich erscheinen, dass ein akuter Streit zwischen ihm und Weigand ausgebrochen sein soll. Es ist vielmehr bereits oben aus den archivalischen Quellen bewiesen worden, dass Schwarzenberg damals gar nicht mehr Bambergischer Hofmeister war; er trat vielmehr bereits nach dem Tode Georgs III. zu den Brandenburgischen Fürsten in ein näheres Verhältnis, in

[1]) Flugschriften aus der Reformationszeit XIV. (Neudrucke deutscher Literaturwerke des 16. u. 17. Jahrh. 154—156) hrsg. v. E. Kück 1899.

[2]) S. S. 23, 130; der genaue Titel steht im Verzeichnis der Drucke.

[3]) S. S. 139.

[4]) O. Erhard, Johannes Schwanhausen, der Reformator Bambergs in den Beiträgen zur bayrischen Kirchengeschichte 3, S. 1—23, 55—74.

deren Diensten er für die evangelische Sache kräftig wirken durfte[1]).

Ehe wir jedoch diese seine Tätigkeit beleuchten, muss auf einen literarischen Streit eingegangen werden, der sich über drei Jahre hinzog, der Streit mit Kaspar Schatzgeyer.[2])

War im „Sendbrief“ die Tochter, so ist in diesem Streite der Sohn die Ursache, der bayrische Landhofmeister Christoph von Schwarzenberg, der sich in einflussreicher Stellung in München lebhaft der katholischen Sache annahm, und sich dadurch vollständig mit seinem Vater entzweite. Der Anlass zu dem Streite ist recht charakteristisch. Die Enkelin Schwarzenbergs, Christophs Tochter, hatte letzterem ein evangelisches Gebetbüchlein geschenkt, wogegen Christoph Anfang 1524 eine „Väterliche Unterweisung“ zu Nürnberg hatte erscheinen lassen. Dagegen nun wandte sich der Vater Schwarzenberg in seinem umfangreichen Büchlein „Beschwerung der alten teüfelischen schlangen mit dem götlichen wort“, das gegen Ende 1524 zu Nürnberg erschien. Es erhob sich damit ein ausserordentlich heftiger Streit zwischen dem Verfasser und dem in der Schrift erwähnten Barfüssermönche Kaspar Schatzgeyer. Auf Schwarzenbergs Angriff antwortete jener bereits Anfang 1525 mit der „Fürhaltung XXX artigkl“, wogegen Schwarzenberg wiederum 1526 sein Büchlein „Kuttenschlang“ erscheinen liess. Schatzgeyer sprach 1527 das letzte Wort mit seinem Sendbriefe „Wider herr Hansen von Schwartzenbergs neülich aussgangen püechlin von der kirchendiener und gaystlichen personen ee.“

Die „Beschwerung der alten teüfelischen schlangen“ ist eine übersichtliche Darlegung der damals strittigen Lehren zwischen der alten und neuen Partei. Sie zeigt uns Schwarzenberg als einen gewandten Polemiker und streit-

---

1) In diese Zeit fällt sein Eintreten für den Prediger Hans Grau von Kronach, dessen Luther in seinem Briefe an Schwarzenberg Erwähnung tut; vgl. auch Herrmann, S. 60; Erhard, Reformation, S. 7 Anm. 4; 1522 verbirgt er auch den aus Nürnberg geflüchteten Gallus Korn. (Ms. hist. 157 Kgl. Bibliothek in Bamberg.)

2) N. Paulus, Kaspar Schatzgeyer. Ein Vorkämpfer der katholischen Kirche gegen Luther in Süddeutschland (Strassburger theologische Studien III 1, S. 91—103, 144—46); dazu Al. Bernt, Deutsche Flugschriften in der Tetschener Schlossbibliothek (Progr. Leitmeritz 1904), S. 13, No. 66.

baren Verfechter evangelischer Lehre. Durch das in ziemlich erregtem Tone geschriebene Büchlein zieht sich als Haupt- und Grundakkord das Lutherische „Das Wort sie sollen lassen stan!“ Schwarzenberg will unter allen Umständen bei dem klaren, göttlichen Wort der heiligen Schrift bleiben, wenn auch Dr. Luther und andere sich irrten, widerriefen oder „die bösesten Menschen im ganzen Erdreich“ wären (Bl. B 1a). Offen, mit seinem Namen, tritt er für diese seine innerste Überzeugung ein, damit niemand ihm etwa vorwerfen könnte, er verberge sich aus Furcht oder schäme sich, *„auss ungrunt diser materi seines namens!“* (B 2a). Das Büchlein zerfällt in acht Artikel. Der erste handelt von der Kirche, die allein auf Christus gegründet und nicht auf Sankt Peter und die Päpste als Nachfolger desselben gebaut sei; der zweite redet ausschliesslich von der Schlüsselgewalt der Kirche; ein weiterer vom Glauben, Liebe und guten Werken. Hier steht Schwarzenberg besonders Lutherischen Gedanken nahe: Glaube, Liebe und von Gott gebotene gute Werke sind unteilbar miteinander vereinigt, doch der Glaube ist der Ursprung (Bl. 53b) von allen dreien. Ihn vermögen wir aber aus eigener, menschlicher Kraft und Willen nicht zu erlangen, sondern müssen allein der unverdienten göttlichen Gnade gewärtig sein (Bl. 61). — An diese lehrhaften Darlegungen reihen sich mehr polemische Artikel. So wendet sich Schwarzenberg scharf gegen die Ohrenbeichte und spricht dem Priester überhaupt das Recht ab, Ablass der Sünden und Absolution zu erteilen.[1]) Mit bitteren Worten weist er ferner den Vorwurf seines Sohnes zurück, als ob es unchristlich sei, dass er in der österlichen Zeit des Jahres 1524 das Abendmahl in beiderlei Gestalt genommen habe[2]) (Bl. 71a, r. 66a): *„Unnd ist übel versaumbt worden, das du und dein weyser hauff nit bey Christus und seinen aposteln in irer leyblichen handelung auff erden gewest und irer eynfaltigkeyt mit ewer hohen philosophischen weissheyt zů hilff kumen seyt.“* Mit den klaren Einsetzungsworten der Schrift beweist er dem Sohne, dass das Abendmahl allein zu essen und zu trinken eingesetzt wäre, und von einem Messopfer und einer Kelchentziehung keine Rede zu sein brauche.

[1]) Dasselbe Motiv bereits im „Memorial der Tugend“ Bl. 139b.
[2]) Man denke an sein Verhalten in Königsberg, oben S. 157.

Er nähert sich hiermit deutlich Zwinglischer Lehre[1]). Besondere Aufmerksamkeit wendet er auch hier wieder dem Sakrament der Ehe zu[2]); vorzüglich ist es ihm um die Priesterehe zu tun, für die er ja kurze Zeit vorher auf dem Landtag zu Ansbach öffentlich eingetreten war. Er hält das Kloster für ein Gefängnis, schlimmer als wenn jemand unter die Türken gefallen wäre, und streitet ebenso wie Luther in seiner Schrift „An den christlichen Adel deutscher Nation" gegen jeden Zwang, der auf die Klosterleute, Mönche wie Nonnen, durch Verbot der Ehe, strengere Speisegesetze[3]) und besonderlich die Anrufung der Heiligen und der Jungfrau Maria ausgeübt wird. Den Schluss macht ein scharfer Artikel gegen den Bilderdienst. Er trifft hier deutlich mit Schwanhausens Anschauung zusammen, der etwas später (1526) ebenfalls einen Traktat über das Klosterleben veröffentlichte[4]).

Doch hiermit nicht genug. Noch einmal musste er in dem Büchlein „Kuttenschlang" 1525 zu Felde ziehen, diesmal gegen den obengenannten Kaspar Schatzgeyer, der auf die „Beschwerung" gröblich geantwortet[5]) und durch seinen gleichzeitigen Streit mit Osiander die Aufmerksamkeit auf sich gelenkt hatte[6]). Aus den früher behandelten Streitfragen nimmt er die ihm interessantesten heraus: es ist das Eheverbot der Priester[7]) und die Speisegesetze. Er geht jedoch darüber hinaus auch auf andere Fragen ein, wie z. B. die Glaubwürdigkeit der Konzilien, und bestreitet entrüstet den (nicht ganz unrichtigen) Vorwurf, als solle die Bauernerhebung eine Folge reformatorischer Ideen sein.

Durch alle diese Ausführungen geht ein merkwürdig frischer Hauch: es ist die Sprache eines festen, markigen Charakters, der sich die neue Lehre nicht äusserlich angelernt, sondern sie

---

[1]) Vgl. die Ausführungen auf dem Ansbacher Landtag S. 338.

[2]) Eine Anknüpfung an den etwas älteren Albrecht von Eyb und dessen „Ehebüchlein" ist nicht wahrscheinlich. — Vgl. Max Herrmann, S. 330 ff.

[3]) S. unten S. 338.

[4]) Erhard, S. 61—66.

[5]) Genaueres über Schatzgeyers Gegenschriften bei N. Paulus, S. 98.

[6]) Ebendort S. 80—91.

[7]) Vgl. im „Memorial der Tugend" Bl. 130 b, 134 b, 139, 142.

mit Ernst und Fleiss erarbeitet und sich auf dem Grunde der heiligen Schrift zu festen Grundsätzen und religiösen Ansichten durchgerungen hat.

Erstaunlich ist die grossartige Bibelfestigkeit Schwarzenbergs, die uns auch sonst schon, im „Trostspruch" von 1502, im „Memorial der Tugend" und anderwärts entgegengetreten ist. Davon zeugen auch zwei unter seinem Namen gehende Broschüren, die sogenannten „Fünff und viertzig wee" (1524) und der „Cristliche unterricht und vormanung" (1524).[1])

Betrachten wir die religiöse Stellung Schwarzenbergs im ganzen, so hat er sich von dem strengen Luthertum seit seiner Korrespondenz mit dem Reformator doch erheblich entfernt. Schon damals waren kleine Differenzpunkte vorhanden. In den Schriften der Jahre 1524—26 steht jedoch Schwarzenberg durchaus auf dem Standpunkt der Evangelischen Süddeutschlands. Auch zu Karlstadt hatte er zeitweilig Beziehungen[2]). Seit 1524 war zwischen Luther und Zwingli jener unheilvolle Streit über die Abendmahlslehre ausgebrochen, die Luther gerade 1525 zu seiner energischen Schrift „Wider die himmlischen Propheten" veranlasst hatte. Auch Karlstadt und sein Bildersturm spielten hier hinein. Der Streit, in dem beide Parteien mehrfach das Wort ergriffen[3]), spitzte sich dann besonders im Marburger Religionsgespräch 1529 noch schärfer zu. Die süddeutschen grösseren Städte standen vollständig auf Zwinglis Seite, wie sie ja auch 1530 auf dem Augsburger Reichstage ihre gesonderte „confessio Tetrapolitana" überreichten.

Diese ehrliche Überzeugung konnte unsern Schwarzenberg jedoch nicht hindern, andere echt Lutherische Gedanken sich vollständig zu eigen zu machen. Sein begeistertes Bekennen des Formalprinzips der Reformation, der Alleinverbindlichkeit der heiligen Schrift als Norm des Glaubens, ist die Grundlage aller seiner reformatorischen Äusserungen. Das Materialprinzip

---

[1]) Genaueren Titel s. unten im Nachweis der Drucke.

[2]) S. oben S. 137.

[3]) Zwingli, „Epistola ad Math. Alberum" 1524, Oecolampadius, „De genuina verborum domini ‚hoc est corpus meum' iuxta vetussissimos auctores expositione" 1525, Zwingli, „Amica exegesis" 1527, Luther, „Dass die Worte Christi ‚das ist mein leib' noch feststehen" 1527.

von der Rechtfertigung des Menschen allein durch den Glauben wird zwar auch von ihm behandelt, doch steht es als Prinzip nicht so im Mittelpunkt wie bei Luther. Er nähert sich ihm jedoch immer wieder von der realen Forderung einer Aufhebung der Vorrechte des Priester- und Mönchtums her, indem er Freiheit der Ehe für die Priester und Nonnen und anderseits Freiheit der Gläubigen von den Priestern durch Aufhebung von Ablass, Absolution und Kelchentziehung verlangte. Eine freiere Ansicht über wahre Reue und Busse, die zur Absolution nötig sind, hatte er bereits 1502 in seinem „Trostspruch umb abgestorbene freunde"[1]) und etwa 1517—20 im „Memorial der Tugend" im Spruch über Absolution und Ablass[2]) geäussert. Nicht rein mechanische Sündenvergebung, sondern innerliches Mitarbeiten des Sünders ist seine Forderung[3]).

In demselben Gedankenkreise bewegen sich die Bestrebungen Schwarzenbergs, die uns in seinen Reden und Gutachten als Rat Kasimirs von Brandenburg seit 1524 entgegentreten. Wir kennen jetzt die hierauf bezügliche Tätigkeit unseres Schwarzenberg gerade in den Jahren nach dem Reichstage von Nürnberg 1523—24 aus archivalischen Quellen genauer.[4]) Die Stellung Kasimirs zur reformatorischen Bewegung ist typisch für die ganze Zeit und für zahlreiche Fälle scheinbaren Schwankens bei anderen Personen. Schornbaum hat überzeugend nachgewiesen, dass das Streben des Markgrafen deutlich darauf hinausging. die Lutherische Lehre zu unterstützen; aber er wollte dabei nicht offen mit den politischen Grossmächten, Kaiser und Papst, brechen. Er ähnelt hierin dem Bischof Georg III. von Bamberg, doch ist sein Hinstreben zur Luthersache ernstlicher als es bei dem Kirchenfürsten der Fall gewesen war. Diese Hinneigung hatte jedenfalls in Schwarzenberg den Entschluss befestigt, sich dem Markgrafen näher anzuschliessen, nachdem er auf dem Nürnberger Reichstage so offen für die Luthersache eingetreten war.[5])

---

[1]) S. jetzt noch im „Teutschen Cicero" 1534, Bl. 149 ff.

[2]) Ebendort Bl. 129 b.

[3]) Vgl. im allgemeinen den Überblick über die ganze Zeit bei Egelhaaf, Deutsche Geschichte im 16. Jahrhundert 1, S. 449 ff.

[4]) S. hierzu die S. 144 Anm. 2 zitierte Schrift von K. Schornbaum und überhaupt S. 144 ff. [5]) S. oben S. 102 ff.

Die reformatorische Bewegung, die im Markgrafentum bald deutliche Fortschritte machte, zwang Kasimir, seine Stellung zu präzisieren. Diplomatischerweise verband er diese Bestrebungen mit andern, die wir bereits oben zu erwähnen hatten.[1] Auf den Tagen zu Schwabach und Kitzingen[2] 1524 nahmen neben dem genannten Joh. Rurer und dem markgräflichen Sekretär Georg Vogler, dessen Schicksal unsern Schwarzenberg später schmerzlich beschäftigte, Hans von Seckendorf-Aberdaar und eben unser Schwarzenberg daran lebhaften Anteil.[3]

Nachdem auf dem Nürnberger Reichstage 1524 das Reichsregiment gestürzt war[4] und er dadurch freiere Hand bekommen hatte, trat er nun mit aller Kraft für Kasimirs politische Pläne ein und scheint der eigentliche Spiritus rector gewesen zu sein, der sogar manchesmal durch allzu schneidiges Eingreifen seinen Herrn in Verlegenheit brachte.[5] Es handelte sich darum, die weltlichen Stände zu gemeinsamem Vorgehen gegen die drei geistlichen Fürsten des Kreises zu gewinnen, für den Reichstag zu Speier zu rüsten und gegen die Bauern Stellung zu nehmen. Der Tag von Kitzingen (28. Juli 1524) bringt neben politischen Einigungen kurze Richtpunkte für eine nochmalige endgültige Beratung[6], die mit ihrem frischen Zuge, besonders mit dem mehrfach betonten Festhalten am reinen Worte Gottes, ganz so aussehen, als ob wieder unser Schwarzenberg den Hauptanteil gehabt hätte. Wie hier war auch auf dem folgenden Tage zu Windsheim (24. August 1524) das Evangelium der Kitt zwischen den verschiedenen Parteien[7]; doch verlief die ganze Angelegenheit dann aus anderen Gründen auf einem folgenden Tage zu Rotenburg o. T. (12. Oktober 1524)[8] im Sande.

---

[1] S. oben S. 144.

[2] Über die fränkischen Landtage von 1523 ff. vgl. jetzt R. Fellner, Die fränkische Ritterschaft (1905), S. 285—298.

[3] Schornbaum, S. 21 ff.

[4] S. Oben S. 129 f.

[5] Schornbaum, S. 30, 32 und Anm. 105.

[6] Schornbaum, S. 34.

[7] Schornbaum, S. 37; über die Stellung des Adels zur Glaubensspaltung vgl. jetzt auch Fellner, S. 273 ff.; über die Stellung der Städte s. Egelhaaf 1, S. 450 ff.

[8] Schornbaum, S. 36, 58 ff.

Grösseres Interesse erweckt noch Schwarzenbergs Auftreten auf dem Landtage zu Ansbach.[1]) Im Anschluss an die Artikel des Reichsabschiedes von 1524 wurde über die neue Lehre verhandelt und zuerst die Geistlichen um Gutachten angegangen. Aus dem endlosen Hin und Her der Verhandlungen, die Schornbaum ausführlich bespricht, und die sich an die von Kasimir vorgelegten 23 Artikel anschlossen, welche die hauptsächlichsten Unterscheidungen zwischen dem alten und neuen Glauben zusammenstellten[2]), interessiert uns hier besonders der Eingriff Schwarzenbergs, als die Verhandlungen zu keinem gedeihlichen Ende zu kommen schienen. Dem Sehnen des Landes, sagt Schornbaum, verlieh nun Hans von Schwarzenberg Ausdruck.[3]) Er stellte folgende Punkte auf, die sich eng an die in seinen Streitschriften behandelten Materien anschliessen:

1. „Bei dem lautern claren wort gots pleiben, unangesehen aller bepstlich und kaiserlichen gebot; denn got sei stärker auch noch mehr zu fürchten denn alle menschen, doch nicht mit gewalt hinein zu fahren, sondern jetzt einen gütlichen abschid zu machen. a) dass m. gn. h. erfind, dass jetzt zweierlei gepredigt werd; nun wer mein gn. h. befehl, das wort gots lauter und rein zu predigen, wie das im alten und neuen testament begriffen wer und nits, das darwider sei; b) dass m. g. h. anlang, dass etliche predigen und sonst reden, das zu zank diene; dann dasselbige zu verpieten, auch derhalben den amtleuten befehl geben, solichs nit zu gestatten, sondern wo sich mennig unterstund, denselbigen anzunehmen und hieher gelangen lassen. c) der prediger lutherisch oder papistisch und ketzer schelten laut zu verbieten, dass sich keiner lutherisch nenne, auch keiner den andern also schelten soll.

2. Von andern artikeln: soll m. gn. h. nit strafen, wer sich nach laut des evangeliums hielt: als priester weib nehmen[4]*); das ganz sakrament zu empfahen, nit verhindern*[5]*); fleisch essen nit strafen noch zu verbieten*[6]*); und in andern zufallen, so jemand*

---

[1]) S. Oben S. 144—145, Schornbaum, S. 37 ff. und Anm.

[2]) Schornbaum, S. 36 und Anm. 116, 163.

[3]) Schornbaum, S. 52 und Anm. 161, vgl. oben S. 144 Anm. 3. Text nach Schornbaum.

[4]) „Beschwerung" Bl. 84.

[5]) Ebenda Bl. 71. [6]) Ebenda Bl. 100.

mutwilligkeit nach recht zu strafen und zu handeln, doch keineswegs wider das wort gots.“

Diese mutigen, von ehrlicher Begeisterung getragenen Vorschläge weckten wohl Anklang[1]), aber man sah ein, dass damit die Priester geradezu zum Kampfe herausgefordert und der gehoffte Friede damit aufs äusserste gefährdet wurde. Deshalb schloss man sich dem Vermittelungsvorschlage Hans von Seckendorffs an, der auch den Beifall Kasimirs fand: man solle sich vorzüglich hüten, nach aussen anzustossen, ehe weiteres an anderen Orten aufkäme, und solle nicht an alten Zeremonien rühren, doch bei Übertretungen möglichst Milde walten lassen. Der Landtagsabschied vom 1. Oktober 1524 nimmt also ebensowenig eine klare Stellung ein wie der Reichsabschied von Nürnberg 1524.[2])

Noch einmal hatte Schwarzenberg Gelegenheit, in Kasimirs Diensten für seine Gedanken und Überzeugungen einzutreten, nämlich auf dem Reichstag zu Augsburg[3]) 1525, wohin er mit Georg Vogler den Markgrafen begleitete. Wie Georg sich hier in den Verhandlungen mit Hessen und Sachsen, bei denen Hans von Seckendorff sich besonders hervortat, davor hütete, offen mit den Päpstlichen zu brechen und sich der Sache der Reformation eben so offen anzuschliessen, gehört nicht in diesen Zusammenhang. Seinem schwankenden Standpunkt entspricht es recht wohl, wenn er zu derselben Zeit, wo er die Beziehungen zum luthertreuen Sachsen ein für allemal abbrach, durch unsern Schwarzenberg ein Gutachten über die Verwendung des Klostergutes[4]) aufsetzen liess und dadurch doch wiederum durchaus an früheren Plänen festzuhalten scheint (nach dem 25. Dezember 1525). Der Titel lautet: *„Ein ungeferlich bedenken und getrewer ratschlag, was genannter geistlicher güter halben zu handeln unvermeidliche, christliche notdurft erfordert.“*

---

[1]) Schornbaum, S. 55.

[2]) Ebenda S. 57.

[3]) Ebenda S. 85 ff.

[4]) Auszug daraus bei Schornbaum, S. 210—12 Anm. 237. — Original im Kr.-Arch. Nürnberg (Ansbacher Religionsakten XI, f. 59—68) von Schwarzenbergs Hand mit Zusätzen von Vogler. — Ein Verzeichnis der dortigen Männer- und Frauenklöster bei Schornbaum, S. 143—145.

Das Gutachten geht von der Notwendigkeit aus, die zu säkularisierenden Klöster und ihre Einkünfte rechtlich zu allgemeinem Nutzen des Reiches zu verwenden. Um dies zu erreichen, entwirft Schwarzenberg hier einen grossartigen Plan „zur Festigung des Reiches nach innen und aussen", der von seinem weiten Blick und seinem Organisationstalent ein beredtes Zeugnis ablegt. Er wendet sich im Eingang scharf gegen die Übergriffe der Bauern, die er zum grossen Teil selber miterlebt hatte[1]), und fordert die Wahl eines Regiments und Gerichts in jedem Reichskreis, das aus einem Hauptmann und zwölf Räten bestehen soll. Die Räte sollen den Fürsten, Grafen und Herren, dem übrigen Adel, den Reichsstädten zu gleichen Teilen angehören. Dieses Regiment soll die Kreisausgaben und -einnahmen unter sich haben und aus dem Ertrage geistlicher Güter jeder Person geistlichen Standes zu Lebzeiten jährlichen Unterhalt gewähren, den Überschuss zugunsten des Regiments verwenden. Davon sollen Pfarrer und Bischöfe angestellt, eine Kreishochschule errichtet werden, in der man Hebräisch, Griechisch und Lateinisch triebe; ferner soll man Jungfrauenklöster errichten zur Erziehung adliger Damen mit freier Erlaubnis, eine Ehe einzugehen.[2]) Hauptsächlich ist aber das Geld zur Unterstützung armer Leute und vorzüglich zur Unterhaltung reisigen Volkes zu gebrauchen, das man gegen die Türken und gegen Unruhstifter im Kreise verwenden solle. — Über dem Kreisregiment steht eine Appellationsinstanz. Für die Verhandlungen sind unentgeltlich Prokuratoren und Anwälte zu bestellen. Es sollen alle Geistlichen dem Kaiser und den Ständen verpflichtet sein.

Es sind Lutherische Gedanken, die der alte Realpolitiker hier in Wirklichkeit umsetzen will. Nicht die Bauernpraktik roher Gewalt, gegen die ja auch Luther mit scharfen Worten aufgetreten war, sondern die grosszügigen Ideen der Schrift „An den christlichen Adel deutscher Nation" sind hier verbunden und verschmolzen mit den Anforderungen realer Politik. Der einstige Gutachter in der Türkensache von 1522—23 sieht nach vielen Enttäuschungen endlich eine Lösung. Die geistlichen Güter sollen das Geld aufbringen helfen, um die Grenzen des Reiches vor der Türkengefahr endgültig zu sichern und ein Heer

[1]) S. oben S. 131 ff. [2]) S. das zweite Gutachten S. 341.

aufzustellen, dessen Kosten jeder Stand damals von sich abzuwälzen suchte. Aber auch innere Politik soll damit getrieben werden. Die Schulengründungen, die sich vielleicht an Luthers Schrift „An die Ratsherrn" 1524 anschliessen, und die übrigen Massnahmen und Vorschläge, besonders das Vorgehen gegen unruhige Elemente im Kreise,[1]) sind höchst beachtenswert und zeigen den weiten Umblick ihres Verfassers. Die Anregung zur Erhaltung von Jungfrauenklöstern nahm er später nochmals auf. Bald darauf, bereits im Juni 1526, zog Schwarzenberg im Auftrage seines Markgrafen nach Preussen.[2]) Wie er dort für die Sache der Evangelischen gewirkt hat, ist schon des weiteren auseinandergesetzt worden.[3]) Dass der sogen. „Warnungsbrief des heil. Geistes", in dem warm die Priesterehe verteidigt wird, jetzt als sein Werk gilt, ist dort ebenfalls angedeutet.

Doch auch nach seiner Rückkunft aus Preussen zogen ihn ähnliche Gedanken immer wieder von neuem in ihren Bann. Das offene Auftreten Georgs von Brandenburg in Religionssachen und seine ehrliche Hinneigung zur evangelischen Sache ist gewiss nicht zuletzt der Grund dafür gewesen, dass der greise Schwarzenberg noch in hohem Alter ein neues Dienstverhältnis einging.[4]) Aus der letzten Zeit Kasimirs, etwa bereits aus dem Jahre 1524, sicher aus der Zeit des Bauernkrieges stammt ein Gutachten über die Frauenklöster, das am 19. Dezember 1528, also kurz nach Schwarzenbergs Tode, an Sachsen übersandt wurde,[5]) vielleicht im Verfolg der letzten

---

[1]) Wir finden ähnliche Massnahmen bereits während seiner Hofmeisterzeit in Bamberg auf Grund früherer Vorkommnisse; vgl. Scheel, Das alte Bamberger Strafrecht S. 31. 58. 92.

[2]) S. oben S. 150ff. und jetzt auch Schornbaum, S. 232 Anm. 293.

[3]) S. oben S. 158ff., besonders sein „Gegenratschlag" gegen Kasimirs Ansbacher Artikel S. 159—160.

[4]) S. oben S. 166—167.

[5]) Schornbaum, S. 212 Anm. 237; Exemplare im H. S. Ernestin. Gesamtarchiv zu Weimar Reg. B pag. 140 No. 71 und im K. Kreisarchiv zu Nürnberg (Ansbacher Religionsakten tom. supp. IV pr. 7); abgedruckt bei G. Egelhaaf 1, S. 671—676; vgl. über die Datierung auch S. 535. Schwarzenbergs Autorschaft wird durch einen Brief an den Kanzler Vogler (Fr. n. Franc. 1528 im Kr.-Arch. Nürnberg erwiesen; s. Schornbaum, a. a. O. S. 212.

Unterhandlungen, die unser Schwarzenberg über eine Kirchenvisitation nach kursächsischem Vorbilde mit Sachsen im Laufe des Jahres 1528 gepflogen hatte.

Dieses Gutachten wird von Egelhaaf als „eines der denkwürdigsten Zeugnisse für die im Fluss begriffenen Meinungen dieser Übergangszeit" bezeichnet. Es schliesst sich eng an die im Ratschlag über das Klostergut geäusserten Vorschläge an und zeigt durch weitblickende, kluge Anordnungen ein grösseres politisches Geschick als viele andere gleichzeitige Versuche. Die adeligen Jungfrauenstifte sollen durchaus nicht vom Erdboden verschwinden, es soll vielmehr die Einrichtung als solche bestehen bleiben, um ledige Edelfräulein zu versorgen; doch schwört beim Eintritt keine die Ehe ab, sondern es ist jeder unbenommen zu heiraten. Solange sie im Kloster weilt, soll für ein menschenwürdiges Leben dort mit Erziehung und Unterricht mannigfacher Art Sorge getragen, der Besuch von Männern jedoch tunlichst eingeschränkt werden. Findet sich eine Gelegenheit zur Ehe, so steht ihr der Austritt aus dem Kloster ohne weiteres frei:[1]) „*Item welche aus solchen frauen und junkfrauen zu eelichem stand greifen will, soll in unverpotten sein.*"

So greifen Anfang und Schluss der reformatorischen Äusserungen unseres Schwarzenberg ineinander. Die Freiheit von Mönchstum, die persönliche Stellung zu kirchlichen und Glaubensfragen ohne Gewissenszwang: das waren die Forderungen, die er an die neue Lehre stellte.

---

[1]) S. auch Egelhaaf 1, S. 535.

Nachwort.

Dreiunddreissigstes Kapitel.

Schwarzenbergs Stellung in und zu seiner Zeit.

Ein bewegtes Leben und eine vielseitige Tätigkeit hat sich vor unsern Blicken entrollt. Gewiss ist Schwarzenberg keiner von den ganz Grossen des angehenden 16. Jahrhunderts, trotzdem darf ihn die Geschichte nicht mit wenigen Worten abtun. Fliessen doch in ihm, seiner Tätigkeit, seinen Interessen und Erfolgen die Hauptströmungen jener Zeit zusammen. Es kann hier nicht meine Aufgabe sein, ausführlich jene Zeit zu charakterisieren, in der altes verging und wankte, neues soeben aufkam und sich zur Geltung zu bringen suchte. Wir wollen aber zum Schluss noch einmal in einem Gesamtbilde zu zeigen versuchen, wie die Lebensadern des beginnenden 16. Jahrhunderts, aus denen es Kraft und Fruchtbarkeit sog, auch unseres Schwarzenberg geistige Entwicklung gespeist haben.

In Schwarzenbergs Jugend fällt die Entdeckung Amerikas und die Erfindung der Buchdruckerkunst, seine Mannesjahre sind erfüllt von Kämpfen der Fürsten und Ritter unter einander und gegen die Städte. Der ritterliche Geist alter Zeit, die beste Tradition aus dem Mittelalter, hatte keinen Platz mehr in dieser Welt neuer Anschauungen und Kenntnisse. Maximilian, der letzte Ritter, ist mit seiner Vorliebe für die Romantik vergangener Tage unserm Helden nicht unähnlich. In diese Welt absterbender Anschauungen, veralteter Standesvorurteile, zum Teil abgenutzter deutsch-rechtlicher Begriffe tritt im Beginn des 16. Jahrhunderts und schon früher etwas Umwälzendes, wie es Deutschland seit den Tagen der Völkerwanderung nicht sah, das römische Recht. Erst leise in einzelnen Stadtrechtsordnungen oder mit hervorragenden Persönlichkeiten aus den transalpinischen Universitäten nach Deutschland eindringend, bereitete es den Boden vor für eine gänzliche Umwälzung besonders des Strafrechts und Prozesses. Aber auch das Zivilrecht ging denselben Weg. Lagen hier die Keime für wichtige rechtliche und damit zusammenhängende sozialpolitische Verschiebungen, so bot der auf demselben Weg eindringende Humanismus neben und vor dem römischen Recht den Anlass zu einer Hebung des Bildungsinteresses, wie es die sonst getrennten Stände der Fürsten, Ritter und Bürger gleicherweise ergriff.

Der Stand der Gelehrten rekrutierte sich aus allen dreien, und um die Fachleute mit ihrer damals noch universaleren Tendenz sammelte sich ein Kreis der Halbgebildeten, die angeregt durch die neuen Gedankenmassen diesen Samen für ein grösseres Publikum fruchtbar zu machen suchten. Nach dem unleugbar aristokratisch-ausschliessenden Zuge der ersten Humanisten hier ein Anlauf zur Verbreiterung der Kenntnisse und Niederlegung der Standesunterschiede von dieser Seite her, wie er uns auf sozialpolitischem Gebiete in der Bauernbewegung entgegentritt. Unterstützt wurde das Streben nach Bildung und Lektüre durch die gewaltig emporblühende Buchdruckerkunst, die nun freilich altes und neues nebeneinander auf den Markt warf.

In diese gärende Welt drang Luther mit seinen Posaunenstössen, die die Jerichomauern der alten Kirche umwarfen, in einer Zeit, als nicht nur die kirchlichen Ordnungen überlebt erschienen, sondern auch die politischen Formen des Reiches in der Haltung nach aussen wie nach innen einer Erneuerung zustrebten. Gerade die erste Hälfte des 16. Jahrhunderts zeigt uns eine Anzahl freierer Geister, die mit einem Ansturm die alten Zustände beseitigen, neues kritiklos annehmen wollten. Dazu gehört unser Schwarzenberg nicht. Er ist konservativer. Als Ritter und Grundbesitzer steht er mit Götz von Berlichingen auf einer Stufe, doch fehlt ihm bei aller Ähnlichkeit treuer Gesinnung und nationaler Empfindung das harte Dreinfahren des Mannes mit der Eisenhand. Im kleinen Kampfe des Tages mit geistlichen und ritterlichen Nachbarn erhebt sich Schwarzenberg zu einer höheren, sittlichen Auffassung der Lage. Zwar ist er wie Götz ein „Förderer des Rechts", doch mehr noch ein „Liebhaber des Friedens". Seine soziale Wirksamkeit in und nach dem Bauernkriege kann dies bestätigen. Als Feldhauptmann und Heerführer ist er hochgerühmt; ihm werden ähnlich wie dem grossen Jörg von Frundsberg auch ausserordentliche körperliche Kräfte nachgesagt, die in damaliger Zeit besonderen Eindruck machten. Auch hier wächst aber seine Bedeutung über die des guten Söldnerführers hinaus. Sein Blick in militärischen Dingen ist bekannt; er verbindet sich mit einem unleugbaren politischen Geschick, so dass Schwarzenberg als Gutachter in der Türkenfrage an die Reichsgrenze entsandt wird; auf seinem Bericht fusst die ganze folgende äussere Politik der Nürnberger Reichstage. Dies Geschick, gegebene Verhältnisse zu durchschauen, aber auch schriftlich und mündlich massgebend zu präzisieren, ist die Hauptbedeutung unseres Schwarzenberg. Darin beruht seine wichtige Stellung im Regiment, wo er Gelegenheit hatte, gerade diese Geistesanlage nach allen Seiten zu betätigen; deshalb wird er öfters in seinem Leben aufgefordert, ein endgültiges Wort, eine letzte Zusammenstellung zu machen: der „Rechtliche Austrag" des Jahres 1507, die Gutachten im Regiment, die späteren über Klostergut und Jungfrauenstifte legen davon beredtes Zeugnis ab; vollendet erscheint diese Fähigkeit in der „Bambergischen Halsgerichtsordnung". Es muss eine geschlossene, machtvolle, zielbewusste Persönlichkeit gewesen sein, die ohne Kenntnis des Lateinischen, ohne zünftiges Studium römischen Rechtes, es unternahm, ein Gesetzbuch zu schaffen, das mindestens zur Hälfte auf römischen Anschauungen beruht. Gewiss standen ihm hier wie bei seinen Übersetzungen Freunde zur Seite, die das Material beschafften und ihm die Möglichkeit zu der eigenartigen Schriftstellerarbeit boten: des Ruhmes bleibt trotzdem genug.

Nehmen wir noch seine reformationsfreundliche Schriftstellerei in Liedern, Flug- und Streitschriften dazu, so finden wir tatsächlich alle Strömungen des 16. Jahrhunderts in ihm vereinigt. Es darf freilich nicht verschwiegen werden, dass in unserer Beurteilung dieser vielseitigen Tätigkeit seine eigentlichen Dichtungen nur eine verhältnismässig wenig bedeutende Stelle einnehmen können; er erhebt sich vielmehr in seinen Liedern und Dichtungen nicht über das Mittelmass gleichzeitiger Schriftstellerei. Ihm ist das Dichten nicht Selbstzweck, sondern soll nur das Organ und Sprachrohr seiner moralischen Lehren an die Mitwelt sein. Seine Bedeutung liegt auf anderem Gebiete.

In diesen Jahren der Gärung, wo die besten der Nation nach dem jungen Kaiser ausschauten, der dann als ein Fremder des Deutschen kaum kundig, unter dem Thronhimmel zu Worms sass, war Schwarzenberg in rechtlichen Fragen ein Führer, in religiösen ein Mitstreiter, in staatlichen wenigstens auf kurze Zeit der stellvertretende Verweser des heiligen römischen Reiches deutscher Nation.

Das angehende 16. Jahrhundert steht unter dem Zeichen Luthers. Wenn man daher jene Zeit durch ein neues Lutherdenkmal charakterisieren wollte, so sässen wohl mit Recht Hutten und Sickingen an den Treppenwangen, als streitbare Kämpfer mit Wort und Schwert. Schwarzenbergs Bedeutung darf nicht beanspruchen, einen von ihnen zu verdrängen; wohl würde ihm aber ein Reliefbildnis gebühren mit den Zügen, die ihm Dürer lieh, aus denen uns all die Eigenschaften seiner kerndeutschen Kraftnatur entgegenleuchten, wie sie Franken und Mitteldeutschland des öfteren hervorgebracht hat: stark in Worten, ehrlich im Handeln, treu in der Gesinnung, glücklich im Erfolge, ein Mann, für den man vielleicht nicht mit Unrecht das Wort in Anspruch nehmen dürfte:

Denn wer den Besten seiner Zeit genug
getan, der hat gelebt für alle Zeiten.

Beilagen.

I.

Der „Rechtliche Austrag" von Kitzingen 1507.[1])

Begriff eines rechtlichen aufstrags zwischen den dryen frenckischen fursten, gefursten graven, graven, hern und ritterschafft im land zu Francken gesessen, [durch hern Hannsen von Swartzenberg und Doctor Sebastian von Rotenhan furgeschlagen].[2])

Item ob der obgemelten dryer fursten eyner gegen eynen andern gefursten oder andern graven, hern, ritter oder edelman, desglichen ob ein grave, herr, ritter oder edelman gegen der dryer fursten eynen oder mer spruch oder forderung hetten oder gewonnen, warumb das wer, nicht aufsgenomen, dan allein wie nachvolgen(d) im beschlufs von disser verwilligten rechtvertigung gesetzt, funden wirt: der sollen sie zu rechtlichem aufstrag komen, wie hernach gesetzt wirt,

Nemlich auff und fur nun person, der die benant fursten yeder zwen und die graven und fryhern eynen und die von der ritterschafft zwen zu verhorern und urteilern ernennen, orden, verlegen und setzen sollen, und soll under yedes fursten gesetzten urteilern zum wenigsten ein graff, her, ritter oder edelman sin.

Item dieselbigen nun verordenten sollen ein yede quotember zusamen komen und dem oder den, die einander beclagen und rechtvertigen wollen, rechts gestatten.

---

[1]) Kanzleikopie im Würzb. Standbuch 398, Bl. 109a—113b; von derselben Hand auch im Würzburger Kr.-Arch. G 8672 1/9.

[2]) Das eckig Eingeklammerte von andrer Hand; eine zweite neuere Hand mit Inhaltsangaben ist fortgelassen.

Item die verordenten nun sollen daz erst virteil jars daz gericht anzufahen zu Bamberg erschynen, daz ander zu Wirtzburg, daz dritt zur Nuwenstat an der Eysch, daz vird zu Schwynfurt besitzen.

Item welicher teil also zu dem andern zu clagen hat oder vermeynt, der soll nachvolgender meynung die ladung erlangen und dem antworter zuschicken:

Nemlich soll der clager den fursten, graven oder hern, inn des stat oder malstat daz gericht gehalten werd, umb ladung bitten und die ladung soll seumer scheder (!), *daz ist „peremptorie", erkennt sin und aufsgeen, und furter dem antworter ein monat vor dem gericht by eynen geschwornen botten zuschicken.*

Item inn derselben ladung soll der clager die wesenlichen stuck siner spruch, forderung und begerens einlyben lassen, daz antworter bedechtlich und geschickt inn die rechtvertigung komen und antworten mag.

Item in welichs fursten stat oder graven und ritterschafft malstat die versamelung und rechtfertigung bescheen soll, desselbigen fursten rete eyner soll an demselbigen ende den stab halten und die umbfrag tun, und soll graven, hern und der vom adel malstat Schwynfurt sin.

Item ob ettlich von obgemelten verordenten verhorernn und urteilern, desglichen ob clager oder antworter ungehorsam erkennt wurd, und zu den obbestimpten versamelungen und tagen nicht komen und aussenpliben wurden, daz nicht destweniger die andern, so der ordenung nach erschynen wurden,[1]) *im rechten verhore und erkentnifs tun sollen nach beder oder eins teils furpringen, wie sich zu recht gepurt.*

Item daz auch die obgemelten verhorer, so also verordent werden inn solichem gericht recht sprechenn und erkentnifs, sollen fry und irer hern pflicht entpunden und ledig sin.

Item dieselbigen verhorer sollen den eidt oder demselben gemefs tun, den die beisitzer des koniglichen kamergerichts laut der ordenung zu Worms aufgericht, pflegen zu tun, und auff furprachte handelung laut des eids umb hauptsach, irrig und zwifelich züfelle, interesse und redelich erlitten costen und scheden erkentnifs tun.

Item die verhorer sollen solichen eidt tun demjhenen, der zu

[1]) *werden* G.

zit des gerichts den stab hat und er inen, den bysitzern und verhorern hinwiderumb, und soll solichs als offt gescheen, als offt eyner an des andern stat verordent und geschickt wirt.

Item waz also durch dieselben nun verordent urteyler samptlich oder des merernteils unter inen fur recht gesprochen wirt und dieselbig urteil inn ir craft get, darvon nit appellirt wirt, wie hernach volgt: so soll dieselbig volzogen und volstreckt werden und demjhenen, der soliche urteil erlangt hat, auff ansuchung und erfordern der parthien nach erkantniſs der nün zu volziehung gesprochener urteil geholffen werden. Und soll solich erkentniſs der hilff vor allen andern orterung oder erkentniſs auff die nachvolgent quottember gescheen und die hilff auffs furderlichst volgen.

Item wan sich eynich parthy vermeint beschwert zu sin und von gesprochener urteil wolt oder wurd appellirn, so soll derselbig, der sich zu appellirn anmaſst, darzu nit gelassen werden, er habe dan vor durch sich selbst oder sinen anwalt ein gelerten eidt zu gott und den heiligen geschworn, daſs er nit anderst wiſs und darfur halt, daz er gesprochener urteil beschwert sy, und die appellacion nit zu geverde der widerparthy noch zu verlengerung der sachen tun oder furnemen; alſsdan soll dieselbige appellacion nachvolgender meynung gestatt und zugelassen werden.

Item die appellacion soll allein an und fur die romisch koniglich maiestat oder siner koniglichen maiestat kamergericht gescheen, und soll der gerichtshandel fur appostel oder abschid gegeben werden.

Item die appellacion soll allein von der endtlichen urteil der hauptsachen der furgeprachten clag und von keyner andern urteil gescheen und nachvolgender meynung zügelassen, und ob von eyner byurteil appellirt wurde, soll nichtsdestmynder furgefarn und geholffen werden.

Item der appellirer soll nachvolgender meynung sin gethane appellacion auſsfürn:

Nemlich daz derjhenn, der alſs beschwert appellirt hat, mit dem gerichtshandel, wie der vor den nün geordenten urteylern ergangen und geübt ist, fur den obgemelten oberrichter komen und on ferrer nuwe verhor und einpringen, auff einlegung des gerichtshandels, erclerung wol oder ubel geurteilt oder appellirt, daselbst bitten und nemen und wider fur die nun ersten richter urkuntlich bringen inn eynem halben jar nach gescheener appellacion on alle ferner behelff oder aufszüg.

Item wo der appellirt daruber lenger verzüg und in solichem halben jar von dem oberrichter solich erkantnifs nit precht, daz wol appellirt und ubel geurteilt worden, alfsdan sollen die genanten verordenten urteyler dem teyl, der hievor von inen in recht erwonnen hat, auff ir urteil und desselbigen ansuchen einsatzung oder hilff zu volstreckung gesprochener urteil erkennen und gescheen, wie obstet, und daz der, so urteil erhalten hat, by solicher insatzung und hilff so lanng blib, bifs der appellirer die gesprochen urteil vom oberrichter entlich erkant bracht hat.

Item der rechtlichen ubung und furpringens halben inn sachen, wie die montlich oder schrifftlich zu furderung der ding mag bequem furgetragen werden, sollen die verordenten urteyler satzung machen, wie und in waz gestalt und mit wieviel rechtsetzen die gescheen soll, und alle geverliche verlengerung und aufszug der parthien aberkennen und nit zulassen und ander ordenung und satzung machen, so zur notturfft gerichtlicher ubung und volziehung der urteil anfangs oder kunfftiglich nott sin wurde.

Item es soll ein gemeyner schryber zu solichem gericht verordent werden, der soll den eidt oder demselben gemefs des gerichtschribers tun, wie der eidt dem kamergerichtschriber inn der o r d e n u n g z u W o r m s *uffgericht, verlybt ist und desselben belonung umb brief, copien und verzeichnifs und gerichtshendeln und sunst alle gerichtlich darlegung und citacion, compafsbrief und anderfs uff messigung der nün urteyler gestellt sin, die derhalben auch ordenung machen sollen.*

Item alle parthien, so an solichem gericht laut disser ordenung fur sich selbst oder als helffer und bystant, auch als richter, bysefs oder zeuge oder sust daran zu tun haben, sollen offgemelter[1]) *dryer fursten zu, auff und von den malstetten der gericht bifs an ir gewarsam geleit haben.*

Item waz sich irriger sachen zwischen der dryer fursten eynem und eynem graven, hern, ritter oder edelman begeben, so den geschrieben rechten nach ordenlich fur die lehenman gehorten, die solten erstlich vor den lehenmannen gerechtfertigt und ob ein teil als beschwert in solichen fellen appellirn wolt, der soll es damit, wie

---

[1]) *offtgemelter* G.

hernach volgt, der appellacion halb von der fursten lant-, hof-, sale- oder lehengericht meldung und anzeigung geschicht, gehalten werden.

Item die drey genanten fursten sollen ir lant-, hof-, sale- und lehengericht mit dapffern und verstendigen personen besetzen, auch die advocaten, procuratores, mitcleger oder redner derselben also reformirn, daz man die umb zimliche belonung gehaben mag und die leut durch dieselben mit uberigen costen nit beschwert werden; und soll ein yeder furst des jars [nicht?] under acht lantgerichten, auch sovil hofgerichten und darzu nicht mynder der lehengericht halten, damit dester statlicher und schleuniger rechts daran zu bekomen sy; und ob an solicher ordenung der fursten gericht mangel were oder wurd, mit demselben fursten solten die nün urteyler zu pesserung derselben mengel getruwes flis handeln.

Item wo an den zenten oder geistlichen gerichten mangels geclagt wurd, sollen die nun urteler[1]) *by den fursten, so daz betreff, guts, getruwes flis handeln, damit darinn rechtmessig ordenung gehalten und die misspreuch abgestellt werden. Wo aber die nün urtëiler dazjhenn, so pillich deucht, gemelter ordenung halben by eynem fursten nit erlangen mochten, daz doch nit vorsehenlich ist: solten sie dieselbigen mengel an die andern fursten, auch graven, hern und ritterschafft gelangen lassen, witers umb willige abstellung zimlicher wise zu handeln.*

Item welicher oder weliche dan unter graven, hern oder ritterschafft zu eynander zu sprechen hetten oder gewonnen, dieselben sachen sollen vor der genanten dry fursten land-, hof-, sal- oder lehengericht, wo yede nach irer gelegenheit ordenlich hingehorig ist, gerechtfertigt werden. Und ob ein teil daselbst beschwert wurd und appellirn wolt und solicher beschwerd halben den eidt, als vor von appellirn gesetzt ist, fur geverd gethon hett, der soll furter fur daz gemein gericht, darvon vor geschrieben stet, appellirn, dem auch der gerichtshandel fur appostel gegeben werden, auff solichen gerichtshandel on witer einpringen der parthien an gemeltem gemeynem gericht rechtlich erkentniss gescheen soll.

Item so sich dann inn solichen fellen an dem gemeynen gericht inn eyner endeurteil auff die rechten hauptsach der clag ergangen, yemant beschwert befunde, der- oder dieselben soltenn mit appellirn

---

[1]) *urteiler* G.

in allermassen, wie vor im aufstrag mit den fursten von appellirn gesatzt ist und anderst nit, zügelassen werden.

Item weliche person zu dissem vertrag verwant und derselben sachen fur der dryer fursten lant-, hof-, sal- oder lehengericht zu verrechten ordenlichen nit gehorenden, dieselbig person oder sach soll vor dem gemeynen geordenten gericht, wie vor der dryer fursten halb von rechtfertigung gesatzt ist, mit recht gesucht und geortert werden; inn demselben sollen aufsgeschlossen sin die sachen, so den geschriben rechten nach ordenlichen fur ander lehenhern oder derselben mann gehorn: soliche sachen solten daselbst pliben und gerechtfertigt werden; und ob defshalben irrung entstunde, waz also fur andere hern oder ir mann gehorte, soll durch daz gemeyne geordent gericht mit entlichem rechten entscheiden werden.

Item so yemant in nestgemelter rechtfertigung, die zwischen graven, hern und ritterschafft, als obstet, erging, etwaz mit recht erlangt und defshalben billicher hilff oder entsatzung mangelt und der sunst, wie sich geburt, nit bekomen kont, daz mag er alfsdann fur die gemein urteiler pringen: durch derselben handelung oder erkentnifs soll defshalben einsatzung oder hilff gescheen inn allermassen, als vor im aufstrag mit den dryen fursten von einsatzung und hilff geordent ist.

Item inn dissem obgemelten aufstrag sollen die nachvolgenden sachen aufsgeschlossen und darinn nit gezogen sin oder werden:

Nemlich vehde und derhalben dat, die sich vor aufrichtung difs vertrags begeben haben; wyter alle sachen, die sich durch verlassung dryssig oder mer jar verjert haben, mer alle sachen, die vor zu recht verfafst oder in daz recht gehenckt sin: dieselbigen sachen alle sollen sunst an iren geburenden enden rechtlich geordent werden; und ob irrung entstund, waz gemeltermassen inn bestimpten gemeynen vorgeschriben aufstrag gehort oder nit: darumb sollen die verwilligten nun urteyler mit recht samptlich oder durch den merernteil erclern und auch erkennen.

Item die vorgemelten dry fursten, gefurst graven, graven, hern, ritter und edellut sollen sich gegen einander der zit disser vereynigung gewaltheit und einsatzung on rechtlich erkentnifs nit gepruchen, sunder sollen sich aller krieg und vehde gegen eynander enthalten und sich vorgesatzts rechtlichs aufstrags genügen lassen.

Item ob die obgenanten dry fursten, graven, hern, ritter und edellut eyner oder mer der zit disser eynigung uberzogen, bevehdt oder vergeweltigt wurd oder die deter weren in oder aufs der eynung[1]) *begriffen, so sollen sie zusamen setzen und dem oder denselben widerstant tun, auch nach erkantnifs der nun verordenten getruwlich und on alles geverde. Und soll solichen determn von allen denjhenn, so in dissem*[2]) *vertrag begriffen oder verwant sin,*[3]) *weder hilff, rate, bystant oder furschub gescheen, alles by verpflichtung, damit eyn yeder inn dissem vertrag verpunden ist, darzu die fursten die ritterschafft hanthaben und die ritterschafft den fursten getruwelichen dienen sollen.*

Item diese eynigung und vertrag soll die nestvolgenden zehen jar nach dato difs briefs weren und besteen.

Unnd inn dem letsten zehenden jar auff die ersten quottember desselbigen jars sollen die neun verordenten wider eynen gemeynen tag der ritterschafft aufsschryben und bequemer malstat gehalten werden und umb lengerung der jar solicher eynigung und vertrags, auch ander sachen gemeyne ritterschafft betreffen, gehandelt werden. So dan disse eynigung oder vertrag witer erstreckt wurd, hat es sin bestant; so aber lengerung der jar und zit nit erlangt wurd, so sollen die neun verordenten furter nach verscheynung des ersten quottembers des lesten jars kein neuw sachen zu rechtfertigen annemen, auch kein ladung derhalben mer aufsgen, und alle die sachen, so unentscheiden in hangenden rechten sten, sollen furter aufsgefurt und geortert werden vor den neun geordenten. Und ob dasselbig lester jar auch ufs[l]uff[4]) *vor entlicher orterung der sachen, sollen die neun verordenten inn allermassen, wie hievor und nach geordent ist, die hangenden kriegischen sachen laut difs vertrags endtlichen entscheiden, und soll sich disser vertrag derhalben so lang erstrecken.*

Item waz der gesprochen urteil in zehen jaren, so laut difs rechtlichen vertrags sint gesprochen worden, oder nach aufsgang der zehen jar inn ir crafft komen wern oder wurden, die sollen volstreckt und volzogen und derhalben durch die neun urteyler hilff erkant werden; und soll disser ordenung bifs zu volkommener volstreckung nach begangen werden und disser vertrag sich derhalben auch so lang erstrecken.

---

1) *eynigung* G.
2) *dissē* Standbuch 338, *dissem* G.
3) *sint* G.
4) *auch aufsuff* G.

Item gefurst und ander graven und hern sollen zu Schwynfurt eynig werden und verorden, wer von irenwegen, so dise rechtliche ordenung fur sich ging, daz gemein geordent gericht besitzen, auch wielang derselbig geordent sitzen sol, und ob er durch ehafft zu sitzen verhindert, wem er solichs verkunden und wie ein ander an sin stat geordent werden, auch wie derselbig verlegt werden soll.

Item desglichen sollen ander vom adel zu Schwynfurt orter und hauptlut verorden und eynig werden, wie sie obgemeltermaſs von irentwegen zwen zu dem gemeynen gericht verorden und verlegen sollen,[1]*) damit irenthalben deſshalben nit mangel sy.*

II.

Zwei Briefe Schwarzenbergs aus dem Jahre 1507.

1. An Georg III., Bischof von Bamberg.[2])

Hochwirdiger furst unnd herr, ewern furstlichen gnaden sein zuvor mein unnterthenig schuldig unnd willige dinst! gnediger herr! nach dem mich angelanngt, wie ich gegen ewer furstl. gnaden, auch dem hochwirdigen fursten meinem gnedigen herrn von Wurtzburgk schwerlich versagt sey, das ich ewer gnaden zu erkennen gegeben unnd unnterthenig gebetten, mir soliche versagung umb notturfftiger veranntworttung willen zu eroffen, darauff haben mir ewer furstl. gnaden etwa vil verzeichetter artickel furgehalten der etlich beschwerlich gericht mit anzeigung, das ich bey ewern gnaden auch meinem gnedigen herrn von Wurtzburgk als ein anrichtter derselben versagt sey unnd woe ich daran schuldig were, des sich doch ewer gnad zu mir nit versehen, auch mein ungehort nit gelaupt, so hetten ewer gnaden des von mir nit unbillig hochs miſsfallen; soliche eroffnung mir durch ewer gnad gescheen, ich von ewern gnaden furstlicher gnediger meinung unnd mit unntertheniger danckperkeit

---

[1]) *wollen* G.

[2]) Kopie im Kgl. Kreisarchiv Würzburg, Standbuch No. 495, Bl. 1—5. Dasselbe als Kanzleikopie im Standbuch 398, Bl. 101b—102b.

verstanden, unnd wie wol ich derhalb alspald mein warhafftig entschuldigung muntlich gethun habe, so wirde ich doch umb bestendiger beheltnus willen bewegt, soliche mein antwort unnd entschuldigung ewern gnaden in schrifften auch zu ubergeben, unnd sag wie vor, ich wolt mich nicht weniger schemen, dann das es mir schimpfflich unnd schmelich were, das ich nachvolgettermassen des, das ich gethun hette, widersprechen wolt, kont zum wenigsten solich leichtferttigkeit vor anndern, damit ich solichs gehanndelt hette, nit bergen, aber mit freyem guttem grunde der warheit mag ich sprechen unnd schreyben, das mir an gemeltter beschuldigung von den beschuldigern gantz unrecht geschicht; darumb ich solicher unerfuntlichen zulegung als ein unschuldiger nit unbillig hohe unnd grosse verwunderung unnd beswernus habe; wan mir mag solichs mit keinem grundt der warheit nymer auffgelegt werden, ways mich des gantz frey unnd habe zu den artickeln, so vorgemelttermassen fur beswerlich angezogen werden, weder geholffen, geratten oder gefurdert. Aber das ist die warheit: als Simonis und Jude negst verschinen etliche vom adel zu Sweinfurt bey einannder versamelt gewest, haben sy nach abschid solichs tags einen vom adel aufs ine zu dem edeln herrn Friderichen herrn zu Limpurck, des heilligen reichs erbschencken etc., meinem lieben swager unnd mir geschickt, unns irer hanndellung zu Sweinfurt etlichermassen berichttet mit anzeygung, das dergleichen bey etlichen anndern auch geschee, unns daneben etlich artickel behendigt unnd umb beratschlagung solichs furhalttens auch aufsschreybens halb eines gemeinen tags bey unns gesucht worden. Aber genanter mein swager unnd ich haben mit sampt anndern mere unnser entlich antwort dahine gericht, so ein gemeiner tag umb unnser gemeinen beswerdt unnd geprechen willen sol aufsgeschriben werden, sey not, das zuvor etlich verstendig aufs den graffen, herrn unnd ritterschafft ferner zusamenkumen, weitter unnd bas ermessen, was gemeiner billiger beswernus vor augen unnd auff dem begertten gemeinem tag fuglich furzuhaltten unnd zu hanndeln sein mochtte; unnd darumb solicher hanndelung mit rat unnd wissen mere aufs unnsern herrn unnd freunden bis auff den rechttag, der dem wolgeboren herrn Balthaser graffen zu Swartzburgk gegen docktter Kirschern gein Kobburgk angesatzt gewest, rue gegeben worden ist. Aber auff gemelttem graff Walthasers tag ist durch unnser etliche daselbst geratschlagt, dieweyl der wolgeboren herr Michel graff zu Wertheim unnd ich gutliche unverpuntliche hanndelung zwischen beden meinen gnedigen fursten unnd herrn von Hennenberg unnd derselben geprechen furgenumen, das daneben auff solichem tag zu Kitzingen von unnser der frennckischen graffen, herrn unnd ritterschafft gemeinen geprechen, was guts unnd erwers darinen zu hanndeln sein mochte, auch geret unnd geratschlagt werden soltte: das hab ich also mit gefursten unnd anndern graffen, herrn, rittern unnd edelleutten getrewer erwer gutter meinung unnd nymant zu keiner billigen beswerde, wie darauſs erfunden werden sol unnd ich ewer gnad bericht habe, thun helffen; unnd der abschid unnser gemeinen sachen halb zu Kitzingen entlich unnd allein darauff gegrundet, einen gemeinen tag auſszuschreyben, unnd so ferren es gemeiner unnd merer unnser versamelung auch gefellig sein wurde, alsdann von unnser aller wegen bey ewern furstl. gnaden unnd den anndern zweyen meinen gnedigen herrn den frenckischen fursten etliche unnsere gemeine beswerd anzuzeygen unnd zu abwendung derselben geleichmessigs, schleunigs, hilfflichs rechttens halb unntterthenig betlich ansuchung zu thun, damit allerley unfriden, unordenung unnd miſspreuch verkumen wurden. Unnd dieweyl ich ewer gnaden furstlich gemut zufriden unnd dem rechtten geneygt ways, setz ich in keinen zweyffel, ewer furstl. gnaden werden ob solicher hanndellung, die ich mit anndern hab thun helffen, keinen miſsfallen haben, unnd das dits mein furgeben dester mere unzweiffenlichs gelaubens (nit allein ewer furstl. gnaden, sunder auch annder halb) haben moge, so sein sunst vier ewer furstl. gnaden dreffenlich rette, amptleut unnd diner (daruntter ewer furstl. gnaden leiplicher bruder einer ist) gewest, die, bit ich, wollen ewer furstl. gnaden auff ire pflicht fragen, ob meinem furgeben etwas widerwerttigs furgenumen sey; woe dann ewer gnad kein beswert darob haben unnd gnedigclich vernemen wollen, so wil ich auff ewer gnaden begere von anndern, die zu Kitzing gewest, dergleichen statlich urkundt unnd kuntschafft auch bringen. gnediger furst unnd herr! woe aber derjhenig, von dem gemeltte mein beschuldigung der furgehaltten unnd angezogen artickel halb here kumpt, des bekentlich zu sein nit scham haben wolt, als sich einem, der warsagen wil, auſs der not gepuret, so bit ich ewer furstl. gnaden mir darumb gegen im zu tagen unnd verhore zu beschayden; woe sich dann nach ermessung oder erkenntnus ewer furstl. gnaden erfindet, das ich dem gemeltten widersprochen angeben nach schuldig *bine, so wil ich nach ewer furstl. gnaden personlich oder fur was gericht mich ewer furstl. gnaden weitter stellen, erkentnus unnd straff an eren, leib oder gut on alle weittere wegerung oder zihung zu sampt kunfftigem unglauben unnd ungnad als ein verschultter mishanndeller leyden; erfunde sich aber das meinethalb also nit, das dann der angeber dergleichen erkenntnus auff mein clag auch gewartte; dorfft aber derjhenig, so mich gegen ewern gnaden unnd meinem gnedigen hern von Wurtzburgk beschuldigt hat, solicher beschuldigung halb also gegen mir nit sten, so bit ich, ewer furstl. gnaden wollen denselbigen (mit demuttiger laubittung zu melden,) fur einen heimlichen lugenhafftigen verretterschen bofswicht (als er ist) haltten unnd mein gnediger herr sein, wie ich mich ungezweyffelt vertroste: das wil ich unntterthenigclichen verdinen. Datum am freittag nach dem sonttag Reminiscere anno etc. septimo. [1507].*

Johanns, her zu Swartzenberg,
hoffmeyster.

Dem hochwirdigen fursten unnd herrn, herrn Georgen, bischove zu Bamberg, meinem gnedigen herrn.

Auf dem letzten Blatt ist ein Zettel folgenden Inhalts angeklebt:

Gnediger herr, dieweyl mich anlanngt, das ich gegen ewer gnaden thumcappittel wie gegen ewern gnaden versagt sey, hab ich iren erwirden unnd wirden zu meiner entschuldigung hiebey deshalb auch geschriben.

2. An Lorenz von Bibra, Bischof von Würzburg.

Dem hochwirdigen fursten unnd herrn, herrn
Lorentzen, bischove zu Wurtzburgk unnd
hertzoge zu Francken, meinem gnedigen herrn.[1])

Hochwirdiger furst unnd herr! ewern furstlichen gnaden sein zuvor mein unntterthenig willig dinst! gnediger herr, wes mir der hochwirdig furst, mein gnediger herr von Bamberg, auff mein anlanngen unnd unntterthenig ersuchen unerfuntlichen versagung halb

[1]) Kopie im Kgl. Kreisarchiv Würzburg, Standbuch No. 495, Bl. 9—10. Dasselbe als Kanzleikopie im Würzburger Standbuch 398, Bl. 101 a.

von etlichen, der ich nit ways, genedigclich unnd furstlich eroffnet, auch wie ich mich des entschuldigt unnd zu verantwortten erbotten, werden ewer gnad alles in eingelegtter schrifft, an sein gnad gestelt, vernemen. Unnd dieweyl ich dann bericht bine, das dergleichen bey ewer furstl. gnaden meinethalb auch versagung[1]) *gescheen, wirde ich verursacht, ewern furstl. gnaden dise schrifft zuzuschicken, unnd bit ewer gnad unntterthenig, mir hiebey zu schreyben, durch wen unnd wes ich deshalb bey ewern furstl. gnaden versagt*[2]) *sey, unnd mein notturfftige verantworttung dagegen vernemen, damit ewer gnad nach erfindung der warheit unnd gestalt der sach sich mit gnaden oder ungnaden dester bas gegen mir zu haltten wissen; dan soltten ewer gnad, wie mich anlanngt, unverschultte unnd verborgne ungnade gegen mir tragen, wer mir fast hoch beswerlich, hette ewern gnaden meines wissens oder verstens kein ursach dartzu geben, ewer gnad unnd ewer gnaden stifft zu getreulich dartzu gemeint. Darumb wollen sich ewer gnad mit genediger furstlicher antwort (darnach ich mich zu meiner notturfft grundig richtten moge,) laut obgemeltter meiner bit gegen mir erzeygen: das wil ich unntterthenigclich verdinen. Datum am freittag nach dem sonttag Reminiscere anno etc. septimo. [1507].*

Johanns, herr zu Swartzenberg,
hoffmeister.

III.

Zehrungsordnung 1507.[3])

Wie die zerung in den Bambergischen flecken geordent ist.

Uff der fursten vertragk die zerung betreffende sein von meinem genedigen herrn von Bamberg geordent herr Hanns von Swartzenberg, Eberhart Fortsch unnd Lipps vom Berg, die in seiner gnaden flecken derhalben die zerung geordent haben, wie hernach volgt:

---

[1]) **Würzburger Standbuch** 398, **Bl.** 101 **a (Kopie):** *versagung;* 495 *versorgung.*

[2]) **ebenda:** *versagt;* 495 *versorgt.*

[3]) **Fürstl. Bamberg. Ratsbücher** 3, **Bl.** 277—79; **vom Samstag nach Michaelis** 1507.

Und soll in offenlichen anslahen dieser satzung gemelter fursten vertragk, sovil von der zerung meldung thut, vor nachvolgender verzeychnus geschrieben oder getruckt werden.

In der stat Bamberg soll also gerechent werden:

18 ₰ fur ein fleyschmal.
21 ₰ fur ein vischmall.

So aber ein gast frue reytten welt unnd defshalb weniger dan das obgemelt male zu einem anpifs bestellet, so soll der wirt, wes er weniger dan zu rechter malzeyt gebe, an der zalung auch mynder rechen, alles nach gelegenheyt der essen, die der gast bestelt.

4 ₰ einem fur die zech zwischen den malen.
4 ₰ einem fur den schlafftrunck.
18 ₰ fur einen virling haberns Bamberger mafs.
5 ₰ fur stalmit uff ein pferde.

Unnd dweyl die zerung ausserhalb der stat Bamberg in andern seiner genaden stetten unnd flecken inn ettlichen stucken neher zu bekomen ist, so sollen dieselbigen wirtt rechen, wie hernach volgt:

16 ₰ fur ein fleyschmall.
18 ₰ fur ein vischmall.

Mit dem anpifs zu halten, wie vorgeschrieben stett:

mittags zech
slafftrungk } *wie vor.*

Doch welche flecken drey meyl und daruber von Bamberg auff dem gebirg, do kein wein wegst, liegen, doselbst mogen die wirtt fur einen mittag- oder slafftrungk, so sie wein darzu geben,

5 ₰ rechen.
16 ₰ fur einen virling habern nach Bamberger summerein gerechent.
4 ₰ zu stalmytt.

Unnd ob in Bamberg durch meins genedigen herrn rette der zerung halben nochmals enderung geschee, so sollen die amptleutte uff dem lande, sopald sie das erfarn mogen, die zerung in iren ampten ydesmalls der enderung zu Bamberg gemes auch setzen, auch sollich enderung schreyben unnd in den herberigen offenlich zu dieser ordnung anslahen.

Item ob ein wirt uber die mal oder zwischen den malen mere gebe, dan obgemelte der fursten ordenung angezeyg on sundern bevelh, den ime der herre oder jungker, so die zerung zalt, selbst muntlich thete, sollich ubermafs soll der herre oder juncker dem wirtt nit zalen.

Diese satzung der zerung durch obgemelten meins genedigen herrn drey rette gemach (!) ist geschehen am sampstag nach Michaelis anno etc. septimo [1507] unnd hat zu derselbigen zeyt ein sumer habern Bamberger mafs sechs groschen, vier summerein kornns ein guldein unnd ein mafs weins nach dem mittel gerechnet sechs pfenning ungeverlich golten.

Unnd ist hew unnd stroh wolffeyl.

Ex cancellar.

IV.

Verordnung Schwarzenbergs für die Zent zu Scheinfeld.[1])

(Am Mittwoch nach Lätare [9. März] 1513.)

Unterrichtung, wie und wan dem kläger und antwortter kundtschafft oder ayde rechtlich zu erkhennen sein.

Als wir, Johanns, herr zue Schwartzenbergk, aufs etlichen appellationsachen von unserm marckgericht zue Scheinfeldt an uns erwachsen, befunden unnd vermerckt haben, das sie den parteyen, in der sachen weisung not ist unnd gescheen soll, ayde aufflegen, dadurch die parteyen jhe zu zeitten beschwert werden, unnd damit sie dan furtter solche unzulessige ayde dester bafs abzuschneiden unnd beweisung durch urkundt oder kundschafft dester formlicher zu erkennen wissen, so geben wir ihnen defshalben underrichttung, was in solchen fellen dem rechtten gemeefs ist, wie hernach volgt.

art. 1.

Wie dem cleger die weisung sol auffgelegt werden.

Item so einer clagt umb ein schuldt, beschedigung oder schmewort, die ime der antwortter zu bezalen oder abzulegen schuldig sein soll, unnd der antwortter die clag verneint unnd der schuldt beschedigung

---

[1]) Im fürstl. Schwarzenberg. Archiv zu Schwarzenberg i. Fr., Kopie von Mörath mir überlassen.

oder verletzung gantz nit gesteet, so ist der cleger schuldig, sein clag mit glaublicher briefflicher urkundt oder aber zum wenigsten mit zweyen tuglichen zeugen genugsamlich zu beweisen; und wo der cleger solche weisung nit thut, so soll der antwortter ledig erkant werden.

art. 2.

Wie vnd wan der antwortter weisung zu thun schuldig sey.

Wo aber der antwortter gestunde oder uberwisen wurde, das er solche geclagtte schuldt schuldig gewest were, und gebe fur der meinung, als ob er dieselben schuldt bezalt und vergenuigt het, — oder wo die clag ein beschedigung oder schmewort antreffe, der antwortter der nit verneinet, aber dargegen etliche ursach furwendet, die ine, wo die wahr erfunden, von der clag entschuldigen mögtten, und aber der cleger solcher, des antwortters, entschuldigung nit gestunde: alsdan ist derselbig antwortter schuldig zu beweisen, als vorsteet, das er solche bezalung gethun habe; und wo er das also nit genuglichen beweist, so sol erkant werden, das er solche zalung oder widerlegung, wie sich nach gestalt einer yeden sach im rechtten gebuert, zu thun schuldig sey.

art. 3.

Wie vnd wan ayde einem theil auffzulegen sindt.

Item wo aber in obgemeltten fellen ein partey nit mehr dan einen glaubhafften guetten zeugen hat, und derselbig theil, der solchen zeugen stellet, guets leumunds und glaubens und sein furgeben aus guetten umbstenden bey dem richtter unnd gericht vermutlich were: alsdan möge man demselbigen einen aydt zu becrefftigung seiner kundtschafft mit recht erkennen und also in solchen fall fur genuglich bewisen gehalten werden. Wo aber ein solcher theil oder gemeltter sein einiger zeug nit guets glaubens und sein furgeben bey richter und gericht verdechtlich gehalten wirdt, so mögen sie solchen aydt auffzulegen oder zuzulassen umbgehen und iztgemelts einzigen zeugen halben unangesehen allermassen erkennen, alſs ob derselbig einzig zeug nit gestelt were; wan nach vermögen der recht so mag volkomener beweisung halben der hauptsachen ein zeug als kein zeug gehalten werden.

Und damit sich richter und urtheiler in dem allen fur dester baſs zu haltten wissen, so haben wir verfuegt, das obgemeltte under-

richttung in ihr gerichtsbuch sol geschriben und furtter demselben gemess erkant und gesprochen werden.

Actum mitwochen nach Letare nach Christi, unsers lieben hern geburt, funffzehenhundert und im dreizehenden jaren [1513].

V.

Um wenigstens eine erstmalige Vergleichung zwischen einer Übersetzung Schwarzenbergs und einer anderen zu ermöglichen und so die Geschicklichkeit unseres Autors ins rechte Licht zu setzen, lasse ich nebeneinander rechts den Schluss des „Cato maior" (Teutsch Cicero 1534, Bl. 49a) und links die von K. Hartfelder in der Germania 21, S. 30—31 abgedruckte Schlussseite aus der Übersetzung des Pseudo-Wimpfeling (Cod. Pal. germ. 469, Bl. 94b) folgen.

Darzu so ruwet mich auch nit, das ich etwan han gelebt; dann ich acht mich also gelebt han, das ich nit umbsunst oder unnutzlichen sy geborn gewesen, unnd bin uss disem leben als uss einer herbergen und nit als uss einem huss abgeschaiden, wan die natur hait uns gegeben ein offenn huss zu rasten, nit stettiglich zu wonen. O den erlichen tag, so ich werde komen inn dise gotliche geselschafft der geist unnd von diser unruwigen unnd unreynigen befleckung abscheyden; wan ich werde komen zu den erlichen männern, von den ich wenig hiefür han gesagt, sonder auch zu meynem Kathoni, dem	*Unnd rewet mich doch nit, das ich gelebt hab; dann ich hab also gelebt, das ich mein geburt nit für unnutz achte, und gehe aufs disem leben gleich einer frembden herberg und nit als von meinem haus. Wann die natur hat uns dise welt als ein gasthaufs, inn dem wir etlich zeit verziehen und nit das wir darinnen bleibliche wonung und hoffnung haben sollen, gegeben. O wie edel wirt der tag sein, so ich zu der versamlung und menig der seelen aufs dem gestanck und unlust diser welt nit allein zu vorgemelten achtbarn mennern, sunder auch zu meinem allerbesten sune Cathoni (dem gleich*

da in den dogenden grosser unnd in gutigkeit ubertrefflicher keiner nye ist funden worden, des dotter lib von mir ist verbrant eelichen, das sich vil mehn het gezemet von im mynen leib verbrant worden sin. Aber sein geist hait mich nit verlassen, sonnder stettiglich anschauwen, ist furwar komen zu den stetten, da hin er mich hait gesehen bald komen werden, unnd ich bin geachtet worden disen mynen fall grossmuttiglichen getragen und mich selbs getrost haben, schetzende, nit gross oder wyth abscheydung sin zwuschen unns. Von disen solichen dingen hast du, o Scipio, gesagt dich mit Lelio grosslichen pflegen zu verwondern, das alter ist licht und nit allein nit verdrosslich, sondern lusslich. So ich aber irre in dem, das ich glaub, die geist der menschen sin undotlich, bin ich gern und begirlichen irren unnd will auch, dwyl ich lebe, soliche irrung, die mich grosslichist erlustigen, nit von mir genomen werden. So ich aber dot, als etliche klein philosophi sagen, nichts solicher ding werde entpfinden, forcht ich nit, dass disse myn irthum die dotten philosophi verspoten werden, unnd so wir auch zukunfftiglichen nit weren undottlich, so ist doch dem menschen begirlich siner zyt zurstoret werden.

kein mann geboren warde,) geen würde, desselben meines liebsten suns leib (wiewol mir dergleichen billich von ihme geschehen) ich verbrennet. Aber sein seele hat mich nit verlassen, sunder mir mit gantzer begyrde und lieb vereinigt belyben und gangen inn die statt, dahin ich mich künfftig zu sein erkenne. Solch zugefallen unglick durch den tod meines suns hab ich nit on betrübung, doch mit starckem gemût geduldet und mich selbst damit getröstet, das zwischen seinem und meinem aufsgang bifs inn die statt der seelen nit lang sein werde. O Scipio und Leli, als ihr sprechet, das euch die unbetrübt geduldig tragung meines alters verwundert, darzu sprich ich, daz mir obgemelte ding mein alter nit allein unverdriefslich und leicht, sunder auch tröstlich unnd frölich machen. Unnd ob ich mich in dem, das die menschliche seele ewig lebe (als mir auch niemandt aufsreden soll) irre, so hab ich solchen irthumb, der mich mein leben lang erlustiget, fast gern. Und so die seele, als etlich geringschetzig philosophi meinen, gestorben ist, wirt sie fürter nichts mer befinden, darumb ich mich alsdann vor derselben philosophorum gespött nit besorgen darff. Und ob unser seelen nit untödtlich weren, so solt doch den menschen

Wann die natur zu gleicher wyse, als alle andere ding, hat auch die mass des lebens, das alter aber ist ein vollenbringung der zitt des lebens, des muttigkeit unnd belessige beschwernus vil nah als einer fabeln, wir vlyssiglichen meyden sollen, allermeynst, so ime settygung und verdrossen sin zugefugt unnd angehangen. — Diss hab ich wellen sagen von dem erlichen alter, zu dem ich wunsche ir etwan werden komen, uff das ein solichs, das ir uss mir gehort haben, in der warheit der werck und der that befindende bewerden mogen.

Das buch Catho von dem alter endet sich seliglichen etc.

nichts dester weniger der tode zu rechter zeit begirig sein; wan inn dem leben der menschen die natur nit weniger weder inn allen andern dingen ein rechte gewise maſs hat. Das alter ist ein volbringung und end des lebens und soll gleich den angefengten poetischen gedichten und spilen, ee die umbstender verdrieſs darvon empfahen, geendet werden. Solchs alles hab ich vom alter gesagt, und wolt Got, das ihr dasselbig alter, damit ihr dise gehörte ding erfaren und beweren möchtet, erlanget.

Übersicht über die Drucke.

Zusammenstellung der Drucke Schwarzenbergischer Schriften.

Die folgende Zusammenstellung stellt eine Ergänzung zu dem von Goedeke im Grundriss der Geschichte der deutschen Dichtung 2[a], S. 234—235 beigebrachten Material dar. Sie ist auf Grund einer allgemeinen Umfrage an sämtliche Bibliotheken Deutschlands und der angrenzenden in Betracht kommenden Länder hergestellt, über die bereits in der Vorrede zu meinen Ausgaben der Carolina (Halle 1900 zusammen mit J. Kohler) und Bambergensis (Halle 1902, zusammen mit J. Kohler) berichtet wurde.

1507.

Bambergische halßgerichts ordenūg.

Vgl. die ausführliche Bibliographie in der Ausgabe der Bambergensis von mir und J. Kohler (Halle 1902), S. IX—XXVI, auf die hiermit verwiesen wird.

[1513.]

Mein Johansen Herñ zu Schwartzen || bergs ꝛc. warhaffte / grundige verant= || worttūg / eines erlogen / diplichen / boß || hafften / schmegedichts halb / dar innen || keiner / der das gethun / benant / Sunder || meldenn beschlißlich / das solchs Nie= || mants gethan haben soll. o. O. u. J. 10 Blätter 4°. (Augsburg.) Weller, Repertorium Nachtrag 4095. Das Büchlein ist in den Augsburger Bibliotheken nicht mehr nachzuweisen. Vgl. oben S. 33.

[1513.]

AJn Lied / mit vorgehender anzaygung / wider das mordla= || ster des raubens / alles auch zum truck geordnet. Abgedruckt im „Teutschen Cicero“ 1534, Bl. 93—95b mit Vorrede und Titelbild aus dem „Memorial der Tugend“ ebendort Bl. 121b; ebenso in den folgenden Ausgaben des „Teutschen Cicero“.

Ein Einzeldruck (Goedeke S. 234 No. 1) ist mir nicht zu Gesicht gekommen. Er ist verzeichnet bei Weller, Repertorium 741: o. O. u. J. (c. 1512) aus dem Catalogue d'une collection précieuse (Kuppitsch), Halle 1846, No. 1344.

[1513.]

1. DEr Zůdrincker vnd || Prasser / Gesatze || Ordenūg / vnd || Instruction. || [Holzschnitt: Ritterlicher Zutrinker mit einem grossen Humpen = Bl. C 2 b.]

☞ Zů allen gutten gesellen,
Die Zůtrincken Prassen wellen,
Wil ich dyß Büchlein thůn schreiben
Das sie ir zeit dryn̄ verdreiben
Vnd auch kurtzweil in̄ dem haben
Wan̄ sie sich mit massen laben
Jnn dem sie yren nůtz versteen
Ker vmb / wir woln zum Anfangk geen.

Zum Leser diß Büchleins.

Dye weil all ding vom End benendt,
Vnd mancher offt ein Büchlein schendt
Das er nie gantz gelesen hat
Drumb bit ich dich vmb waren got
Leß diß geschriefft gantz bys zum end
Dar noch sein inhalt Lob vnd Schend.

Zählung A 1a bis E 2b (Rückseite leer). Am Ende [E 2a unten]: Getrückt Zů Oppenheym. Format 8, 32 Zeilen auf der Seite. [Exemplare in Berlin (Kgl. B.), Nürnberg, (Germ. Mus.), Frankfurt a. M. (St.-B.).] Bei Goedeke No. 2a.

2. Einen zweiten Druck, dem Titel nach einen Abdruck der Oppenheimer Fassung O, führt Goedeke im Grundriss 2, S. 234 als No. 2b an. Die Notiz scheint nur aus Weller, Repert. typogr. S. 1029 abgedruckt zu sein, der dabei Altes I, S. 412 zitiert. Ein Exemplar dieses Druckes von Matthes Maler in „Erffordt czum Schwarzen Horn“ (o. J. [1516?]), scheint verschollen zu sein, da auf meine allgemeine Rundfrage nach Schwarzenbergischen Schriften an alle Archive und Bibliotheken kein einziges Exemplar dieser Art notiert worden ist.

3. Abgedruckt in veränderter Form im „Teutschen Cicero“ 1534 ff., Bl. 80—92.

4. Ein neuer Abdruck erschien 1584 bei Jac. Müller in Heidelberg (Halle, Marienbibliothek) und 1585 ebendort (Wolfenbüttel, Herzogl. Bibl.).

Über sonstige Benutzung s. Goedeke No. 2 und oben S. 313.

5. Ob der von Adam Klassert in der Michelstädter Kirchenbibliothek (Beilage zum Jahresbericht der Grossherzogl. Realschule in Michelstadt 1902, S. 17) aufgefundene Druck: Vom Zutrincken. || Neün laster vnnd miß- || breuch die Erfolgē auß dem || schåntlichen zůtrincken || darmit jetz gantz Teütsch || nation befleckt vnnd || veracht ist. || M D XXiij. 4 Bl. tatsächlich von Schwarzenberg als Fortsetzung seines „Büchleins vom Zutrinken“ verfasst ist, ist mir sehr zweifelhaft. Klassert hält den Druck für eine Abschiedsgabe an Bamberg beim Scheiden; er war aber

damals längst nicht mehr dauernd dort. Ein Abdruck durch Klassert liegt nunmehr in der Beilage zum Jahresbericht der Grossherzoglichen Realschule in Michelstadt 1905, S. 3—6 vor.

1522.

Des hochberumpten Marci Tul || lii Ciceronis büchlein võ dem || Alter / durch herr Johan || Neuber / Caplan zu Schwarczenberg || vß dem latein iñ || Teutsch ge|| bracht.|| Cum gratia et priuilegio|| Caesareae Maiestatis.|| MDXXII.

In fine:] Getruckt in der kayserlichen stat Augspurg in kosten vñ verlegung Sigismundi Grym. / Als man zalt nach der geburt Christi vnsern Herren 1522 jar.

Exemplar in Wien (Hofbibl.), Neustadt a. d. Aisch (Kirchenbibl.); vgl. Zapf, Augsburger Buchdruckergeschichte 2 (1791), S. 154; J. F. Degen, Literatur der deutschen Übersetzungen der Römer 1, S. 89ff., 3, S. 56ff. Dazu neuerdings H. Röttinger, Hans Weidits S. 87 No. 44. — Neudruck im „Teutschen Cicero" 1534ff., Bl. 20b—39a; beachte besonders die Bemerkung über den Druck von 1522 auf Bl. 21a.

[1523.]

(Goedeke No. 3.) Ein Exemplar des „Sendbriefs" von 1523 ist mir nicht bekannt geworden; doch vgl. unter 1524.

1524.

1. Eynn Schöner Sendtbrieff || des wolgepornen vnd Edlen || herrn Johannsen / Herrn zu Schwartzenberg / An Bischoff || zu Bamberg außgangen / Darinn er treffenliche vnd || Christenliche vrsachen anzeygt / wye vnd warůmb || ehr seyn Tochter auß dem Closter daselbst || (zum Heyligen Grab genant) hin || weg gefůrt / Vñ wider vnter || sein vatterlichen schutz || vnd oberhandt || zu sich genomen hab.

Ein vorred dariñ die Münch || yhres zukunfftigen vn- || tergangs erinnert / vnd erstlich ge- || warnet werden. || Andreas Osiander. || Nurenberg. || Anno. M. D. XX iiij.

Panzer 2, S. 301 No. 2408. Original; Weller Rep. typ., Nachtr. 526. [Berlin, Kgl. Bibl. Cu 5903.]

35 Zeilen auf der Seite; gezählt [A 1] A 2 A 3 [A 4] B B 3 C C 2 C 3 [C 4]. Schliesst C 4b; der Brief beginnt C 3a Mitte.

2. Ein Schöner Sendt || brief des wolgepornen vnd Edeln || herrn Johannsen / herrn zu Schwartzenberg / An Bi || schoff zu Bamberg außgangen / Dariñ er treffenliche || vñ Christenliche vrsachñ anzeigt / wie vñ warumb || er sein Tochter auß dem Closter daselbst || (zum heyligen grab genant) hinweg || gefürt / Vñ wider vnter sein vät || terlichen schutz vnnd ober || hand zu sich geno || men hab.

Ein vorred dariñ die Münch ires || zukünfftigen vntergangs erinnert / vnnd ernstlich ge || warnet werden. || Andreas Osiander. || Nuremberg || Anno M. D. XXIIII.

[Berlin, Kgl. Bibl. Cu 5901.]

Nicht bei Panzer.

27 **Zeilen auf der Seite; gezählt** [A 1] **A** 2 **A** 3 [**A** 4] **B B** 2 **B** 3 [**B** 4] C C 2 D D 2 [D 3] [D 4]; **Brief beginnt D 2 b oben.**

3. Ain Schöner Send || bryeff Des wolgebornen vnd Edlen || herren Johansen / Herrn zů Schwartzenberg / An Bischoff zů Bamberg außgangē / Dar || iñ er treffenliche vñ Christenliche vrsachē || anzaigt / wie vnd warumb er sein Toch || ter auß dē Closter daselbst (zum Hay || ligen grab genant) hinweg gefůrt || Vñ wider vnder sein våterlichen || schutz vnd oberhand zů sich || genommen hab.

Ain vorred dariñ die Münch jres zůkünf || tigen vndergangs erinnert vnd ernstlich gewar || net werden. || Andreas Osiander. || Nuremberg || Anno. M. D. XXIIII

Panzer 2, S. 302 **No.** 2409. **Nachdruck.**

[**Berlin, Kgl. Bibl. Cu** 5904.] **A 1a ohne Holzschnitt.**

33 **Zeilen auf der Seite; gez.** [**A** 1] **A** 2 **A** 3 [**A** 4] B B 2 B 3 [B 4] C C 2 C 3 [C 4] C 4 b **leer. Der Brief beginnt** C 2 b **oben.**

4. Ain Schöner Sendtbrieff || des Wolgebornē vnd Edeln herrn Johañsen || Herrn zů Schwartzenberg / An Bischoff zů Bamberg || außgangen / Dariñ er treffenliche vñ Christenliche || vrsachen anzaygt / wie vnd warumb er seyn || Tochter auß dem Closter daselbst (zum || Hayligen Grab genannt) hinweg || gefůrt / Vnd wider vnter seyn || våtterlichen schutz vnd || oberhandt zů sich genommen hab.

Ain vorred darinn die || Münch jres zůkünfftigen vndter || gangs erinnert / vnd ernstlich || gewarnet werden. || Andreas Osiander. || Nuremberg. || Anno. M. D. xxiiij.

[**Berlin, Kgl. Bibl.** Cu 5905.]

Panzer 2, **S.** 302 **No.** 2411: **Dritter Nachdruck.**

35 **Zeilen (verschieden von Cu** 5903); **gezählt** [**A** 1] **A** 2 [**A** 3 **A** 4] B B 2 C C 2 C 3 [C 4] C 4 b **leer.** Der **Brief beginnt** C 3 a **oben.**

5. Eyn schöner send || brieff des wolgepornen vnd Edeln || herrn Johansen / Herrn zů Schwartzen || berg / An Bischoff zů Bamberg auß || gangen / Dariñ er treffenliche vnd || Christenliche vrsachen anzeygt || wie vnd warumb er seyn to || chter auß dem Closter || daselbst (zum Hey || ligen Grab / genant) || hinweg gefůrt vñ wider vnter sein våterli || chē schutz vñ oberhād zu sich genumē hab.

Ein vorred / dariñ die Münch jres zůkünfftigen vntergangs erinnert / vnnd || ernstlich gewarnt werden. || [**Kreuzblume.**] || Andreas Osiander. || ꙮ Nüremberg. ꙮ [**Ohne Jahr!**]

Panzer 2, S. 302 **No.** 2410: **wiederholter Nachdruck** (?).

[**Berlin,** Kgl. **Bibl. Cu** 5902, **Bamberg, Kgl.** Bibl.]

Panzer sagt nur: Titel in Einfassung; hier sind Randleisten und zwar oben zwei Amoretten, die ein Schild halten. Von ihnen geht zu beiden Seiten eine Fruchtguirlande aus, auf der unten in der Mitte ebenfalls ein Engel sitzt, rechts und links davon ein Hirsch.

34 **Zeilen auf der Seite; gezählt** [A 1] A 2 A 3 [A 4] B B 2 B 3 [B 4] C C 2 C 3 [C 3 b **leer**]. **Der Brief beginnt** C 1 b **oben.**

1524.

Fünff vnd viertzig wee. || Auß den Propheten von dem wörtlin We. || genant / Was es bedeüt / auff die zůkünfftige zeyt / So || yetzund das wort Gots als wenig würckt bey || vns menschen. Gemacht von D. S. || zů W. ꝛc. Anno M. D. XX iiij. ||

[Holzschnitt.]

Eine romanische, kirchenartige Halle, die durch eine Säule in zwei Hälften geteilt wird. Rechts predigt Christus von einer Kanzel einer andächtigen Gemeinde. Auf der linken Seite treibt er mit einer Geissel die Wucherer hinaus. Umgeben von einem Renaissance-Randornament.

[Berlin, Kgl. Bibl. Cu 7906.]

[A 5b.] **Zum Schluss kleine Schlussvignette: drei Engel, die ein Schild halten, mit der Aufschrift XX iiij. Darunter kleine Ornamentversierung.**

Bezeichnet [A 1] A 2 A 3 A 4 [A 5], Deckblatt leer; also 5 Blätter. 33 Zeilen auf der Seite.

1524.

Eine Cristliche vnter= || richt vnd vormanunge || an alle fromme Christe menschen || das sie sich nicht abschrecken las= || sen / Sonder fest stehen bey dem || Euangelion Christi / vnsers selig= || machers / von einem vnuorstendi || gen leyen auß bewerther heiliger || schrifft zusamē gebracht vn̄ auffs || kürtzste begriffen. Anno domini || 1524.

Haltet hart vnd forchtet euch nit || ewer got der lebet. der fur die sey || nen ficht. ||

[Holzschnitt.]

Steht inmitten eines Randornaments: Tafel zwischen zwei Säulen; unten Renaissanceornament: geflügelte Delphine mit Menschenleibern, rechts weiblich, links männlich.

[Berlin, Kgl. Bibl. Cu 7891.]

Bez. [a 1] a 2 a 3 a 4. a 4b leer; ebenso Deckblatt leer.

31 Zeilen auf der Seite.

1525.

Beschwerung der alten Teüfe || lischen Schlangen mit dem || Götlichen wort. ||

[Blume.] [Holzschnitt.]

Ein Mann hält in der Linken einen Stab. Zwei Finger der rechten Hand sind ausgestreckt, über der verkehrt die Worte zu lesen sind: Jch beschwer dich. **Zu seinen Füssen ringelt sich eine Schlange, auf dem Kopf eine Krone (gemeint ist die päpstliche Krone). Darunter die Verse:**

Psal. 57. So dir yetzt Got seyn wort bescheert /
Nit als die schlang die man beschweert /
Verstopff deyn or / vor solcher krafft /
Nach teüffelischer eygenschafft. [A 1a.]

[P 1 b.] Derselbe Holzschnitt wie A 1 a.
Gedrůckt zů Nůremberg / durch Hanß || Herrgot / im Jar M. D. XX v. ||
[Kreuzblume.]

Panzer 2, S. 407 No. 2895; Nachdruck 2896.

[Berlin, Kgl. Bibl. Cu 5910, auch in Nürnberg (Germ. Mus.), München (U.-B), Hannover (Kgl. Bibl.) u. a.] Andere Ausgaben verzeichnet Goedeke 2, S. 234 No. 4, wovon mir jedoch nur das Exemplar new corrigiert 1525 (München, Hof- u. Staatsbibl., Dresden, Kgl. Bibl., Strassburg, U.-B.) zu Gesicht gekommen ist, nicht der Abdruck von 1527. Die Notiz stammt wohl aus Strobel, S. 30. Ein Exemplar New corrigiert 1524 verzeichnet Wernigerode (Fürst. Biblioth.).

[1525.]

[Randleiste an den drei oberen Seiten.] Diß Büchleyn Kuttenschlang genant || Die Teüffels lerer macht bekant. || Herr Johansen || von Schwartzenbürgs andere Christenliche || veterliche warnung vnd vermannng [!] / seynes Sons || herrn Christoffels ꝛc. auff Caspar Schatzgeyers || schreyben / das er wider genantes Herrn || Hansen Büchleyn / die Schlangen || beschwerung genant jn druck || hat außgehen || lassen || ☙ Vnüberwintliche bewerung / wer vom glauben abge- || tretten / des Teüffels leren vnnd jrrigen geystern / jnn || gleyßnerey vnd lügenreden anhangen. || [Holzschnitt: Schlange in einer Kutte.] Sign. a—e 4b. Schlussseite:] Distin. 28 per totū. c. 1. et. 2. Qui || clerici vel vouentes. Distinct. 4. || ca. Denique. || Hört / hört / hort / jr herrn vberall || Hüt euch vor pein vñ grosser qual || Wañ Got verbeüt zů seynē preyß || Die pfaffen ehe / vñ etlich speyß. ||

col. b:] 1. Timoth. 3. vnd 4. || Wie kön wir glauben deiner sag || Vil anderst götlich schrifft vermag || Wes dich dein wappēkleid vermert || In disem Büchlein ist bewert. || [Holzschnitt: Mann im langen Gewande antwortet einem Kuttenträger, der ein Teufelsbild auf der Brust trägt].

Exemplar im German. Museum zu Nürnberg.

[1526.][1])

[Randleiste an den drei oberen Seiten.] Diß büchleyn Kuttenschlang genant || Die teüffels lerer macht bekant. || Herr Johannßen vonn || Schwartzenburgs andere Christenliche || veterliche warnung vnd vermanung / || seynes Sons herrn Christoffels ꝛc. || vff Caspar Schatzgeyers schrey || ben / das er widder genantes || herrn Johanßen büchleyn || die Schlangen beschwe || rung genant yn druck || hat außgehen || lassen. || ☙ || Vnüberwintliche bewerung / wer vom || glawben abgetretten / den teüffels

[1]) Im selben Jahre erschien ebenfalls bei Hans Weinreich „Des heylgen Geysts deutlicher warnungbrieffe", der früher dem Friedrich von Heideck u. a. zugewiesen, jetzt aber für Schwarzenberg in Anspruch genommen wird. Vgl. oben S. 158 Anm. 2 und 4 und die dort zitierte Literatur.

leren || vnnd yrrigen geystern / ynn gleyßnerey || vnnd lügenreden anhangt. || [Holzschnitt: Schlange in einer Kutte.] Sign. a bis [e 4b]. Es fehlt am Schlusse ein wahrscheinlich nachträglich hinzugefügtes Blatt mit der Signatur f (Schwenke). Königsberger Nachdruck. Vgl. P. Schwenke, Hans Weinreich und die Anfänge des Buchdrucks in Königsberg (1896), S. 41f. — Exemplar in Berlin, Kgl. Bibl. Cu 5916.

1531.

OFFICIA M. T. C. || EJn Bůch / So Marcus Tullius || Cicero der Römer / zů seynem Sune || Marco / Von den tugentsamen ämptern / vnd zů gehörun- || gen eynes wol vnd rechtlebenden Menschen / in Latein geschriben / Welchs || auff begere / Herren Johansen von Schwartzenbergs 2c. verteütschet / || Vnd volgens / Durch jne / in zyerlicher Hochteütsch gebracht / Mit || vil Figuren / vnnd Teütschen Reymen / gemeynem nutz || zů gůt / in Druck gegeben worden.

[Holzschnitt: Beratung vor Julius Caesar; 8 Männer sitzen im Kreise um einen etwas erhöhten Diwan, auf dem Caesar thront; im Hintergrunde rechts Cicero schreibend.] Darunter:] M. D. XXXI.

Auf der Rückseite von Fol. 1 das Porträt Schwarzenbergs; vgl. dazu H. Röttinger, Hans Weiditz S. 85 No. 43 und oben S. 16 mit Nachtrag.

91 Blätter. Am Schluss:]

Gedruckt in der Keyserlichen Statt Augspurg / || durch Heynrichen Stayner. Vollendet || am. VII. tag Decembris. Jm || M. D. XXXI. Jar.

[Vignette.]

[Berlin, Kgl. Bibl. Wr 5992.]

Über die andern zahlreichen Abdrucke s. Degen 1, 71ff.; 3, 43ff.; Goedeke 2, S. 234 No. 5. Exemplare sind vorhanden vom 16. 2. 1531 in München (U.-B.), Leipzig (St.-B.), vom 7. 12. 1531 in Berlin (Kgl. Bibl.), 29. 4. 1531, 3. 8. 1532, 2. 1. 1540, 13. 12. 1540 in München (U.-B), vom Jahre 1533 in München (Hof- und Staatsbibliothek), 1535 im Buchgewerbemuseum zu Leipzig, 1537 in der Fürstlichen Bibliothek zu Wernigerode, 1545 in Wolfenbüttel, Frankfurter Nachdrucke von 1565 in München (U.-B.), Wolfenbüttel und Strassburg (U.-B.). — Die Ausgaben von 1550, 1554, 1562 habe ich nicht gesehen. — Die Ausgabe von 1535 (13. November) wurde 1900 im Katalog (Kunst) 108 der Dresdner Firma Zahn und Jentsch, der Frankfurter Nachdruck von Egenolff im Kat. 241 von Scheible in Stuttgart ausgeboten.

1534.

Der Teütsch Cicero
Warumb das Bůch also genent /
Auch Jnnhalts solchs bayde erkent /
So dises Blat wirt vmbgewendt.

[Cicero Vater und Sohn unterhalten sich in einem Zimmer mit Aussicht auf eine Burglandschaft; unten Randleiste, rechts und links musizierende Engel] dazwischen

Sun, gantz on zweyfel, sôlchs beschließ /
Das frumkeyt sey / der pest genieß.
Vnd das erbar / hangt dem nutzen an /
Also / das niemants schaiden kan.
Wer auch nit diser warheyt glaubt /
Sey frumkeyt oder witz beraubt.

M. D. XXXIIII.

In fine:] Gedruckt vñ volen || det in der Kayserlichen Stat Aug || spurg durch Heinrich Steyner / am || zweintzigsten tag des Jen= || ners. Jm jar. Tausent || fünffhundert vñ || vier vñ dreis || sigsten.

4 Bll., A bis Ee 3b. (= 4 Vorr. + 160 + 2 Bll.) und zwar
1a—4a Vorrede und Auslegung der römischen Ämter,
1—20 Aretinus, Leben Ciceros,
20b—39a Cicero, De senectute [1]),
40—63 Cicero, Tusculanar. disputat. lib. I,[2])
64—79 Cicero, De amicitia,[3])
80—92 Das Büchlein vom Zutrinken,
93—95 Das Lied vom Mordslaster des Raubens,
96—147 Das „Memorial der Tugend",
148—159 Der „Kummertrost",
160, 160b Beschluss, Bild Schwarzenbergs nach Dürer von Weiditz,
161a Stammbaum, 161b, 162 Druckfehlerverzeichnis.
[Berlin, Kgl. Bibl. Wr 4960].

Über die folgenden Abdrucke und Ausgaben s. Goedeke 2, S. 235 No. 6. — Die Ausgabe von 1534 befindet sich in Berlin (Kgl. Bibl.), München (U.-B.; Hof- und Staatsbibl.), Strassburg (U.-B.), Bonn (U.-B.), die beiden Abdrucke von 1535 in Nürnberg (German. Museum), Hannover (St.-B.), ferner in Strassburg (U.-B.), Wernigerode, Ulm (St.-B.), Frankfurt a. M. (St.-B). — Zahn und Jentsch in Dresden, Katalog (Kunst) 108 (1900), S. 40 No. 1008. — Auch 1540 erschienen zwei Abdrucke, die Goedeke noch nicht schied, nämlich am 2. 1. 1540 (Leipzig, St.-B.) und 13. 12. 1540 (München, U.-B.).

1557.

MAncherley Lehr / trost || vnnd warnung / So || Der Wolgeborn Herr / Herr Hans von Schwar= || tzenburg rc. Sâliger Gedechtnus / Aus Altem || vnnd Newem Testament gezogenn / Jnn || Kurtze vnnd Anmütige Reimen verfas= || set hat, Sampt sonst andern mehr || Reimen / so weiter dar= || zu kommen sind. || Vnd seind der zeilen der || Reimen Zwey tausend / Vier hun= || dert / Vnd Fünfftzig. || Vollendet den 10. Tag Augusti. ||

15 [Holzschnitt] 57.

---

[1]) Vgl. Degen 1, S. 91; 3, S. 57—58.
[2]) Vgl. Degen 1, S. 110.
[3]) Vgl. Degen 1, S. 99.

Durchschnittl. 29 Zeilen auf der Seite; grosse Typen, gezählt A B B2 C C2; von F G S an F2 G2 S2 unbezeichnet, dann H H2 bis V V2 X X2; dann Y Y2 3 4 Z Z2 3 4, a [a2] also 51 Blätter 4°. Am Schluss Holzschnitt scheinbar Bruchstück aus dem „Mem. d. Tug.". [Landsknecht stützt sich auf einen Stab.] — [Berlin, Kgl. Bibl. Yh 371.]

Ohne Jahr.

FINES BONORVM ET || MALORVM M. T. C. || Von der alten Phi- || losophen Seligkait. || Paradoxa sechß / sampt ihrer probierung vnd || schlußreden von der Seligkait / Das ist / Warin viel der || alten Philosophen vnd Heyden endtlich die seligkait hie || gesetzt haben / aber vergebens / Vnd was doch || zuletst die recht seligkait sei / || ein kurtzer bericht.

Item ein schöner Dialogus deß spöttischen || Luciani / Vom todten Schiflein / da wir all vn || ser hab vnd gut mussen dahinden lassen / || soll vns Charon vberfuren zum || garten der Seligen.

Leiplicher lust / weltliche ehr /
Auch zeitlich güt / sag ich dir mer /
Halten das wort nit in der hut /
Sie fürent vns in ewig glut.
Alles lustig vnd kurtzweilig zů lesen.

[Titelumrahmung.]
Rückseite und 1 Blatt frei.
Sodann:]

Das Todten Schiflein.
Das Todten Schiflein binn ich genannt /
Vnd fare hin durch alle land /
Für balt vber reich vnd armen/
Vnd kann mich niemants erbarmen /
Sie müssen all mit mir zům gricht /
On verzuck / das ist mein verpflicht.

[Holzschnitt: Charon fährt im Schiff über zu den Seligen und Verdammten, über denen links und rechts posaunende Engel ähnlich denen der Bambergensisholzschnitte von 1507 schweben; ebenso in der Mitte Christus auf Strahlenbogen und Weltkugel.]

A 1a beginnt.] Warinn endtlich viel Philosophi.
F 2b Wiederholung des Titels vom Totenschiff,
F 3a beginnt Lucians Dialog bis G 4a,
G 4b Leeres Blatt,
G 5b Schlussvignette.
In fine:] Getruckt zu Straßburg bei M. Jacob Cammerlander.

Degen 1, S. 101 kannte nur Bruchstücke des Titels. — Bisher einziges Exemplar in der Kgl. öffentl. Bibliothek zu Dresden.

Nachträge und Berichtigungen.

Zu S. 2, Z. 15 v. u. lies: Adelsspiegel.

Zu S. 12. Fasc. d. Bamb. Kreisarch. Turnier betr. 1450—1537, Bl. 150: Joh. Herr zu Schwarzenberg (an Markgraf Friedrich v. Brandenburg 2. Jan. 1486 d. Neustadt) vermisst von einem übersandten Stechzeug mehrere Stücke („*mit namen: sechs stangen mit krölein und brechscheüben, ein stirnn, ein bar echßelein und das stechwammes, ein swebscheuben, ein lideres oder ein stelens gewindt, ein hinterhacken, ein zeüm und bleuttuch, ein gerüst.*") und bittet, sie ihm nach Bamberg mitzubringen, ebenso ihm ein tüchtiges Stechpferd zu leihen. — Bl. 151 erneute Bitte um ein Stechpferd 4. Jan. 1486 d. Neustadt. — s. bei G. Steinhausen, Deutsche Privatbriefe des Mittelalters 1 (1899), S. 240 Anm.

Zu S. 13. Sammlungen zu einer Lebensbeschreibung Schwarzenbergs aus J. Hellers Nachlass sind in der kgl. Bibliothek zu Bamberg (Ms. hist. 109 und 157, Hellerscher Katolog No. 139, 196, vgl. Leitschuh, Katalog der Handschriften von Bamberg 2 s. v.) vorhanden, bieten jedoch nur kleinere Notizen aus der bekannten älteren Literatur, wenig archivalisches.

Zu S. 13. Ranke, Deutsche Geschichte im Zeitalter der Reformation 2^7 (1894), S. 39.

Zu S. 16. — s. zu S. 89.

Zu S. 43. Über die fränkische Ritterschaft erschien kürzlich auf reichhaltigen archivalischen Quellen fussend, besonders unter Benutzung des auch in meiner obigen Darstellung ausgiebig herangezogenen Würzburger Materials Robert Fellner, Die fränkische Ritterschaft von 1495 bis 1524. Dissert. Berlin, Ebering. 50 S. — vollständig unter dem Titel Die fränkische Ritterschaft von 1495—1524. Mit einer Einleitung. Hauptsächlich nach Quellen aus dem Hochstift Würzburg = Historische Studien, hrsg. v. Dr. E. Ebering. Heft 50. Berlin, Ebering. 1905. 312 S.

Zu S. 77ff. s. G. Egelhaaf, Deutsche Geschichte im sechzehnten Jahrhundert bis zum Augsburger Religionsfrieden I (1517—26), S. 419ff.

Zu S. 77ff. Joh. Friedrich, Astrologie und Reformation (München 1864) berichtet von reformationsfreundlichen wahrsagenden

Ausführungen, die Schwarzenberg als Mitglied des Reichsregiments gemacht hat. — Vgl. Adam Klassert, Mitteilungen aus der Michelstädter Kirchenbibliothek (1905), S. 10.

Zu S. 89. Über das Dürersche Porträt Schwarzenbergs, das mit seiner Umrahmung nicht von Burgkmair, sondern von Hans Weiditz nachgezeichnet ist, vgl. jetzt H. Röttinger, Hans Weiditz S. 86.

Zu S. 93, Anm. 7. Erhard äussert diese Ansicht in der oben S. 328 zitierten Schrift auf S. 12 Anm 4.

Zu S. 118, Anm. 2 lies: im dritten Teile.

Zu S. 123, Anm. 1 lies: im dritten Teile.

Zu S. 131, Anm. 4 lies: im dritten Teile.

Zu S. 144ff. Über den evangelischen „Ratschlag" auf dem Ansbacher Landtag von 1524 vgl. Kolde, Althamer S. 33 und Anm.

Zu S. 144, Anm. 3 lies: im dritten Teile.

Zu S. 150ff., besonders S. 161, 162. Vermittlung des Bündnisses zwischen Albrecht von Preussen und Johann von Sachsen s. auch Schornbaum, S. 232 Anm. 293 und St. Stoy, Erste Bündnisbestrebungen evangelischer Stände (1888) S. 71—72.

Zu S. 159, Anm. 2 s. jetzt Schornbaum, S. 99—106.

Zu S. 174 f. R. Stintzing, Geschichte der populären Literatur des römisch-kanonischen Rechts in Deutschland am Ende des 15. und im Anfang des 16. Jahrhunderts (Leipzig 1867). Dort ist Z. 13 v. u. ausgefallen: dass er an der | durch diese populären Quellen beeinflussten Strafrechtsdoktrin der |

Zu S. 176, Z. 3 v. u. lies: „entfaltet hat".

Zu S. 180 vgl. auch Stintzing, S. 400—401.

Zu S. 181 ff. Die Lehre von der verbrecherischen Teilnahme illustriert, wie ich nachträglich sehe, ein Spruch in den „Officien" 1531, Bl. 5b:

Der eyn ermordt, der ander duldt,
Drum sein sy beid in gleicher schuld.

Zu S. 197ff. In der Rezension meines Buches über das alte Bamberger Strafrecht vor der Bambergensis (1903) weist G. Ehrismann im Literaturblatt für germ. und roman. Philol. 1905, S. 96—97 richtig darauf hin, dass manche der hier besprochenen Rechtsfälle bereits der Bamberger Schulmeister Hugo von Trimberg in seinem „Renner" vv. 1712ff., 6969ff., 7220ff., 7348ff., zum Gegenstand lebendiger Sittenschilderungen gemacht hat und damit die geschilderten Verhältnisse bereits für das 13. und 14. Jahrhundert in und um Bamberg festlegt.

Zu S. 234—35. Über die Summa Angelica des Angelus Carletus de Clavasio und ihre zahlreichen Ausgaben vgl. Stintzing, S. 536f.; sie erschien bis 1507 in 25 verschiedenen Abdrucken.

Zu S. 238, Z. 13 v. u. lies: „hatte" statt „hatten".

Zu S. 248. Über die Quelle der Nürnberger Reformation handelt Joh. Merkel in der Festgabe der Göttinger Juristenfakultät für Ferd. Regelsberger (1901), S. 57—149. — Den Druck bei Anthoni Koberger

1484 weist auf der Heidelberger Bibliothek nach Aug. Schoetensack, Der Strafprozess der Carolina (1904).

Zu S. 249 ff. vgl. jetzt Aug. Schoetensack, Der Strafprozess der Carolina. Heidelberger Dissertation (Leipzig 1904), 105 S.

Zu S. 302. Aus den „Officien" sind bei Röttinger, Weiditz Tafel 16, 17, 18 die Schnitte Bl. 3, 34 v und 73 v nachgebildet.

Zu S. 342. Th. Kolde, Andreas Althamer, der Humanist und Reformator in Brandenburg-Ansbach (1895), S. 116—117 druckt einen Brief Althamers an Markgraf Georg (o. D. 1528) ab, der Schwarzenbergs Stellung zur Reformation in seiner letzten Zeit beleuchtet:

> *„Zum ersten bitt ich e. f. g., weyl der barmhertzig got den thewren helden und diener Christi, her Johan von Schwartzenberg von disem ellend het gefordert, (welicher her weylandt ein getrewer fürderer götlicher warheyt war,) wollte e. f. g. ein andernn frummen christlichen biderman an seine stadt verordnen und demselbigen gleiches ampt bevelhen, das er bey andern räten und hoffgesind ein ansehen hab."*

Vgl. auch Kolde, S. 47: Schwarzenberg billigt das Vorgehen Althamers, der als Pfarrer in Ansbach die Abschaffung der Messe forderte (Schwarzenberg an Vogler v. Montag nach Quasimodogeniti 1528 in Ansbacher Religionsakten 8, 115).

Namenregister.

F.

G.

H.

J.

S.

T.

V.

W.

X.

Z.

Herrosé & Ziemsen, G. m. b. H., Wittenberg.

Kolibri 360 GmbH
Ferdinand-Jühlke-Straße 7
99095 Erfurt, Deutschland
produktsicherheit@kolibri360.de